新世纪高等学校教材 · 工商管理核心课系列

统计学

（第4版）

微课版

主编 ◎ 赵喜仓　查奇芬　吴继英

Statistics

扫一扫　看资源

北京师范大学出版集团
BEIJING NORMAL UNIVERSITY PUBLISHING GROUP
北京师范大学出版社

图书在版编目(CIP)数据

统计学 / 赵喜仓，查奇芬，吴继英主编. —4 版. —北京：
北京师范大学出版社，2024.7(2025.2 重印)
（新世纪高等学校教材·工商管理核心课系列）
ISBN 978-7-303-29790-0

Ⅰ. ①统⋯　Ⅱ. ①赵⋯ ②查⋯ ③吴⋯　Ⅲ. ①统计学－高
等学校－教材　Ⅳ. ①C8

中国国家版本馆 CIP 数据核字(2024)第 034245 号

TONGJIXUE

出版发行：北京师范大学出版社　www.bnupg.com
　　　　　北京市西城区新街口外大街 12-3 号
　　　　　邮政编码：100088
印　　刷：天津中印联印务有限公司
经　　销：全国新华书店
开　　本：787 mm×980 mm　1/16
印　　张：23.25
字　　数：509 千字
版　　次：2024 年 7 月第 4 版
印　　次：2025 年 2 月第 13 次印刷
定　　价：58.00 元

策划编辑：陈仕云　　　　　责任编辑：陈仕云
美术编辑：焦　丽　　　　　装帧设计：焦　丽
责任校对：王志远　　　　　责任印制：马　洁

新世纪高等学校教材·工商管理核心课系列
编写指导委员会

新世纪高等学校教材·工商管理核心课系列
编写委员会

P 前 言
PREFACE

知识经济时代，人们对信息的需求量和处理量日益增多，使得作为数据处理和分析技术的统计方法越来越重要。与此同时，我国高等教育也在逐步向大众化转变，掌握统计方法、能够解决生产经营管理中的实际问题已成为经济管理类本科生的一项重要技能。本书就是为培养普通高等学校本科层次经济管理类应用型人才而编写的。

许多学者对统计学的发展和完善做出过杰出贡献，使统计学发展成为分支众多的方法论学科。作为一门研究如何收集、整理和分析统计数据的方法论学科，统计学是认识事物的一种有力武器，不论是在自然科学领域还是在社会科学领域都有广泛的应用，特别是在市场经济活动中，统计方法在金融、证券、保险、投资、理财等应用领域不断扩大。涵盖自然科学与社会科学的"大统计"思想，不仅提高了统计学的学科地位，而且有利于统计学与其他学科之间的融合、借鉴，促进统计科学的发展。

任何事物都是质与量的对立统一，统计正是通过对客观事物数量方面的研究进而实现对其质的认识。取得统计数据是认识事物的起点，也是进行统计分析的基础和前提。如何获取准确的统计数据是统计学研究的内容之一。统计数据的整理是取得数据与数据分析之间的一个必要环节，是通过对取得的原始数据进行加工处理使之系统化、条理化，符合统计分析的需要。统计数据的分析是统计学研究的核心内容，是通过统计描述和统计推断探索数据内在规律与特征的过程。

基于以上认识，根据高等学校非统计学专业统计学原理或统计学基础课程的教学需要，本书主要内容包括总论、统计数据的收集、统计数据的整理与显示、统计数据特征的度量、抽样分布与参数估计、假设检验与方差分析、列联表分析、相关和回归分析、时间数列、统计指数、统计综合评价等。本书既可作为普通高等学校经济管理类本科生的教材，也可作为广大统计工作者的参考书。

本书力求体现以下特点：（1）全面贯彻党的二十大精神，落实立德树人根本任务，在每章内容的不同部分恰当、有效地融入课程思政教育元素，力求将价值塑造、知识传授和能力培养三者融为一体。（2）较为详细地介绍统计学的基础知识、基本理论和基本方法，不过多涉及高深的数学推导及公式证明，将重点放在现代统计理论与方法在经济管理领域的应用层面。（3）用简明、通俗的语言并结合大量案例深入浅出地解析统计基本体系，内容翔实生动、通俗易懂，教材框架清晰、结构合理，充分考虑理论与方法的实用性，以及统计方法与计算机应用的有机结合，针对性较强。对每章的学习重点和难点知识均配置了微课视频，有助于加深读者的理解，读者可通过扫描书中二维码在线学习。(4)为方便教学，每章均设计了"本章导读""思政目标""思政案例""本章小结""阅读与分析""思考与练习"等教学模块。特别是每一章内容结束时配有集知识性、科普性、趣味性、前沿性于一体的"阅读与分析"，能够帮助读者拓展或深化内容。(5)为帮助读者巩固统计学的基础概念和方法，本书配有练习题库，有需要的读者可扫码进行在线练习或组卷测试。

本书由赵喜仓、查奇芬、吴继英主编，负责组织、修改和编纂。编写人员及具体分工为：赵喜仓负责第 1 章、第 11 章，查奇芬负责第 4 章、第 9 章、第 10 章，李芳林负责第 2 章、第 5 章、第 6 章，王伏虎负责第 8 章，吴继英负责第 3 章、第 7 章。

感谢北京师范大学出版社的编辑们为本书的出版工作付出的辛勤劳动。本书在写作过程中参考了大量文献，所列出的参考文献中可能有遗漏，在此谨向所有对本书编写给予支持的作者和朋友一并表示感谢。

限于笔者的水平，书中难免存在不妥之处，恳请读者不吝指正。

编者
于 2024 年 1 月

目 录
CONTENTS

第1章 总 论 ………………………………………………………… 1
　本章导读 ……………………………………………………………… 1
　思政目标 ……………………………………………………………… 1
　思政案例 ……………………………………………………………… 1
　1.1 统计学的渊源及其体系 ………………………………………… 2
　1.2 统计学的概念 …………………………………………………… 8
　1.3 统计学的性质以及与其他学科的关系 ………………………… 10
　1.4 统计学的应用 …………………………………………………… 12
　1.5 统计学的几个基本范畴 ………………………………………… 15
　1.6 常用统计软件介绍 ……………………………………………… 19
　本章小结 ……………………………………………………………… 21
　阅读与分析 …………………………………………………………… 22
　思考与练习 …………………………………………………………… 24
第2章 统计数据的收集 …………………………………………… 25
　本章导读 ……………………………………………………………… 25
　思政目标 ……………………………………………………………… 25
　思政案例 ……………………………………………………………… 25
　2.1 统计数据的一般问题 …………………………………………… 26
　2.2 统计调查与数据收集 …………………………………………… 34
　2.3 统计调查方案的设计 …………………………………………… 41
　2.4 统计数据的质量 ………………………………………………… 43
　本章小结 ……………………………………………………………… 47
　阅读与分析 …………………………………………………………… 47
　思考与练习 …………………………………………………………… 49
第3章 统计数据的整理与显示 …………………………………… 51
　本章导读 ……………………………………………………………… 51

思政目标 ·· 51

思政案例 ·· 51

3.1 数据整理的意义及程序 ·· 52

3.2 统计分组 ··· 53

3.3 频数分布 ··· 59

3.4 数据整理的组织和技术 ·· 65

3.5 统计表和统计图 ·· 68

3.6 探索性数据分析 ·· 79

本章小结 ·· 83

阅读与分析 ·· 83

思考与练习 ·· 86

第4章 统计数据特征的度量 ·· 88

本章导读 ·· 88

思政目标 ·· 88

思政案例 ·· 88

4.1 绝对数和相对数 ·· 89

4.2 集中趋势的测度 ·· 96

4.3 离散程度的测度 ·· 111

4.4 偏态和峰态的测度 ·· 120

本章小结 ··· 121

阅读与分析 ··· 121

思考与练习 ··· 123

第5章 抽样分布与参数估计 ··· 132

本章导读 ··· 132

思政目标 ··· 132

思政案例 ··· 132

5.1 抽样调查的基本问题 ··· 133

5.2 抽样调查的组织方式 ··· 136

5.3 抽样分布 ··· 141

5.4 抽样误差 ··· 146

5.5 参数估计 ··· 154

5.6 样本容量的确定 ·· 159

本章小结 ··· 161

阅读与分析 ··· 162

思考与练习 ··· 165

第 6 章　假设检验与方差分析 ·· 168

　　本章导读 ·· 168

　　思政目标 ·· 168

　　思政案例 ·· 168

　6.1　假设检验 ··· 169

　6.2　方差分析 ··· 182

　　本章小结 ·· 192

　　阅读与分析 ·· 192

　　思考与练习 ·· 194

第 7 章　列联表分析 ··· 196

　　本章导读 ·· 196

　　思政目标 ·· 196

　　思政案例 ·· 196

　7.1　列联表概述 ·· 197

　7.2　拟合优度检验 ··· 200

　7.3　独立性检验 ·· 204

　7.4　列联表中的相关测量 ·· 208

　7.5　列联分析中应注意的问题 ··· 211

　　本章小结 ·· 215

　　阅读与分析 ·· 215

　　思考与练习 ·· 219

第 8 章　相关和回归分析 ··· 221

　　本章导读 ·· 221

　　思政目标 ·· 221

　　思政案例 ·· 221

　8.1　相关与回归分析的基本问题 ·· 222

　8.2　一元线性回归分析 ··· 229

　8.3　多元线性相关与回归分析 ··· 236

　8.4　非线性回归分析 ·· 243

　　本章小结 ·· 245

　　阅读与分析 ·· 246

　　思考与练习 ·· 249

第 9 章　时间数列 ··· 253

　　本章导读 ·· 253

　　思政目标 ·· 253

　　思政案例 ·· 253

9.1 时间数列概述 ·· 254

9.2 时间数列的动态分析 ··· 258

9.3 时间数列的变动分析 ··· 272

本章小结 ·· 282

阅读与分析 ·· 283

思考与练习 ·· 285

第 10 章 统计指数 291

本章导读 ·· 291

思政目标 ·· 291

思政案例 ·· 291

10.1 统计指数概述 ·· 292

10.2 综合指数 ·· 293

10.3 平均数指数 ··· 297

10.4 指数体系与因素分析 ·· 301

10.5 几种常用的社会经济指数 ··· 309

本章小结 ·· 314

阅读与分析 ·· 315

思考与练习 ·· 317

第 11 章 统计综合评价 321

本章导读 ·· 321

思政目标 ·· 321

思政案例 ·· 321

11.1 统计综合评价概述 ·· 322

11.2 评价指标的选择 ··· 325

11.3 评价指标权重的确定 ·· 326

11.4 数据的预处理 ·· 330

11.5 综合评价的数学模型 ·· 333

11.6 综合评价案例 ·· 333

本章小结 ·· 339

阅读与分析 ·· 339

思考与练习 ·· 342

附录 常用统计分布表 ·· 344

参考文献 ·· 362

第 1 章

总　论

本章导读

通过本章的学习，了解统计学的产生及发展过程，正确理解统计学的含义、性质和特点以及统计研究的基本过程，掌握统计学的基本概念。

思政目标

引导学生学习老一辈优秀统计学家的家国情怀和匠心精神，坚定理想信念，树立为加快推进我国统计现代化改革作贡献的决心。

思政案例

北大名师寻访：许宝騄①

许宝騄(1910—1970)，中国数学家、统计学家，中国科学院学部委员(院士)，北京大学一级教授。1947 年夏，在国外任教的许宝騄毅然回国，回到北京大学任教。回国后的许宝騄不久就发现自己患上肺结核，但他依然带病工作，教学科研一直未间断。他在矩阵论、概率论和数理统计方面发表的论文处于多元分析数学理论发展的前沿，不仅推进了矩阵论在统计理论中的应用，也证明了有关矩阵的一些新定理。

许宝騄毕生从事数理统计学和概率论研究，并达到世界先进水平。他对数理统计和概率论，特别是在多元分析、极限分布论、试验设计等方面做出了杰出的贡献，发展了矩阵变换的技巧，推进了矩阵论在数理统计学中的应用；对高斯-马尔可夫模型中方差的最优估计的研究取得了重要成果，在概率论方面取得了突出成果，推动了矩阵论在多元统

---

① 改编自北京大学数学科学学院：《纪念一代宗师许宝騄教授诞辰 90 周年》，载《数学进展》，2000，29(4)：369-374。

计中的应用。因此，许宝騄被公认为是在数理统计和概率论方面第一个具有国际声望的中国数学家。许宝騄不仅自己在多元分析方面做了很多开创性的工作，还培养了安德森(T. W. Anderson)、奥肯(I. Olkin)等国际知名的多元分析学术带头人，是多元统计分析的奠基人之一。他的照片被悬挂在斯坦福大学统计系的走廊上，与世界著名的统计学家并列。

思考

阅读许宝騄的生平事迹，谈一谈真理与价值、科学精神与爱国主义精神融合的辩证统一关系。

1.1　统计学的渊源及其体系

1.1.1 ▷▷▷ 统计学的起源与发展

统计活动的历史源远流长，可以说自从人类社会有了数的概念，有了计数活动，统计就开始了。但作为一门科学，统计学的出现却要晚得多。对于统计学究竟产生于什么年代，迄今为止人们的看法还不尽一致，不过多数人认为，统计学大概兴起于17世纪。

17世纪中叶，在英国首次出现了有意识地用数字语言说明问题，注重从数量角度探索客观事物变化规律的研究活动。配第(W. Petty)《政治算术》(1676)一书的问世，标志着统计学的肇端。配第在这本书以及其他有关著作中，采用了不同于前人的研究方法，明确地用大量的数据资料分析问题，试图把结论建立在可靠的事实根据上。正如他在《政治算术》一书的"序言"中指出的，"我进行这种工作所采用的方法，在目前还不是常见的，因为我不使用比较级或最高级的词语进行思辨式的议论，相反，却采用了这样的方法，即用数字、重量和尺度来表达自己想说的问题，进行诉诸人们感觉的议论，借以考查在自然中有可见根据的原因。"在统计史的研究中，一般把以配第为代表的关于社会经济现象"算术"式的研究，称为"政治算术"统计学。"政治算术"学派的另一位代表人物是英国学者格朗特(J. Graunt)，他的代表性著作《关于死亡表的自然观察与政治观察》(1662)，通过对人口变动数据的分析，揭示了人口变化的规律。在这本书里，格朗特运用了不少独特的资料整理方法和估算方法，给后来统计学的发展留下了有益的启示。

与"政治算术"统计学产生的时期差不多，在德国也出现了一门统计学——"国势学"。"国势学"主要研究"国家的有关显著事项"，即有关国家兴衰强弱的重大问题与治理国家必备的知识。它之所以也被称为"统计学"，其中一个重要的原因是，"国势学"的代表人物阿亨瓦尔(G. Achenwall)给"国势学"起了一个统计学(Statistik)的新名称。这一德文词转译成英文(Statistic)后，逐渐被人们所接受并沿用至今。康林(H. Conring)是"国势学"的奠基人，他对"国势学"的研究目的、研究对象、研究方法等基本问题进行了具体深入的阐述。

经过一百多年的发展，到 18 世纪中期，"国势学"的发展达到了顶峰。阿亨瓦尔在继承康林开创的研究体系和研究方法的基础上，全面发展了"国势学"，他的《欧洲主要国家国势学纲要》(1749)与康林的《国势学讲义》(1730)被奉为"国势学"的经典文献。"国势学"最大的特点是它较少使用数字工具，而主要诉诸文字记述和逻辑比较。

历史上，曾就"国势学"与"政治算术"哪一个才是统计学的真正起源问题产生过持续长达一个多世纪的争论。1850 年，德国人克尼斯(K. G. Knies)根据当时统计学发展的实践，概括了大多数人的意见，认为"国势学"尽管有统计学之名，但没有统计学之实，应该仍叫"国势学"，而"政治算术"才是真正的统计学。克尼斯的《独立科学之统计学》一文的发表，标志着"国势学"与"政治算术"的争论告一段落。

统计学的另一个重要起源是概率论。14 世纪，在工商业比较繁荣的意大利以及地中海沿岸其他地区，由于赌博游戏的盛行和保险活动的萌起，人们已经对"机会"问题产生了兴趣。不过真正意义上的概率论，是从 17 世纪开始的。帕斯卡(B. Pascal)和费马(P. Fermat)关于"点数分配问题"的讨论，奠定了概率论的基础。在早期概率论的研究中，做出重要贡献的数学家有莱布尼茨(G. Leibniz)、贝努里(J. Bernoulli)、棣莫佛(A. de Moivre)、贝叶斯(T. Bayes)、拉普拉斯(F. Laplace)、高斯(C. Gauss)、勒让德尔(A. Legendre)、贝塞尔(F. Bessel)、孔多塞(M. de Condorcet)、辛普森(T. Simpson)、布丰(C. de Buffon)、泊松(S. Poisson)等。其中，拉普拉斯是古典概率研究的集大成者，他给出了概率的"古典"解释，并把数学分析方法系统地引入概率论中，建立了较为严密的概率数学体系。高斯和勒让德尔在误差研究过程中提出了最小二乘法，高斯还导出了正态分布曲线。"政治算术"研究的是简单的、确定的数量关系，而概率统计则研究复杂的、随机性现象，这极大地充实和深化了数量问题研究的内容。以概率论为基础，统计学进入了一个新的发展时期。

综上，统计学的起源及发展如图 1-1 所示。

凯特尔(A. Quetelet)是统计学发展史上承前启后的重要人物，他一生撰写了大量统计学方面的著作，代表性著作有《比利时统计研究》(1829)、《犯罪学》(1831)、《概率论书简》(1846)、《社会物理学》(1869)等。凯特尔在统计学上的突出贡献，是把概率论全面引进"政治算术""国势学"，以及其他社会问题的研究，从而

图 1-1 统计学的三个起源及其发展

推动了概率论和数学方法在社会科学领域的应用，促进了数量研究由"算术"水平向"数理"阶段的迅速转化。凯特尔还是一位出色的社会活动家，他是国际统计学会的创始人之一。

从 19 世纪后半期起，统计学几乎在各个领域都取得了创新性成果。其中，尤为引人注目的是兴起于生物遗传学、农业田间试验等领域的统计数学方法的发展。高尔顿(F. Galton)是生物统计学的主创者，受凯特尔的影响，他也利用正态法则研究优生学、

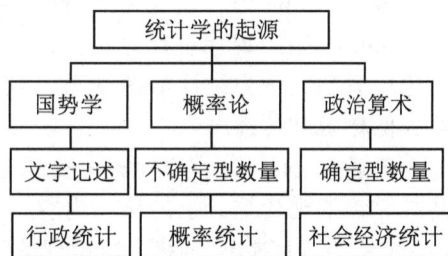

遗传学问题，认为正态法则适用于许多情况，提出了百分位数、中位数、四分位数差、相关与回归等概念和计算方法。卡尔·皮尔逊(K. Pearson)是高尔顿的学生，他系统发展了高尔顿的相关与回归理论，研究了复相关和偏相关，把物理学上"矩"的概念移植到统计学中，给出了极大似然估计方法，导出了重要的χ^2分布(也称为卡方分布)。以卡尔·皮尔逊为代表，以大量观察和正态分布为基础的关于总体分布曲线的研究，确立了"大样本"统计理论，奠定了"描述统计学"的体系。

进入20世纪，统计学发展经历了又一轮的飞跃。一方面新的统计思想和统计方法大量涌现，另一方面带有归纳性质的统计推断逐渐占据了主流地位。此外，统计方法不仅是科学研究和管理活动的工具，而且直接融合在科研、管理和生产过程之中，发挥着巨大的社会效益和经济效益。自苏歇米尔斯(J. Sussmilch)首倡大数法则到19世纪末20世纪初，大量观察法一直是统计思想的核心，并被理所当然地接受下来。最先对这一理论发起挑战的是戈塞特(W. Gosset)，基于在酿酒公司多年的工作体会，戈塞特洞察到大样本统计方法并不适合一切场合，有时候只能根据少量观察得出结论，用他的话来说，"有些实验不能重复进行，这个时候必须依据极少量的实验结果作出判断，像有些化学实验，很多的生物实验和农业实验便属于这样的情况，但它们也应该成为统计学的研究对象"。经过多年的潜心研究，1908年戈塞特终于导出了重要的t分布，这是"小样本"统计研究的基石。以此为标志，统计学逐渐实现了由以前的"描述统计"阶段向"推断统计"阶段，由大样本理论向小样本推断的转变。

费雪(R. A. Fisher)是推断统计学的建立者，他对统计学进行了深入独到的研究，开辟了方差分析、试验设计等统计分支，给出了戈塞特t分布的简洁证明，论证了相关系数的抽样分布，提出了t检验、F检验、相关系数检验，并编制了相应的检验概率表。费雪的代表作包括《供研究人员使用的统计方法》(1925)、《试验设计》(1955)、《统计方法与统计推断》(1956)等。费雪在统计学发展史上有着崇高的地位，美国统计学家约翰逊(P. Johnson)在《现代统计方法：描述和推断》(1959)一书中指出："从1920年一直到今天的这段时期，称为统计学的费雪时代是恰当的，他的名字和他的著作受到一切不带偏见的人的尊敬和传播。"

内曼(J. Neyman)和埃贡·皮尔逊(E. Pearson)是继费雪之后的杰出统计学家，他们共同完善了现代统计学的核心内容——区间估计和假设检验的理论。20世纪50年代，瓦尔德(A. Wald)提出了"统计决策理论"和质量检验的"序贯分析"，进一步拓宽了统计学研究和应用的范围。随着计算机在统计中的应用越来越广泛，由威沙特(J. Wishart)、霍特林(H. Hotelling)等人发展起来的多变量统计又重新活跃起来。20世纪五六十年代以来，稳健统计、时间序列、抽样理论、统计诊断、探索性分析、贝叶斯统计等都取得了重要的进展。

通过对统计学发展历史的简单回溯可以看出，随着人们认识的不断深化以及社会实践需要的推动，统计学始终在不断地丰富和完善。它经历了从意义和概念不甚明确的阶段到作为一门独立学科的转变，从数量研究的"算术"水平到需要较高数学知识的"数理"

阶段的转变，从确定型数量问题的研究到随机现象研究的转变，从大量观察消除误差干扰以达到对客观现象规律认识的大样本理论，到控制试验次数提高数据质量的小样本推断的转变。统计学就是这样一步步发展起来的，现在它仍然充满着活力。

1.1.2 ▶▶▶ 统计学的学科体系

统计学的产生虽可追溯到 17 世纪，但快速发展却是自凯特尔之后开始的。伴随着应用数学在 20 世纪的崛起，统计学的发展进步更是快马加鞭。统计学在处理问题、拟合分析模型时，区分主要的必然性因素和次要的偶然性因素，把前者作为基本变量，把后者看作随机变量一同纳入模型。仅就这一点，统计学的结果比单纯只考虑基本变量的确定性分析，似乎要准确一些。有果必有因，现象的结果是由多种原因引起的，如果在结果和所有原因变量之间建立关系，将会使模型复杂化。统计学对此作简单的处理，把那些不便控制的因素当成随机干扰，这可能会降低分析的逼真性，却更有利于求解。所以，统计学能够把复杂的问题转化成简单的问题，这正是统计学能够快速发展的重要原因之一。

目前，统计学已经形成了由若干个分支组成的庞大的学科体系，并且已经成长为一棵枝繁叶茂的参天大树，如图 1-2 所示。

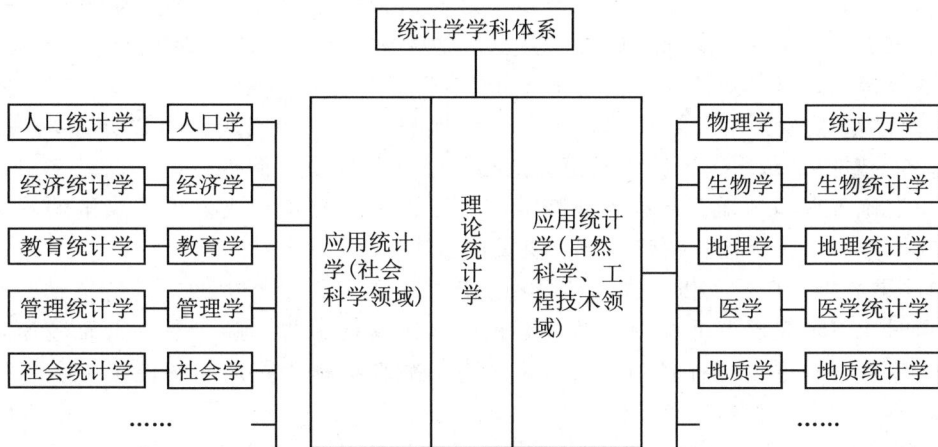

图 1-2 统计学的整体结构

从整个学科体系的大坐标着眼，统计学属于应用学科。那么，这里所说的理论统计学，是指侧重于从数学学科中汲取营养，研究统计学的数学方法和基础原理，以解决统计学自身发展中的重大问题为目标的统计学研究分支。

理论统计学主要包括以下内容。

（1）参数估计。参数估计是统计学的核心内容之一。它包括两个方面的内容：一是总体分布已知时，对总体未知参数或参数组合的函数进行估计；二是总体分布未知时，对有关分布的特征数字（如均值、方差或标准差等）以及分布密度进行估计。参数估计的主要研究内容有估计量的确定、估计量的评价等。

（2）假设检验。参数假设检验是统计学的另一重要内容。它是指在总体分布已知的情况下，根据样本资料，对总体参数的某种假设命题进行检验和判断。假设检验主要研究检验统计量的构造、假设检验原理、检验效率等问题。

（3）抽样调查。抽样调查是收集统计资料的基本手段之一。最初是由挪威人基埃尔（A. Kiaer）倡导的，后经鲍利（A. Bowley）、詹森（A. Jensen）、费雪、埃贡·皮尔逊、内曼、马哈拉诺比斯（P. Mahalanobis）、科克伦（W. Cochran）、汉森（M. Hansen）、耶茨（F. Yates）、赫维茨（W. Hurwitz）等人的努力，逐渐成为统计学的一个重要分支。抽样调查主要研究抽样方案设计、样本抽取方法、抽样分布、抽样效果等问题。

（4）试验设计。试验设计是由费雪首先明确提出来的，耶茨、哈什巴杰（B. Harshbarger）、尤登（W. Youden）、田口玄一等人都做出了一定的贡献。试验设计主要研究如何安排试验方案、如何分析试验结果等问题。

（5）非参数统计。非参数统计与参数统计相对应，它主要研究总体分布未知时或不依赖于总体分布的各种统计问题。近年来，非参数统计发展较快。

（6）时间序列分析。按时间顺序排列的一组数据，称为时间序列。时间序列分析大体可分为两个阶段：前期主要研究时间序列的基本结构、自回归过程等；20 世纪 50 年代后，时间序列分析进入一个新的发展阶段，这一阶段的主要特点是与随机过程和数理统计的结合更加紧密。时间序列分析的内容包括时域描述分析、频域推断分析、时概模型、非线性系统模型、自回归估计、空间序列分析等。

（7）统计决策。统计决策理论认为，统计所研究的一切问题都可以归结为在作"决策"。起初的意图是想用一个统一的模型把参数估计和假设检验连接起来。后来引进了博弈论、规划论等方面的知识，逐渐演变成统计学的一个理论分支。统计决策的基本概念包括风险函数、损失函数、决策标准、决策函数等。

（8）序贯分析。序贯分析是在产品质量统计检查的基础上产生的，其特点是，在检查产品质量时，不事先定下抽检单位数，要视每次观察的结果，确定是否需要增加新的样本单位。序贯分析可以节省时间、人力、物力，减少抽样检查的破坏性损失。它的内容有抽样方案、序贯检验统计量、判别风险等。

（9）多元统计。从一元统计到多元统计，是统计理论发展的必然趋势。多元统计，又称多元统计分析，指的是多维随机变量的统计处理办法。它主要包括多元分布、判别分析、典型相关分析、主成分分析、因子分析、聚类分析等。

（10）统计诊断。统计诊断是近几十年来发展起来的统计学的一个分支，主要研究观察数据、统计模型、统计推断方法的合理性问题，并针对诊断出来的缺陷，进行相应的治理和改进等。

（11）稳健统计。由于稳健统计与非参数方法、统计诊断、探索性分析有一定的联系，所以起初它的概念和学科性质并不明确。经过博克斯（G. Box）、图基（J. Tukey）、胡贝尔(P. Huber)、汉佩尔(F. Hampel)等人的努力，稳健统计的影响越来越大。稳健统计主要研究当理论分布与实际分布不一致时，如何确定"不敏感"的统计方法。

（12）探索性分析。简单地说，探索性分析就是通过对观察数据进行详细的考查，力求发现数据本身的结构和特征，并在此基础之上建立分析模型。探索性分析与美国著名统计学家图基的贡献分不开，他对现代统计学的发展产生了重要的影响。

应用统计学就是运用统计思想和方法，处理实际中属于统计方面的问题。应用统计学的构成比较复杂，大体上可以归结为四类。第一类是统计计算方法。它把统计方法、数学计算方法和计算机应用结合起来，重点解决数据处理过程中所碰到的各类计算问题。统计计算方法，可看作应用统计学的方法基础。第二类是应用统计学理论基础。同理论统计学相比，应用统计学理论基础减少了繁杂的数学符号、理论推导和公式体系，一般带有较强的应用背景，力求用简明扼要的语言，深入浅出地阐述统计学原理和方法，但它同纯粹的统计方法应用相比，又比较倾向于理论统计学。所以，应用统计学理论基础是站在理论统计学角度的应用统计学。第三类是应用统计学。它基本上从实际问题的背景出发，着重介绍如何使用统计方法，与具体学科结合比较紧密，以至于常常被归结到所应用学科的学科体系中。应用统计学按应用的学科性质不同，可区分为应用于自然科学的应用统计学和应用于社会科学的应用统计学。前者的数学味可能浓一些，而后者对数学的介绍可能少一些。第四类是统计学与其他应用数学学科的结合，形成了新的应用数学方法基础学科，如统计学与运筹学的结合，有博弈论、多目标决策、排队论、随机规划等。

在统计学的学科体系中，理论统计学是核心。只有扩大和深入理论统计学的研究，才能更好地促进统计学的应用。当然，广泛的统计实践，必将为统计理论准备更多的素材，从而推动理论统计学的进一步发展。

1.1.3 ▶▶▶ 统计学与计算机

计算机技术引入统计学是统计科学发展史上的又一里程碑，其意义之深远不亚于凯特尔将概率论引入统计学和 20 世纪 20 年代以后国民经济核算体系的建立引起的统计调查方法和统计内容的革命。计算机对数据的高效传输、加工处理及辅助决策的能力，增强了统计在帮助人们认识世界和改造世界过程中的作用，有利于统计的信息、咨询、监督职能的充分实现，成为统计生产力的重要组成部分。

由于统计理论日趋复杂化，使得应用计算机需要完成的计算更加困难，因此，从这一意义上说，统计理论的发展和电子计算机的发展相互促进。每当统计学家提出描述和运用数据决策的新方法，计算机科学家便会相应地推出更新、更有效地实现这些运算的方法；反过来，随着功能更强大的计算技术的出现，也激励统计研究人员探索新的更加精确的统计分析方法。统计决策实际上就是数据信息的运用。统计数据的准确性是统计工作的生命，计算机输出结果的质量取决于其输入数据的质量，"Garbage in，garbage out（输入的是垃圾，输出的也是垃圾）"说的就是这个道理。

总之，统计学随着统计认识的不断发展而向广度、深度和精密度发展，随着信息技术的发展和应用以及学科间的交叉渗透，统计应用的领域将会更加广阔，统计学也将迎来更大的发展。

1.2 统计学的概念

1.2.1 ▶▶▶ 统计学的认识分歧

什么是统计学？不同的人可能会给出不同的回答。尽管统计学作为一门科学的地位已经得到了确立，但在一些重要问题的认识上仍然存在着分歧，这或多或少影响到人们对统计学范畴的表述。因此，在解释统计学概念之前，我们先来对统计学的一些认识分歧作一评介。

1. 统计学的学科归属

统计学到底属于数学学科，还是属于社会科学，中外学者对这一问题有着不同的看法。一种看法认为，统计学是应用数学，属于数学的一个分支。这种观点，在从事理论统计学研究的学者中比较流行，代表人物有高尔顿、卡尔·皮尔逊、戈塞特、费雪、内曼等。而由"政治算术"和"国势学"繁衍下来的人口统计、经济统计、社会统计、行政统计的学派，一般坚持认为统计学属于社会科学。除配第、康林、阿亨瓦尔外，后来的苏歇米尔斯、凯特尔、克尼斯、迈尔（G. Von Mayr）、恩格尔（C. Engel）等学者，也曾做过这样明确的陈述。把统计学完全当成数学，似乎有一些不足。首先，统计学发展的史实没有切实得到尊重；其次，没有完整兼顾统计学广泛的实践；最后，容易导致数学化倾向，这是因为统计学的高度数学化和抽象化，已经阻碍了统计学的发展，使当初统计学与实际问题结合紧密的特点几乎丧失殆尽。但如果仍然固守统计学只是社会科学，显然也不利于统计数量研究水平的提高。针对这种状况，有的学者提出，在学科的分类上，统计学应单列出来自成一类。在我国，国务院学位委员会在 2011 年颁布的《学位授予和人才培养目录》中，正式将统计学列为"理学"门类下的一级学科。

2. 统计学的学科性质

长期以来，关于统计学是方法论性质的学科，还是实质性学科，一直争论不休。主张统计学是方法论科学的学者认为，统计学主要研究数据资料的处理方法，目的是提供数量认识的方法和工具。在这一派学者中，由于立足点不同，又有"特定方法论"和"通用方法论"之分。"特定方法论"立足于统计学是社会科学，认为统计学是主要研究社会经济现象总体数量的方法论，强调统计方法的特定用途。而"通用方法论"则认为，统计方法既适用于社会科学，也适用于自然科学，像数学一样，是一切数量问题研究的公共工具。在统计学发展的早期阶段，把统计学当作实质性学科的人比较多，他们主要应用统计学研究客观现象的因果关系和变化规律。从现在来看，统计学是一门"通用"的方法论性质的学科，这种观点已得到多数学者和专业人士认可。

3. 统计学的数量属性

统计学研究的是客观现象的数量，但人们对于统计学研究什么样的数量，也存在着不同的意见。一种意见认为，统计学研究的是抽象的数量，即"计量不计质"。这种观点同统计学是"通用方法论"的观点一脉相承。另一种意见认为，统计学研究的是客观现象具体的数量，首先从事物本质的分析入手，通过对数量方面的认识，最后上升到质的认识，也就是遵从由质到量，再由量到质的认识过程。

在统计学研究对象上，多数人把"随机性"或"不确定性"问题当成统计学的研究对象，并认为这是统计学作为一门学科存在和发展的坚实理由。另一部分人则认为，统计学研究客观事物确定的数量，其主要活动内容就是对客观事物的变化进行记录，并对记录的结果作出分析。事实上，统计学既研究随机现象，也研究确定性数量，过去以确定性数量研究为主，现在则主要研究随机性问题。

4. 描述统计学与推断统计学

就统计方法的特征和功能而言，存在着描述统计学和推断统计学之分。描述统计学与推断统计学之间没有明确的界限，只是大致上所作的划分。费雪之前的统计学，可称为描述统计学；费雪之后的统计学，则称为推断统计学。描述统计学主要研究资料的系统收集、整理、表述和计算。推断统计学一般研究如何根据部分观察资料，对总体情况作出具有一定可靠性的推断。在两者的关系中，描述统计学是推断统计学的基础。自推断统计学上升到主流地位后，认为统计学的实质是归纳推断的观点颇为流行。

1.2.2 ▶▶▶ 统计学的定义

依据概念的不同，定义通常有描述性定义和公理化定义之分。描述性定义，就是用语言文字对科学概念或范畴予以简练、准确的说明。公理化定义，则是人为给定的标准或准则。

关于统计学概念的解释，不下几十种。出现这种情况的原因就是采用了描述性的定义方法，加之统计学自身一直在不断发展，并且在认识上还存在不少的分歧。在此，我们立足于统计学的通用方法论性质，把统计学定义为：研究总体现象定量认识方法的科学，其目的在于探索客观现象内在的数量规律性。统计探索客观现象数量规律性的过程如图 1-3 所示。

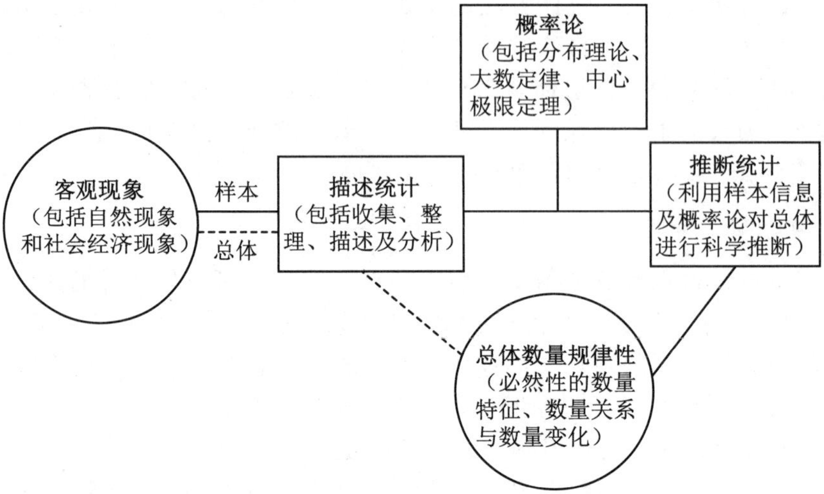

图 1-3　统计探索客观现象数量规律性过程框图

"统计"一词通常有统计工作、统计资料、统计学三种含义，它们既相互区别，又相互联系。统计工作是统计实践活动，包括设计、制定统计指标体系，收集、整理资料和对资料进行分析研究，以及建立和加强统计组织管理等方面的工作。统计资料是统计工作的最终成果，是指经过收集、整理和计算分析以后所得的能够反映客观现象数量方面的各种统计数据，常常以统计图表、统计年鉴等形式表现。统计学则是对统计实践活动经验的理论概括，它源于实践并不断发展于实践，又高于实践，以指导统计实践。

1.3　统计学的性质以及与其他学科的关系

1.3.1 ▷▷▷ 统计学的性质

现代统计学具有如下几个性质。

1. 数量性

统计学是研究数量问题的学问，统计的语言是数字，没有数字，就不是从数量方面入手进行认识，就谈不上统计。无论是社会科学还是自然科学，只要出现大量数据的地方，皆用得着统计，也需要统计。根据辩证唯物主义的认识论，任何事物都是由数量和质量两方面组成的，是二者的统一体。统计研究客观事物的数量，主要包括数量状态、数量关系和数量变化规律。如果数字资料准确，统计方法运用得当，就可以达到正确认识和反映的目的。统计学的数量性质，能够把它与那些非数量性质的学科(如哲学、经济学、政治学、历史学等)区分开来。

2. 总体性

数量有个体数量与总体数量之别,统计学主要研究后者,它要对大量同类现象的数量方面进行综合反映。单个数字不能称为统计,也不可能指望从它身上发现什么有价值的东西。只有对大量的现象或对某一现象进行重复的观察,才有可能找到统计关系和统计规律。统计虽然研究总体数量,但必须从个体数量的调查入手,遵循由个体数量到总体数量的认识逻辑。

3. 不确定性

统计学主要研究不确定性现象。所谓不确定性,是指由于受到偶然的、随机因素的作用,使得客观事物的实际数量表现存在一定程度的"不可确知性"。例如,测量某一物体的长度,如果没有误差,测量一次就能确切知道结果,那就不存在统计问题了。如果有测量误差,但误差的大小可以完全掌握,这时也无须用到统计。唯有存在误差,而误差又不可预测,这时候就需要统计。在现代统计学中,处理不确定性问题是统计学的主要课题和任务。

4. 归纳推断性

统计方法带有归纳推断的特点,统计对总体的认识有两条途径:一是对构成总体的全部事物逐一进行调查,取得全面资料;二是从总体中抽取部分事物组成样本,然后依据样本观察结果对总体进行推断。对于前者,运用算术方法和统计描述手段就可达到目的;后者则相对比较复杂,需要运用概率论知识和统计数学方法。实际中,全面调查与非全面的抽样调查都会用到,但由于全面调查受到诸多因素的约束,从经济性、时效性、实用性和可行性方面考虑,利用样本资料进行推断的优势比较明显。统计方法的归纳推断性质,主要是相对推断统计而言的,同逻辑学意义上的归纳推断有着明显的区别,统计推断不是从假设、命题出发,按严格的逻辑推理程序进行推断,而是基于观察到的样本情况,对总体的可能情况作出判断。

1.3.2 ▶▶▶ 统计学与其他相关学科的关系

1. 统计学与数学的关系

统计学研究客观现象的数量,不仅要用到数学,而且还涉及很多的数学知识。学好统计学,尤其是理论统计学,必须要有坚实的数学基础。在统计学中,数学的一些定理、运算法则同样适用,必须要严格遵守。但是也要注意到,统计学与数学相比,又具有特殊性。首先,统计学有较强的应用背景,统计方法的正确使用,不仅要有数学基础,而且要懂得相关学科的知识,具备一定的实际经验和良好的判断力。其次,统计学主要研究不确定性问题。最后,现代统计学的本质是归纳推断,与数学演绎方式有较大的差别。

2. 统计学与各专门学科的关系

统计学的应用相当广泛，它在各个学科、各个领域、社会生活的各个方面，几乎都有重要的应用。仅就这一点，统计学与各个专门学科必然存在着联系。这种联系体现在，统计学能为各个专门学科中带有普遍性的数据收集、整理、分析和解释提供方法和理论指导，帮助它们更准确、更深入地进行认识。但是统计方法只是定量分析的工具，它不会涉及各专门学科中的具体问题。举个例子，经过长期的观察发现，吸烟人群当中，肺癌的发病率比较高，对于吸烟与肺癌之间是否存在相关关系，可以运用统计方法进行论证，但为什么吸烟会导致肺癌，却是医学和病理学的课题，统计学无法作出回答。以上所述只是一方面，对此不能作错误的理解，不能片面地认为统计专业的人不需要了解各专门学科的知识。恰恰相反，统计专业的人如果具有专门学科的知识，就能与该学科的专家有更多的共同语言，能够更好地运用统计方法解决问题。

1.4　统计学的应用

1.4.1 ▷▷▷ 统计研究的基本过程

统计研究的全过程包括四个基本环节。

1. 统计设计

统计设计是根据所要研究问题的性质，在有关学科理论的指导下，制定统计指标、指标体系和统计分类，并给出统一定义、标准；同时提出收集、整理和分析数据的方案和工作进度等。统计设计是统计研究的前期工程，其完成质量直接关系到整个统计研究的质量。做好统计设计不仅要有统计学的一般理论和方法作为指导，还要求设计者对所要研究的问题本身具有深刻的认识和相关学科的知识。

2. 统计调查

经过统计设计，形成方案之后，就可以进入统计调查阶段。统计调查就是根据统计研究任务的要求，有计划、有组织地向调查单位收集原始资料的工作。通过统计调查取得丰富的资料，增强人们对研究对象的感性认识。统计调查是认识事物的起点，同时也是进行统计整理和统计分析的基础。统计调查能否取得准确、完整、及时的统计资料，不仅直接影响到统计整理和统计分析能否顺利进行，而且关系到整个统计工作质量的好坏。

3. 统计整理

统计整理就是根据一定的目的和任务，将统计调查所得的大量原始资料进行科学分组和综合汇总。统计调查所取得的反映个体的原始资料是分散的、不系统的，根据这样的资料，人们难以从总体上分析和认识社会现象的特征与变化规律。只有通过统计整理，才能使之系统化、条理化，成为能说明现象总体特征的综合资料。统计整理是统计调查的继续，又是统计分析的前提和条件。

4. 统计分析

统计分析就是根据统计研究目的，运用各种分析方法，对已经加工整理的资料进行分析研究，以揭示事物的内在联系及其发展规律。由于分析的任务和要求不同，采用的统计分析方法也不同，常用的方法有综合指标法、动态分析法、指数法、相关与回归分析法等。

1.4.2 ▶▶▶ 相关学科中的统计研究课题

今天，人们无论从事生产活动、科研活动还是社会活动，大多离不开数据资料的收集、整理、分析和解释。在工农业生产和商业活动方面，在社会学和政治学方面，在史学和考古方面，在物理、化学和生物方面，在天文、地理方面，在交通运输和能源供应方面，在医学和保健方面，在教育和文化方面，在保险和社会福利方面，在纯科学研究和实验等方面，基本上都要用到统计工具。因此，统计应用的领域是极其广泛的。

统计学的一般理论和方法与相关学科的结合，还形成了相关学科的统计学。例如，统计学与经济学的结合，形成了经济统计学；与生物学的结合，形成了生物统计学；与物理学的结合，形成了物理统计学；与地理学的结合，形成了地理统计学等。对于一些十分复杂的现象，人们一时还难以掌握其变化的特征和规律，这时通过表面数量观察以探求内在本质的统计学就能派上用场，如气象预报、水文预报、地震预报、大范围的经济波动监测等。虽然统计方法不是处理这些问题的唯一途径，但它确实能起到不小的作用。带有规律性的东西，往往隐蔽在事物的深处和背后，不会轻易地被发现，如果有统计意识，经过长期的统计观察，或许能找到一些线索，这时若能及时上升到命题或假说，就能帮助我们把科学研究活动引向深入。对于社会科学领域的实证分析，统计的作用同样也是不可低估的。

下面仅就统计学在社会科学中的应用，粗略地介绍一些研究课题。

1. 经济统计学

经济管理是统计方法得到较早和较多应用的一个领域。经济统计学的传统内容主要是国民收入估算、价格指数编制、时间序列的古典分析、经济前景预测等。20 世纪 30 年代后，为适应宏观经济学实证研究的需要发展起来的国民经济核算体系，现已成为经济统计和政府统计研究的重要方面。此外，经济统计学重要的研究课题还有经济结构、经济增长、经济效益、通货膨胀、政策效应等。

2. 管理统计学

运用统计方法，分析和解决企业经营和管理活动中遇到的各种需要作出决策的问题，就是管理统计学。管理统计学研究的问题有市场调查、商情预测、产品试验设计、成本预算、库存管理、排队模拟、工序控制、抽样检查等。

3. 社会统计学

社会学家在研究社会问题时，少不了要进行实地调查，统计学方法在确定样本规模和制定合适的调查方案时有很大的用途。统计分析和推断方法，对收集来的资料的正确使用，也有一定的指导意义。社会分层和流动性、收入与财富分配、贫困化问题、地区差异比较、国家现代化、人文发展水平、社会犯罪现象、劳动与休闲、职业质量等，都是社会统计学的重要课题。

4. 人口统计学

原始的统计活动就是对部落、氏族中的人口进行计数和清点，所以人口统计是最古老的一门统计。人口统计课题主要包括人口调查系统，人口寿命表的编制，人口统计核算体系，人口增长与控制，人口与资源、环境、生活质量和社会发展的关系等。

5. 教育统计学

教育是提高居民素质和让社会成员获取一定谋生技能的手段，在不同时期或不同地区，人们关心教育的侧重点可能差别很大，但不管怎样，社会受教育的水平、教育资源的分配和教育效益、教育的内容和方法的合理性、继续教育和职业培训、影响学生学习成绩的因素分析等，应该成为教育统计研究的课题。

1.4.3 ▷▷▷ 统计应用需要注意的事项

进行统计应用，需要具备两方面的知识：一方面要掌握统计学的基本方法，另一方面要具有分析实际问题的知识背景。正因如此，在一些大学里，统计系开设了像经济学、社会学之类的课程，旨在培养复合型的统计专门人才。

在一些人的意识里，统计应用被当成简单地套用现成的统计方法，这是一种误解和偏见。统计应用也是科学研究的过程，同样需要创新性思维。以最实用的回归分析为例，它就包括一系列的步骤，如图 1-4 所示。

怎样从研究课题中找出统计问题，这需要

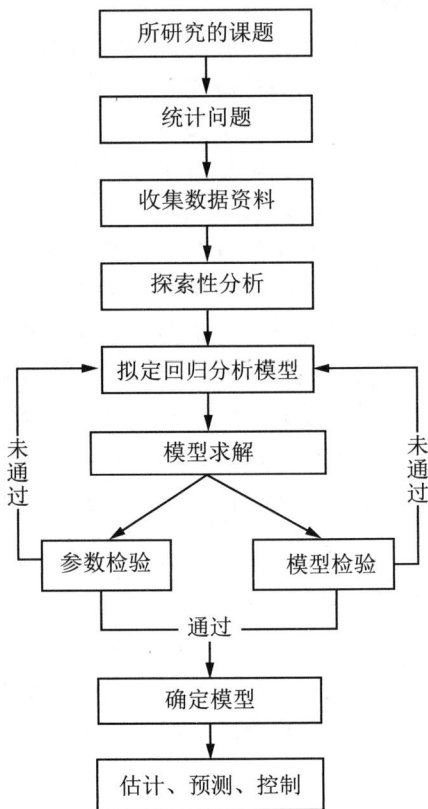

图 1-4　回归分析研究过程

一定的统计素养，还需要具备良好的经验和判断能力。统计模型是对实际存在的抽象，但抽象不等于不真实，因此，首先需要对数据进行探索性分析，根据定性分析和数据资料所显示出来的关系，拟定相应的分析模型，初步提出模型后，反复对它进行评价和修改。只有确认模型基本无误，才能用于估计、预测或控制。这一系列过程，仅靠模仿或者生搬硬套是行不通的。

在用样本资料进行推断的时候，统计方法并不能保证不犯错误。因此，对统计估计和检验结果应有一个正确的认识。每一种统计方法都有自己特定的用途，在使用之前，应先搞清楚它们适用的对象和条件。要针对不同的问题、不同的资料，有选择地运用不同的处理方法。

统计资料是统计分析的原料，资料准确可靠，方法运用得当，才有可能得到正确的统计结论。这些都是进行统计应用必须注意的问题。

1.5 统计学的几个基本范畴

1.5.1 ▶▶▶ 统计总体和总体单位

统计总体（简称总体），是由客观存在的、具有某种共同性质的许多个别事物构成的整体，它是由特定研究目的确定的统计研究对象。构成总体的这些具有某种共同性质的个别事物就是总体单位。根据研究目的不同，总体单位可以是人、物、企业或机构等。例如，研究某大学学生的素质状况，则该大学的所有大学生构成统计总体，每一名大学生为总体单位；研究某市生产设备的利用状况，则该市的所有生产设备是统计总体，每一台生产设备是总体单位。又如，研究全国工业企业生产发展情况，则全国所有工业企业就构成了统计总体，每一个工业企业就是总体单位。全国工业企业之所以能够构成一个总体作为统计研究的对象，是因为每个工业企业都是客观存在的，且具有某种共同性质，即它们都是从事工业产品生产经营并向社会提供工业产品和服务的单位。明确界定了这一研究对象，我们就可以具体研究全国工业企业的从业人数、技术装备程度、产品产量、资金规模、经济效益等一系列问题。显然，作为一个统计总体是有其质的规定性和量的规定性的，只有同时具备了同质性、大量性、变异性三个基本特征，才能形成统计总体。

1. 统计总体的基本特征

（1）同质性。同质性是指总体中各单位具有一个或一个以上不变的标志，即至少有一个具有某一共同标志表现的标志，使它们可以结合起来构成总体。同质性是构成统计总体的必要条件。如果违反同质性将不同质的单位混合在一起进行研究，不仅没有实际意义，甚至会产生虚假和歪曲的结论。

扫码听课

同质性是相对的，是有层次的，它是依据一定的研究目的而确定的，研究目的不同，同质性的意义也就不同。

(2)大量性。大量性是指总体的形成要有一个相对规模的量，即总体单位要足够多，个别单位或少数单位不能形成统计总体。因为研究客观现象总体数量特征的目的在于揭示现象的内在规律性，统计研究的大量观察法表明，只有观察足够多的个体，在对大量现象的综合汇总中才能抵消偶然因素的作用，显出规律性的东西。当然，大量性也是一个相对的概念，它与统计研究目的、精密度要求、客观现象的现存规模以及总体各个单位的差异程度等都密切相关。

(3)变异性。总体各个单位除具有某种或某些共同的性质外，在其他方面各不相同，具有质和量的差异，这种差异在统计学中称为变异性。变异性是统计研究的前提，有变异才有统计。

2. 统计总体的分类

(1)有限总体与无限总体。有限总体是指构成总体的总体单位数是有限的、可以计算出来的。无限总体是指构成总体的总体单位数是无限的。例如，对连续流水作业的产品进行检验，这类总体就属于无限总体。对于无限总体只能通过抽样调查推断其数量特征。

(2)简单集合总体与有机结合总体。简单集合总体是指构成总体的各个总体单位之间独立性较强的总体。有机结合总体又称系统总体，是指构成总体的各个总体单位之间存在依存关系或投入产出关系的总体。简单集合总体与系统总体的区分是相对的。

(3)可相加总体与不可相加总体。可相加与不可相加是对总体内的所有总体单位能否相加而言的。企业总体、人口总体、农作物播种面积构成的总体等是可相加总体。固定资产总体、工业生产成果总体、零售商品总体等是不可相加总体，因为我们不能把构成固定资产总体的总体单位——每一件固定资产，如一座化铁炉与一台机床加在一起，但却可以将构成企业总体的总体单位——每个企业相加为企业数。

3. 统计总体与总体单位的关系

统计总体和总体单位的概念是相对一定的统计研究目的而言的，并不是固定不变的。随着研究目的和范围的不同，两者可以相互转化。例如，当研究某一个机械工业企业的生产情况时，该企业是统计总体；而当研究该企业所在行业所有企业的生产情况时，该企业又成为一个总体单位。

1.5.2 ▷▷▷ 统计标志和统计指标

1. 统计标志与标志表现

统计标志简称标志，是说明总体单位共有特征和属性的名称。标志表现是标志特征在总体各单位的具体体现，表现为文字和数值(又称为标

扫码听课

志值)两种形式。总体单位是标志的直接承担者。

根据具体表现不同,标志可分为品质标志和数量标志两种。品质标志用以表明总体单位属性方面(质的方面)的特征,只能用文字来表现;数量标志用以表明总体单位数量方面的特征,可以用数值来表示。例如,企业作为总体单位,其登记注册类型、隶属关系为品质标志,而职工人数、产品产量、利润等则为数量标志。

根据变异情况不同,标志可分为不变标志和可变标志两类。不变标志是指某一总体中各个总体单位的标志表现均相同的标志,它是构成总体同质性的基础。当一个总体中某一标志在各个总体单位的具体表现不完全相同时,该标志称为可变标志或变异标志。总体的变异性是指总体单位必须至少具有一个可变标志。

2. 统计指标与指标体系

(1)统计指标的含义及特点。统计指标是表明客观现象总体数量特征的概念和数值。与标志不同,统计指标依附于统计总体。一个完整的统计指标一般包括指标名称、计量单位、核算方法、时空限制(即时间限制和空间限制)、计算价格、指标具体数值六大要素。统计指标的理论设计工作主要是制定和规范前三个要素,而具体的统计调查和数据整理工作则是准确核算后三个要素。

统计指标具有三个特点。①数量性。统计指标用以反映客观现象总体的数量特征,都是可以用数字来表现的,没有不能用数字来表现的统计指标。②综合性。统计指标既是同质总体、大量个别单位的总计,又是个别单位标志值的差异综合。它通过将各个总体单位的数量差异进行抽象概括,来反映现象总体的综合数量特征。③具体性。统计指标是现象总体在一定时间、地点、条件下的数量特征的具体表现,并不是抽象的概念和数字,它是客观存在的事实的映像。

(2)统计指标的分类。

①基本指标与派生指标。其划分依据是指标数值的来源。直接根据总体单位标志计算出来的统计指标称为基本指标,根据基本指标计算出来的统计指标称为派生指标(也包括根据派生指标计算出来的指标)。基本指标有两个判断的依据:一是反映客观现象基本情况的指标,二是要通过统计调查才能得到的指标。

②数量指标与质量指标。其划分依据是指标所反映的总体数量特点和内容。数量指标是反映客观现象总体规模大小、数量多少的统计指标,用以表示事物的外延量大小,都是用绝对数来表示的,并且有实物的或货币的计量单位。数量指标的数值大小随总体范围的大小而增减变动。质量指标是反映总体内部数量关系或各个总体单位一般水平的统计指标,用以表示事物的内涵量状况。质量指标通常用相对数或平均数的形式表现,其计量单位为无名数或复名数,且其指标数值大小与总体范围的大小没有直接的联系。

③描述指标、分析评价指标及决策指标。其划分依据是统计指标的作用功能。描述指标用以反映客观现象的状况、活动过程及结果,提供人们对客观现象的基本认识,是统计信息的主体部分。分析评价指标是用于对社会经济行为的结果进行比较、评估、考

核，以检查其工作质量和社会经济效益的统计指标。而决策指标则是在前两项指标基础上再次筛选出的用于决策及过程控制的指标。

（3）统计指标体系。统计指标体系是指由若干个相互联系的统计指标所组成的整体，用以说明客观现象各个方面相互依存和相互制约的关系。构成指标体系的各指标间，有的是互补关系，有的是因果关系。由于客观现象总体是由多方面、多环节相互联系而组成的有机整体，而一个统计指标只能反映客观总体及其运动的某一个侧面，因此要全面准确地认识客观现象总体及其运动状况，就必须借助于由一群相互联系的指标组成的统计指标体系。

统计指标体系大体上可以分为基本统计指标体系和专题统计指标体系两大类。就国民经济和社会发展统计指标体系而言，前者用以反映国民经济和社会发展及其各个组成部分的基本情况，分为反映整个国民经济和社会发展的统计指标体系、各地区和各部门的统计指标体系以及基层统计指标体系三个层次；后者是针对某一特定的经济或社会问题而制定的专项统计指标体系。

3. 统计指标与统计标志的区别和联系

两者的区别主要表现在：①统计指标说明总体数量特征，而标志则反映总体单位特征；②统计指标都是能用数值表示的，而标志有能用数值表示的数量标志和只能用文字表述的品质标志之分。

两者的联系主要表现在三个方面。①具有对应关系。在统计研究中，标志与指标名称往往是同一概念，具有相互对应关系。标志是统计指标的核算基础。②具有汇总关系。许多指标的数值是由总体单位的数量标志值汇总而来的。③具有变换关系。指标与标志随着研究目的和范围的不同可以相互转化，这种转化是基于总体和总体单位之间的变换关系。当所研究的总体变成总体单位时，原来的指标就变成了标志；反之，当原来的总体单位变成新研究的总体时，原来的标志就变成了指标。

1.5.3 ▶▶▶ 变异与变量

扫码听课

1. 变异

变异是指标志表现及指标的具体表现上的差异，有属性的变异和数值的变异之分。变异是统计的前提，没有变异也就没有统计。

2. 变量

统计对变异的研究主要是通过变量的形式进行的。统计学中把可变的数量标志和所有的统计指标称为变量。将变量的具体表现，即可变的数量标志（或统计指标）的不同取值，称为变量值或标志值。统计研究正是运用一定的统计方法，通过对不同类型的变量及变量值加以处理来揭示总体的数量特征及规律性的。

3. 变量的分类

（1）变量按其取值的连续性可分为连续型变量和离散型变量。连续型变量的取值是连续不断的，相邻两值之间可以作无限分割，它必须用测量或计算的方法取得数值的表现。如身高、体重、平均温度等都属于连续型变量。离散型变量的数值均以整数位断开，不能取小数，只能用计数的方法取得。例如学生数、设备数等。年龄虽然是连续型变量，但通常作离散型变量处理。

（2）变量按其性质可分为确定性变量和随机变量。前者是指变量值的变动受某种决定性因素制约的变量，如国民收入、工业增加值等；后者是指在变量值的变动中不存在起决定性影响因素的变量，变量值的变动是随机的，如机器正常运转及操作情况下的零件尺寸等。

1.6　常用统计软件介绍

1. Microsoft Office Excel

Excel 是微软公司推出的 Office 系列产品之一，并凭借其直观的页面、出色的计算功能、简便的统计图制作及图表工具的运用，成为当前最流行的个人计算机数据处理软件之一。

Microsoft Office Excel 虽然不是用于统计分析的前沿解决方案，但确实提供了用于数据可视化和简单统计的各种工具，它具有整理数据、以公式执行计算、以图表和图形呈现数据、预测趋势等功能。Excel 生成摘要指标和可自定义的图形很简单，这使其成为许多希望了解数据基础应用的人的有用工具。Excel 具有功能齐全、操作简便灵活等特点，因而成为很多数据分析人员最初级也是最主要的分析工具；不足的是 Excel 运算速度相对较慢，统计方法不全。

2. SPSS

SPSS 是软件英文名称 Statistical Package for the Social Sciences 的首字母缩写，即"社会科学统计软件包"。2000 年，SPSS 公司将该软件英文全称更改为 Statistical Product and Service Solutions，意为"统计产品与服务解决方案"，标志着 SPSS 的战略方向作出了重大调整。SPSS 公司成立于 1968 年，之后陆续并购了 SYSTAT 公司、BMDP 软件公司等，逐渐由原来的单一统计产品开发与销售转向为企业、教育科研及政府机构提供全面信息统计决策支持服务，成为走在最新流行的"数据仓库"和"数据挖掘"领域前沿的一家综合统计软件公司。

SPSS 最突出的特点就是操作界面极为友好，采用类似 Excel 表格的方式输入与管理数据，数据接口通用，能方便地从其他数据库中读入数据，是非统计专业人员的首选统计软件。

（网络链接：http://www.spss.com）

3. Python

Python 由荷兰数学和计算机科学研究学会的罗苏姆（Guido van Rossum）于 20 世纪 90 年代初设计，是一种解释型、面向对象、适合动态数据类型的高级程序设计语言，标准库和第三库众多，功能强大，既可以运用于数据分析，也可以开发企业级应用。

Python 提供了高效的高级数据结构，还能简单有效地面向对象编程，其语法和动态类型以及解释型语言的本质，使它成为多数平台上写脚本和快速开发应用的编程语言。随着版本的不断更新和语言新功能的添加，Python 逐渐被用于独立的、大型项目的开发。

（网络链接：https://www.python.org）

4. R 语言

R 语言起源于美国贝尔实验室的 S 语言，是一种为统计计算和绘图而生的语言。它是一套开源的数据分析解决方案，工具箱（本质上是插件）可用于各种应用程序，可以简化数据处理的各个方面，现已广泛应用于研究和其他领域的数据处理。R 语言作为一套完整的数据处理、计算和制图软件系统，具备数据存储和处理系统、数组运算工具、完整连贯的统计分析工具、优秀的统计制图等功能，可以全面地将复杂数据可视化。

R 语言是一个免费的统计分析软件，用户可以免费获取全球各地使用者贡献的各类"包"，并直接使用，不必重写一套算法。需要注意的是，尽管 R 语言是一个非常强大的软件，但它也具有陡峭的学习曲线，需要一定程度的编码能力。R 语言的许多功能都是由独立贡献者编写的可选模块，这些文档可能较为零散、很难找到，并且每个用户的语法书写习惯不同，这就使得代码没有相对统一的使用定义，从而增加了初学者的难度。不过，R 语言由一个庞大且活跃的全球性研究型社区维护，其致力于构建和改进 R 语言及其相关的插件，为初学者提供了大量的帮助文档。

（网络链接：https://www.r-project.org）

5. SAS

SAS 系统的全称为 Statistics Analysis System，是由美国北卡罗来纳大学的两位生物统计学研究生编制的。他们于 1976 年成立了 SAS 软件研究所，正式推出了 SAS 软件。SAS 早期的主要功能是统计分析，如今 SAS 打出的宣传口号是"superior software that gives you the power to know"（卓越的软件带给你获取知识的力量），其产品与解决方案除统计分析外，新增了数据整合、企业智能等，统计分析功能也在不断增加。

SAS 统计分析系统是由多个功能模块组合的，其基本部分是 BASE SAS 模块，它是 SAS 统计分析系统的核心，承担着主要的数据管理任务，并管理用户使用环境，进行用户语言的处理，调用其他 SAS 模块和产品。在 BASE SAS 的基础上，可以增加模块以增强数据分析功能，如 SAS/STAT（统计分析模块）、SAS/GRAPH（绘图模块）、SAS/QC（质量控制模块）、SAS/ETS（经济计量学和时间序列分析模块）、SAS/OR（运筹学模块）、SAS/IML（交互式矩阵程序设计语言模块）、SAS/FSP（快速数据处理的交互式菜单系统模块)、SAS/AF(交互式全屏幕软件应用系统模块)等。一般认为，使用 SAS 需要编写程序，比较适合统计专业人员，非统计专业人员使用则比较困难。事实上，SAS 的很多功能也可以通过菜单操作实现，如 Insight 就是一个菜单操作的界面。

（网络链接：http://www.sas.com）

6. MiniTab

MiniTab 是由美国宾夕法尼亚州立大学在 1972 年研制的统计分析软件包，它以易学性、可靠性以及完善的功能而著称于世。MiniTab 具备以下特征：与人们学习和工作方式相适应的逻辑界面；包含完整的数据管理功能、强大的文件导入和导出功能、数据操作和电子表格式的数据窗口；配备详尽的文档，如帮助解释输出结果的 StatGuide 以及 500 多个图文并茂的术语等。

MiniTab 包括统计分析模块和绘制图形模块，统计分析模块有 13 个主命令：基本统计分析（basic statistics）、回归分析（regression）、方差分析（analysis of variance，ANOVA）、试验设计（design of experiments，DOE）、控制图（control charts）、质量编制计划工具（quality tools）、可靠性/生存分析（reliability/survival）、多变量分析（multivariate）、时间序列分析（time series）、统计报表和列联表检验（tables）、非参数检验（nonparametrics）、探索性数据分析（exploratory data analysis，EDA）、效能与样本量分析（power and sample size）。

（网络链接：http://www.minitab.com）

本章小结

1. 从统计学的产生和发展过程来看，统计学的三大渊源是国势学、政治算术和概率论。统计学经过发展已经形成了由若干个分支组成的庞大的学科体系，主要可以分为理论统计学和应用统计学两类。

2. 统计研究的全过程可以分为统计设计、统计调查、统计整理和统计分析四个阶段。进行统计应用，需要具备两方面的知识：一方面要掌握统计学的基本方法，另一方面要具有分析实际问题的知识背景。

3. 统计总体是由客观存在的、具有某种共同性质的许多个别事物构成的整体，它是由特定研究目的确定的统计研究对象。构成总体的这些具有某种共同性质的个别事物就是总体单位。

4. 统计标志是说明总体单位共有特征和属性的名称。标志表现是标志特征在总体各单位的具体体现，表现为文字和数值(又称为标志值)两种形式。根据变异情况不同，标志可分为不变标志和可变标志两类。

5. 统计指标是表明客观现象总体数量特征的概念和数值。与标志不同，统计指标依附于统计总体。一个完整的统计指标一般包括指标名称、计量单位、核算方法、时空限制（即时间限制和空间限制）、计算价格、指标具体数值六大要素。

6. 变异是指标志表现及指标的具体表现上的差异，有属性的变异和数值的变异之分。统计对变异的研究主要是通过变量的形式进行的。统计学中把可变的数量标志和所有的统计指标称为变量。

阅读与分析

中国统计体系简介[①]

1. 中国统计体系的发展

1949 年，随着中华人民共和国的诞生，新中国的国家统计体系开始了其组建和发展的历程。1949 年 10 月，中央人民政府政务院在财政经济委员会中央财经计划局内设立了统计处（后改名为统计总处）。1952 年 8 月，正式成立了国家统计局。随之全国各地区、各政府部门的统计机构也相继建立。当时，百业待兴，需要集中财力和物力用于经济恢复和重建，国家难以建立一套从上到下、覆盖面全的集中型统计体系。但是，统计数字的客观性和权威性又需要统计体系的相对集中。因而，确定了采取统计业务上实行统一领导，但地方和部门统计机构的人员和管理由地方政府和部门领导负担的"统一领导，分级负责"的统计管理体制。国家统计局则作为国务院的直属局承担中央政府综合统计机构的角色，负责国家统计体系的组织、审批、协调工作。

1958 年，"大跃进"刮起的浮夸风，使统计数字严重不实，暴露出"统一领导，分级负责"管理体制的缺陷，地方统计机构隶属地方政府领导和管辖，使统计数据易受地方政府的干扰。为此，国家在 1962 年曾决定要采取"一垂（业务垂直领导）三统（统一管理人员编制、干部、经费）"的管理体制，但因一些原因而夭折。

"文化大革命"时期，国家统计体系遭到严重破坏。国家统计局作为国家计划委员会的一个内设局（组），地方政府的统计机构也被相应地放在了同级的计划委员会内，统计业务虽继续维持中央统一领导，但因各级地方政府统计机构不再独立，人员编制、干部、经费等均已归地方计划委员会直接管理。

20 世纪 70 年代末 80 年代初，随着中国实行改革开放政策，国家统计体系和统计工作迅速恢复，并逐步走上了法治的轨道，进入改革发展的新时期。

中国现行的国家统计体系仍维持了"统一领导，分级负责"的管理模式，但在一些方面已经采取了相对集中、垂直领导的"一垂三统"的做法，即国家统计局统一管理地方各级政府统计局的人员编制和统计事业经费。上级统计局可以对下一级统计局的领导班子进行考察，地方政府任命统计局局长时要征求上一级政府统计局的意见。国家统计局各

---

① 郑京平：《中国国家统计体系简介（一）——概况及统计法律体系》，载《中国统计》，2002（2）：16-17，32；《中国国家统计体系简介（二）——统计组织与管理》，载《中国统计》，2002（3）：17-18。有删改。

级调查队是国家统计局的派出机构，国家统计局对各级调查队实行垂直管理。国家统计局与部委等部门统计机构的关系，则仍保留在业务审批和协调管理上。从经费来源看，仍以各级财政预算拨款为主，其他经费来源仅作为补充。

2. 中国统计组织和管理

《中华人民共和国统计法》规定，国家建立集中统一的统计系统，实行"统一领导、分级负责"的统计管理体制。国家统计体系主要由政府综合统计系统和政府部门统计系统两个部分组成。

（1）政府综合统计系统。中国政府自上而下设置统计机构或者配备统计人员，构成政府综合统计系统。目前，国务院设立国家统计局，县以上地方各级人民政府设立独立的统计机构（统计局）。乡一级人民政府则主要由专职或兼职的统计员来负责统计工作的具体协调管理。

此外，国家统计局还直接管理着国家统计局调查总队。2005 年 3 月 16 日，国务院办公厅印发了《国家统计局直属调查队管理体制改革方案》，启动了对国家统计局原直属农村社会经济调查队、城市社会经济调查队、企业调查队（以下分别简称农调队、城调队和企调队，合称三支调查队）管理体制的改革，撤销国家统计局直属的各级农调队、城调队、企调队，组建国家统计局省（区、市）调查总队 31 个，副省级城市调查队 15 个，市（地、州、盟）调查队 318 个，县（市、区、旗）调查队 887 个。新组建的各级调查队原则上与同级人民政府统计机构同一级别。国家统计局原直属三支调查队的职能全部转移给新组建的各级调查队，并将逐步增加国家宏观调控和国民经济核算所需重要统计信息的抽样调查任务，负责实施统计快速反应制度，承担国家统计局交办的其他调查任务。同时，接受地方各级人民政府及有关部门的委托，进行统计调查和数据加工，为地方党政领导机关和统计局提供统计信息服务。国家统计局各级调查队和同级统计局都是国家统计系统的重要组成部分，在业务上均接受国家统计局的领导，既要完成国家统计局布置的统计调查任务，又要完成地方政府的统计调查事项。根据职能分工，各负其责，互相配合，实行信息共享，不得重复建设和重复调查。各级调查队承担的国家统计局布置的各项调查任务，由调查队独立组织调查，并向国家统计局独立上报调查结果。此项改革工作已于 2006 年年底基本完成。

政府综合统计系统的统计人员编制数由国务院直接决定，由国家统计局具体管理。

（2）政府部门统计系统。作为国家统计体系的一个重要组成部分，政府部门统计系统由国务院各政府部门和地方各级人民政府的各政府部门，根据统计任务的需要设立的统计机构或在有关机构中设置的统计人员构成。以中国人民银行系统为例，中国人民银行设立了统计司，中国人民银行地区分行设立了统计处。

在政府部门统计系统中，需要为国民经济核算提供相对完整的统计数据信息的部门主要有：财政部（财政统计）、中国人民银行（金融、外汇统计）、海关总署（海关进出口统计）、对外经济贸易合作部（利用外资统计）、教育部（教育统计）、文化和旅游部（文化统计）、卫生健康委员会（卫生统计）、国家体育总局（体育统计）、生态环境部（环境保护统计)、司法部(司法统计)以及自然资源部(地质勘查统计)等。

中国政府统计系统的经费来源主要有三个方面:一是中央政府财政拨款;二是地方政府财政拨款;三是通过咨询、有偿服务、承接国内外委托调查项目、与国内外有关机构进行合作研究,以及接受国内外有关机构的技术援助等方式获得的其他收入。三者收入的比例大致是:除其他收入约占 4% 以外,中央财政收入和地方财政收入各占一半。

思考与练习

一、思考题

1. 简述统计学的产生与发展历程。

2. 对统计学认识的分歧主要有哪些?

3. 统计学是怎样一门科学?

4. 统计研究工作可以分为哪几个阶段? 其相互间有什么关系?

5. 什么是统计总体? 什么是总体单位? 举例说明总体和总体单位的关系。

6. 什么是标志和指标? 它们各有哪些分类? 标志和指标有什么区别和联系? 请举例说明。

二、单项选择题

1. 统计学的研究对象是(   )。

    A. 总体现象定量认识方法   B. 统计工作

    C. 总体现象的内在规律   D. 总体现象的数量方面

2. 统计一般是指(   )。

    A. 统计理论与统计实践

    B. 统计设计、统计调查与统计整理

    C. 统计工作、统计资料与统计科学

    D. 统计分析报告与统计预测模型

3. 下列属于品质标志的是(   )。

    A. 年龄   B. 性别   C. 体重   D. 工资

4. 研究某市工业企业的生产设备使用情况,则统计总体单位是(   )。

    A. 该市全部工业企业   B. 该市每一个工业企业

    C. 该市工业企业的每一台生产设备   D. 该市工业企业的全部生产设备

5. 最早使用"统计学"这一学术用语的是(   )。

    A. 政治算术学派   B. 国势学派

    C. 社会统计学派   D. 数理统计学派

6. 要考察全国工业企业的情况,以下标志中属于不变标志的有(   )。

    A. 产业分类   B. 职工人数   C. 劳动生产率   D. 所有制

第 2 章

统计数据的收集

本章导读

本章在介绍统计数据的来源和分类的基础上，对数据收集的方式和方法进行了描述与对比，并探讨了对数据质量的控制。

思政目标

培养学生在统计调查过程中刻苦踏实、一丝不苟的工作作风，具备严谨求真的调查态度、职业道德和求真务实的专业素养。

思政案例

毛泽东同志的调查活动

毛泽东同志是中国共产党人从事社会调查研究的典范。他认为："闭门求学，其学无用。欲从天下国家万事万物而学之，则汗漫九垓，遍游四宇尚已。"[1]

中国共产党成立后，毛泽东对中国社会各阶级状况，特别是工人、农民的情况进行过广泛、深入的调查。1921 年 9 月至 1922 年冬，毛泽东先后四次到江西省安源煤矿，了解煤矿的历史、工人同资本家矛盾的具体表现，以及工人的劳动、生活和思想状况，发动和指导工人运动。1922 年 12 月，水口山铅锌矿工人举行大罢工，罢工胜利后，毛泽东立即派人去水口山详细调查工人俱乐部罢工情况和工人的情绪，写出了《湖南水口山工人俱乐部纪实》。1925 年春，毛泽东对韶山的农村政治经济情况和农民的革命要求进行了详细的调查，用个别和一般相结合的分析方法，得出了中国佃农状况的一般结论。1926 年，毛泽东对江苏、浙江两省的农民状况进行了考察，写了《江浙农民的痛苦

---

[1] 《毛泽东早期文稿》，第 2 版，587 页，长沙，湖南出版社，1995。

及其反抗运动》一文。1927 年，毛泽东考察了湖南 5 个县的农民运动，写了《湖南农民运动考察报告》。1930 年，毛泽东在《反对本本主义》（原题名为《调查工作》）一文中提出"没有调查，没有发言权"的科学论断，后来成为中国共产党人一切从实际出发、深入群众、理论联系实际的行动口号。

思考

结合上述案例和本章内容，谈谈对"没有调查，没有发言权"的理解。

2.1　统计数据的一般问题

统计数据是反映客观事物数量特征的数字信息，是统计科学研究的基本原料。对统计数据来源、分类、准确性及其计量的探讨，是有效地测度客观现象、迅速获取有用信息以及提高统计认识水平的重要方面。

2.1.1 ▷▷▷ 统计数据的来源及分类

1. 统计数据的来源

统计数据的来源不外乎亲自调查收集和已发表的汇编材料两大渠道。就我国来说，统计数据目前主要源于各类出版物、国家统计部门和地方各级统计部门的统计报告制度，以及专门组织的调查（如人口普查、全国工业普查等）。

就世界各国和联合国经济统计工作的实际情况看，统计数据大致来自以下四个方面。

（1）各国政府统计机构连续编制的反映其全国及各地区国民经济和社会发展全貌的统计月报和年鉴。

（2）各国社会经济科学研究者和政府社会经济研究工作所编写的社会经济问题专著或政府专业报告。

（3）各国大学和研究机构进行科学研究而专门调查取得的专题性研究报告。

（4）联合国等国际统计机构（或社会经济机构）编制的各种统计月报和年鉴。

2. 统计数据的分类

统计学家在其研究工作中通常利用三类数据：横截面数据、时间序列和纵列数据。

（1）横截面数据。横截面数据是指在同一时间（或时期）对不同单位（如个人、家庭、企业或国家）观测同一组变量的变化过程而得到的数据。例如，2020 年我国部分地区城镇居民家庭平均每人全年生活费支出数据如表 2-1 所示。

表 2-1　2020 年我国部分地区城镇居民家庭平均每人全年生活费支出　　　　单位：元

地区	消费性支出	食品烟酒	衣着	居住	生活用品及服务	交通通信	教育文化娱乐	医疗保健	其他用品及服务
全国	21 209.9	6 397.3	1 238.4	5 215.3	1 259.5	2 761.8	2 032.2	1 843.1	462.2
北京	38 903.3	8 373.9	1 803.5	15 710.5	2 145.8	3 789.5	2 766.0	3 513.3	800.7
天津	28 461.4	8 516.0	1 711.8	7 035.3	1 669.4	3 778.7	2 253.7	2 646.0	850.5
河北	18 037.0	4 992.5	1 249.7	4 394.5	1 171.2	2 356.9	1 799.1	1 692.0	381.2
上海	42 536.3	11 224.7	1 694.0	15 247.3	2 091.2	4 557.5	3 662.9	3 033.4	1 025.3
江苏	26 225.1	7 258.4	1 450.5	7 505.9	1 523.2	3 588.8	2 298.2	2 018.6	581.8
浙江	31 294.7	8 922.1	1 703.2	9 009.1	1 789.3	4 301.2	2 889.4	1 955.9	724.4
安徽	18 877.3	6 280.4	1 210.4	4 375.9	1 108.4	2 172.1	1 855.3	1 548.0	326.8
山东	20 940.1	5 757.3	1 438.0	4 437.0	1 571.0	3 004.1	2 373.7	1 914.0	444.8
广东	28 491.9	9 629.3	1 044.5	7 733.0	1 560.6	3 808.7	2 442.9	1 677.9	595.1
四川	19 783.4	7 026.4	1 190.4	3 855.7	1 234.8	2 465.1	1 650.5	1 908.0	452.4
云南	16 792.4	5 092.1	868.3	3 469.8	958.5	2 709.4	1 835.8	1 547.4	311.0
西藏	13 224.8	4 786.6	1 137.0	2 970.5	838.6	1 987.5	550.9	589.9	363.6
新疆	16 512.1	5 225.9	1 138.9	3 304.7	1 031.0	2 318.9	1 488.4	1 611.7	392.7

资料来源：《中国统计年鉴(2021)》。

　　(2)时间序列。时间序列是指在不同时间(往往是等间隔的时间)对同一单位观测同一组变量的变化过程而得到的数据。例如，我国社会经济发展的有关数据如表 2-2 所示。

表 2-2　我国社会经济发展的部分指标(2013—2020 年)

年份	国民总收入/亿元	国内生产总值(GDP)/亿元	人均GDP/元	总人口/万人	人口自然增长率	全国居民消费水平/元	全社会固定资产投资/亿元	进出口贸易总额/亿元
2013	588 141.2	592 963.2	43 497	136 726	5.90‰	15 586	329 318	258 168.9
2014	644 380.2	643 563.1	46 912	137 646	6.71‰	17 220	373 637	264 241.8
2015	685 571.2	688 858.2	49 922	138 326	4.93‰	18 857	405 928	245 502.9
2016	742 694.1	746 395.1	53 783	139 232	6.53‰	20 801	434 364	243 386.5
2017	830 945.7	832 035.9	59 592	140 011	5.58‰	22 969	461 284	278 099.2
2018	915 243.5	919 281.1	65 534	140 541	3.78‰	25 245	488 499	305 008.1
2019	983 751.2	986 515.2	70 078	141 008	3.32‰	27 504	513 608	315 627.3
2020	1 008 782.5	1 015 986.2	72 000	141 212	1.45‰	27 438	527 270	322 215.2

资料来源：《中国统计年鉴(2021)》。

（3）纵列数据。纵列数据是指在不同时间对同一组单位进行调查所得到的结果，它是横截面数据和时间序列混合起来的数据，如我国部分地区年末人口数（见表 2-3）。

表 2-3　2015—2020 年我国部分地区年末人口数　　　　　　　单位：万人

地区	2015 年	2016 年	2017 年	2018 年	2019 年	2020 年
全国	138 326	139 232	140 011	140 541	141 008	141 212
北京	2 188	2 195	2 194	2 192	2 190	2 189
天津	1 439	1 443	1 410	1 383	1 385	1 387
上海	2 458	2 467	2 466	2 475	2 481	2 488
江苏	8 315	8 381	8 423	8 446	8 469	8 477
浙江	5 985	6 072	6 170	6 273	6 375	6 468
安徽	6 011	6 033	6 057	6 076	6 092	6 105
福建	3 984	4 016	4 065	4 104	4 137	4 161
江西	4 485	4 496	4 511	4 513	4 516	4 519
山东	9 866	9 973	10 033	10 077	10 106	10 165
广东	11 678	11 908	12 141	12 348	12 489	12 624
海南	945	957	972	982	995	1 012
四川	8 196	8 251	8 289	8 321	8 351	8 371

资料来源：《中国统计年鉴（2021）》。

2.1.2 ▶▶▶ 统计数据的准确性

统计数据的准确性是任何社会都无法回避的问题，也是统计实践中最为棘手的问题。英国前首相本杰明·迪斯雷利曾说过："世界上有三种谎言，即谎言、糟糕透顶的谎言和统计数据。"这句话的广泛流传代表了公众对统计的评价，既指出了在统计研究和应用中存在着某些误用甚至有意乱用统计的问题，也指出了研究影响统计数据质量的根本原因及科学理解统计数据准确性的重要性。

统计认识中主、客体及不同利益主体间的矛盾，是社会矛盾在统计工作中的反映，它集中表现在统计数据的准确性上。解决这一矛盾的有关理论是统计立法和统计组织的依据。

统计数据的准确性是一个广义的范畴，需要进行全面的理解。第一，应立足趋势性原则。通常所说的统计数据的准确性，其前提是把趋势把准，并不是指绝对准确。第二，准确性是相对的。"实事求是"就是要通过大量反映客观实际的相对准确的数字，探寻隐藏在其背后的规律性，如果追求绝对的准确，而忽视统计管理工具的性质，那么往往会陷于为统计而统计之中。第三，应把涉及国计民生、重大国情国力、影响社会经济运行及研究对象主要方面的数据搞准。第四，数据的准确性是与进行统计调查的经济性、时效性等联系在一起的，应用联系的观点看待准确性。第五，把握层次性原则。统计数据的准确性是指基础数据的准确性，应与用户、不同的研究对象、不同的分析目的联系起来，管理部门应把趋势搞准，具体进行核算的人应把数字核准。

2.1.3 ▶▶▶ 统计数据的四类计量尺度

统计数据是对客观现象进行测度的结果，它以多种形式出现，其所载信息量的大小取决于数据量度的形式。要明确数据的计量尺度（即测度的层次），首先要理解测度的含义。

1. 测度的含义及构成

所谓测度是指按照某种法则给物体和事物分配一定的数字或符号，即把某种物体、事件或现象的非数字状态转化为一种数字符号状态的过程。测度由测度的客体、数字或符号、测度法则三大基本要素构成。

(1)测度的客体。测度的客体即所要测度的对象，通过测度可以刻画客体的特征或属性。例如，对人进行测度，其属性或特征有性别、年龄、身高、职业等。

(2)数字或符号。数字或符号是对测度客体的某一特征或属性给予的一种标识。例如，我们用 1.75 米表示一个人的身高，用"0"（男）或"1"（女）表示性别等。

(3)测度法则。测度法则是对测度客体分配数字或符号的统一标准或准则。例如，用"0"表示性别为男，"1"表示性别为女，这就是我们规定的一种法则。

2. 测度的层次

一般而言，任何事物或概念都具有直接或潜在的可测性，但就其能否被测度或能被测度到什么程度而言，不同事物或概念有着很大的差别。在统计调查和试验中，测量是获得数据的基础性工作。从统计的观点看，所有的指派规则都会产生四类测量数据，即定类数据、定序数据、定距数据和定比数据，它们对应的测量水平分别称为定类尺度、定序尺度、定距尺度和定比尺度。

(1)定类尺度（nominal scale）。定类尺度也称列名尺度或类别尺度，它是一种最粗略、计量精度及测度层次最低的计量尺度。其特点是只能测度事物或变量间的不同类别，它实际上就是按照某种标准对客观事物的一种平行分类，各类之间的关系平等，不必区分优劣或大小。例如，对人口按性别、民族、宗教信仰、行政区划、婚姻状况等作分类统计，对生产出来的产品按日期分类；再如，汽车的牌照、足球运动员运动衫上的号码、个人的社会保险代码等，皆属于定类尺度。使用定类尺度时，各个类别的叫法只表明类别的名称而已，至于类别之间的关系，不作任何假定。实际中，由于某种习惯使然，人们常常把某一类别排在另一类别的前面，例如，在人口性别统计中，常把男性放在女性前面，但不能因此而认为男性就比女性优越。为便于计算机识别和信息传输，对于定类性质的统计资料，我们往往给每一个类别赋予数字代码，如男性用"1"表示、女性用"0"表示，但这就好像是给商品贴上标签一样，仅是示意性的，并不说明对这些数字可以直接进行数学运算。形式上，定类尺度具有对称性和传递性。对称性的含义是，类别甲对类别乙的关系，也就是类别乙对类别甲的关系。传递性是指甲和乙同类，乙和丙同类，则甲和丙也一定属于同一类别。

定类尺度是一种最基本的测度，是其他计量尺度的基础。定类尺度只是测度事物或变量之间的类别差，而对各类之间的其他差别却无从得知，对其进行分析的统计量主要是计算每一类别出现的频率或百分比。

（2）定序尺度（ordinal scale）。语义上表现出明显的等级或顺序关系的定类尺度，称为定序尺度。定序尺度又称顺序尺度或等级尺度，它是对现象之间的等级或顺序差别的一种测度。定序尺度不仅可以将个体分成不同的类别，而且可以确定这些类别的顺序。或者说，它不仅可以测度类别差，还可以测度次序差。例如，产品等级就是对产品质量好坏的一种次序测度，它可以将产品分为特等品、一等品、二等品等；考试成绩可以分为优、良、中、及格、不及格等。

定类数据和定序数据同属于定性数据，但定序数据比定类数据所含的信息量有所增加。也就是说，定序尺度比定类尺度要精确一些，它除具有定类尺度所具有的性质和特征外，各类之间还可以比较大小，即具有次序的可传递性特征。例如，某客商近期在 A、B、C 三个不同的旅馆停留过，他（她）对三个旅馆整体服务质量的评价是：A 比 B 好，B 比 C 好，显然 A 比 C 好。这里仅仅给出了旅馆质量的顺序或等级，但并不知道其差别大小，我们不能确定旅馆 A 比旅馆 B 好多少。因此，定序尺度一般也无法使用加、减、乘、除等作数学运算，但可以运用"大于"或"小于"等作比较。定序尺度的统计量不仅可以用频率进行分析，而且可以大致计算出总体的众数、中位数、四分位数以及十分位数等。

（3）定距尺度（interval scale）。定距尺度也称间隔尺度或区间尺度，它是对事物类别或次序之间的间距进行的一种测度。定距尺度不仅能将事物区分为不同类别并进行排序，还可以准确地指出它们之间的差距大小。定距尺度通常使用通用的物理度量单位作为测度的尺度。如考试成绩用百分制来度量、温度用华氏度或摄氏度来度量、质量用克来度量等。该度量尺度的每一间隔都是相等的，例如，考试成绩的每分与每分之间都相等。因此，只要给定一个度量单位，我们就可以准确地指出两个计数的差值。例如，考试成绩 85 分与 95 分相差 10 分，一个人的体重比另一个人重 10 千克，一个地区的温度比另一个地区高 4℃等。使用定距尺度进行测量，任何两个距离的比值与采用的测量单位和零点无关。例如，温度可以用摄氏度和华氏度来表示，尽管得到的答案不同，但它们提供的信息量完全相等。我们知道，摄氏温度和华氏温度存在这样的转换关系，即 $F = 1.8C + 32$，其中 F 代表华氏度，C 代表摄氏度。假定 $C = 0$，10，30，则 $F = 32$，50，86。在摄氏温度中 30 与 10 相差 20，10 与 0 相差 10，这两个差值的比值为 2，在华氏温度中相应的比值也是 2。比较定距尺度数据之间的间隔距离可以用比值方法，可是直接把两个定距数据相除却没有意义。例如，我们可以说 40℃ 比 20℃ 高 20℃，但从热量上不能说 40℃ 是 20℃ 的 2 倍。定距尺度是最高级别的测量水平，所有常用的统计方法包括参数方法和非参数方法，都可以用于定距数据的分析研究。

（4）定比尺度（ratio scale）。定比尺度也称比率尺度，它与定距尺度属于同一等级，其差别仅在于定距尺度没有绝对零点，而定比尺度有绝对固定的、非任意确定的零点，它使我们从两个数据中得出有意义的比率。因此，定比尺度可解释为：具有定距尺度所有的性质特征，并且有一个绝对原点的测量尺度，如收入、产量、质量、体积、距离等。通过定比尺度得到的资料，任意两个数的比值与计量单位无关，20 千克与 5 千克的比为 4，2 000 克与 500 克的比也是 4，因此当我们用一个常数遍乘定比数据时，不会改变数据间的比例关系。换言之，定距尺度中的"0"只表示一个数值，即"0"数值或"0"水平，而不表示"没有"或"不存在"，而定比尺度中的"0"则表示"没有"或"不存在"。例如，在前述例子中，假定 A 旅馆为四星级，B 旅馆和 C 旅馆分别为二星级和一星级，我们能否说四星级旅馆比一星级旅馆好 4 倍，旅馆 B 比旅馆 C 好 2 倍呢？答案是不能。这些比率没有意义，因为旅馆服务质量评价的零点选择是主观的，通过移动零点，两个星级间的比率改变了，但旅馆的质量评价并没有改变。而旅馆客房价格则是一个比率量度。假设 A 旅馆一个房间的价格是 80 元/晚，而 B 旅馆一个房间的价格是 40 元/晚，那么前者就比后者贵 1 倍，这一比率是有意义的。其他像人的身高、体重及产值等都是比率的计量。不难理解，某地温度为 0℃，它表示一种温度水平，并不是没有温度；某人的数学考试成绩为 0 分，只是表示该人某一次考试的数学成绩水平为"0"，而不表示他毫无数学知识；而一个人的身高为 0 米，则表示这个人不存在。

在定比尺度中，由于"0"表示不存在，因而其数值不仅可以比较大小，计算差值，还可以计算数值之间的比率或比值，除了可作加、减运算外，还能进行乘、除运算，而定距尺度只能进行加、减运算，不能计算比值。如前例证，我们可以说 A 旅馆每天的客房价格是 B 旅馆的 2 倍，可以说 30℃ 与 15℃ 之差同 20℃ 与 5℃ 之差是相等的，但不能说 30℃ 比 15℃ 热一倍，不能说数学成绩 90 分的考生的数学知识量是数学成绩 45 分考生的两倍。

上述四种计量尺度对客观事物的测度层次或水平是由低到高、由粗略到精确逐步递进的。高层次的计量尺度可以度量低层次计量尺度可以测度的东西；反之，则不能。不同的计量尺度具有不同的数学性质，决定了在数据资料的整理和分析中应采用不同的统计方法。计量的层次越高，所能运用的统计分析方法也就越多、越高级，对某个现象的研究也就越深入，因此，在实际调查中，应尽可能使用高层次的计量尺度。四种计量尺度及其特征和适用的统计量如表 2-4 所示。

表 2-4　四种计量尺度的比较

计量尺度	特　征	统计量	统计推断	举　例
定类尺度	适于分类或分组；组内等价、组间并列	频率、列联系数	非参数统计推断	地区、部门分类
定序尺度	适于分类、排列；组内等价，组间可以比较大小，用＞、＜表示	众数、中位数等	非参数统计推断	产品等级、考试成绩（优、良、中、及格、不及格）
定距尺度	适于分类、排序、计算间距；组间不仅可比较大小，而且可求出大小差异数值，可用加减法运算	均值、标准差等	参数与非参数统计推断	温度、百分制考试成绩
定比尺度	具有前三种尺度的一切特征，在比较中有绝对零点，可用加、减、乘、除等方法运算	所有统计量	参数与非参数统计推断	产量、体重、价格

3. 测量尺度与统计方法

　　不同测量水平的数据需要运用不同的统计方法来处理。一般来说，主要参数统计方法适用于定距数据和定比数据，而定类数据和定序数据主要使用非参数统计方法。当然，这不是说定距数据和定比数据只能使用参数统计方法，如有必要，也可以用非参数统计方法进行处理，如图 2-1 所示。

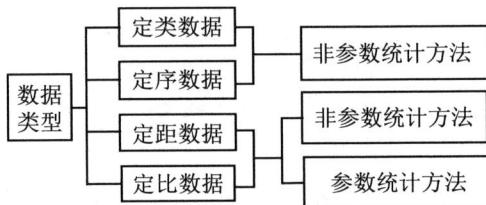

图 2-1　数据类型与统计方法

　　统计工作者的一项任务，就是根据被反映对象客观要求的数量水平，选择合适的测量尺度，并确定符合要求的统计分析方法。

　　定类尺度属于最低级别的测量水准，定序尺度稍高一点，定距尺度和定比尺度最高，四类测量尺度之间测量水准的高低关系，使我们能够将高水平的测量数据转换成低水平的测量数据，但反过来却不行。因此，在运用统计方法处理数据资料，定距数据与定比数据使用统计方法的基本假定条件，如正态分布等未能得到满足的时候，可以适当考虑把它们转换成定序数据和定类数据，再用非参数统计方法进行分析研究。各类测量数据适用的统计方法如图 2-2 所示。

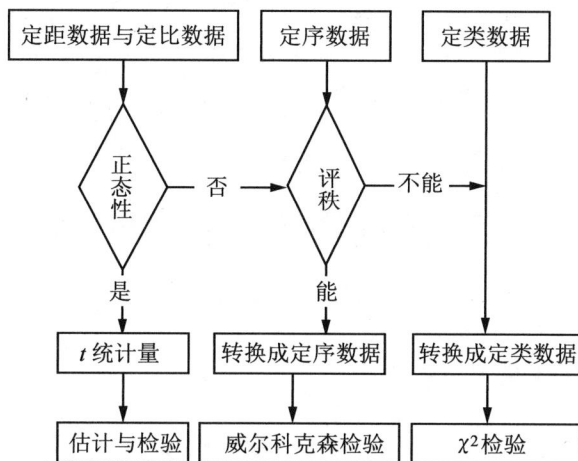

图 2-2　测量尺度与分析方法

（1）定类数据。适用于定类数据的统计方法大体有：频数分布数列，包括累积频数、直方图等，结构相对数、比例相对数、众数等指标分析方法，以及列联分析、χ^2 检验等非参数统计方法。

（2）定序数据。适用于定类数据的统计方法，皆可用于定序数据的分析，除此之外，像中位数、百分位数、等级相关系数、和谐相关系数、秩和检验、游程检验等方法也都适用。

（3）定距数据。定距数据是经过计数和计量得到的，是最高级别的测量水平，几乎所有的参数统计方法和非参数统计方法都能应用，但几何平均数、变异系数除外。

（4）定比数据。定比数据和定距数据没有什么本质的不同，几乎所有的统计方法都能适用。

2.1.4 ▶▶▶ 统计数据获取的困难

如前所述，统计是对一定总体的定量认识活动。统计认识包括对总体的定量认识与对总体的定性认识两个层次。对总体的定量认识，旨在从结构与功能、静态与动态上反映总体的量，通过对总体的观察概括出个体的共性、规律性与差异性。在这里，统计数据担负着重要的使命。然而在实际工作中，数据的获取面临着诸多困难，主要表现在：

（1）某些事物无法直接测度，只能用"替代"变量，如技术进步、消费者嗜好、企业信誉等。还有一些变量的具体数字属于"保密范围"，如有关个人财富的数字，财富持有人往往不愿透露实情。

（2）数据缺失。

（3）数据不足，样本太小。

（4）数据不准确，有内在矛盾。例如，不同机构、不同时期发表的数据不一致，按求和计算的部分之和不等于总数，不同时期的数列不衔接等，均有待于修补。

在实际研究中，究竟哪种数据比较适合于使用目的，除结合研究目的考虑外，还需要了解现有各种数据的质量。

2.2　统计调查与数据收集

2.2.1 ▶▶▶ 统计调查的意义

统计调查是根据统计任务的要求，运用科学的调查方法，有计划、有组织地收集统计资料的过程。统计调查既是对现象总体认识的开始，也是进行资料整理和分析的基础环节。统计调查的基本任务是取得反映客观现象总体全部或部分单位以数字资料为主体的信息。

统计调查收集来的资料有两种：一种是对调查单位未做任何加工整理的原始资料，又称为初级资料；另一种是次级资料，即已经经过某个部门或地区加工整理过的综合说明某个部门或地区综合情况的统计资料。本章主要研究的是第一种情况，即调查得到原始资料。

统计调查是统计整理和分析的基础与前提，是决定整个统计工作过程质量的重要环节。统计调查阶段的工作质量会影响到统计整理和分析结果的可靠性、真实性。对统计调查阶段提出的要求是准确性、及时性、全面性和经济性。

准确性是最基本的要求，要求收集的资料必须真实可靠，客观反映实际，调查误差较小。统计资料的准确性是认识总体、得出科学结论的保证。

及时性是指在规定时间内取得资料。统计调查资料具有较强的时效性，及时提供需要的统计资料，能够提高资料的使用价值。

全面性是指取得需要的全部调查单位的全部资料。第一，对每个调查单位来说，应该取得按要求规定的项数资料，既不能多于也不能少于按调查规定取得的资料项数；第二，应该调查全部调查单位，调查单位数不能随意增加或减少。

经济性是指在保证调查资料符合一定要求的条件下，力求以最小成本取得需要的统计资料。在统计调查中，必然涉及人力、物力、财力和时间，即所谓的调查成本。调查的要求越高，成本就越大。在实际工作中，应该综合考虑资料的准确性、时间规定、调查范围和调查成本要求，既要质量又要经济；在调查中一味强调资料的准确性，而无视经济性的要求，不计调查成本，只讲资料的所谓"高质量"是不科学的。

2.2.2 ▷▷▷ 统计调查的种类

1. 按组织形式划分

统计调查按组织形式，可分为统计报表制度和专门调查两种。

统计报表制度是国家统计系统和专业部门为了定期取得系统、全面的统计资料而采用的一种收集资料的方式，目的在于掌握经常变动的、对国民经济有重大意义的统计资料。专门调查是为了了解和研究某种情况或问题而专门组织的统计调查，包括抽样调查、普查、重点调查和典型调查等。

2. 按研究总体的范围划分

统计调查按研究总体的范围，可分为全面调查和非全面调查两种。

全面调查是对构成调查对象的所有单位进行逐一的、无一遗漏的调查，包括全面统计报表和普查；非全面调查是对调查对象中的一部分单位进行调查，包括非全面统计报表、抽样调查、重点调查和典型调查。

3. 按调查登记的时间是否连续划分

统计调查按调查登记的时间是否连续，可分为连续调查和非连续调查两种。

连续调查是指对研究对象的变化进行连续不断的登记，如工业企业产品产量、原材料消耗量等。连续调查所得资料是现象在一段时间内的总量。非连续调查是指间隔一段相当长的时间对研究对象某一时刻的资料进行登记。例如，人口数、机器设备台数等资料短期内变化不大，没有必要连续登记。非连续调查所得资料体现现象在某一瞬间所具有的水平。

4. 按调查工作时间的周期长短划分

统计调查按调查工作时间的周期长短，可分为经常性调查和一次性调查两种。

所谓经常性调查是指调查周期在一年以内的调查，如统计报表制度。间隔超过一年的为一次性调查，如普查。这种划分和调查对象没有关系，不要把经常性调查误以为是全面调查，也不要误以为经常性调查就是调查时期现象，而一次性调查就是调查时点现象。

2.2.3 ▷▷▷ 统计调查的组织方式

客观现象的复杂性和研究任务的多样性，要求有与之相适应的统计调查方式和方法。前文已谈到统计调查按组织形式可分为统计报表制度和专门调查两类。

扫码听课

1. 统计报表制度

统计报表制度是基层单位和下级主管机关按照统一规定的表格形式和报送程序，定期向上级机关和国家报告自身基本情况、重要经济活动情况及其状况的一种统计调查方法。目前我国统计报表制度由国家统计报表、业务部门统计报表和地方统计报表组成，其中国家统计报表是统计报表体系的基本部分。

（1）特点。

①国家统计报表由国家统计局与各级业务主管部门制定，自上而下布置。

②国家统计报表由基层单位和下级主管机关定期向上级机关和国家报告，可以满足各级管理层次的需要。

③统计报表必须按照统一规定的表格形式、内容和报送程序报送。

④统计报表可以提供国民经济和社会发展及基层企事业单位基本情况的统计资料。

⑤统计报表是一种经常性开展的全面调查，其取得资料的方法采用报告法。

⑥统计报表属于指令性统计，受到《中华人民共和国统计法》的保护。

（2）作用。

①国家统计报表是国家了解国民经济发展情况，制定和检查国民经济和社会发展状况、经济和产业政策的重要工具，是为我国宏观决策等提供基本依据的主要信息流。

②统计报表是企业、事业单位及各级业务主管部门进行业务领导和管理的重要依据。

（3）适用场合。统计报表制度适用于调查反映国民经济活动基本情况，以及各级业务部门了解本系统内所有单位的生产技术水平和经营管理情况。

（4）种类。

①按报表内容和实施范围不同，统计报表制度可分为基本统计报表制度和专门统计报表制度两种。基本统计报表制度是由国家统计部门统一制定并颁布，用来收集反映全国性的经济和社会基本情况的统计报表制度，有国民经济核算统计报表制度，社会综合统计报表制度和市、县社会经济基本情况统计报表制度等。专门统计报表制度是各业务部门用来收集本部门的业务技术资料以满足本专业部门管理工作需要的统计报表制度，它是基本统计报表制度的必要补充，有农林牧渔业统计报表制度、工业统计报表制度、建筑业统计报表制度、运输邮电业统计报表制度、批发和零售业统计报表制度、住宿和餐饮业统计报表制度、房地产开发统计报表制度、能源统计报表制度、劳动工资统计报表制度、科技综合统计报表制度、妇女儿童状况综合统计报表制度等。

②按调查范围不同，统计报表制度可分为全面统计报表制度和非全面统计报表制度两种。全面统计报表制度要求调查对象中的每一个单位都要填报，我国目前大多数报表制度都属于全面统计报表制度。非全面统计报表制度只要求调查对象中的一部分单位填报，如部分服务业抽样调查统计报表制度。

③按报送周期长短不同，统计报表制度可分为日报、旬报、月报、季报、半年报和年报六种。报送周期短的，时效性要求很高，一般只限于填报少量的重要指标。报送周

期长的报表，设置的指标项目较多，内容比较全面。

（5）资料来源。统计报表的资料来源于基层单位的原始记录，从原始记录到统计报表，中间还要经过统计台账和企业内部报表等中间环节。原始记录是基层单位通过一定的表格形式，对生产、经营活动的过程和成果所作的第一手数字或文字记载，是未经加工整理的原始资料。统计台账是基层单位根据填报统计报表和满足本单位经营管理需要而设置的一种系统积累统计资料的表册。企业内部报表是根据原始记录和统计台账，在企业内逐级汇总、定期编制，用于企业内部管理和对外上报的报表。因此，建立和健全原始记录、统计台账和企业内部报表，是保证统计报表质量的前提条件。

2. 专门调查

专门调查是为了研究某项问题而专门组织的一项调查，通常有普查、重点调查、典型调查和抽样调查等。

（1）普查。普查是一种专门组织的一次性的全面调查，用以收集一定时间上某种调查对象较全面、较精确的统计资料。普查一般是调查一定时点上的客观现象的总量，但也可调查某些时期现象的总量，乃至调查一些并非总量的指标。普查涉及面广，指标多，工作量大，时效性强。为了取得准确的统计资料，普查对集中领导和统一行动的要求最高。

①特点。a. 涉及面广、工作量大，需要的人力、物力较多，组织工作也比较复杂。b. 是一种非经常性开展的全面调查。例如，目前我国的人口普查，是在结尾逢"0"的年份进行，经济普查是在结尾逢"3""8"的年份进行，农业普查是在结尾逢"6"的年份进行。c. 用于不易通过经常调查取得的资料的调查。d. 有确定的标准时间。例如，第五次全国经济普查的标准时点是 2023 年 12 月 31 日，时期资料为 2023 年度。e. 普查的登记工作应在整个普查范围内同时进行，以保证普查资料的时效性、准确性。f. 同类普查的内容和时间在历次普查中应尽可能保持连贯性。g. 取得资料的方法可采用直接观察法或采访法、报告法。

②作用。普查可以摸清一个国家的国情、国力，以作为国家制定政策的重要依据，或取得许多专门问题的详细资料，为解决专项问题提供信息。例如，第五次全国经济普查的主要目的是全面调查我国第二产业和第三产业的发展规模、布局和效益，摸清各类单位基本情况，掌握国民经济行业间经济联系，客观反映推动高质量发展、构建新发展格局、建设现代化经济体系、深化供给侧结构性改革以及创新驱动发展、区域协调发展、生态文明建设、高水平对外开放、公共服务体系建设等方面的新进展。通过普查，进一步夯实统计基础，推进统计现代化改革，为加强和改善宏观经济治理、科学制定中长期发展规划、全面建设社会主义现代化国家，提供科学准确的统计信息支持。

③适用场合。只针对国民经济发展中的重大问题或某些专项问题进行普查，如人口普查、经济普查、农业普查等。

（2）重点调查。重点调查是当统计总体中存在重点单位时，在所要调查总体的全部单位中，选择一部分重点单位进行调查，用对一部分重点单位调查的结果，来掌握统计总体的基本情况的统计调查方法。所谓重点单位，是指在全部单位中其单位数虽然只是一小部分，但其标志值之和在所研究的总体标志总量中却占有较大比重的总体单位。

重点调查包括两种方式：一是专门组织的一次性调查，二是利用定期统计报表经常性地对一些重点单位进行调查。其优点是花费较少人力、物力，在较少时间内及时取得有关的基本情况。

①特点。a. 统计总体中存在重点单位。b. 只对这些重点单位进行调查，以掌握总体标志总量的基本情况。c. 重点调查是一种非经常性开展的非全面调查，其取得资料的方法采用报告法。

②作用。粗略地了解统计总体的基本情况。能否开展重点调查是由调查任务和调查对象特点所决定的。只有当调查任务仅要求掌握基本情况，而且调查对象中又确实存在重点单位时，方可实施。

③适用场合。重点调查中重点单位的选择着眼于标志量的比重，因而具有客观性。当调查目的是掌握现象的基本情况，而部分单位又能比较集中地反映所研究的内容时，即所研究的对象中存在重点单位时，可开展重点调查。例如，欲了解我国汽车生产的基本情况，只要对上海汽车集团股份有限公司、中国第一汽车集团有限公司、重庆长安汽车股份有限公司、东风汽车集团有限公司、北京汽车集团有限公司、广州汽车集团股份有限公司等几个主要的汽车生产基地进行了解即可。

（3）典型调查。典型调查是从被研究对象中，根据调查目的和要求，有意识地选择有代表性的单位，进行深入细致调查的方法。

①特点。a. 统计总体中存在有代表性的单位。b. 只对有代表性的单位进行调查研究。c. 深入细致的调查，既可以收集数字资料，又可以收集不能用数字反映的实际情况。d. 调查单位是有意识地选择出来的若干具有代表性的单位，这种选择更多地取决于调查者的主观判断和决策。

②作用。a. 典型调查可用于分析出现的新情况和新问题，寻找其发生原因、变化趋势等事物的本质和规律性，以寻求加以解决的对策和措施，达到以点带面的效果。b. 在有些情况下，可用典型调查数据粗略估算总体数据或验证全面调查数据的真实性。c. 可以弥补其他调查方法的不足，为数据资料补充丰富的典型情况。

③适用场合。凡是统计所研究的对象中，其统计总体中存在有代表性的单位，又希望对统计研究对象进行深入的了解，并欲达到以点带面效果的，可采用典型调查方法。典型调查的中心问题是如何正确选择典型单位。选择典型单位必须依据正确的理论进行全面的分析，切忌主观片面性和随意性。它不仅要求调查者有客观的、正确的态度，而且要有科学的方法。根据不同的研究目的和要求，有以下三种选择方法。a. "解剖麻雀"的方法。这种方法适用于总体内各单位差别不太大的情况。通过对个别代表性单位的调查，即可估计总体的一般情况。b. "划类选典"的方法。总体内部差异明显，但可以划分为若干个类型组，使各类型组内部差异较小。从各类型组中分别抽选具有代表性的单位

进行调查，即称为划类选典。这种调查既可用于分析总体内部各类型特征以及它们的差异和联系，也可综合各种类型对总体情况进行大致的估计。c."抓两头"的方法，从组织管理和指导工作的需要出发，可以分别从先进单位和落后单位中选择典型，以便总结经验和教训，带动处于中间状态的单位，推动整体的发展。前两种方法在对总体数量作推断时无法估计误差，研究结果只是一个近似值。

（4）抽样调查。抽样调查是按随机原则从总体中抽取一部分单位进行观察，用这部分单位指标数值来推算总体的指标数值的调查，是一种专门组织的非全面调查。

基于抽样调查的重要性，本书第 5 章将对抽样调查的有关问题进行详细介绍。

2.2.4 ▶▶▶ 统计数据收集的方法

统计数据收集的方法有直接观察法、报告法、访问法、实验调查法、卫星遥感法、网络调查法等。

1. 直接观察法

直接观察法是由调查人员亲自到现场对调查对象进行观察和计量以取得资料的一种调查方法。

2. 报告法

报告法是报告单位以各种原始记录和核算资料为依据，向有关单位提供统计资料的方法。我国现行的统计报表制度采用的就是这种方法。

3. 访问法

访问法是通过指派调查人员对被调查者进行询问、采访，提出所要了解的问题，根据被调查者的答复来收集资料的方法，主要包括口头询问法、开调查会法、被调查者自填法。

4. 实验调查法

实验调查法也称试验调查法，是实验者按照一定实验假设、通过改变某些实验环境的实践活动来认识实验对象的本质及其发展规律的调查。

（1）实验调查的基本要素。

①实验者。即实验调查的活动主体，以一定的实验假设指导其实验活动。

②实验对象。即实验调查者所要认识的客体，往往被分成实验组和对照组两类对象。

③实验环境。即实验对象所处的各种社会条件的总和，可以分为人工实验环境和自然实验环境两种。

④实验活动。即改变实验对象所处社会条件的各种实验活动，在实验调查中被称为"实验激发"。

⑤实验检测。即在实验过程中对实验对象所作的检查或测定,可以分为实验激发前的检测和实验激发后的检测两种。

(2)实验调查的一般程序。以实验假设为起点设计实验方案—选择实验对象和实验环境—对实验对象进行前检测—通过实验激发改变实验对象所处的社会环境—对实验对象进行后检测—通过对前检测和后检测的对比对实验效果作出评价。

5. 卫星遥感法

卫星遥感法是一种先进的统计调查方法,是指利用卫星在空间轨道上对地表和大气层的高远位置,配备各式各样的遥感器来获取所需的图像或信息,经过对图像或信息处理、判读、数据转换得到所需数据资料的方法。卫星遥感法具有传统的调查方法无法比拟的优势:它能通过对地球一天重复进行两次遥感摄像的气象卫星或18天将地球遥感影像测量重复一次的陆地卫星,快速、准确地获取大范围和突发性事件的数据资料,对大范围的调查对象,它比传统调查方法大大节省了时间、人力、财力和调查费用;卫星遥感调查具有较强的超脱性和抗干扰性,能避免人为干扰,保证资料的准确性;卫星遥感得到的资料(如森林面积、洪涝、地震灾害等)是使用其他调查方法很难或无法获得的。

自20世纪70年代以来,一些发达国家已逐步将卫星遥感空间技术应用到农业资源、环境、灾害、农作物估产等调查统计上,并取得了明显的经济效益,积累了丰富的经验。我国对地观测卫星遥感的应用自20世纪70年代起,国家与各专业部门先后组织了土地、森林、农业、矿产、能源调查,在农作物估产、气象预报、灾情监测、测绘制图、工程建设、城市规划、军事应用等方面取得了显著成果和公益性效益。

6. 网络调查法

网络调查法是以网络为工具,收集、整理、分析资料的一种新型的调查方法,它集网络技术和传统调查方法于一体,是传统调查方法在新的信息传播媒介上的应用。1999年10月16日,北京零点专业市场调查公司与爱特信搜狐网络公司正式携手,创立了搜狐—零点网上调查公司,共同拓展网上调查业务,这标志着利用互联网进行调查的方式开始在我国应用。

(1)Web站点法。Web站点法又称主动浏览访问法。调查者将调查问卷放置在访问率较高的站点页面上,由对该问题感兴趣的访问者回答并提交,从而获得有关数据。

(2)E-mail法。即电子邮件法。通常以较为完整的E-mail地址清单作为样本框,使用随机的方法发送问卷进行调查。

(3)Net-meeting法。即网络会议法,也称视讯会议法或焦点团体座谈法。通常直接在上网人士中征集与会者,并在约定时间举行网上座谈会,在主持人的引导下,对某一问题进行更为深入的或探索性的讨论,借此了解有关信息。

(4)网络电话法。网络电话法是以IP地址为抽样框,采用IP自动拨叫技术,邀请用户参与调查。

（5）BBS 法。在 BBS 电子公告牌上发布调查信息，或通过 IRC 网络实时地向对方了解某方面的信息。

2.3　统计调查方案的设计

为使调查过程中各部门、人员能统一认识、统一内容、统一方法、统一步调，最终顺利完成调查任务，取得预期的效果，在进行调查前必须制定一个周密的统计调查方案。

扫码听课

2.3.1 ▶▶▶ 确定调查目的

确定调查目的是任何一项统计调查方案首先要解决的问题，是行动的指南。不同的调查目的需要不同的调查资料，不同的调查资料又有不同的收集方法。调查目的明确了，收集资料的范围和方法也就确定下来了。

调查目的要符合客观实际，明确而具体，应当要抓住具有全局意义和带有根本性的问题进行调查，才能提高统计调查工作的质量。

2.3.2 ▶▶▶ 确定调查对象和调查单位

调查对象即统计总体，是根据调查目的所确定的研究事物的全体。

在确定调查对象时，还必须确定调查单位和报告单位。调查单位也就是总体单位，它是调查对象的组成要素，即调查对象所包含的具体单位。报告单位也称填报单位，也是调查对象的组成要素。它是提交调查资料的单位，一般是基层企事业组织。

调查单位是调查资料的直接承担者，报告单位是调查资料的提交者，二者有时一致，有时不一致。例如，工业企业生产经营情况调查中，每一家工业企业既是调查单位，又是报告单位；工业企业职工收入状况调查中，每一位职工是调查单位，每一家工业企业是报告单位。

2.3.3 ▶▶▶ 确定调查项目和调查表

1. 调查项目

调查项目即依附于调查单位（总体单位）的统计标志，其标志表现就是统计调查所得的资料。

确定调查项目时，应当注意以下三个问题。

(1)调查项目的含义必须要明确,不能含混不清。

(2)设计调查项目时,既要考虑调查任务的需要,又要考虑能否取得答案,必要的内容不能遗漏,不必要的或不可能得到的资料不要列入调查项目中。

(3)调查项目应尽可能做到项目之间相互关联,使取得的资料相互对照,以便了解现象发生变化的原因、条件和后果,便于检查答案的准确性。

2. 调查表

调查表是用来表现调查项目的表格,其目的是保证统计资料的规范化和标准化。调查表有单一表和一览表两种形式。单一表是一个调查单位填写一份表格,可以容纳较多的项目。一览表是许多调查单位共同填写一份表格,在调查项目不多时较为简便,且便于合计和核对差错。为了正确填写调查表,须附有填表说明和项目解释。

2.3.4 ➤➤➤ 确定调查时间

调查时间可以是调查资料所属时间。如果调查的是时期现象,调查时间是资料所反映的起讫时间;如果调查的是时点现象,调查时间是统一规定的标准时点。调查时间也可以是进行调查工作的期限,包括收集资料和报送资料的整个工作所需要的时间。例如,某管理局要求所属企业在 2023 年 1 月底前上报 2022 年工业增加值资料,则调查资料所属时间是一年,调查工作的期限是一个月;又如,某管理局要求所属企业在 2023 年 1 月 10 日前上报 2022 年年末产成品库存资料,则调查的标准时间是 2022 年 12 月 31 日,调查期限是 10 天。

2.3.5 ➤➤➤ 制订调查的组织工作计划

调查的组织工作是有效地进行统计调查的保证,具体包括明确调查领导机构和调查人员的组织,确定调查的组织形式并选择收集资料的方法,制订调查工作计划和流程,做好调查前的准备工作(如宣传教育、人员培训、文件印刷等),明确调查经费的预算和开支办法,确定提供或者公布调查成果的时间以及报送资料的办法等内容。

综上,统计调查方案的设计内容可以概括为"5W1H":确定调查目的就是要明确通过调查解决什么问题,即为什么要调查(why);确定调查对象和调查单位,回答向谁调查,由谁来具体提供资料的问题(who);确定调查项目和调查表明确了具体了解哪些内容(what);确定调查的时间和调查地点则规定了调查的时空范围(when & where);调查工作的组织实施计划说明了怎样才能完成调查任务(how)。

2.4　统计数据的质量

2.4.1 ▶▶▶ 统计数据质量及其研究意义

当我们面对一组统计数据资料时，可能首先会问的问题是这些资料是否准确，是否可靠。准确性和可靠性是统计工作的生命。

在我国，社会经济统计方面的数据质量多年来一直受到人们广泛的关注，反映出来的意见有：①人为因素干扰比较大，报喜不报忧，虚报瞒报的现象大量存在。②由于工作上的疏忽，组织措施不得力，漏报或不报的情况也不在少数。③基层统计报告单位对统计数据的管理重视不够，资料的积累存在不少问题。④数出多门，不同统计部门提供的统计指标，往往差别很大。⑤系统性不强，资料不够全面等。所有这些情况，在一定程度上降低了统计信息的使用价值，影响了人们对社会经济运行状况及其未来前景的判断。

统计用数据表达思想和进行认识，它活动的全过程都在与数据打交道，从资料的收集开始，直至后续的整理、描述、对比分析、估计、预测，每一个环节皆少不了数据。统计数据质量控制，应该贯穿于统计活动的所有过程，但其中以调查阶段的数据质量最为重要，是重点需要关注的对象。所以，本节我们主要讨论调查数据的质量问题。

统计数据质量可以从误差的角度进行评价，为使数据质量的检查有一个定量描述的依据，我们把统计数据质量解释为，获得的观察值与客观现象实际数量水平的离差。离差大说明数据质量较差，离差小表明数据质量较好。

现象的实际数量水平，可分为两层意思：一是真值，即客观现象真正存在的数量状态，它是唯一的但往往不易取得；二是相对真值，它是根据事先确定下来的统计方案，正确实施该方案的各项规定而应该取得的值。相对真值与真值之间会存在一定的差异，这种差异的大小应以不过多影响统计认识为前提，否则说明统计方案存在问题，不能保证统计目的和任务的实现。真值和相对真值的概念表明，在一次统计活动中，如果确实掌握了真值（主要是小规模的计数统计），那就把观察值与真值作比较以判断数据的质量，不然的话，就与相对真值作比较，从方案执行情况的检查入手，进行质量评估。

2.4.2 ▶▶▶ 统计数据质量的定量描述

若用误差来衡量数据质量，则统计数据质量定量描述的基本公式为

$$误差 = 观察值 - 相对真值。 \tag{2-1}$$

令 d_i 表示第 i 个观察值的误差，x_i 表示第 i 个观察值，z_i 表示对应于 x_i 的相对真值，那么式(2-1)又可用符号表示为

$$d_i = x_i - z_i, \quad i = 1, 2, \cdots, n \text{。} \tag{2-2}$$

d_i 可能取正号也可能取负号。$d_i = 0$，说明观察值 x_i 是准确的；若 $d_i \neq 0$，则说明 x_i 不准确。

对式(2-2)两边求和可得

$$\sum_{i=1}^{n} d_i = \sum_{i=1}^{n} x_i - \sum_{i=1}^{n} z_i \text{。} \tag{2-3}$$

令 $d. = \sum_{i=1}^{n} d_i$，$x. = \sum_{i=1}^{n} x_i$，$z. = \sum_{i=1}^{n} z_i$，于是有

$$d. = x. - z. \text{。} \tag{2-4}$$

$x.$ 和 $z.$ 分别是 n 个观察值、相对真值的总和，所以 $d.$ 为总误差，可用来反映总值的准确程度。

当 $x_i = z_i (i = 1, 2, \cdots, n)$ 时，一定有 $d_i = 0$，即每个观察值都称得上准确时，总值必然随之准确。但 $d_i = 0$ 却不一定都有 $x_i = z_i$，这是因为在求和过程中，单个观察值的正负离差相抵消了。

对式(2-4)两边求均值，其结果分别用 $\bar{d}$，$\bar{x}$ 和 $\bar{z}$ 表示，则

$$\bar{d} = \bar{x} - \bar{z} \text{。} \tag{2-5}$$

这可以用来反映观察值的均值偏离相对真值平均数的程度与方向。

总体总值和总体均值（又称总体平均数）是最常用的两个统计指标，依此类推，还可以得到诸如比率、相关系数等其他统计指标的误差测定公式。

由式(2-2)、式(2-4)和式(2-5)计算出来的误差，是用统计绝对数表示的，除此之外，也可以用相对数来说明。

以上所述的数据质量的定量描述，多半带有原理性质，不足以说明一切问题。如果实际调查单位与调查方案规定的调查单位有出入，在抽样调查中，样本的代表性不强，整体上发生偏移，那么即使每一个观察值都准确无误，也不能因此判定不存在数据质量问题。统计数据质量的复杂性就在这里，由此应认识到，对于统计数据质量，一方面应就数据本身进行核实和评价；另一方面还要注意对实际采用的工作方法进行细致的审查，看它是否严格地执行了方案的各项要求。

2.4.3 ▶▶▶ 统计数据质量的相对性及影响因素

任何一项统计工作都难免会产生误差，误差与统计活动的关系，就像人和人的影子一样，形影不离。但是，我们也无须因此而感到悲观。统计数据质量的最大特征在于它的相对性。例如，一个地区有 5 000 万人口，少数几千、几万，甚至十几万，没有必要过多地计较；全世界陆地总面积 14 900 万平方千米，恐怕谁也不会要求精确到几位小数以后；一块土地的实测面积是 4.8 公顷，假定它的准确面积应为 5 公顷，但调查方案只要求

四舍五入取整，那么就没有误差可言了。再如，在一次人口调查中，某人的出生日期是1955 年 8 月 23 日，但他填报的资料是 1957 年 9 月 27 日，从出生日期和实足年龄来看都是不准确的，可是考虑到以后资料整理时，可能要采用 5 岁一组的分组办法，若是这样就不会影响最终数据的质量。统计数据质量的相对性表明，为减少或降低数据误差，在不影响对现象数量反映的前提下，可以通过修改统计活动方案的某些要求达到目的。

统计数据质量误差按产生原因可分为三大类：第一，由于统计调查准备工作不充分而引起的误差；第二，数据收集阶段发生的误差；第三，资料整理过程中产生的误差。

在进行统计调查时，通常事先要做的工作是：制订调查方案，确定将使用的基本概念和定义，拟定调查表，规定调查时间，明确采集资料的方式等。在这一阶段容易产生的问题有：对正确了解调查对象有帮助的某些重要的特征被忽视掉了；概念的提法和定义不妥当，如总体规定模糊，结果把本应该包括在统计范围内的调查单位排除在外，而把本不应该包括在统计范围内的调查单位错误地纳入进来；调查项目和统计指标界定不清晰，容易造成误解；调查表的格式可能难以填写等。

数据收集阶段可能产生误差的情况有：调查人员不胜任工作，对调查意图理解不透不准，从而造成登记的遗漏、重复；调查人员在工作中掺进个人的一些想法和意见，误导被调查者偏离方案要求作出回答；调查人员交流方式生硬，人为制造紧张气氛，使被调查者拒绝回答问题；调查人员一味追求工作进度，发生登记性错误。从被调查者角度看，可能担心个人的材料被用于统计以外的目的，故意给出不实回答，不愿合作，敷衍应付，造成随意填报，此外还有被调查者的知识背景、社会背景、情感背景等问题。在实际收集资料阶段，如果使用的收集资料的具体方式不同，也会产生差别很大的结果。如果使用的测量工具有问题，要想获得准确的数据也是不可能的。

数据处理阶段同样会发生许多新的差错，如在编码、打孔、录入、分类、汇总、计算等过程中出现的错误。

2.4.4 ▶▶▶ 统计数据质量检查

如何评估统计数据误差的大小，是什么原因引起了误差，有无修正的必要和可能，这一系列活动统称为统计数据质量检查。

统计数据质量检查主要有两大类方法，即各种后验技术和抽样方法。

1. 统计数据质量检查的后验技术

后验技术是在统计调查工作已经完成，进入数据编辑和整理时所用的评估数据质量的方法。这种方法的特征是，不需亲临调查现场，而是通过逻辑关系分析、计算以及将调查数据与独立来源的数据进行对比等方法，确定调查数据的质量。

（1）逻辑关系分析法。把调查数据与人们普遍接受的对现象某些特征或关系的看法进行比较，以判断有无矛盾的地方，就是逻辑关系分析法。例如，15 周岁的少年，不应有婚姻的情况出现等。如果反过来了，那就需要进行重点审核。

（2）计算比较法。如果我们掌握了有关问题的大量资料，则可以通过计算和利用平衡公式来检查数据的质量。例如，在人口统计中，期末人数＝期初人数＋本期出生人数＋本期迁入人数－本期死亡人数－本期迁出人数，如果有出生和死亡、迁入和迁出资料，则可以根据期初人数推算出期末人数，把它与实际调查的数字作对照，即可反映调查数字有无出入。

（3）设置疑问框法。一般来说，现象之间客观上存在着一定的量值范围和比例关系，根据这种量值范围和比例关系，可以规定出检查的参照标准，并据此检查数据的误差。

（4）与独立来源数据对比法。这是一个比较简单的检查数据质量的方法。具体做法是，把调查数据与不同的调查数据进行比较，通过二者的差别验证调查数据的误差。例如，把棉花的亩产量调查数据与根据皮棉调查数据计算出来的亩产量作对比等。

运用后验技术检查统计数据质量时需要注意以下几个方面。

（1）后验技术的使用范围比较有限，因为这种方法常常要求所研究的现象变化具有某种规律性，对那些调查特征变化无常的统计活动，后验技术因找不出合理的假设便不能使用了。即使勉强使用了，效果也不会好。现在后验技术主要在人口统计、经济统计领域应用较多。

（2）所有的后验技术都仅适用于对最后调查结果的检查，不能用于单项数据误差的评估，因而对改进数据收集办法的指导作用不大。

（3）使用后验技术一般要有关于同一研究主题的大量统计资料，如果没有系统的资料积累，后验技术难以派上用场。

（4）作为对比、推算基础的资料必须准确，否则我们不能知道调查数据的误差。

（5）后验技术检查的结果只反映在质量上，不可能提供新的统计数据，在那些对调查数据有更多要求的地方，这种方法的帮助不会太大。

2. 统计数据质量检查的抽样方法

统计数据质量检查的抽样方法是指在一次调查之后，紧接着再从这些被调查单位中抽取一定数量的单位组成样本，经过重新登记，最后将两者的结果进行对比，以检查先前调查数据的质量，并进行适当的调整。

抽样检查法有许多优点，主要表现在以下几个方面。

（1）数据质量检查的结论，完全根据样本资料得出来，因此不管有没有相关的统计资料可依，无论过去是否做过类似的调查，都不会影响现在的数据质量评估。

（2）抽样检查法运用起来十分灵活，适用于各种场合的调查数据检查，也适用于调查数据各部分的检查，不仅可以帮助我们了解数据的质量水平，还可以帮助我们寻找产生误差的原因。

（3）抽样检查法有助于提高数据的质量，这是因为，每一个被调查单位都有可能被重新抽出来进行核实，因此它无形中就给调查人员施加了压力，使得每一个人都努力工作，以免被查出问题。另外，抽样法能够查找数据误差出现的原因及其发生机制，这有助于有针对性地采取措施，从而确保在今后的调查工作中不发生类似的错误。

（4）抽样法不受调查项目之间关系的任何假设限制。如果我们对它们的情况了解不多，甚至一点都不了解，那么抽样法就成唯一的检查手段了。

（5）运用抽样检查法，可以帮助统计人员获得更多的资料。

（6）后验技术只能说明数据有无质量问题，而抽样检查方法不仅能做到这一点，而且可以估算数据误差的大小，从而对原调查资料进行修正和调整。

尽管抽样检查法有如此众多的优点和长处，但在实际运用中，也需要注意：①抽样必须在一次调查之后不久举行，以免时过境迁。②样本数据是检查的标准，样本数据的收集和核查，需要安排专业统计人员进行。③样本单位的确定要考虑到随机性要求，数量上也不应太少。④切实兼顾调查费用预算约束。

本章小结

1. 统计数据是反映客观事物数量特征的数字信息，是统计科学研究的基本原料，它源于亲自调查收集和已发表的汇编材料两大渠道。统计数据可分为横截面数据、时间序列及纵列数据三类。

2. 统计数据的计量尺度包括定类尺度、定序尺度、定距尺度和定比尺度。

3. 统计数据的收集是通过统计调查完成的。统计调查的基本任务是取得反映客观现象总体全部或部分单位以数字资料为主体的信息。对统计调查阶段提出的要求是准确性、及时性、全面性和经济性。

4. 统计调查按组织形式可分为统计报表制度和专门调查两种。

5. 统计数据收集的方法有直接观察法、报告法、访问法、实验调查法、卫星遥感法、网络调查法等。

6. 统计调查方案主要包括确定调查目的、确定调查对象和调查单位、确定调查项目和调查表、确定调查时间和制订调查的组织工作计划。

7. 统计数据质量是指获得的观察值与客观现象实际数量水平的离差，具体包括由于统计调查准备工作不充分而引起的误差、数据收集阶段发生的误差、资料整理过程中产生的误差等。

阅读与分析

经济普查数据的空间化[①]

为明确普查区域界线，确保普查对象不重不漏，北京市第二次经济普查工作首次启

---

① 赵彦云：《经济普查有何用》，载《数据》，2008(11)：61-65。有删改。

用了航拍地图进行电子定位，实现了普查区界线的电子化，并将所有普查区的名称、行政区划代码等信息录入数据库中，形成完整覆盖全市地域范围的普查区电子地图数据库。普查区中的所有建筑物都被赋予了唯一编号，只要建筑物中存在经营单位，就将其纳入普查当中。这次普查利用航拍电子地图，增加了技术含量，将经济普查、房屋普查、能源普查三者合一，有效整合在一起。新技术引入经济普查是统计技术发展的一个重要标志，也为我们研究北京市经济社会发展提供了充分的条件。

经过城市航拍地图的电子普查单位定位，可以把经济普查数据信息转化为空间统计信息，包括城市经济活动单位、房屋建筑、交通设施、水资源和能源动力设施、经济活动、生态环境保护、商业设施、卫生保健设施等联系在一个空间的统计体系之中，这样可以进行许多前所未有的分析研究，为各行各业的建设与发展提供直接服务。

从商业应用来看，经济普查数据的空间化，可以为现代商业机构从事市场前景与客户分析咨询提供可靠的信息。这些信息在应用过程中通过一个有效的、可存取的、可视化的、可操作的管理平台，能够在分析处理问题时综合使用空间数据与属性数据，借助数据库管理系统将两者紧密联系在一起，共同管理分析和应用这些信息。空间统计分析的功能强大，可利用空间解析模型来分析空间数据，为商业发展、城市规划及某些专题问题的解决提供有效的方法支持。例如，可以为商业选址及投资提供有效的决策支持。人口信息与地理位置结合起来才是有效的潜在消费者信息，只有综合考虑地理格局及人口分布的选址才有潜在市场，而人口因素中的各项信息均对选址有着不同的权重影响。人口信息（包括人口规模、人口密度、消费者购买力、人口年龄及性别构成、人口的教育文化水平和职业构成、家庭状况、人口类型等）对市场的影响是多方面的，这些影响通过地理位置作用于市场。例如，金融机构、购物中心、零售网点、餐饮场所、库房、代理中心等的选址工作可以通过人口要素的空间统计分析完成。

政府公共设施的规划与选址分析是城市规划的重要组成部分，良好的公共设施布局可以提高市民的福利水平。道路系统及其他各类管线管网的路线规划，城市用地类型规划，城市土地定价分析，教育设施、医疗保健设施、娱乐设施、生活服务设施的选址等都需要人口数据、地理信息和一套行之有效的数据处理分析系统。例如，北京市城市基础建设（电信、道路、给排水等）和环境规划需要了解人口空间密度分布；利用人口数据来对光纤路线进行规划，需要考虑路线所经区域人口的文化程度较高、收入水平较高、年龄层次属于年轻人等；学校布局需要考虑适龄人口的空间分布。这些分析除了考虑人口外，还要考虑城市规划、经费预算等因素，并要综合各种因素的影响权重，以得到最优选择。地理信息系统的空间属性支持能力及一般属性管理能力为这些分析的实现提供了保障。

利用地理空间统计系统可以建立相关的专题图，为政府和社会处理经济及社会问题提供宏观决策支持。以老龄人口问题为例：基于两个基本空间地理假设的老年社区的布局（基于这样两个基本空间地理假设：老年人口相对集中和距离老年人生活所需的各种设施，如医院、商店等服务机构较近）；老龄人口就医空间分析（综合考虑现有老龄人口的分布、其距离医疗设施的远近及医院的床位数等服务能力）等必须通过人口统计信息与地理信息系统相结合进行分析才能得到有效的结果。例如，2008 年德国成功绘制出一幅老龄家庭分布图。地图以家庭成员年满 60 岁作为家庭老龄的标志，将人口统计与空间统计技术相结合，直观地显示出老龄家庭在联邦各州的分布情况。除了年龄要素，空间统计还把家庭结构、收入水平、住所户型等变量纳入地图编制过程，便于社会了解老龄家庭的生活状况和现实需求，优化老龄人口管理，为政府和社会正确应对老龄化问题提供参考。

　　目前，基于空间的统计系统已经被广泛提及，拥有大量的数据支持和强大的空间分析能力使其独具优势。北京市 2008 年经济普查数据转化的空间统计系统可以通过电子地图的形式显示人口、经济、设施在地理上的分布和变动情况，并具有根据用户的需要实现分类查询、图文互查、快速定位和模拟等功能。空间统计系统可以反馈相关的信息给应用层的用户，以辅助其得到目标信息。该系统的预警功能可在人口、经济活动、设施利用出现偏离正常状态的情况时，自动对当前情况进行定级，并按照出现问题严重性的级别向相关部门发布警报信号，相关部门可以按照系统发出的警报级别的高低制定相应的紧急应对措施。空间统计系统的决策支持功能可以帮助管理层用户对某些问题进行求解工作，能够在问题的解决过程中进行假设或调整参数，以帮助用户作出更正确的决策。这些功能为政府管理部门制定地区行政决策、发展规划和公共设施建设方案提供了有力的支持。投资者亦可以利用此功能根据各地的人口、经济、设施的实际情况，加以假设并进行求证，以便作出更有利的投资决策。

思考与练习

一、思考题

1. 一个完整的统计调查方案的内容主要包括哪几个方面？
2. 什么是重点调查？什么是典型调查？各有什么特点？
3. 统计报表制度和普查有何区别？
4. 什么是调查对象、调查单位和报告单位？报告单位和调查单位有什么不同？
5. 统计工作中为什么要强调多种调查方法结合运用？

二、单项选择题

1. 对百货公司工作人员进行普查，调查单位是（　　）。
　　A. 所有百货公司　　　　　　B. 每个百货公司
　　C. 所有工作人员　　　　　　D. 每位工作人员
2. 某城市工商银行拟对占全市储蓄额 3/5 的几个大储蓄所进行调查，以了解全市储蓄的一般情况，则这种调查方式是（　　）。
　　A. 普查　　　B. 重点调查　　　C. 典型调查　　　D. 抽样调查

3. 目前，我国对城乡居民家庭收支情况的调查采用（　　）。

    A. 普查   B. 重点调查   C. 典型调查   D. 抽样调查

4. 为了解工业企业的期末在制品数量，调查人员当场进行观察与计数，这种收集资料的方法是（　　）。

    A. 直接观察法   B. 开调查会法   C. 个别采访法   D. 报告法

5. 对有限总体（　　）。

    A. 只能进行全面调查

    B. 只能进行非全面调查

    C. 既能进行全面调查，也能进行非全面调查

    D. 以上答案都不对

6. 统计调查项目大多数放在（　　）。

    A. 调查表的表头中   B. 调查表的表体中

    C. 调查表的表脚中   D. 调查对象之中

7. 调查某市工业企业职工的工种、工龄、文化程度等情况，则（　　）。

    A. 调查单位与填报单位是每个工业企业

    B. 调查单位与填报单位是每个职工

    C. 调查单位是每个企业，填报单位是每个职工

    D. 调查单位是每个职工，填报单位是每个企业

8. 统计调查对象是（　　）。

    A. 总体各单位标志值   B. 现象总体

    C. 总体单位   D. 统计指标

9. 我国现行统计调查方法体系中，作为"主体"的是（　　）。

    A. 经常性抽样调查   B. 必要的统计报表

    C. 重点调查及估计推算等   D. 周期性普查

第 3 章

统计数据的整理与显示

本章导读

通过本章的学习，认识统计数据整理在整个统计工作中的地位和作用；了解统计数据整理的基本内容、数据整理的组织与技术，统计表的规范要求及统计图的绘制方法；掌握统计分组理论和变量数列的编制方法。

思政目标

引导学生关注我国科技发展，通过统计图表了解我国数字经济发展状况，深刻体会中国特色社会主义建设取得的伟大成就，培养爱国主义情怀。

思政案例

数字经济成为稳增长的强大力量[①]

近年来，我国数字经济发展较快、成就显著，特别是新型冠状病毒感染疫情（以下简称"新冠疫情"）暴发以来，数字技术、数字经济在支持抗击新冠疫情、恢复生产生活方面发挥了重要作用，我国数字经济持续做强做优做大。图 3-1 为我国 2016—2021 年数字经济规模。在党中央的坚强领导和全社会的共同努力下，2021 年我国数字经济发展取得了新的突破，数字经济规模达到 45.5 万亿元，较"十三五"初期扩张了 1 倍多，同比名义增长 16.2%，高于 GDP 名义增速 3.4 个百分点，占 GDP 比重达到 39.8%，较"十三五"初期提升了 9.6 个百分点。新冠疫情成为数字经济发展的"试金石"，无论是在疫情防控的阻击战中，还是在疫情多点散发的常态化防控中，数字经济作为宏观经济的"加速器""稳定

① 中国信息通信研究院：《中国数字经济发展报告》，http://www.caict.ac.cn/kxyj/qwfb/bps/202207/t20220708_405627.htm，2022-07-08。有删改。

器"的作用愈发凸显。

伴随着数字技术的创新演进，互联网、大数据、人工智能和实体经济深度融合，产业数字化对数字经济增长的主引擎作用更加凸显。图 3-2 显示 2016—2021 年我国数字经济内部结构。2021 年我国数字产业化规模为 8.35 万亿元，同比名义增长 11.9%，占数字经济比重为 18.3%，占 GDP 比重为 7.3%，数字产业化发展正经历由量的扩张到质的提升的转变。2021 年，产业数字化规模达到 37.18 万亿元，同比名义增长 17.2%，占数字经济比重为 81.7%，占 GDP 比重为 32.5%，产业数字化转型持续向纵深加速发展。

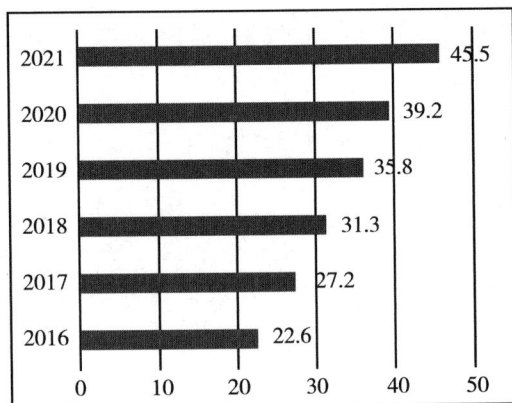

图 3-1　2016—2021 年我国数字经济规模（万亿元）

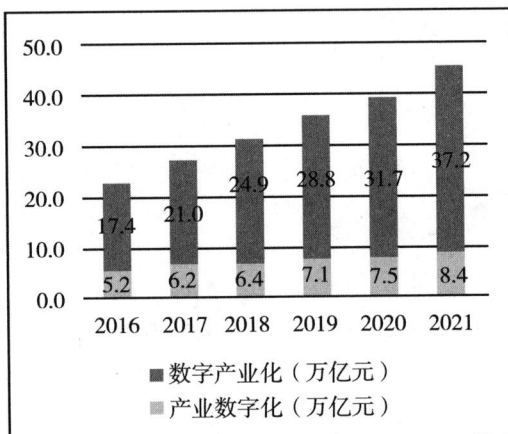

图 3-2　2016—2021 年我国数字经济内部结构

思考

结合案例谈一谈我国数字技术在生活中的运用以及数字经济的具体表现。

3.1　数据整理的意义及程序

3.1.1 ▷▷▷ 数据整理的意义

在统计资料收集过程中，通过运用一定的统计调查方式、方法，取得了大量的能够说明现象个体特征的原始资料。然而这些资料只是一些个别的、分散的资料，缺乏系统性，不能反映客观现象总体的数量特征，也不能使我们达到对客观现象总体数量特征的认识。因此，为完成统计研究的任务，必须对这些个别的、分散的资料运用科学的方法进行加工处理，把它们转化为总体资料。

统计数据整理是指根据统计研究目的，将统计调查所得的原始数据进行科学的分类汇总，或对已经加工的次级资料进行再加工，为统计分析准备系统化、条理化的综合资料的工作过程。

从统计工作的全过程来看，统计数据整理是统计工作过程的第三阶段，在统计工作中起着承前启后的作用。通过整理将客观现象的个体数量表现过渡到总体的综合数量表现，使我们得到描述现象总体数量特征的最初的综合指标数值。因此，统计整理的正确性将直接影响对现象总体数量特征描述的准确性。

3.1.2 ▷▷▷ 数据整理的程序

数据整理是根据统计研究的目的进行的，要为统计研究提供统计数据。因此，在统计数据整理过程中必须遵循的原则是：在对所研究的客观现象进行深刻分析的基础上，抓住最基本、最能说明问题本质特征的统计分组和统计指标对统计资料进行加工整理。

数据整理也要设计方案，这些方案通常表现为整理表或汇总表，表中包括数据整理所需的分组体系和指标体系。

数据整理的基本程序如下。第一，设计和编制统计数据的整理方案。第二，对调查获得的数据进行审核。第三，按照一定的组织方式和方法对调查所得数据进行分组、编码、汇总和计算。第四，对整理好的统计数据再次进行审核，及时更正汇总过程中产生的各种差错。第五，将汇总整理的结果编制统计表或绘制统计图，简明扼要地表明现象的数量特征。第六，积累、公布和管理统计数据。

3.2　统计分组

3.2.1 ▷▷▷ 统计分组概述

1. 统计分组的含义

统计分组是指根据事物内在的特点和统计研究的需要，将统计总体按照一定的标志区分为若干组成部分的一种统计方法。其目的是把同质总体中的具有不同性质的单位分开，把性质相同的单位合在一起，保持各组内统计资料的一致性和组间资料的差异性，以便进一步运用各种统计方法研究现象的数量表现和数量关系，从而正确地认识事物的本质及其规律。选择一种分组方法突出了一种差异，显示了一种矛盾，必然同时掩盖了现象的其他差异，忽略了其他矛盾。缺乏科学根据的分组，不仅无法显示事物的根本特征，甚至会把不同性质的事物混淆在一起，歪曲实际情况，得出虚构的景象。所以，在统计整理中最关键的环节是解决好统计分组问题。分组的好坏直接关系到能否整理出正确的、客观的统计资料，能否得出正确的结论。从某种意义上说，没有统计分组，就没有科学的统计资料整理，也就没有科学的统计分析。统计分组绝不是一个单纯的技术问题，而是具有高度原则性和理论性的问题。

2. 统计分组的原则

(1)穷尽原则。穷尽原则就是使总体中的每一个单位都有组可归，或者说各分组的空间足以容纳总体所有的单位。例如，将从业人员按文化程度分为小学毕业、中学毕业(含中专)和大学毕业三组，那么，文盲或识字不多的则无组可归，就会造成遗漏统计。如果将分组适当调整为文盲及识字不多、小学程度、中学程度、大学程度，这样分组就可以包括各种不同层次文化程度的全部从业人员，符合分组的穷尽原则。

(2)互斥原则。互斥原则就是在特定的分组标志下，总体中任何一个单位只能归属于某一组，而不能同时或可能归属于几个组。例如，某商场把服装分为男装、女装、童装三类，这不符合互斥原则，容易造成重复统计。因为童装也有男装、女装之分。若先把服装分为成年与儿童两类，然后每类再分为男女两组，就符合互斥原则了。

3. 统计分组的作用

(1)区分现象质的差别。统计分组的过程就是区别事物性质的过程。例如，我国根据社会生产活动历史发展的顺序将国民经济产业结构划分为三个不同的部分：第一产业，是指产品直接取自自然界的部门，包括农业(含种植业、林业、牧业、副业、渔业)；第二产业，是指对初级产品进行再加工的部门，包括工业(含采掘业、制造业、自来水、电力、蒸汽、热水、煤气)和建筑业；第三产业，是指为生产和消费提供各种服务的部门，即除了第一、第二产业以外的其他各部门，包括流通部门和服务部门。在区分事物性质的过程中，划分社会经济类型是极其重要的。划分社会经济类型是指直接反映社会生产关系的各种类型的划分。这种分类可以直接反映一定社会经济结构的特点。例如，我国的企业按所有制性质划分，有七种经济类型：国有经济、集体经济、个体经济、联营经济、股份制经济、外商投资经济、港澳台投资经济。

(2)分析总体内部结构和总体结构的特征。总体是在同一性质的基础上结合起来的整体，而各单位之间仍存在着许多差异，为了深入分析这些差异，可以对总体进行结构分组。当研究目的在于探讨总体在某一标志上的构成，而将总体划分为若干组成部分以显示所研究标志的结构时，这种分组称为结构分组。例如，表 3-1 就是 2020 年我国按国内生产总值(GDP)计算的产业结构。

表 3-1 2020 年我国国内生产总值(GDP)构成情况

产业	国内生产总值/亿元	比重
第一产业	77 754.1	7.7%
第二产业	384 255.3	37.8%
第三产业	553 976.8	54.5%
合计	1 015 986.2	100%

表 3-1 资料表明，在 2020 年我国 GDP 总量中，第一产业占 7.7%，第二产业占 37.8%，第三产业占 54.5%，可以反映出我国三大产业的内部构成情况，并反映出国民经济中第三产业占主体地位。

(3)揭示现象之间的依存关系。任何客观现象之间都不是彼此孤立的，而是相互联系、相互依存和相互制约的。当研究目的在于探讨同一总体范围内两个可变标志的依存关系时，可以将其中一个可变标志(自变量)作为分组标志，以观察另一标志(因变量)相应的变动情况。这种分组称为分析分组，它可以揭示现象之间的依存关系。例如，某地区农作物的施肥量与单位面积产量的关系如表 3-2 所示。

表 3-2　某地区农作物的施肥量与单位面积产量的关系

施肥量/(千克/亩)	亩产量/千克
15.5	377.0
16.3	390.5
17.8	416.6
18.6	433.2
19.4	452.8
20.5	481.1
21.8	464.4

表 3-2 反映了施肥量与农作物亩产量之间的依存关系。一般来讲，随着施肥量的增加，农作物亩产量也在增加，但当施肥量为 21.8 千克时，农作物亩产量则减少到 464.4 千克。因此，过少或过多的施肥量都可以使农作物产量降低。

4. 统计分组的种类

按分组标志的性质不同，统计分组可分为品质分组和数量分组两类。

(1)品质分组(或称属性分组)，即按品质标志进行分组。一般地，对于类别数据，采用品质分组。品质分组的概念比较明确，分组也相对稳定。按品质标志分组有的比较简单，如人口按性别分组，企业按经济类型分组等；有些则比较复杂，如《工业部门标准分类目录》等。

(2)数量分组(或称变量分组)，即按数量标志分组。数量标志的变异性体现在它不断变动的数量上，故又称为变量分组。例如，人口按年龄分组，企业按产值、工人人数分组。按数量标志分组不仅可以反映事物的量变情况，而且可以通过事物的量变揭示出事物的质变，因此正确选择决定事物质的差别的数量界限是数量分组的关键。

品质分组所形成的数列称为品质数列，变量分组所形成的数列称为变量数列。

3.2.2 统计分组体系

在对客观现象进行研究时，为了从不同角度综合反映所研究现象的特征，只凭一个分组标志进行分组，往往不能满足统计研究的需要，而要从不同角度运用多个分组标志进行多方面的分组，形成一个分组体系。分组体系是根据统计研究的需要，通过对同一总体进行多种不同分组而形成的相互联系、相互补充，能从各种角度加深对统计总体数量表现的认识体系。统计分组体系有平行分组体系和复合分组体系之分。

1. 简单分组与平行分组体系

简单分组就是对研究现象按一个标志进行分组，它只能从某一方面说明和反映事物的分布状况和内部结构。对同一个总体选择两个或两个以上的标志分别进行简单分组，就形成平行分组体系。例如，为了解某企业职工的基本情况，对职工总体分别按性别、工龄、文化程度等标志进行分组，形成平行分组体系如下。

按性别分组	按工龄分组	按文化程度分组
男	5 年以下	小学及小学以下
女	5～10 年	初中
	10～15 年	高中或中专
	15～20 年	大学本科及以上
	20 年以上	

2. 复合分组体系

复合分组就是将两个或两个以上标志层叠起来进行分组，即先按一个标志分组，在此基础上再按第二个标志分小组，再层叠地按第三个标志分成更小的组。复合分组所形成的分组体系叫作复合分组体系。例如，对工业企业按轻重工业和企业规模重叠分组形成的复合分组如下。

轻工业	重工业
大型工业企业	大型工业企业
中型工业企业	中型工业企业
小型工业企业	小型工业企业

复合分组中，随着分组标志的增加，对总体所分的组数也成倍增加，因而一般来讲，复合分组时分组标志不宜过多。

3.2.3 分组标志的选择

扫码听课

统计分组中关键的问题在于选择分组标志和划分各组的界限，而选

择分组标志则是统计分组的核心问题。分组标志就是将统计总体区分为各个性质不同的组的标准或根据。为确保分组后的各组能够正确反映事物内部的规律性，选择分组标志时应遵循以下原则。

1. 根据统计研究的目的与任务选择分组标志

对于客观现象可以根据不同的研究目的从不同的角度进行研究。也正是因为研究目的的不同，才选择不同的分组标志进行分组。任何一个统计对象都有许多特征，即许多标志，如工业企业这个统计对象就有很多标志，包括登记注册类型、固定资产原值、职工人数、产品质量等。那么，研究工业企业时应该采用什么样的标志进行分组，就要看研究的目的。在研究不同经济类型的企业在总体中的构成、产值情况等，要选择经济类型作为分组标志；而在研究不同规模的企业的构成、产值等情况时，可以选用固定资产原值作为分组标志。需要指出的是，在同一总体中，有些标志在性质上和意义上是很相似的，如工业总产值、工业商品产值、工业净产值、工业增加值等，尽管它们是不同的价值指标，各自所反映的具体内容不同，但都是反映生产成果的总量指标。如果要研究企业的生产成果，反映不同生产成果的企业在总体中的构成情况，那么选用哪一个标志作为分组标志，就要根据所研究问题的性质、研究目的来决定，只有这样才能真正实现统计研究的目的。

2. 在若干个标志中要抓住具有本质特征的标志作为分组依据

由于客观现象复杂多样，各自表现出不同的特征，在进行分组时就可以选择不同的分组标志对客观现象总体进行不同的划分。总体中的若干标志，有能反映问题本质特征的标志，也有对反映事物本质作用不大的标志，这时我们应该选择最能反映问题本质特征的标志。如要研究城市居民的生活水平，有反映居民收入水平的标志，也有反映居民支出水平的标志等，应选择其中最能反映问题本质特征的标志，如居民消费支出额进行分组，这样能够使我们对所研究的对象有一个正确的认识。

3. 根据现象所处的历史条件或经济条件来选择分组标志

客观现象是随着时间、地点等条件的变化而变化的。同一个标志在过去某个时期是适用的，现在则不一定适用；在这个场合适用，在另一个场合也不一定适用。因此，即使是研究同类现象，也要视具体时间、地点条件的不同而选择不同的分组标志。例如，在土地革命时期研究我国农村的经济关系，农民阶级成分是一个很重要的基本的分组标志。然而现在，社会经济条件发生了变化，为了反映农村经济建设的发展情况及其规律性，应选择经营形式、生产规模、机械化程度等标志进行分组。又如，研究商业企业的规模时，一般可按职工人数进行分组；研究纺织厂的生产规模时，则应以生产设备能力作为分组标志。

确定分组标志并进行分组后，需要根据总体中各个单位的具体特征进行相应的归类。在进行归类时，必须明确各组的界限，若界限不清，就不能正确地进行按组归类。

3.2.4 ▷▷▷ 统计分组的方法

根据分组标志的不同特征，统计分组方法有按品质标志分组的方法和按数量标志分组的方法之分。

1. 按品质标志分组的方法

品质标志分组法就是选择反映事物属性差异的品质标志作为分组标志，在品质标志的变异范围内划定各组界限，将总体划分成若干性质不同的组成部分。

按品质标志进行分组是指对统计研究对象从质的方面加以区分，具体地说，就是按研究对象的性质和空间特征进行分组。例如，将工业企业按经济类型，即所有制属性差异分组，可以分为国有经济、集体经济、个体经济、联营经济、股份制经济、外商投资经济、港澳台投资经济、其他经济。这也是在空间上对其进行的划分，因为从整体上讲，所有的工业企业组成一个庞大的经济实体，在空间上是相互联系的，在性质上各具不同的特点。

在按品质标志进行分组时，有些分组比较简单，有些分组则比较复杂。所谓的简单是指按一个品质标志分组，对总体只作一次划分，每个组不再往下细分。另外，进行这种分组后，对总体单位应该归入哪一组的界限也比较明确，不存在模糊不清、模棱两可的问题。例如，人口按性别分为男和女，产品按质量情况分为合格品和不合格品，等等。按这样的标志进行分组以后，不同类别的单位可以明显地区分开来。但是，现实生活中大量存在的是分组比较复杂的问题，即在对总体按一个标志分组后，各组的界限难以明确划分，对于总体中的某些单位应该归入哪一组，容易产生理解上的差异。因此，在同一个分组标志的情况下，分组的结果就会不同。例如，人口总体划分为农业人口和非农业人口就属于这种情况，在对各组的单位理解上，是以"是否有城市居民户口"作为划分标准，还是以"是否从事农业生产活动"作为划分标准，不同的划分标准可以得出不同的结果，反映不同的经济内容。

从以上分析可以看出，在选择分组标志时，一般情况下，不会有困难，所出现的问题是各级界限的具体确定。在统计实践中，为了保证各种分类的统一性和完整性，国家对某些重要的现象制定了统一的分类目录，如《工业部门标准分类目录》《产品分类目录》等。

2. 按数量标志分组的方法

数量标志分组法就是以反映事物数量差异的数量标志为分组标志，并在数量标志的变异范围内，将总体划分为性质不同的若干组成部分。

客观现象的特征是通过数量表现出来的，针对每一个个别事物来讲，在一定时间上其数量表现是不变的，并且按照数量标志对现象进行分组后的各组界限也是固定的，因此，分组后进行归类的结果也是固定的。即在按数量标志进行分组时，对于所选择的数量标志和各组的数量界限的确定上不会产生理解上的差异，这种分组方法在统计实践中比较容易运用。

但同样应该指出，在选择数量标志以后，分组过程中对于总体应分为多少组，各组的界限怎样确定，是一个比较复杂的问题。分组不恰当，一方面不能反映事物本身所具有的内在结构；另一方面也不能反映事物的本质和规律，这就要求组数和组限的确定要恰当、科学。

3.3　频数分布

3.3.1 ▷▷▷ 频数分布的概念

在统计分组的基础上，将总体中所有单位按组归类整理，形成总体中各个单位数在各组间的分配，叫作频数分布。分布在各组中的个体单位数叫作次数或频数，频数大小决定该组标志值作用的强度。各组次数与总次数之比叫作比率或频率，频率表明各组值的相对作用强度。将各组别与次数按一定的次序排列所形成的数列称作频数分布数列，简称分布数列，又称分配数列或频数分配。任何分布数列都必须满足两个条件：(1)各组频率都是介于 0 和 1 之间的一个分数；(2)各组的频率总和等于 1(或 100%)。

分布数列反映了所研究的总体中所有的单位数在各组内的分布状态和总体的分布特征，并据以研究总体某一标志的平均水平及其变动规律。例如，2020 年 11 月 1 日零时，我国内地 31 个省、自治区、直辖市和现役军人的人口中，男性为 72 357 万人，占总人口的 51.24%；女性为 68 855 万人，占总人口的 48.76%；男女性别比(以女性为 100)为 105.09，具体如表 3-3 所示。

表 3-3　我国内地人口的性别分布(2020 年 11 月 1 日零时)

性别	人口数/万人	比重
男	72 357	51.24%
女	68 855	48.76%
合计	141 212	100%

⇧ 各组名称　　　⇧ 次数或频数　　　⇧ 比率或频率

按品质标志分组编制的分布数列叫作品质分布数列或属性分布数列，简称为品质数列。品质数列由组的名称和各组的次数两个要素构成。例如，品质数列的编制程序一般比较简单，其步骤如图 3-3 所示。

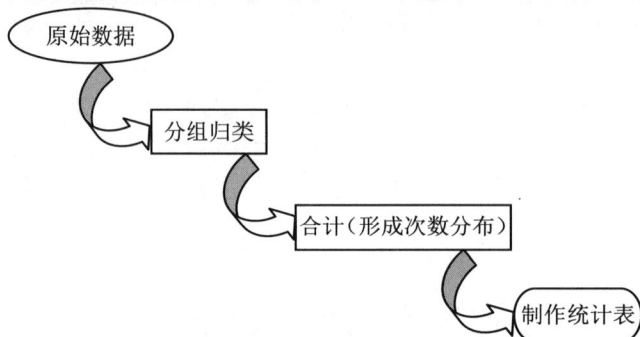

图 3-3   品质数列的编制程序

按数量标志分组编制的分布数列称作变量分布数列,简称为变量数列。任何一个变量数列都由各组变量值和各组的次数两个要素构成。例如,某生产组有工人 20 人,根据生产某种产品的日产量编制变量数列,如表 3-4 所示。

表 3-4   某生产组工人生产某产品日产量资料

日产量/件	工人人数/人
22	2
23	3
25	7
28	5
30	3
合计	20
⇧	⇧
变量值	次数或频数

3.3.2 ⟫⟫⟫ 变量数列

变量数列是依据数量标志分组编制的分布数列,它是一种区分事物数量差别的分布数列,反映了总体在一定时间上的量变状态或量变过程,并从这种量的差别中来反映事物质的差别。

按数量标志分组应注意如下两个问题。(1)分组时各组数量界限必须能反映事物质的差别。例如,工人按工时定额完成程度分组,就不能把 95% 和 105% 合为一组,因为这样的分组不能区分未完成定额、完成定额和超额完成定额的质的差别。(2)应根据被研究现象总体的数量特征,采用适当的分组形式,确定适当的组距、组限。

扫码听课

1. 单项式分组与组距式分组

单项式分组就是用一个变量值作为一组，形成单项式变量数列。例如，育龄妇女按其生育子女存活数分组可分为 0 个、1 个、2 个、3 个、4 个、5 个及以上六组。单项式分组一般适用于离散型变量且变量变动范围不大的场合。

组距式分组就是将变量依次划分为几段区间，一段区间表现为"从 …… 到 ……"的距离，把一段区间内的所有变量值归为一组，形成组距式变量数列。区间的距离就是组距，例如，反映居民居住水平情况，可按人均居住面积分为 4 平方米以下、4～8 平方米、8～12 平方米、12～16 平方米、16 平方米以上五组。对于连续型变量或者变动范围较大的离散型变量，适宜采用组距式分组。

2. 间断组距式分组和连续组距式分组

在组距式分组中，每组包含许多变量值，每一组变量值中，其最小值为下限，最大值为上限，组距是上下限之间的距离，相邻两组的界限称为组限。凡是组限不相连的，称为间断组距式分组。例如，儿童按年龄可分为 1 岁以下、1～2 岁、3～5 岁、6～11 岁、12～14 岁。凡是组限相连（或称相重叠的），即以同一数值作为相邻两组的共同界限，称为连续组距式分组。例如，学生按其成绩分为 60 分以下、60～70 分、70～80 分、80～90 分、90～100 分。

如果变量值只是在整数之间变动，如企业数、职工数、机器设备台数等离散型变量，可采用间断组距式分组，也可采用连续组距式分组。如果变量值在一定范围内的表现既可以是整数，也可以是小数，如产值、身高、体重等连续型变量，只能采用连续组距式分组。如前所述，统计分组必须遵循两条原则，在连续组距式分组中，因为以同一个数值作为相邻两组的界限值，这一个单位归入作为下限值的那一组内，即所谓"上限不在内"原则。例如，学生按学习成绩分为前面所介绍的五组，那么应把学习成绩为 70 分学生归入第三组，即归入 70～80 分组内；把学习成绩为 80 分学生归入第四组，即归入 80～90 分组内。根据这一原则，离散型变量的分组，各组的上限也可以写为下一组的下限，这样处理既简明又便于计算。连续型变量的分组也可以仅列出左端的数值，即以各组的下限来表示。

3. 等距分组与异距分组

按数量标志进行组距式分组，还可分为等距分组和异距（或称不等距）分组。等距分组就是标志值在各组保持相等的组距，即各组的标志值变动都限于相同的范围。异距分组是指标志值在各组的组距不全相等。

凡是在标志值变动比较均匀的情况下，都可采用等距分组。例如，工人按工龄、工资分组；零件按其规格的大小、加工时间的长短分组；农作物按单位面积产量分组、工业品按单位产品的成本分组；等等。等距分组有很多好处，便于计算和绘制统计图。

分组的形式应服从分组的要求，即组内同质性、组间差异性。现象的差别取决于现象的本质，而不在于数学形式，必须根据现象的本质特征和统计研究的目的任务来确定分组的等距与否。在下列场合，必须考虑采用异距分组。

(1)标志值分布很不均匀的场合。例如，某实业有限公司所属各分店的月销售收入，多数分店为 3 万～15 万元，极少数分店为 50 万～200 万元。如果采用 1 万元为组距来分组，则组数多达一百多组，显然不能达到数据整理系统化的目的。如果以 10 万元为组距，则属于 3 万～15 万元的多数分店被概括在一两个组内，过于笼统，不能清晰地看出其收入的特点。如果把范围确定在 3 万～20 万元，以 2 万元为组距，而 20 万元以上的再适当加大组距，形成异距分组表，则是比较切合实际的和可行的。又如，人口按年龄可采用如下异距分组：1 岁以下(婴儿组)，1～3 岁(幼儿组)、3～6 岁(学前儿童组)、6～12岁(小学生组)、12～15 岁(中学生组)、15～18 岁、18～60 岁、60 岁以上。这个人口分组资料能清晰地反映出人口在社会生活中的作用和年龄构成特征，为国家制定教育政策、安排劳动就业等提供有用的信息。

(2)标志值变动相等的量具有不同意义的场合。例如，生命的每一个月对于新生婴儿和对于成年人是大不一样的，此时，若按年龄分组进行人口疾病研究，应采用异距式分组，即 1 岁以下按月分组，1～10 岁按年分组，11～20 岁按 5 年分组，21 岁以上按 10 年或 20 年分组等。

(3)标志值按一定比例发展变化的场合。例如，大城市的百货商店销售额从 5 万～5 000 万元，可采取下列不等距分组：5 万～50 万元、50 万～500 万元、500 万～5 000 万元。若用等距分组，即使组距为 100 万元，也须分 50 组，这显然是不合适的。

异距分组方法的运用，没有固定模式可供依循，需要在实践中不断探索，关键在于对所研究现象的内在联系必须十分熟悉，才能很好地运用异距分组来揭示事物的本质。

对于异距分组，由于各组次数的多少还受到组距不同的影响，各组的频数可能会随着组距的扩大而增加，随着组距的缩小而减少。为消除异距分组所造成的影响，应计算频数密度(或称次数密度)和频率密度，其计算公式为

$$\text{频数密度} = \text{频数}/\text{组距},$$
$$\text{频率密度} = \text{频率}/\text{组距}。 \tag{3-1}$$

各组频数密度与各组组距乘积之和等于总体单位数，各组频率密度与各组组距乘积之和等于 1。

4. 组距、组数、组限与组中值的计算

在组距式分组中，组距是个重要的概念。组距就是各组上下限之间的距离。组距的大小应适度，以符合分组的要求为原则。组距与分组的组数有密切的关系，它们实质上是一个问题的两个方面。组距大，则分成的组数就少；组距小，则分成的组数就多。组数过少，容易把不同质的单位归并在一个组内；组数过多，又容易把同质的单位分散于许多组中。不过，决定组数的多少并无规则可言，必须凭借经验和所研究问题的性质作出判断。这里介绍一个确定组数和组距的经验公式，这一公式是美国学者斯特杰斯

(H. A. Sturges)提出的，称为斯特杰斯经验公式，即

$$k = 1 + 3.222 \lg N, \tag{3-2}$$

$$d = \frac{R}{k} = \frac{x_{\max} - x_{\min}}{1 + 3.222 \lg N}. \tag{3-3}$$

其中：k 为组数；N 为总体单位数；d 为组距；R 为全距，即最大变量值 $x_{\max}$ 与最小变量值 $x_{\min}$ 之差。根据这一公式，可以得出如表 3-5 所示的组数参考标准。

表 3-5　分组组数参考标准

N	15～24	25～44	45～89	90～179	180～359
k	5	6	7	8	9

上述公式及表中数据仅供参考，不能生搬硬套。实际分组时采用组数多少应依据所研究资料的性质而定。在具体进行分组时应注意以下几方面。

(1)对标志值的分布情况进行仔细审查，找出变量的最大值和最小值。

(2)依分布比较集中的标志值确定组距的中心位置。

(3)根据预定的组距的大小定出上下限。一般地，首组的下组限必须略小于或等于实际变量值的最小值，末组的上组限必须略大于或等于实际变量值的最大值，并尽可能使各单位的标志值在组内分布比较均匀。

上下限之间的中点数值称为组中值，组中值的计算公式为

$$组中值 = \frac{下限 + 上限}{2}. \tag{3-4}$$

在计算平均指标或进行其他统计分析时，常以组中值来代表各组标志值的平均水平。当各组标志值均匀分布时，组中值对各组标志值的水平的代表性就高。因此，分组时，应尽可能使组内各单位标志值分布均匀，同时，为避免产生过大的计算误差，在选取各组上下限时，应尽可能使组中值为整数。有时，连续型变量按离散型变量表示，组距数列的编制采取相邻组限不重叠的形式，组中值的确定应考虑到连续型变量自身的特点。年龄就是比较典型的例子，它实质上是连续型变量，习惯上用整数表示。例如，一群大学生分为 17～19 岁、20～22 岁两组，因为第一组应包括已经 19 岁又不到 20 岁的大学生，上限应视为 20 岁。同样的道理，第二组上限应视为 23 岁。组距应为 3 岁，组中值分别为 18.5 岁和 21.5 岁。

在编制组距数列时，为避免出现空白组，同时又能使个别特大或特小的变量值不致无组可归，往往在首末两组使用"××以下"或"××以上"不确定组限的方式表示，这种分组叫作开口组。开口组是指只有上限而缺下限(用"××以下"表示)，或只有下限而缺上限(用"××以上"表示)。例如，按学生成绩分组，首组采用"60 分以下"即为只有上限而无下限的开口组。

在组距数列中存在开口组的情况下，为了进行统计分析，需要计算开口组的假定组限和组中值。一般假定开口组的组距等于相邻组的组距，计算公式为

$$首组假定下限＝首组上限－邻组组距, \tag{3-5}$$

$$末组假定上限＝末组下限＋邻组组距。 \tag{3-6}$$

因此，首组和末组的组中值计算公式为

$$首组组中值 = \frac{首组假定下限＋上限}{2} = 上限 - \frac{邻组组距}{2}, \tag{3-7}$$

$$末组组中值 = \frac{末组假定上限＋下限}{2} = 下限 + \frac{邻组组距}{2}。 \tag{3-8}$$

扫码听课

按这种计算公式计算有时会出现问题。例如，西瓜按质量分为四组：1 千克以下、1～3 千克、3～7 千克、7 千克以上。其中中间两组的组距分别为 2 千克和 4 千克。按上述公式计算，则末组假定上限为 11，末组的组中值为 9，这个结论是可以接受的；但首组假定下限为 1－2＝－1(千克)，出现了负值，这就与实际情况不符。因此，当计算出来的假定上下限超越实际可能的极限时，应当将假定上下限定在极限值上。这里应将首组假定下限定为 0 千克，首组的组中值应为 0.5 千克。组距变量数列的编制程序如图 3-4 所示。

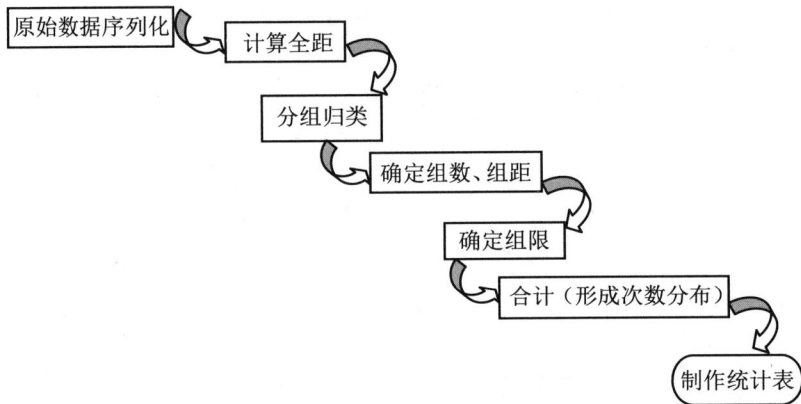

图 3-4　组距变量数列的编制程序

3.3.3 ≫≫ 累计频数与累计频率

有时为了更简便地概括总体各单位的分布特征，还需要编制累计频数数列和累计频率数列。累计有向上累计和向下累计两种方法。向上累计是指将各组频数和频率由变量值小的组向变量值大的组累计，表明累积到该组上限以下各组的总次数和所占的总比重；向下累计是指将各组频数和频率由变量值大的组向变量值小的组累计，表明累积到该组下限以上各组的总次数和所占的总比重。现以表 3-6 的资料为例进行说明，成绩在 80 分以下的学生有 21 人，占总数的 52.5％；成绩在 80 分以上的学生有 19 人，占总数的 47.5％。

表 3-6　某班统计学考试成绩分布情况

成绩/ 分	组中值/ 分	学生人数	比重	向上累计		向下累计	
				累计次数	累计频率	累计次数	累计频率
50～60	55	2	5.0%	2	5.0%	40	100.0%
60～70	65	7	17.5%	9	22.5%	38	95.0%
70～80	75	12	30.0%	21	52.5%	31	77.5%
80～90	85	11	27.5%	32	80.0%	19	47.5%
90～100	95	8	20.0%	40	100.0%	8	20.0%
合计	—	40	100.0%	—	—	—	—

3.4　数据整理的组织和技术

3.4.1 ▶▶▶ 数据整理的组织形式

数据整理属于汇总性的整理。统计汇总是根据事先设计好的汇总(或整理)方案进行的,统计汇总方案是统计设计的内容之一,是指根据统计分析的要求,设计统计汇总的具体内容,对整个汇总过程作出统一的安排。统计汇总的组织形式有三种:集中汇总、逐级汇总和综合汇总。

1. 集中汇总

集中汇总是将全部调查数据集中起来,由统一布置收集数据的机构一次汇总,故又称超级汇总。集中汇总的优点是:可以在较短的时间内取得大规模综合统计的结果,大大缩短了统计资料整理的时间,减少了汇总过程产生的误差。缺点是:原始资料如有差错,不能及时改正;汇总的资料往往不能满足各地区各部门的需要。

2. 逐级汇总

逐级汇总是依照统一的汇总表,按一定的组织管理系统自下而上逐级汇总数据。现行的统计报表制度一般都采用这种方式汇总。逐级汇总的优点是:能够满足各地区、各部门对统计资料的需要,便于就地审核与更正原始数据的差错。缺点是:费时长,影响了统计资料的时效性;由于经过的中间环节较多,容易产生误差。

3. 综合汇总

综合汇总是集中汇总和逐级汇总结合使用的形式,一方面将部分最基本的指标实行逐级汇总，同时又将全部调查数据集中到统一布置收集数据的机构进行汇总。例如，我国人口普查就曾采用过这种数据汇总方式。几个主要分组和指标采取逐级汇总方式，很快就得出汇总结果。同时，全部普查资料由各省、自治区、直辖市集中汇总，然后由中央一次汇总得出全国的资料。

3.4.2 ▷▷▷ 数据整理的技术

按照计算工具的不同，统计汇总的技术主要有手工汇总和电子计算机数据处理两种。

1. 手工汇总

手工汇总是用算盘或小型计算器进行的汇总，是目前我国统计汇总中普遍使用的方法。手工汇总中通常使用的方法有划记法、过录法、折叠法和卡片法。

(1)划记法。划记法是在汇总表上以点线符号(如"正""※"等)表示各组总体单位数的方法。汇总时，根据总体单位归属的组别，在该组内点一个点或画一条线，最后计算出各组点或线的数目，得到各组的总体单位数。这种方法简便易行，但容易出错，并且只能计算出各组的总体单位数，不能对分布在各组的标志值进行汇总。因此，划记法通常只在总体单位数不多，只要求汇总单位数，不要求汇总标志值的情况下使用。

(2)过录法。过录法是先将原始资料过录在事先设计好的整理表上，然后计算出各组和总体的单位数或标志值的合计数，再将计算结果填到统计表上。这种方法的优点是既可以汇总单位数，又可以汇总标志值，而且便于核对检查。缺点是全部资料都过录，工作量大，花费时间较多。因此，在总体单位数不多、分组简单的情况下，采用过录法比较适宜。

(3)折叠法。折叠法是将调查表中需要汇总的同一横行或纵栏的数值预先折好，一张一张地重叠起来，进行汇总计算，然后将汇总结果填入统计表。这种方法避免了过录，简便易行，省时省力，也不需要设计汇总表，所以在实际工作中经常使用。但在汇总过程中，一旦发现计算有误，就会前功尽弃，必须从头算起，无法从汇总过程中找出错误的原因。

(4)卡片法。卡片法是把每个调查单位的有关资料摘录到一张卡片上，利用卡片进行分组和汇总。在总体单位数多、复合分组时，卡片法是手工汇总中较好的方法。若调查资料不多，采用卡片法就很不经济。

2. 电子计算机数据处理

电子计算机数据处理是在手工处理的基础上发展起来的，其处理过程与手工处理大致相同，但具有手工处理所不可比拟的优越性。电子计算机在统计工作中的应用是统计工作现代化的重要标志，它标志着统计工作进入了一个新的阶段。电子计算机数据处理大致需要经过以下几个步骤。

(1)选用合适的软件包或编写程序。随着电子计算机技术的不断进步及其在统计工作中的应用，为统计工作而设计的软件包不断问世，如 SAS(statistical analysis system)、SPSS(statistical package for the social science)、SARPS(statistical annual report processing system)等，这些软件包均具有统计汇总的功能，其特点是面向用户，用户只需具备计算机操作的一般知识，借助软件包说明书即可完成对相应软件的操作和数据处理工作。用户可根据计算机的类型、所处理数据的特点和对统计结果的要求，选择合适的软件包。

根据统计研究的需要，用户还可以编写程序，以完成数据处理工作。

(2)数据编码。统计工作中通过一定的方法和手段取得的数据资料，从其表现形式来看可以分为数值型数据和字符型数据两类。由于计算机处理过程中所需要的数据主要是数值型数据，因此，为满足计算机数据处理的需要，在对所收集的数据进行处理前，必须对其进行标准化、规范化，即将这些数据转化为计算机所能接收的数据，这种转换工作即所谓的数据编码。

数据编码是计算机数据处理的必要前提，通过编码可以使统计工作数据处理规范化，便于进行数据资料管理，可以提高数据录入速度，加快统计数据处理的速度，方便进行数据的分类、汇总。

(3)数据录入与质量控制。统计调查取得的数据经过编码、预审等工作，能够被计算机所接收，而要对这些大量的数据进行加工处理，输出预期的结果，必须将这些数据录入计算机，从而使计算机对数据进行加工处理成为可能。计算机数据处理中录入数据的方法主要有键盘录入法和光电输入法两种。键盘录入法是通过计算机键盘，采用人工击键将原始数据直接录入计算机，这是目前最常用的数据录入方法。光电输入法是通过连接到计算机上的专用光电输入设备，直接从调查表上读取符号或数据信息输入计算机。

数据录入工作是整个计算机数据处理工作的基础环节，录入数据的质量将直接影响到数据处理结果的正确性和可用性，在数据录入过程中不论采用什么方法，都会不可避免地产生一定的差错，为保证数据录入的质量，必须采取一些必要的质量控制方法。目前，数据录入中常用的质量控制方法有三种，即人工校验法、复录比较校验法和预编辑校验法。人工校验法是把已经录入的数据由计算机按预定的格式打印出来，然后交给用户，由用户去与原始数据进行直接的人工校对。复录比较校验法是对已经录入的数据重新再录一遍，把两次录入的数据用程序进行逐个字符的比较，把所有两次录入不一致的字符按预定的格式显示和打印出来，与原始数据进行校对的一种校验方法。预编辑校验法是在数据录入的瞬间即对数据进行判断的一种方法。

(4)数据编辑。计算机数据处理过程中，通过在录入过程中对录入数据进行质量控制，避免了一部分不正确或不合理的数据进入系统，由于这种控制并不是绝对的正确，所以在进行数据的分类、汇总计算等处理之前，还必须对数据进行进一步的加工净化，这就是所谓的数据编辑。数据编辑根据数据本身的特点和各数据之间的相互关系，分为平衡校验法和逻辑校验法。

　　数据处理中，数值型数据可以进行各种数值运算，并且往往都是以二维表格的形式表现出来的，对于这类数据可以采用平衡校验法来进行审查。平衡校验法的基本原理是基于二维表格式的数值型数据中行或列数据之间的数值平衡关系。对于大多数二维表格式的数值型数据来说，表内各行或各列的数据之间往往存在一些确定的数值平衡关系，也就是说，它们在纵向或横向上往往有某个或某些数据项的数值等于同方向上其他一些数据项的数值之和、差或百分比等某种数值运算的结果，根据数值的这种平衡关系，可编制相应的程序对录入的原始资料进行检查修改。对于字符型数据，由于不能进行数值运算，只能进行逻辑运算，因而不能采用平衡校验法，必须采用逻辑校验法。逻辑校验法的基本原理是基于原始数据中数据项本身和数据项与数据项之间的各种逻辑关系，编制相应的具有逻辑校验功能的程序，对录入的原始数据进行逻辑检查，以判定录入的数据的正确性，找出其中的差错并进行修改。

　　（5）数据汇总输出。数据经过审查无误后，即可进行数据的汇总，根据用户的要求，计算机数据汇总可以分为叠加汇总、条件汇总和分组汇总三种，并分别得到各种相应的汇总结果。数据的输出则是将计算机处理的数据输出到一定的介质（如磁盘、纸等）上，以满足不同的需要。

3.5　统计表和统计图

　　统计表和统计图是显示统计数据的两种基本方式。一般来说，当数据资料较少时，可以用罗列统计数据的简单办法来展示统计资料；但当数据资料较多时，仍用简单罗列的形式来表达，就会显得连篇累牍，不便阅读，且难以进行数据间的比较。如果采用统计表和统计图的形式表达，就会使那些枯燥的数据变得直观而生动。在报纸杂志或电视、计算机网络上，常能看到大量的统计数据用统计表和统计图形来显示。一张好的统计图表，往往胜过冗长的文字表述。正确地使用统计表和统计图是做好统计分析的最基本的技能。

3.5.1 ▶▶▶ 统计表

1. 统计表的概念

　　统计表是以纵横交叉的线条所绘制的表格来表现统计资料的一种形式。广义的统计表包括统计工作各阶段中所用的一切表格。狭义的统计表专指分析表和容纳各种统计资料的表格，也就是通常所说的统计表，它清楚地、有条理地显示统计资料，直观地反映统计分布特征。在实际工作中，利用统计表可以从各方面进行比较、分析和研究客观现象的数量表现。

统计表的主要优点有：能够使统计资料的表现条理化、系统化、标准化，使人们在阅读时一目了然；能够合理地、科学地组织统计资料，便于对比分析，以研究现象的规模、速度和比例关系等。

2. 统计表的构成

（1）形式上由总标题、横行标题、纵栏标题和指标数值四部分组成。总标题是统计表的名称，用以概括说明统计表中所反映的统计资料的内容，一般位于表的上端正中央；横行标题是横行的名称，在统计表中用来说明总体及其各分组的名称，一般在表的左方；纵栏标题是纵栏的名称，在统计表中通常用来表示统计指标的名称，一般位于表的上方；指标数值列在各横行标题与各纵栏标题交叉处。具体如表 3-7 所示。

表 3-7　2020 年我国进出口贸易主要分类情况表 ◀——总标题

指　标	绝对数/亿美元	比上年增长
进出口贸易总额	46 559.1	1.7%
出口贸易额	25 899.5	3.6%
其中：一般贸易	15 369.3	6.4%
加工贸易	7 024.2	−4.5%
进口贸易额	20 659.6	−0.6%
其中：一般贸易	12 521.9	−0.4%
加工贸易	4 039.1	−3.2%

纵栏标题（右上）　指标数值（右）　横行标题（左）　主词栏　宾词栏

资料来源：《中国贸易外经统计年鉴（2021）》。

（2）内容上由主词栏和宾词栏两部分组成。主词栏是统计表所要说明的总体及其分组，宾词栏是统计表用来说明总体数量特征的各个统计指标。主词一般列在表的左方，宾词一般列在表的右方，有时主宾词也可变换位置。此外，必要时可在统计表的下方加上表外附加，主要包括补充资料、注解、资料来源、填表单位、填表人以及填表日期等。

从内容上看，统计表都可以根据横行标题和纵栏标题将每个统计数字读成一句有主语、定语和谓语的完整语句，因而整个统计表就如同由一连串完整的语句所构成的一篇文章。例如，根据表 3-7 可以读出："2020 年我国进出口贸易总额是 46 559.1 亿美元，比 2019 年减少 1.7%"等许多信息。

3. 统计表的分类

（1）根据主词是否分组和分组的程度，分为简单表、分组表和复合表。

①简单表。主词未经任何分组的统计表称为简单表，也称一览表，如表 3-8 所示。

表 3-8　某机床公司所属企业 2021 年生产计划完成情况表

企业名称	计划产值/万元	实际产值/万元	计划完成百分比
机床厂	5 000	6 150	123.0%
齿轮厂	14 800	16 200	109.5%
……	……	……	……

②分组表。主词只按一个标志进行分组形成的统计表称为分组表，如表 3-3、表 3-4 和表 3-6 所示。利用分组表可以深入分析现象的内部结构和现象之间的依存关系。

③复合表。主词按两个或两个以上标志进行分组的统计表称为复合表。表 3-7 是一个复合表，表中的进出口贸易总额先按进出口进行第一次分组，对进出口贸易额分别按贸易的类型再次分组。

(2)根据宾词的设计分为宾词简单排列、宾词分组平行排列和宾词分组层叠排列三种。

①宾词简单排列。宾词不进行任何分组，按一定顺序排列在统计表上，见表 3-8 所示。

②宾词分组平行排列。宾词栏中各分组标志彼此分开，平行排列，如表 3-9 所示。

表 3-9　某公司所属企业人员性别和文化程度

企业名称	性别			文化程度			
	男	女	合计	初中及以下	高中	大学及以上	合计
	1	2	3	4	5	6	7
机床厂							
齿轮厂							
……							

③宾词分组层叠排列。统计指标同时有层次地按两个或两个以上标志分组，各种分组层叠在一起，如表 3-10 所示。

表 3-10　某公司所属企业人员性别和文化程度

企业名称	初中及以下			高中			大学及以上			全部人员		
	男	女	合计	男	女	合计	男	女	合计	男	女	合计
	1	2	3	4	5	6	7	8	9	10	11	12
机床厂												
齿轮厂												
……												

统计表的主词分组和宾词分组是有区别的：主词分组的结果使总体分成许多组成部分，它们需要用统计指标（宾词）来描述；宾词分组的结果并不增加统计总体的各组成部分，仅仅是比较详细地描述总体已有的各个组成部分。由此可见，主词分组具有独立的意义，而宾词分组从属于主词的要求，是为更详细地描述主词的数量特征而设计的。

4. 统计表的设计

统计表设计的总体要求是简练、明确、实用、美观，便于比较。统计表的设计应注意以下事项。

（1）标题设计。统计表的总标题、横行、纵栏标题应简明扼要，统计资料的内容、资料所属的空间和实际范围应以简练而又准确的文字表述。

（2）线条的绘制。我国统计表的上下端以粗线绘制，表内纵横轴以细线绘制。表的左右两端一般不画线，即为"开口表"。

（3）合计栏的设置。统计表各纵列需要合计时，一般将合计列在最后一行。各横行需要合计时，一般将合计列在最前一列或最后一列。

（4）指标数值。表中数字应该填写整齐，对准位数。当数字小到可忽略不计时，可写上"0"；当缺某项数字资料时，可用符号"……"表示；不应有数字时用符号"—"表示。

（5）计量单位。统计表必须注明数字资料的计量单位。当全表只有一种计量单位时，可把它写在表头右上方。如果表中各单元的指标数值计量单位不同，可在横行标题后添一列计量单位。

（6）注解或资料来源。必要时，在统计表下应加注解或说明，以便查考。

3.5.2 ▶▶▶ 统计图

运用统计图可以直观地描述数据整理的结果，统计图的类型很多，除了可以绘制二维平面图外，还可以绘制三维立体图。图形的制作均可由计算机完成。不同类型的数据，所适用的统计图方法也不尽相同。

1. 定类数据的图示

定类数据本身就是对事物的一种分类，在整理时除了列出所分的类别外，还要计算出每一类别出现的频数、频率或比率。反映定类数据的图示方法，主要包括条形图和饼图。如果有两个总体或样本的分类相同且问题可比，还可以绘制环形图（在下一个问题中介绍其绘制方法）。

（1）条形图（bar chart）。条形图是用宽度相同的条形的高度或长短来表示数据多少的图形。在表示定类数据的分布时，是用条形图的高度或长度来表示各类别数据的频数或频率。绘制时，各类别可以放在纵轴，称为条形图，如图 3-5（a）所示；也可以放在横轴，称为柱形图，如图 3-5（b）所示。此外，条形图还有单式、复式等形式。

例如，一家市场调查公司为研究不同品牌洗发水的市场占有率，对随机抽取的一家超市进行了调查。调查人员在某天对 50 名顾客购买洗发水的品牌进行了记录。如果一个顾客购买某一品牌的洗发水，就将这一洗发水的品牌名字记录一次。调查结果简单整理后如表 3-11 所示。

表 3-11　不同品牌洗发水的频数分布

洗发水品牌	频数	频率
A	15	30%
B	11	22%
C	9	18%
D	6	12%
E	9	18%
合计	50	100%

根据表 3-11，绘制条形图和柱形图如图 3-5 所示。

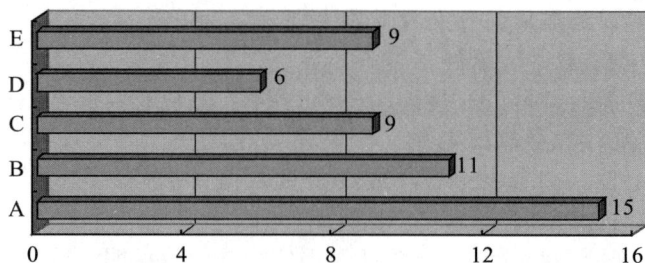

(a)条形图

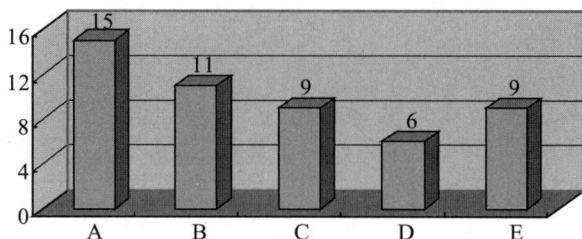

(b)柱形图

图 3-5　不同品牌洗发水的频数分布

　　(2)饼图(pie chart)。饼图也称圆形图，它是用圆形及圆内扇形的角度来表示数值大小的图形。饼图主要用于表示总体中各组成部分所占的比重，对于研究结构性问题十分有用。绘制饼图时，总体中各部分所占的百分比用圆内的各扇形角度表示，这些扇形的中心角度是按各部分百分比占 360° 的相应比例确定的。例如，根据表 3-11 的数据绘制的饼图如图 3-6 所示。

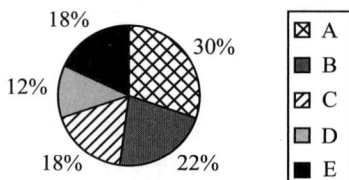

图 3-6　不同品牌洗发水的市场构成

2. 定序数据的图示

上面介绍的定类数据的图示方法，也都适用于定序数据。对于定序数据，还可以计算累计频数和累计频率，绘制累计频数分布图。

例如，在一项城市住房问题的研究中，研究人员在甲、乙两个城市各抽样调查300户，其中的一个问题是："您对您家庭的住房状况是否满意？"

①非常不满意；②不满意；③一般；④满意；⑤非常满意。

调查结果经整理后如表 3-12 和表 3-13 所示。

表 3-12　甲城市家庭对住房状况的评价

回答类别	户数/户	百分比	向上累计		向下累计	
			户数/户	累计频率	户数/户	累计频率
非常不满意	24	8%	24	8%	300	100%
不满意	108	36%	132	44%	276	92%
一般	93	31%	225	75%	168	56%
满意	45	15%	270	90%	75	25%
非常满意	30	10%	300	100%	30	10%
合计	300	100%	—	—	—	—

表 3-13　乙城市家庭对住房状况的评价

回答类别	户数/户	百分比	向上累计		向下累计	
			户数/户	累计频率	户数/户	累计频率
非常不满意	21	7%	21	7%	300	100%
不满意	99	33%	120	40%	279	93%
一般	78	26%	198	66%	180	60%
满意	64	21.3%	262	87.3%	102	34%
非常满意	38	12.7%	300	100%	38	12.7%
合计	300	100%	—	—	—	—

（1）累计频数分布图。根据累计频数和累计频率，可以绘制累计频数分布或累计频率图。根据表 3-12 的数据绘制的累计频数分布图如图 3-7 所示。

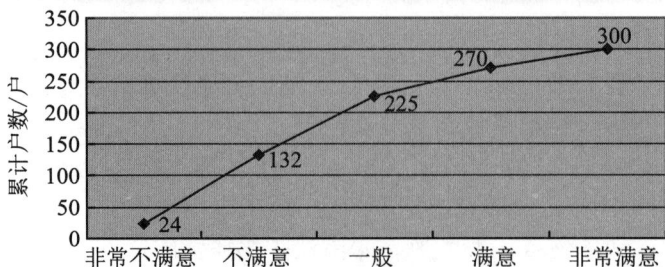

(a)向上累计分布图

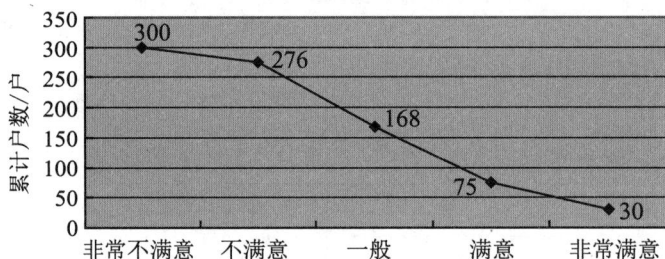

(b)向下累计分布图

图 3-7　甲城市家庭对住房状况评价的分布图

　　(2)环形图(annular chart)。环形图与饼图类似,但又有所区别。环形图中间有一个"空洞",总体或样本中的每一部分数据用环中的一段表示。饼图只能表示一个总体或样本中各组成部分所占的比重,而环形图可以同时绘制多个总体或样本中的数据系列,每一个总体或样本的数据系列为一个环,从而有利于进行比较研究。根据表 3-12 和表 3-13 的数据绘制的环形图如图 3-8 所示。

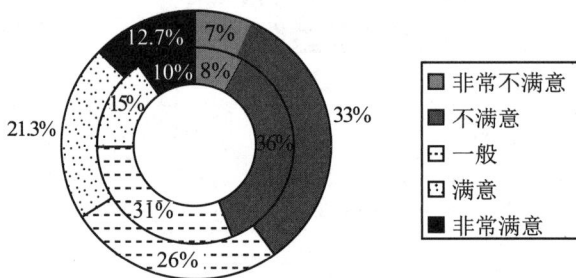

图 3-8　甲、乙两城市家庭对住房状况的评价

3. 定量数据的图示

　　定距数据和定比数据没有什么本质的不同,其差别仅在于定距尺度没有绝对零点,而定比尺度有绝对固定的、非任意确定的零点。在统计数据分类中,定距数据和定比数据同属于定量数据。前面介绍的定类数据和定序数据的图示法,也都适用于定量数据。

但定量数据还有一些特定的图示方法，并不适用于定类数据和定序数据。对于分组数据，主要有直方图、折线图、曲线图和累计曲线图；对于未分组的原始数据，可以用茎叶图和箱线图来观察分布（在下节中介绍）。

（1）直方图（histogram）。直方图是用直方形的宽度和高度来表示次数分布的图形。绘制直方图时，横轴表示各组组限，纵轴表示次数（一般标在左方）和频率（一般标在右方），若没有比率，直方图只保留左侧的次数。依据各组的组距的宽度与次数的高度绘成直方图。以表 3-6 数据为例，绘制学生考试成绩分布直方图如图 3-9 所示。

（2）折线图。折线图也称频数多边形图（frequency polygon），以线段的起伏表示其数量分布的特征。绘图时，可以在直方图的基础上，用折线将各组的次数高度的坐标连接而成，也可以用组中值与次数为坐标点连接而成。

折线图的两个终点要与横轴相交，具体的做法是：第一个矩形的顶部中点通过竖边中点（即该组频数一半的位置）连接到横轴，最后一个矩形顶部中点与其竖边中点连接到横轴。折线图下所围成的面积与直方图的面积相等，二者所表示的频数分布是一致的。仍以表 3-6 数据为例，绘制折线图如图 3-10 所示。

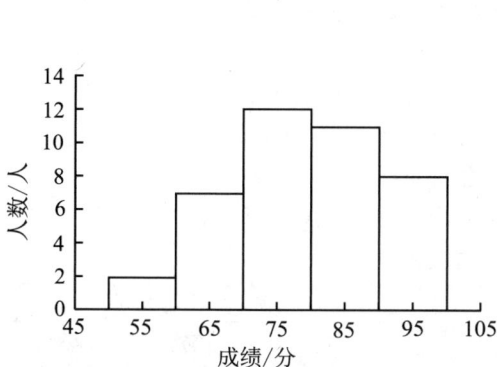

图 3-9　学生考试成绩分布直方图

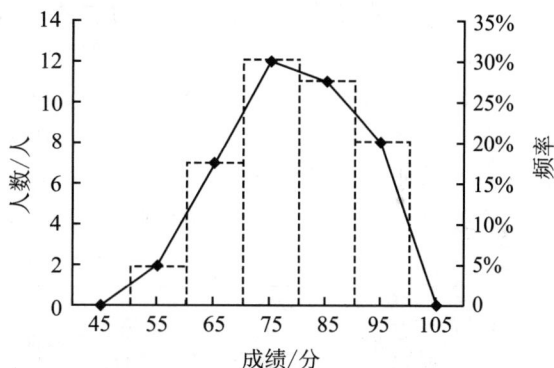

图 3-10　学生考试成绩分布折线图

（3）曲线图。当变量数列的组数无限多时，折线便表现为一条平滑曲线。曲线图在统计学中应用十分广泛，是描述数据分布规律的有效方法。曲线图的绘制方法与折线图基本相同，只是在连接各组次数坐标点时应当用平滑曲线，根据表 3-6 绘制的曲线图如图 3-11 所示。

（4）累计曲线图。累计曲线图分为向上累计频数（频率）分布图和向下累计频数（频率）分布图。不论是向上累计还是向下累计，均以分组变量为横轴，以累计频数（频率）为纵轴。在坐标系上将各组的上限与向上累计频数（频率）构成坐标点，依次用折线（或光滑曲线）相连，即向上累计曲线。对于向下累计频数图，在坐标系上将各组的下限与向下累计频数（频率）构成坐标点，依次用折线（或光滑曲线）相连，即下累计曲线。根据表 3-6 绘制的累计次数分布图如图 3-12 所示。

图 3-11　学生考试成绩分布曲线图

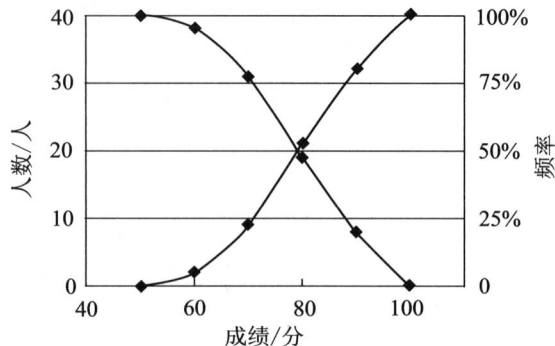

图 3-12　学生考试成绩分布累计曲线图

累计频数（或频率）分布曲线可用于研究财富、土地和工资收入的分配是否公平。这种累计分布曲线图是由美国统计学家洛伦兹（M. O. Lorenz）博士于 1905 年提出的，故又称洛伦兹曲线图。

绘制洛伦兹曲线图的步骤如下。

①将分配的对象和接受分配者的数量均化成结构相对数，并进行向上累计。

②纵轴和横轴均为百分比尺度，纵轴自下而上，用于测定分配的对象，如一国的财富、土地或收入等，横轴由左向右，用于测定接受分配者（如一国的人口）。

③根据计算所得的分配对象和接受分配者的累计百分数，在图中标出相应的绘示点，连接各点并使之平滑化，所得曲线即为所要求的洛伦兹曲线。

根据某地区某年居民收入资料（见表 3-14）绘制洛伦兹曲线图（见图 3-13）。

表 3-14　某地区收入分配资料

按收入水平分组	人　口			收　入			累计收入	
	人口数/万人	结构	累计	月收入额/亿美元	结构	累计	绝对平等	绝对不平等
	①	②	③	④	⑤	⑥	⑦	⑧
最低	128.5	12.85%	12.85%	1.57	5%	5%	12.85%	0
较低	348.0	34.8%	47.65%	4.08	13%	18%	47.65%	0
中等	466.9	46.69%	94.34%	16.33	52%	70%	94.34%	0
较高	45.6	4.56%	98.9%	7.54	24%	94%	98.9%	0
最高	11.0	1.1%	100%	1.88	6%	100%	100%	100%
合计	1 000.0	100%	——	31.4%	100%	——	——	——

在绘制分配曲线图时，先将人口数、月收入额（第 1 栏、第 4 栏）计算成为结构相对数（第 2 栏、第 5 栏），再求出累计百分比（第 3 栏、第 6 栏），然后在绘制好的比率曲线图格上依累计百分比标出绘示点，连接各绘示点即为分配曲线，如图 3-13 所示。

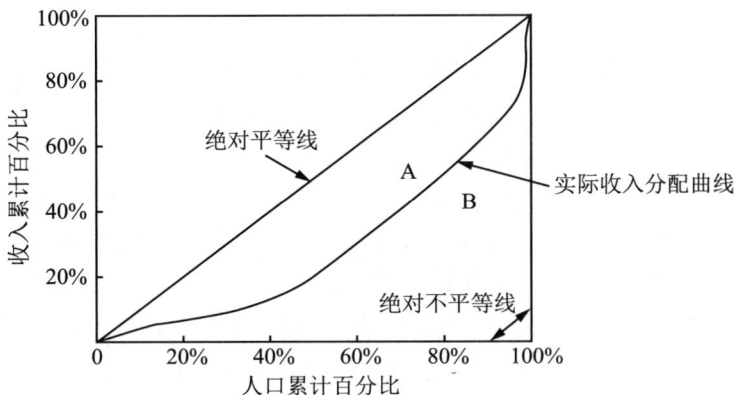

图 3-13　洛伦兹曲线示意图

图 3-13 中的曲线为实际收入分配曲线，对角线为绝对平等线。根据实际收入分配曲线与绝对平等线或绝对不平等线进行对比，可衡量其不平等程度。洛伦兹曲线弯曲程度越大，表示收入分配越不平等；反之亦然。

洛伦兹曲线直观、形象，但只能观察图形，不如数值计算方便，因此常用来衡量收入分配状况的数量指标是基尼系数。基尼系数（Gini Coefficient）是 1922 年由意大利经济学家基尼根据洛伦兹曲线首先提出的，其经济含义是：在一个国家全部的居民收入中，用于进行不平均分配的那部分收入占总收入的比重。它是国际通用的衡量一国贫富差距的宏观指标。将洛伦兹曲线图中洛伦兹曲线与完全平等曲线之间的面积用 A 表示，将洛伦兹曲线与完全不平等曲线之间的面积用 B 来表示，并以 A 除以 $A+B$ 的商，即 $G=A/(A+B)$，表示不平等程度。这个数值被称为基尼系数或洛伦兹系数。如果 A 为 0，基尼系数为 0，表示收入分配完全平等；如果 B 为 0，基尼系数为 1，则表示收入分配绝对不平等。该系数可在 0 和 1 之间取任何值。收入分配越是趋向平等，洛伦兹曲线的弧度越小，基尼系数也越小；反之，收入分配越是趋向不平等，洛伦兹曲线的弧度越大，那么基尼系数也越大。联合国有关组织规定：若低于 0.2 表示收入绝对平均；0.2～0.3 表示比较平均；0.3～0.4 表示相对合理；0.4～0.5 表示收入差距较大；0.6 以上表示收入悬殊。国际上通常将 0.4 作为警戒线。

3.5.3 ▷▷▷ 频数分布的类型

频数分配是统计分析的一种重要方法。由于现象总体的性质不同，各种统计总体有不同的次数分布，形成各种不同类型的分布特征。描述统计总体的分布特征，除了采用统计表的形式以外，还可采用直方图、折线图和曲线图。通过这些图形，可以明显地表明不同类型现象的分布特征。各种不同性质现象的次数分布的类型归纳起来主要有三种：钟形分布、U 形分布和 J 形分布。

1. 钟形分布

钟形分布的特征是"两头小，中间大"，即靠近中间的变量值分布的次数多，靠近两边的变量值分布的次数少，其曲线图宛如一口古钟，如图 3-14 所示。

如图 3-14(a)所示，其分布特征是以变量的平均数为对称轴，左右两侧对称，两侧变量值分布的次数随着与其平均值距离的增大而渐次减少。在统计学中，称这种分布为对称分布。图 3-14 中的图(b)和图(c)为非对称分布，它们各有不同方向的偏态。图 3-14(b)曲线是正偏(右偏)分配，图 3-14(c)曲线是负偏(左偏)分配。实际上，许多社会现象总体的分布都趋于正态分布，如农作物平均产量的分布、零件公差的分布、商品市场价格的分布等。正态分布是描述统计中的一种主要分布，在统计分析中具有重要意义。

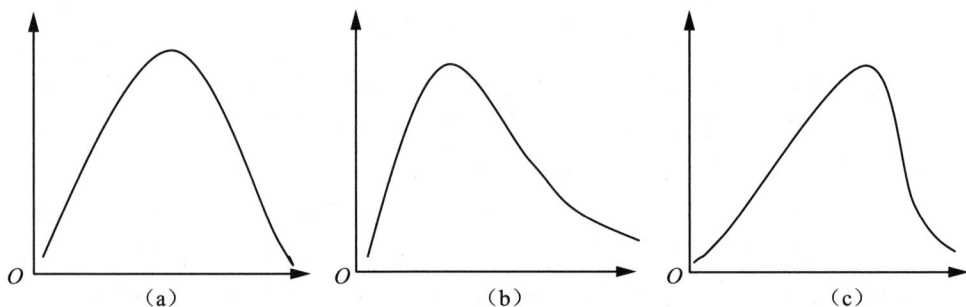

图 3-14　钟形分布示意图

2. U 形分布

U 形分布的特征与钟形分布相反，靠近中间的变量值分布的次数少，靠近两端的变量值分布的次数多，形成"两头大、中间小"的 U 形分布。如人口死亡率分布，人口总体中，幼儿和老年人死亡率较高，而中青年死亡率较低，如图 3-15 所示。

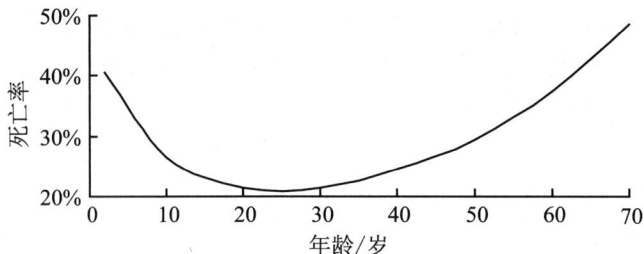

图 3-15　U 形分布示意图

3. J 形分布

(1)正 J 形分布。正 J 形分布即随着变量值的增加，分布的次数也随之增加，绘成曲线图，形若英文字母"J"。例如，投资按利润率大小分布。

（2）反 J 形分布。反 J 形分布即随着变量值的增加，分布的次数随之减少，绘成曲线图，形若反写英文字母"J"。例如，随着产品产量的增加，产品单位成本下降，如图 3-16 所示。

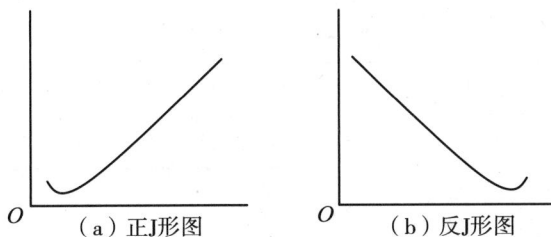

（a）正 J 形图　　　　　　（b）反 J 形图

图 3-16　J 形分布示意图

3.6　探索性数据分析

在统计数据的整理过程中，进行统计分组和编制频数分布是使用比较普遍的传统方法，它在厘清统计数据、提炼统计信息方面发挥着重要的作用。但频数分布也有许多不足之处。首先，频数分布的还原能力差，即当原始资料被整理成频数分布后，不可能再看到原始数据是什么；其次，频数分布导致统计量值的不一致性，根据频数分布资料计算的样本统计量的值与根据原始数据计算的样本统计量的值之间往往存在差距，随着分组组数的减少和组距的扩大，这种不一致性会进一步扩大；最后，频数分布带有主观性，因为在编制频数分布时，涉及分组组数和组限的确定，而又没有固定的标准可以参照，难免掺杂一些主观随意的成分。

从整理资料这个目的来讲，探索性数据分析中的茎叶图（stem-leaf-display）方法能有效解决频数分布的不足，不仅具备频数分布的功能，还能保持原始数据中的全部信息。探索性数据分析有两个基本点：第一，一切让数据作证，不能让数据被动地验证某个猜想，采用的统计分析模型应完全建立在数据分析的基础上，也即由材料形成观点，而不是由观点统一材料；第二，不是一切都从统计方法的理论依据出发，而是提出"松散的""非正式"的方法，强调方法的抗干扰性，注重残差分析和数据转换，突出数据分析的示意作用以及统计资料的图解技术。

探索性数据分析经过几十年的发展，其内容已相当丰富，本书只介绍与统计数据整理和显示有关的部分。

3.6.1 ▷▷▷ 茎叶图

1. 基本茎叶图

所谓茎叶图，是指把每个观察数据划分为两个部分——主部和余部，并分别用植物的"茎"和"叶"形象地进行称呼，然后把数据的主部按从大到小的顺序纵向排列，再在每个数据主部的后面列出余部，由此所得到的统计数据显示图。

假定某工厂 A 生产小组 30 个工人的日产量原始数据如表 3-15 所示。

表 3-15　30 个工人的日产量

84	85	106	91	90	98	94	106	110	87	97	95	106	101	105
93	88	103	111	107	107	108	104	120	123	119	102	113	108	116

根据表 3-15 绘制的茎叶图如图 3-17 所示。

（茎）	（叶）												数据个数
8	4	5	7	8									4
9	1	0	8	4	7	5	3						7
10	6	6	6	1	5	3	7	7	8	4	2	8	12
11	0	1	9	3	6								5
12	0	3											2

图 3-17　茎叶图

绘制茎叶图的关键是设计好树茎，通常以该组数据的高位数值作为树茎，而且树叶上只保留该数值的最后一个数字。树茎一经确定，树叶就自然长在相应的树茎上了。一般要求，把树茎写在左边，树叶写在右边，茎和叶之间用竖线隔开。

茎叶图同时具有频数分布和直方图的功能，从图 3-17 可以看出，80～90 的频数为 4，90～100 的频数为 7 等。若用横条框围住每一个茎的叶部，就得到横放的直方图。直方图可观察一组数据的分布状况，但没有给出具体的数值；茎叶图既能给出数据的分布状况，又能给出每一个原始数值，保留了原始数据的信息。一般而言，当观察值比较少时（如少于 30 个），采用茎叶图比较方便，而当观察值比较多时，采用直方图比较方便。

2. 扩展与压缩茎叶图

对于基本茎叶图，如果觉得树叶部分过于浓密，可适当地把茎叶图拉长；相反，如果树叶部分显得很稀疏，也可以把茎叶图加以压缩，这就是扩展茎叶图和压缩茎叶图问题。

图 3-18 是图 3-17 的一种扩展形式。与图 3-17 相比，图 3-18 扩展了 5 段，由于图变长了，尽管数据没有变动，但叶的部分明显稀疏了。图 3-18 采用的扩展方式是，把每个树茎对应的树叶一分为二，茎部带"－"号，表明叶的取值范围为 0，1，2，3，4，带"＋"号的取值范围为 5，6，7，8，9。此外，还可以采用一分为五的扩展方式，即茎部带字母"o"标记的，表示叶的取值范围为 0，1；带字母"t"标记的，叶的取值范围为 2，3，依次类推。

（茎）	（叶）							数据个数
8^-	4							1
8^+		5	7	8				3
9^-	1	0	4	3				4
9^+	8	7	5					3
10^-	1	3	4	2				4
10^+	6	6	6	5	7	7	8	8	8
11^-	0	1	3					3
11^+	9	6						2
12^-	0	3						2
12^+								0

图 3-18　图 3-17 的扩展茎叶图

茎叶图可以扩展，也可以压缩，到底分多少段才合适，可以参照经验公式

$$k = [10 \times \lg n]。 \tag{3-9}$$

其中：k 为茎叶图的段数或行数；n 为样本观察值的个数；$[\ ]$ 表示取整。

扩展茎叶图能清晰地显示变化趋大或趋小的所谓奇异观察值，这在未扩展或压缩的茎叶图中难以直观地看出。但扩展茎叶图的不足之处在于，它可能造成茎叶图中出现多处空当，如图 3-18 中出现了 12^+ 段没有树叶的情况。

3. 混合茎叶图

若想同时显示两组或多组样本资料，也可以绘制混合茎叶图。

假定某工厂 A、B 两个生产小组 30 个工人的日产量原始数据如表 3-16 所示。

表 3-16　A、B 两个生产小组 30 个工人的日产量

A 组	84	85	106	91	90	98	94	106	110	87	97	95	106	101	105
	93	88	103	111	107	107	108	104	120	123	119	102	113	108	116
B 组	64	85	68	99	115	67	67	74	81	73	77	79	86	90	92
	101	71	100	83	62	92	69	70	102	93	65	78	88	117	118

用茎叶图来表示，如图 3-19 所示。

B 组（叶）	（茎）	A 组（叶）
5　9　2　7　7　8　4	6	
8　0　1　9　7　3　4	7	
8　3　6　1　5	8	4　5　7　8
3　2　2　0　9	9	1　0　8　4　7　5　3
2　0　1	10	6　6　6　1　5　3　7　7　8　4　2　8
8　7　5	11	0　1　9　3　6
	12	0　3

图 3-19　混合茎叶图

绘制混合茎叶图时，应把各组数据的茎合在一起，把叶部分分别放在茎的两边，图 3-19 是混合茎叶图最简单的一种形式。

3.6.2 ▷▷▷ 箱线图

对于一组数据，统计学中也称为一个数据"批"（Batch），或单批数据；对于多组数据，也称为多批数据。对于单批数据，可以绘制简单箱线图；对于多批数据，可以绘制多批箱线图。通过箱线图，不仅可以反映出一组数据分布的特征，还可以进行多组数据分布特征的比较。

1. 单批数据箱线图

箱线图是由一组数据的五个特征值绘制而成的，它由一个箱子和两条线段组成。其绘制方法是：首先找出一组数据的五个特征值，即最大值、最小值、中位数 M_e 和两个四分位数（中位数 M_e 是一组数据排序后处于中间位置上的变量值，四分位数是处在数据 25% 位置和 75% 位置上的两个值，分别称为下四分位数 Q_L 和上四分位数 Q_U，具体计算方法在第 4 章介绍）；然后，连接两个四分位数画出箱子，再将两个极值点与箱子相连接。单批数据箱线图的一般形式如图 3-20 所示。

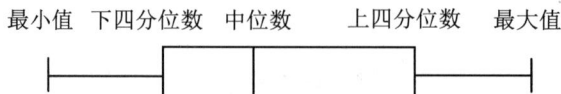

图 3-20　单批数据箱线图

仍以前例中假定某工厂 A 生产小组 30 个工人的日产量原始数据为例，其中，最大值＝123，最小值＝84，中位数＝104.5，下四分位数＝93.75，上四分位数＝108.5。绘制的箱线图如图 3-21 所示。

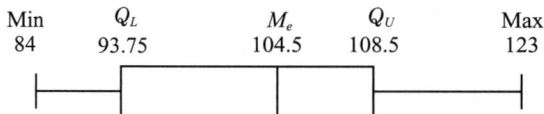

图 3-21　某工厂 A 生产小组 30 个工人日产量的数据箱线图

2. 多批数据箱线图

对于多批数据，可以将各批数据的箱线图并列起来，从而进行分布特征的比较。读者可自行绘制前例中某工厂 B 生产小组 30 个工人日产量的数据箱线图，并与图 3-21 进行比较。

股票分析中常用的 K 线图与箱线图类似，只不过 K 线图是用开盘价、收盘价、最高价、最低价四个数据绘制而成的。

本章小结

1. 统计数据整理是指根据统计研究目的，将统计调查所得的原始数据进行科学的分类汇总，或对已经加工的次级资料进行再加工，为统计分析准备系统化、条理化的综合资料的工作过程。

2. 统计分组是指根据事物内在的特点和统计研究的需要，将统计总体按照一定的标志区分为若干组成部分的一种统计方法。统计分组应遵循穷尽原则与互斥原则。

3. 分布数列由两个要素构成：一个是总体按某标志所分的组；另一个是各组所出现的单位数，即频数。

4. 统计汇总是统计整理的核心。其基本组织形式有三种：集中汇总、逐级汇总和综合汇总。统计汇总的技术主要有手工汇总和电子计算机数据处理技术两种。

5. 统计表是以纵横交叉的线条所绘制的表格来表现统计资料的一种形式。统计表的结构从形式上看，由总标题、横行标题、纵栏标题和指标数值四部分组成；从内容上看，统计表由主词栏和宾词栏两部分组成。常用的统计图有直方图、折线图和曲线图等。

6. 未分组的原始数据可以用茎叶图和箱线图来观察分布特征。茎叶图由"茎"和"叶"两部分组成。箱线图是由一组数据的最大值、最小值、中位数和两个四分位数五个特征值绘制而成的，它由一个箱子和两条线段组成。

阅读与分析

江苏省 R&D 活动人员、经费来源与支出构成状况分析①

科学研究与试验发展(R&D)活动是指在科学技术领域，为增加知识总量以及运用这些知识去创造新的应用而进行的系统的、创造性的活动，包括基础研究、应用研究、试验发展三类活动。

1. 按 R&D 活动类型分组

从图 3-22 中可以看出，江苏省基础研究支出严重不足，三类研究经费投入比例不协调，江苏省在科技的源头创新方面与全国平均水平，特别是与发达国家水平有较大的差距。

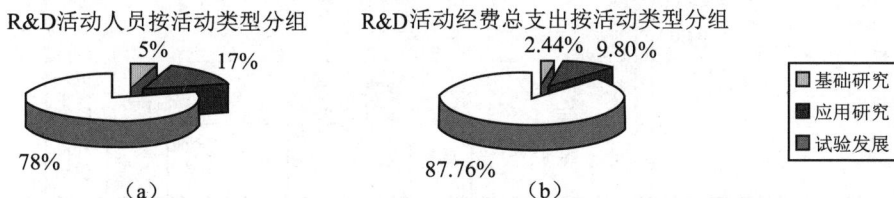

图 3-22　R&D 活动人员及经常费用支出情况按活动类型分组

---

① 江苏省软科学研究项目"2003—2004 年江苏省科技计划结题验收项目绩效分析研究(BR2005014)"。文中，R&D 活动经费总支出即 R&D 活动经费内部支出。

2. 按执行部门分组

R&D 活动人员及经费支出按执行部门分组情况如图 3-23 所示。

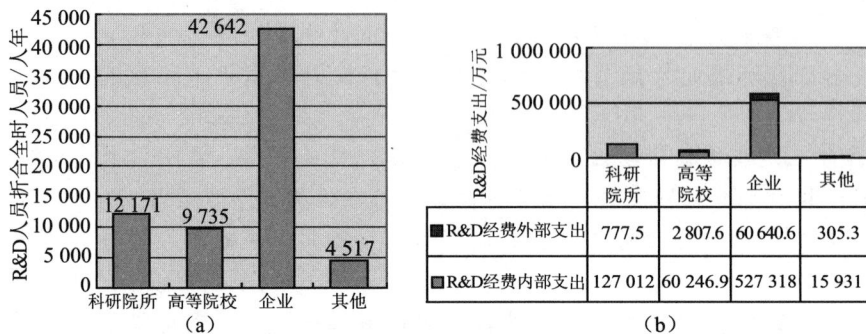

	科研院所	高等院校	企业	其他
■R&D经费外部支出	777.5	2 807.6	60 640.6	305.3
■R&D经费内部支出	127 012	60 246.9	527 318	15 931

（a） （b）

图 3-23　R&D 活动人员及经费支出按执行部门分组

3. 按登记注册类型分组

R&D 活动人员及经费支出按登记注册类型分组资料如图 3-24 所示。

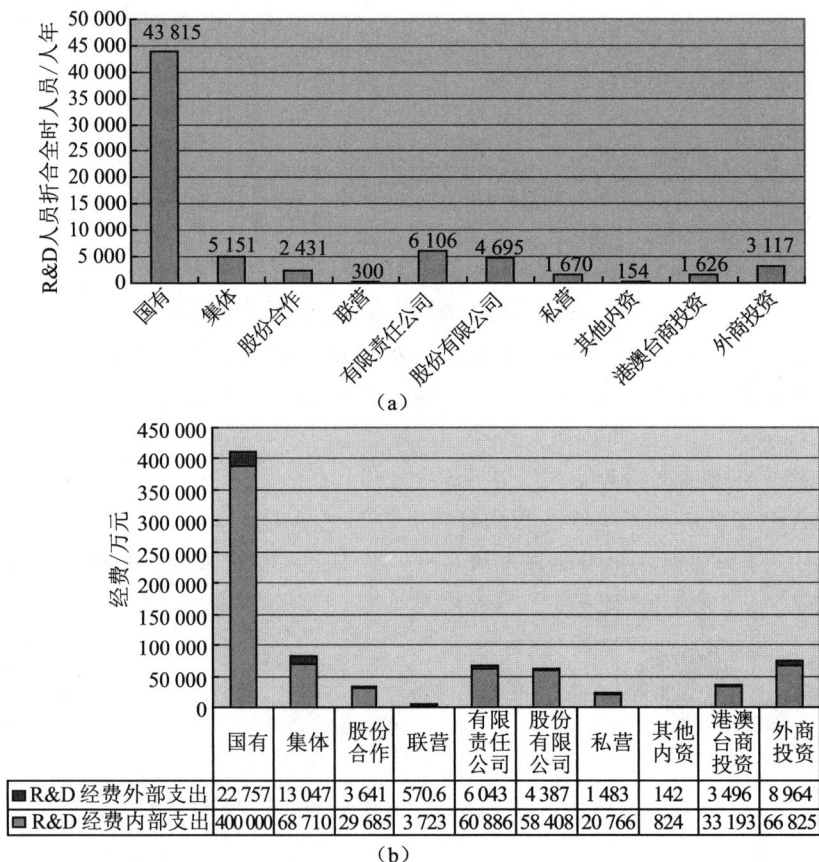

（a）

	国有	集体	股份合作	联营	有限责任公司	股份有限公司	私营	其他内资	港澳台商投资	外商投资
■R&D经费外部支出	22 757	13 047	3 641	570.6	6 043	4 387	1 483	142	3 496	8 964
■R&D经费内部支出	400 000	68 710	29 685	3 723	60 886	58 408	20 766	824	33 193	66 825

（b）

图 3-24　R&D 活动人员及经费支出按登记注册类型分组

4. 按国民经济行业分组

R&D 人员折合全时人员及经费内部支出按国民经济行业分组情况如表 3-17 所示。

表 3-17　R&D 人员折合全时人员及经费内部支出按国民经济行业分组情况表

行　业	R&D 人员折合全时人员/人年	占全省 R&D 人员的比例	R&D 经费内部支出/万元	占全省 R&D 经费内部总支出的比例	R&D 经费内部支出行业强度指标/(万元/人年)
	(1)	(2)	(3)	(4)	(5)=(3)/(1)
农林牧渔及其服务业	1 239	1.79%	6 244.5	0.85%	5.04
工业	41 413	59.96%	514 374.2	70.41%	12.42
建筑业	469	0.68%	849.1	0.11%	1.81
地质勘查、水利管理业	160	0.23%	1 112	0.15%	6.95
交通运输、仓储及邮电通信业	246	0.36%	3 361.7	0.46%	13.67
计算机应用服务业	360	0.52%	4 937.3	0.68%	13.71
卫生业	2 616	3.79%	9 033.6	1.24%	3.45
教育业	9 737	14.10%	60 252.4	8.25%	6.19
科学研究业	12 167	17.62%	127 003.2	17.39%	10.44
综合技术服务业	658	0.95%	3 340.6	0.46%	5.08
合计	69 065	100%	730 508.6	100%	—

5. 按地区分组

由于江苏省各市科技发展情况不同，全省 13 个市 R&D 活动人员和 R&D 经费支出状况存在一定的差异，有关资料如图 3-25 所示。

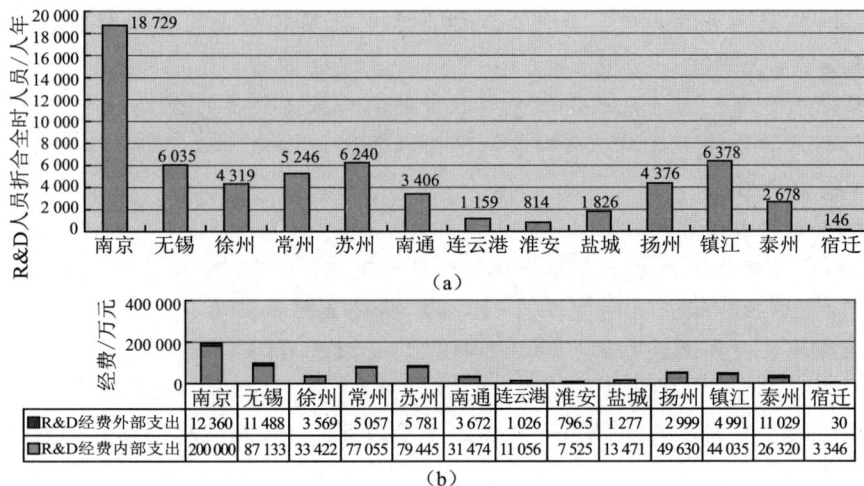

（a）

（b）

图 3-25　R&D 活动人员及经费支出情况按地区分组

6. 按资金来源分组

R&D活动经费按来源分组，分别来自政府、企业、国外、其他四个部门如图3-26所示。

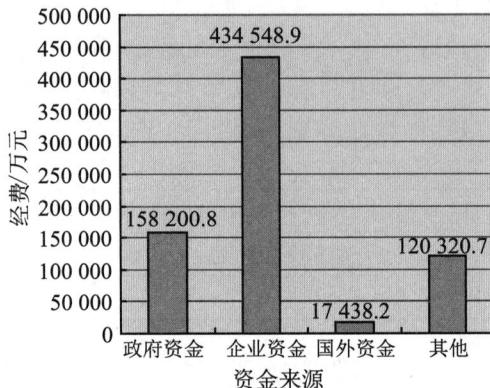

图 3-26 R&D活动经费情况按资金来源分组

思考与练习

一、思考题

1. 数据预处理包括哪些内容？

2. 何谓统计整理？统计整理的基本步骤有哪些？

3. 何谓统计分组？简述统计分组的作用。

4. 什么情况下可以编制单项式数列，什么情况下可以编制组距式数列？

5. 等距分组和异距分组应分别在什么条件下运用？

6. 组数与组距的关系如何？为什么说组距太小就不容易说明各组的特征，而组距太大又会掩盖各组的差异？

7. 何谓次数分布？举例说明次数分布数量的两个构成要素的含义。

8. 如何利用洛伦兹曲线对社会财富的公平与否进行评价？

二、单项选择题

1. 统计分组的关键问题是（　　）。

　　A. 确定分组标志和划分各组界限　　B. 确定组距和组数

　　C. 确定组距和组中值　　D. 确定全距和组距

2. 要准确地反映异距数列的实际分布情况，必须采用（　　）。

　　A. 次数　　B. 累计频率　　C. 频率　　D. 次数密度

3. 某连续变量数列，其末组为开口组，下限为200，又知其邻组的组中值为170，则末组组中值为（　　）。

　　A. 260　　B. 215　　C. 230　　D. 185

4. 下列分组中，按品质标志分组的是（　　）。

　　A. 人口按年龄分组　　　　　　　B. 产品按等级分组

　　C. 企业按固定资产原值分组　　　D. 城市按 GDP 分组

5. 用组中值代表各组内的一般水平的假定条件是（　　）。

　　A. 各组的次数均相等　　　　　　B. 各组的组距均相等

　　C. 各组的变量值均相等　　　　　D. 各组变量值在本组内呈均匀分布或对称分布

三、计算题

1. 某工厂的 50 个工人完成个人生产定额百分数如下：

83	88	123	110	118	158	121	146	117	108
105	110	107	137	120	163	127	142	118	103
87	115	141	117	123	126	138	151	101	86
82	113	114	119	126	135	93	142	108	101
105	125	116	132	138	131	127	125	109	107

(1)根据上述资料编制次（频）数分布和频率分布数列；

(2)编制向上和向下累计频数、频率数列；

(3)根据所编制的组距变量数列绘制直方图、折线图和曲线图；

(4)根据所编制的向上（向下）累计频数（频率）数列绘制累计曲线图；

(5)根据图形说明工人完成个人生产定额分布的特征。

2. 某专业 1 班和 2 班学生的高等数学考试成绩数据如表 3-18、表 3-19 所示(单位：分)。

表 3-18　某专业 1 班学生的高等数学考试成绩

44	57	59	60	61	61	62	63	63	65
66	66	67	69	70	70	71	72	73	73
73	74	74	74	75	75	75	75	75	76
76	77	77	77	78	78	79	80	80	82
85	85	86	86	90	92	92	92	93	96

表 3-19　某专业 2 班学生的高等数学考试成绩

35	39	40	44	44	48	51	52	52	54
55	56	56	57	57	57	58	59	60	61
61	62	63	64	66	68	68	70	70	71
71	73	74	74	79	81	82	83	83	84
85	90	91	91	94	95	96	100	100	100

(1)将两个班的考试成绩制成混合茎叶图；

(2)比较两个班考试成绩分布的特点。

第 4 章

统计数据特征的度量

本章导读

通过本章的学习，要求掌握绝对数、相对数、集中趋势、离中趋势、偏态、峰态的概念；掌握绝对数、相对数的计算和应用；掌握集中趋势、离中趋势的测度指标的计算及应用；掌握偏态、峰态的计算和应用。

思政目标

引导学生通过数据了解我国新时代十年的伟大变革，培养学生的爱国热情和民族自豪感，激发学生为实现中国特色社会主义而努力奋斗的信念。

思政案例

新时代十年的伟大变革[①]

党的十八大以来，我们坚持马克思列宁主义、毛泽东思想、邓小平理论、"三个代表"重要思想、科学发展观，全面贯彻新时代中国特色社会主义思想，全面贯彻党的基本路线、基本方略，采取一系列战略性举措，推进一系列变革性实践，实现一系列突破性进展，取得一系列标志性成果，经受住了来自政治、经济、意识形态、自然界等方面的风险挑战考验，党和国家事业取得历史性成就、发生历史性变革，推动我国迈上全面建设社会主义现代化国家新征程。

我们提出并贯彻新发展理念，着力推进高质量发展，推动构建新发展格局，实施供给侧结构性改革，制定一系列具有全局性意义的区域重大战略，我国经济实力实现历史

---

① 习近平：《高举中国特色社会主义伟大旗帜 为全面建设社会主义现代化国家而团结奋斗——在中国共产党第二十次全国代表大会上的报告》，2022-10-16。有改动。

性跃升。从 2012 年到 2021 年，我国国内生产总值从 54 万亿元增长到 114 万亿元，我国经济总量占世界经济的比重达 18.5%，提高 7.2 个百分点，稳居世界第二位；人均国内生产总值从 39 800 元增加到 81 000 元。谷物总产量稳居世界首位，十四亿多人的粮食安全、能源安全得到有效保障。城镇化率提高 11.6 个百分点，达到 64.7%。制造业规模、外汇储备稳居世界第一。建成世界最大的高速铁路网、高速公路网，机场港口、水利、能源、信息等基础设施建设取得重大成就。我们加快推进科技自立自强，全社会研发经费支出从 10 000 亿元增加到 28 000 亿元，居世界第二位，研发人员总量居世界首位。基础研究和原始创新不断加强，一些关键核心技术实现突破，战略性新兴产业发展壮大，载人航天、探月探火、深海深地探测、超级计算机、卫星导航、量子信息、核电技术、新能源技术、大飞机制造、生物医药等取得重大成果，进入创新型国家行列。

思考

上述案例中有哪些绝对指标、相对指标和平均指标。

4.1 绝对数和相对数

4.1.1 ▶▶▶ 绝对数

1. 绝对数的概念和作用

绝对数也称总量指标，是反映客观现象规模大小和数量多少的综合指标，也称为绝对指标。例如，一个国家或地区一定时期的人口数、耕地面积、国内生产总值、社会商品零售额等都是总量指标。总量指标的作用如下。

(1)总量指标是认识客观现象的起点。人们要了解一个国家的经济实力和社会发展的状况，首要的问题是通过总量指标准确地掌握在一定时间、地点条件下的社会经济发展规模或水平。如果不掌握总量指标，就不可能准确地了解客观现象的基本数量特征，也就无法进一步研究现象之间的数量关系及其发展变化规律。

(2)总量指标是编制计划、实行经济管理的重要依据。各项经济计划，首先是按总量指标的形式加以规定的。例如，制订粮食计划时，首先要掌握粮食总产量、工农业用粮数、人口总数、进出口粮食数及粮食储备数等一系列总量指标。因此，统计必须经常核算经济建设、社会发展的总量，为编制计划和检查计划的执行情况、搞好经济管理提供依据。

(3)总量指标是计算相对数和平均数的基础。相对数和平均数是总量指标的派生指标。因此，总量指标的计算是否科学合理，直接关系到相对数和平均数的准确性。

2. 绝对数的分类

总量指标按反映的内容不同，分为总体单位总量指标和总体标志总量指标两种。总体单位总量指标是反映总体单位数的总量指标，用于说明总体规模的大小，如工业企业数、人口数、学生人数等。总体标志总量指标是反映总体各单位标志值总和的总量指标，如工业企业作为总体的工资总额、工业总产值、产品销售收入等。

总量指标按反映的时间状况不同，分为时期指标和时点指标两种。时期指标是反映总体在一段时期内活动过程的总量指标，如国内生产总值、社会商品零售额、产品产量等。时点指标是反映总体在某一时刻（瞬间）上状况的总量指标，如人口数、设备台数、产品库存量等。

时期指标的一个突出特点是具有可加性。例如，一年的产量是该年内 12 个月的产量之和。时期指标的数值大小与其所包括的时期长短有直接关系，时期越长，指标数值就越大；反之，则指标数值越小。时期指标一般都具有连续计数的特点。时点指标的数值是不可相加的。例如，某企业年末的职工人数绝不是各日、各月或各季末职工人数的总和，而是职工在年末这一时点上达到的规模。时点指标的数值是通过一次性计数而取得的，其数值大小与时点间隔长短没有直接关系。

3. 总量指标的计量单位

总量指标一般采用实物单位和价值单位两种计量形式。

（1）实物单位。实物单位是根据事物的自然形态和物理属性而采用的计量单位，它又包括自然单位、度量衡单位、标准实物单位及复合单位四种。自然单位就是按照被研究现象的自然状况来度量其数量的一种计量单位，如机器以台为单位、汽车以辆为单位、人口以人为单位等。度量衡单位是按照统一的度量衡制度的规定来度量客观事物数量的一种计量单位，如棉布以米为单位，钢铁、粮食以千克或吨为单位等。标准实物单位是按照统一折算的标准来度量被研究现象数量的一种计量单位，如能源统计以标准燃料每千克发热量 7 000 千卡为标准单位。复合单位是指为了更有效地反映物品的使用价值或经济用途，以两种单位双重计量，如货物周转量以"吨·千米"为单位等。

（2）价值单位。价值单位是指用货币来度量社会财富或劳动成果的一种计量单位，例如，国内生产总值、社会商品零售额、工资总额、进出口贸易总额、财政收入等都是以货币计量的。它使不能直接相加的产品数量过渡到能够加总，用以综合地说明具有不同使用价值的产品总量或商品销售量等的总规模、总水平。

4. 应用绝对数时应注意的问题

（1）必须正确地确定总量指标所表示的各种客观现象的内容、构成、范围和计算方法。总量指标不同于数学中单纯的数字，每一项指标都有明确的实质内容，因此必须正确地确定总量指标所表示的各种客观现象的内容、构成、范围和计算方法，否则就不能得到反映客观现象的准确数字。例如，要统计工业产品产量，只有弄清工业产品的概念、构成、范围和计算方法，才能得到准确的数字。

（2）必须弄清是时期指标还是时点指标。因为这两种指标的计算方法是不同的。只有区分清时期现象和时点现象，才能正确计算总量指标。

4.1.2 ▷▷▷ 相对数

1. 相对数的概念和作用

相对数也称为相对指标，是两个有联系的统计指标对比计算的相对数。它表明客观现象之间的数量依存和对比关系，在国民经济管理中被广泛地应用。相对指标能够表明现象的相对水平，说明现象的发展过程和速度；可以使那些利用总量指标不能直接对比的现象，找到可比基础，从而准确地判断事物的差别程度；可以表明事物的内部结构和比例关系，是进行经济管理与考核企业经济活动成果的重要指标。

2. 相对数的表现形式

相对数的数值通常有两种表现形式：无名数和有名数。

无名数是一种抽象化的数值，一般用系数、倍数、成数、百分数、千分数等表示。系数和倍数是将对比的基数抽象为 1 而计算出来的相对数。两数对比，分子数值小于分母数值时用系数表示；分子数值大于分母数值时用倍数表示。成数是将对比的基数抽象为 10 而计算出来的相对数。如今年的粮食产量比去年增加一成，即增加了 1/10。百分数是相对指标中最常用的一种形式，它是将对比的基数抽象化为 100 而计算出来的相对数。若对比的分子数值远远小于分母数值时，则采用千分数表示，它是将对比的基数抽象化为 1 000 而计算出来的相对数，如人口出生率、人口死亡率、人口自然增长率等。

有名数常用来表示强度相对指标的数值。它将相对指标的分子与分母的计量单位同时使用，以表明事物的密度、普遍程度和强度等，例如，人口密度用"人/平方千米"、人均国内生产总值用"元/人"表示等。

3. 相对数的种类及计算方法

相对数是两个有联系的指标之比，是反映相关事物之间数量对比关系的一种综合指标。由于研究目的和任务不同，对比的基础也不同，从而产生了各种相对数。如结构相对数、比例相对数、比较相对数、计划完成程度相对数、动态相对数、强度相对数等，它们从不同方面表明现象的相对水平、内部构成、发展程度和比例关系。

（1）结构相对数。结构相对数是在资料分组的基础上，以总体总量为对比基础，求出各组总量占总体总量的比重，来反映总体内部构成状况的综合指标。其计算公式为

$$结构相对数 = \frac{各组（或部分）总量}{总体总量}。 \tag{4-1}$$

由上式可知，结构相对数是根据总量指标计算的，表明总体单位数的结构或总体标

志值的结构。需要注意的是，如要表明总体单位数的结构，则分子、分母必须都是总体单位总量指标；如要表明总体标志值的结构，则分子、分母必须都是总体标志总量指标。结构相对数的计算结果可以用百分数或成数表示。由于结构相对数是总体各组数值与总体全部数值之比，所以它在计算上具有三个特点。一是必须与统计分组相结合。只有在对总体资料分组的基础上，才能计算结构相对数，反映现象总体的构成。二是结构相对数是根据同一总体资料计算的，它的分子只能是分母数值的一部分。三是总体中各部分的结构相对数之和必须等于 1 或 100%。

结构相对数是统计分析研究中一种常用的综合指标。首先，利用结构相对数可以分析总体内部的构成，说明客观现象的性质和特征；其次，利用结构相对数可以分析现象总体内部结构的变化，说明客观现象的发展过程和规律性；最后，利用结构相对数可以说明被研究现象的工作质量，反映人、财、物的利用情况。

（2）比例相对数。比例相对数是总体中不同部分数量对比形成的相对数，可用来反映总体范围内各个局部之间、各组之间的比例关系和协调平衡状况。其计算公式为

$$比例相对数 = \frac{总体中某一部分数值}{总体中另一部分数值} \times 100\%。 \tag{4-2}$$

比例相对数的计算结果通常以百分数表示，但也有将对比基数定为 1，100，1 000 的表示形式。比例相对数一般以绝对数进行对比，但根据分析任务和提供资料的情况不同，也可运用总体内各部分的相对数或平均数进行对比。

（3）比较相对数。比较相对数是由不同总体同一时期的同类指标对比而计算的相对数，用来说明同一事物在不同空间之间的差异程度。其计算公式为

$$比较相对数 = \frac{某地区（或部门）的某类指标数值}{另一地区（或部门）的同类指标数值} \times 100\%。 \tag{4-3}$$

比较相对数一般用百分数表示，也可用系数、倍数表示。比较相对数的主要作用在于揭示同类现象之间先进与落后的差异程度。对比时以哪个指标为对比基础，必须根据统计研究目的而定。一般来说，比较相对数的分子、分母可以互换，从不同的角度说明问题。比较相对数既可用于不同国家、地区、单位的比较，也可用于先进与落后的比较，还可用于实际水平与标准水平、平均水平的比较。

计算比较相对数时，分子、分母可以是绝对数，也可以是相对数或平均数。由于绝对数易受总体规模大小的影响，因此计算比较相对数时，更多地采用相对数或平均数。

（4）计划完成程度相对数。计划完成程度相对数也称为计划完成百分数，是将现象在某一时期内的实际完成数与同期计划数对比计算的相对数，一般用百分数表示。其计算公式为

$$计划完成程度相对数 = \frac{实际完成数}{同期计划数} \times 100\%。 \tag{4-4}$$

上式中，分子是根据实际完成情况进行统计而得到的数据，分母是下达的同期计划任务指标。由于计划数是用来衡量计划执行情况的标准，

扫码听课

因而上式中的分子、分母不能互换，且分子和分母的指标含义、计算口径、计算方法、计量单位以及指标所包括的时间长短、空间范围等必须一致。上式中的分子数值与分母数值之差表明计划执行的绝对效果。计划数是计算计划完成程度相对指标的基数，由于计划数的表现形式不同，计划完成程度相对数有以下几种不同的计算方法。

①计划数为绝对数。当计划数为绝对数时，计划执行情况的检查一般分为短期的和长期的两种。

A. 短期计划执行情况的检查。可以有两种检查方法：一是在计划执行过程中的检查，称为进度检查；二是在计划终了时的检查，称为执行情况检查。

【例 4-1】某企业某年计划产值为 4 000 万元（四个季度均匀），实际完成情况为：一季度 800 万元；二季度 1 000 万元；三季度 1 100 万元。求各季度计划完成程度及累计至第三季度止完成计划的百分数。

解：一季度计划完成相对数 $= \dfrac{800}{1\ 000} \times 100\% = 80\%$，

二季度计划完成相对数 $= \dfrac{1\ 000}{1\ 000} \times 100\% = 100\%$，

三季度计划完成相对数 $= \dfrac{1\ 100}{1\ 000} \times 100\% = 110\%$，

累计至第三季度止计划完成百分数 $= \dfrac{800 + 1\ 000 + 1\ 100}{4\ 000} \times 100\% = 72.5\%$。

B. 长期计划执行情况的检查。在分析长期计划执行情况时，由于计划任务的要求和制定方法不同，也产生了以下两种不同的检查分析方法。

a. 水平法。在制订长期计划时，有些计划任务只规定整个计划末期应达到的水平，则须用水平法检查计划的完成程度。用水平法检查计划完成程度是以计划末期实际达到的水平与计划规定同期应达到的水平相比较，来确定全时期是否完成计划。其计算公式为

$$\text{计划完成程度相对数} = \frac{\text{计划末期实际达到的水平}}{\text{计划规定末期应达到的水平}} \times 100\%。 \tag{4-5}$$

【例 4-2】假定"十三五"期间规定某产品产量 2020 年达到年产 100 万吨的水平，实际执行结果，2021 年达到了 105 万吨，求计划完成程度相对数。

解：$\qquad\qquad \text{计划完成程度相对数} = \dfrac{105}{100} \times 100\% = 105\%。$

用水平法检查计划执行情况，计算提前完成计划的时间，是根据连续一年时间（不论是否在一个日历年度内，只要连续 12 个月即可）的产量和计划规定最后一年的产量相比较来确定的。如例 4-2 中，计划规定 2020 年产量应达到 100 万吨，实际执行结果从 2019 年 12 月 1 日到 2020 年 11 月 30 日止连续 12 个月的产量已达到 100 万吨，则可确定该产品产量的五年计划任务提前于 2020 年 11 月底完成，提前完成计划的时间为 1 个月。

b. 累计法。凡是计划指标是按计划期内各年的总和规定任务的，或者说是按计划全

期提出累计完成任务量时，就应该按累计法计算。如基本建设投资额、新增生产能力、专业人才的培养指标等。用累计法分析计划执行情况，就是将整个计划期间实际完成的累计数与计划规定的累计数对比，检查计划的完成情况。其计算公式为

$$计划完成程度相对数 = \frac{计划期间实际累计完成数}{计划规定的累计数} \times 100\%。 \tag{4-6}$$

【例 4-3】某五年计划的基本建设投资总额为 2 200 亿元，五年内实际完成的累计数为 2 240 亿元，求计划完成程度相对数。

解：$\qquad 计划完成程度相对数 = \frac{2\ 240}{2\ 200} \times 100\% = 101.8\%。$

如果计划任务提前完成，则将计划期全部时间减去从计划执行之日起至实际累计完成数达到计划任务的时间，即提前完成计划的时间。假定 2016—2020 年基本建设投资总额计划为 2 200 亿元，至 2020 年 8 月底累计完成投资额已达到 2 200 亿元，则提前完成基本建设投资计划的时间为 4 个月。

②计划数为相对数。如果计划任务是以相对数形式下达的，在检查计划的完成程度时，可采用如下公式：

$$计划完成程度相对数 = \frac{实际完成百分数}{计划百分数} \times 100\%。 \tag{4-7}$$

它一般适用于考核客观现象的增长率、降低率的计划完成情况。在这里，分子和分母的百分数都是相对于上期实际水平而言的，因此上式又可写成

$$计划完成程度相对数 = \frac{本期实际水平/上期实际水平}{本期计划水平/上期实际水平} \times 100\%。 \tag{4-8}$$

由此可见，检查相对数的计划完成情况，不能直接用实际增长率或降低率除以计划增长率或降低率，而应该包括原有基数在内。

【例 4-4】某企业计划规定劳动生产率比去年提高 10%，实际提高了 15%，求劳动生产率增长计划的完成程度。

解：计划完成程度相对数 $= \frac{100\% + 15\%}{100\% + 10\%} = \frac{115\%}{110\%} = 104.5\%，$

即实际劳动生产率比计划超额完成了 4.5%。

又如，某企业计划规定某种产品单位成本降低 10%，实际降低了 12%，则

$$该产品实际单位成本计划的完成程度 = \frac{100\% - 12\%}{100\% - 10\%} = \frac{88\%}{90\%} = 97.78\%，$$

即该产品实际单位成本比计划多降低了 2.22%。

③计划任务数为平均数。如果计划任务是以平均数形式下达的，在检查计划的完成程度时，则应采用如下公式：

$$计划完成程度相对数 = \frac{实际平均水平}{计划平均水平} \times 100\%。 \tag{4-9}$$

上式一般适用于考核以平均数表示的技术经济指标的计划完成情况，如工业生产中

的工人劳动生产率、单位产品成本等指标的计划完成情况。

【例 4-5】某企业 2021 年第二季度某种产品的单位成本计划规定为 80 元，实际为 76 元，求该产品单位成本的计划完成情况。

解：
$$计划完成程度相对数 = \frac{76}{80} \times 100\% = 95\%,$$

即该产品的实际单位成本比计划降低了 5%。

（5）动态相对数。动态相对数是同一现象在不同时期的两个指标之比，表明该现象在时间上发展变化的方向和程度，一般用百分数或倍数表示。动态相对数可以是本期与前期之比、本期与过去同期或本期与某一规定时期之比。通常我们把作为对比基础的时期叫作基期，与基期对比的时期叫作报告期或计算期。因此，动态相对数的计算公式为

$$动态相对数 = \frac{报告期水平}{基期水平} \times 100\%。 \tag{4-10}$$

动态相对数在统计中又称为发展速度，在国民经济统计中应用非常广泛，本书将在后续章节中作详细探讨。

（6）强度相对数。强度相对数是两个性质不同但又有一定联系的绝对数之比，用以表明某一现象在另一现象中发展的强度、密度和普遍程度，故又称为密度指标或普及程度指标。其计算公式为

$$强度相对数 = \frac{某一现象的总量指标}{另一有联系而性质不同现象的总量指标}。 \tag{4-11}$$

扫码听课

强度相对数与其他各种相对数的根本区别在于它不是同类现象的对比。例如，用人口数与土地面积相比得到的人口密度，用铁（公）路长度与土地面积相比得到的铁（公）路密度，用工农业生产中的生产条件相比得到的各种装备程度指标，用生产成果与生产条件相比得到的各种效率指标等都是强度相对数。

强度相对数一般是有名数，通常以分子、分母的复合单位计量。例如，人口密度以"人/平方千米"为单位，人均国内生产总值以"元/人"为单位等。另外，也有一些强度相对数的数值用千分数或百分数表示。例如，人口自然增长率用千分数表示，流通费用率用百分数表示。

某些强度相对数有正指标和逆指标两种表现形式，即对比的两个指标可以互为分子、分母。例如，每千人拥有的零售商业个数及每个商业机构服务的人数，前者为正指标，后者逆指标。一般来说，正指标越大越好，逆指标越小越好。

强度相对数是统计研究中重要的对比分析指标，它可以说明一个国家、地区的经济实力、生产水平、人民生活水平及社会服务能力，因此可借助这种指标进行国家、地区之间的比较，以确定经济发展的不平衡程度及发展的差距。

4. 计算和运用相对数应注意的几个问题

相对数在实际工作中的运用非常广泛，要使其在对比分析中深刻地揭示现象之间固有的联系，在计算和应用相对数时应注意以下几个问题。

（1）选择对比的基数。相对数的基数是进行对比的依据和标准，对比的基数选择不合理，就不能准确反映现象之间的数量对比关系，相对数就会失去应有的作用。对比基数的选择，一方面要考虑被研究现象的性质、特点，另一方面要考虑统计研究的目的及一定历史阶段的特点。

（2）对比指标的可比性。相对数是两个有联系的指标数值之比，用以反映现象的数量对比关系。可比性是正确计算和应用相对指标的重要条件。关于可比性应从两个方面考查：一方面，所对比的指标是相互联系的；另一方面，所对比指标的口径、范围和计算方法应是可比的。

（3）相对数和绝对数结合应用。由于相对数在反映两个现象的数量关系时将现象的具体规模和水平抽象化了，掩盖了现象之间绝对量的差别，因此，在利用相对数说明问题时，必须与绝对水平相结合，才能作出比较全面的判断和评价。

（4）各种相对数结合应用。由于一个相对数只能从一个侧面反映现象之间的数量对比关系，要全面了解和反映问题，必须将各种相对数结合起来运用。

（5）结合实际内容。利用相对数进行对比分析时，不能仅根据相对数数值的大小来对事物的优劣作出评价，而要结合客观现象的实际内容来考查。例如，比较各国的人口再生产情况，不能只凭各国人口的自然增长率来判断，必须结合各国的实际情况来评价。有的国家，人口自然增长率越低越好，而对另一个国家来说，人口自然增长率则要求高一些。又如，比较各国粮食生产和消费水平时，必须结合各国的生活习惯、消费结构、历史条件等因素，才能作出正确的评价。

4.2　集中趋势的测度

从频数分布的研究中可以发现，在绝大多数情况下，较大或较小观察值发生的频数一般比较少，而大部分观察值总是集中在某一区域内频繁地出现，从而使全部观察值呈现一种内在的趋向中间变化的态势，这种态势就是频数分布的集中趋势。集中趋势是频数分布的一个重要特征，随着集中趋势水平的变化，整个频数分布也会发生水平方向的移动。

频数分布集中趋势的测度指标包括算术平均数、调和平均数、几何平均数、中位数、四分位数、众数和截尾平均数。根据数学上的特点，前三种称为数值平均数，中位数、四分位数、众数称为位置平均数。各种平均数的含义、计算方法及应用条件各不相同。

4.2.1 ▶▶▶ 数值平均数

根据全部观察值计算出来的平均数称为数值平均数。算术平均数、调和平均数、几何平均数都属于数值平均数。

1. 算术平均数

（1）算术平均数的基本形式。总体的标志总量通常等于总体各单位标志值之和。用总体标志总量除以总体单位总量，就是算术平均数。其基本公式为

$$算术平均数 = \frac{总体标志总量}{总体单位总量}。 \tag{4-12}$$

算术平均数是最基本、最常用的平均数。当已知总体标志总量和总体单位总量时，可直接利用上式计算平均数。

【例 4-6】某企业某月工资总额为 150 000 元，职工人数为 100 人，求该企业职工的月平均工资。

解：
$$平均工资 = \frac{工资总额}{职工人数} = \frac{150\ 000}{100} = 1\ 500(元/人)。$$

利用上式计算平均数时，总体标志总量依附于总体单位总量，因此在计算算术平均数时，必须保证分子、分母的口径及所包含的内容严格一致，即各标志值与各单位之间必须一一对应，否则计算平均数就失去了意义。这也正是平均数与强度相对数的不同之处。在实际工作中，总体标志总量经常要通过计算求得。根据掌握的资料情况的不同，一般有两种计算形式：简单算术平均数和加权算术平均数。

①简单算术平均数。若掌握的资料是总体单位数与总体各单位的标志值时，则可先将各单位的标志值相加得出标志总量，然后再除以总体单位数，求出的算术平均数称为简单算术平均数。

【例 4-7】某班组有 5 名工人，他们生产某零件的日产量分别为 16 件、17 件、18 件、19 件、20 件，求该班组工人的平均日产量。

解：
$$平均日产量 = \frac{16+17+18+19+20}{5} = 18(件)。$$

将上述计算过程用公式表示为

$$\overline{X} = \frac{X_1 + X_2 + \cdots + X_n}{n} = \frac{\sum X}{n}。 \tag{4-13}$$

其中：$\overline{X}$ 为算术平均数；X 为总体各单位的标志值；$\sum$ 为总和符号；n 为总体单位数。

简单算术平均数比较简单，一般在各个变量值出现次数相同的条件下采用。总体如经过分组，各个变量值出现的次数不同，这时就要用加权算术平均数的方法来计算。

②加权算术平均数。在总体经过分组并形成变量数列的情况下，若已知各组的标志值及次数，则可用各组标志值乘以相应的次数求得各组的标志总量，然后把各组标志总量相加除以各组次数总和，即可得加权算术平均数为

$$\overline{X} = \frac{X_1 f_1 + X_2 f_2 + \cdots + X_n f_n}{f_1 + f_2 + f_3 + \cdots + f_n} = \frac{\sum Xf}{\sum f}。 \tag{4-14}$$

其中：符号 f 表示次数，f_1，f_2，$\cdots$，f_n 代表各组的次数；X_1，X_2，$\cdots$，X_n 代表各组的标志值；$\overline{X}$ 表示加权算术平均数。

从式(4-14)可以看出，加权算术平均数的大小，不仅受变量值大小的影响，而且受各组次数多少的影响。一般来说，次数多的变量值对平均数的影响大，而次数少的变量值对平均数的影响小。正因为各组次数的多少对于各组变量值在平均数中的影响有权衡轻重的作用，所以，统计中把次数称为权数。用权数乘以各个变量值，叫作加权。当各组变量值出现的次数相等时，权数将失去意义，这时仍可用简单算术平均数形式。因此，简单算术平均数是加权算术平均数的一种特殊形式。用公式表示为

若 $$f_1 = f_2 = \cdots = f_n = f，$$

则 $$\overline{X} = \frac{\sum Xf}{\sum f} = \frac{f \sum X}{nf} = \frac{\sum X}{n}。$$

在实际统计工作中，权数可以是绝对数，也可以是相对数(比重或频率)，因此可得到计算加权算术平均数的变形公式为

$$\overline{X} = \frac{\sum Xf}{\sum f} = \sum X \cdot \frac{f}{\sum f}。 \tag{4-15}$$

由上式可以看出，加权算术平均数等于各组标志值与各组频率的乘积之和。

由于分组资料有单项分组数列和组距分组数列，下面分别举例说明不同情况下加权算术平均数的计算方法。

a. 根据单项数列计算。在单项分组的情况下，由于各组标志值和次数是已知的，可直接运用公式计算。

【例 4-8】已知某企业 100 名工人对某零件的加工时间如表 4-1 所示，求平均加工时间。

解：由表 4-1 可得平均加工时间为

$$\overline{X} = \frac{\sum Xf}{\sum f} = \frac{4\,155}{100} = 41.55（分/人）$$

或 $$\overline{X} = \sum X \cdot \frac{f}{\sum f} = 41.55（分/人）。$$

表 4-1　某企业 100 名工人对某零件的加工时间表

零件加工时间/分 X	工人人数 f	人数比重 $f/\sum f$	Xf	$X\dfrac{f}{\sum f}$
22	4	4%	88	0.88
25	8	8%	200	2.00
32	5	5%	160	1.60

续表

零件加工时间/分 X	工人人数 f	人数比重 $f/\sum f$	Xf	$X\dfrac{f}{\sum f}$
38	18	18%	684	6.84
42	22	22%	924	9.24
45	28	28%	1 260	12.60
52	9	9%	468	4.68
56	1	1%	56	0.56
61	3	3%	183	1.83
66	2	2%	132	1.32
合计	100	100%	4 155	41.55

b. 根据组距数列计算。在组距分组的情况下，由于各组的组限只表明各组标志值的上下界限，因此由组距数列计算加权算术平均数时，必须先计算出各组的组中值，以组中值代表该组标志值，然后再计算加权算术平均数。如果对表 4-1 的资料进行组距式分组，可得表 4-2。

表 4-2　某企业 100 名工人对某零件的加工时间表(组距式分组)

零件加工时间/分	工人人数 f	组中值 X	Xf
20～30	12	25	300
30～40	23	35	805
40～50	50	45	2 250
50～60	10	55	550
60～70	5	65	325
合　计	100	—	4 230

根据表 4-2 计算平均加工时间为

$$\overline{X} = \frac{\sum Xf}{\sum f} = \frac{4\ 230}{100} = 42.3\,(\text{分}/\text{人})。$$

以上结果表明，对同一资料进行单项式分组和组距式分组计算所得的加权算术平均数有一定的出入。产生误差的原因是组距数列加权算术平均数的计算带有一定的假定性，即假定各组的标志值在组内均匀分布，也就是说，根据组距数列计算的算术平均数是一个近似值。

(2)算术平均数的数学性质。

①如果将各变量值加或减任意数 A ，则所得的平均数也相应增加或减少 A ，即

$$\frac{\sum(X \pm A)f}{\sum f} = \frac{\sum Xf}{\sum f} \pm \frac{\sum Af}{\sum f} = \overline{X} \pm A 。 \tag{4-16}$$

②如果将各变量值除以任意数 $A(A \neq 0)$ ，则所得的平均数也就除以任意数 A ，即

$$\frac{\sum \frac{X}{A}f}{\sum f} = \frac{1}{A}\frac{\sum Xf}{\sum f} = \frac{\overline{X}}{A} 。 \tag{4-17}$$

③各变量值与平均数的离差之和等于零，即

$$\sum(X - \overline{X}) = \sum X - n\overline{X} = 0 。 \tag{4-18}$$

同理

$$\sum(X - \overline{X})f = 0 。 \tag{4-19}$$

④各变量值与平均数的离差平方和为最小值，即

$$\sum(X - \overline{X})^2 = 最小值。 \tag{4-20}$$

同理

$$\sum(X - \overline{X})^2 f = 最小值。 \tag{4-21}$$

2. 调和平均数 $\overline{X}_H$

调和平均数是平均数的一种，它是标志值倒数的算术平均数的倒数，故又称为倒数平均数。调和平均数也有简单调和平均数和加权调和平均数两种。

(1)简单调和平均数。简单调和平均数是在未分组条件下采用的。

【例 4-9】假定某地农贸市场某种蔬菜的价格早、中、晚分别是 1.2 元/千克、1 元/千克、0.8 元/千克。如果早、中、晚各买 1 元，求平均价格。

解：

$$蔬菜平均价格 = \frac{1 + 1 + 1}{\frac{1}{1.2} + \frac{1}{1} + \frac{1}{0.8}} = 0.97(元 / 千克)。$$

用符号表示简单调和平均数的计算公式为

$$\overline{X}_H = \frac{n}{\frac{1}{X_1} + \frac{1}{X_2} + \cdots + \frac{1}{X_n}} = \frac{n}{\sum \frac{1}{X}} 。 \tag{4-22}$$

其中：$\overline{X}_H$ 为调和平均数；X 为总体各单位的标志值；n 为标志值的项数。

(2)加权调和平均数。简单调和平均数是在各标志值对平均数起同等作用的条件下应用的，但在许多情况下，各变量值对于平均数的作用是不同的。例如上例中，如果早、中、晚不是各买 1 元，而是用了不同的购买金额，那么每种价格所起的作用就不同，这时就应采用加权调和平均数。其计算公式为

$$\overline{X}_H = \frac{M_1 + M_2 + \cdots + M_n}{\dfrac{M_1}{X_1} + \dfrac{M_2}{X_2} + \cdots + \dfrac{M_n}{X_n}} = \frac{\sum M}{\sum \dfrac{M}{X}}。 \tag{4-23}$$

其中：M 为各组的标志总量；X 为各组的标志值。

【例 4-10】已知甲、乙两市某种商品的单价及商品销售额资料如表 4-3 所示，求该商品的平均价格。

表 4-3   甲、乙两市某种商品销售情况表

地区	商品单价/(元/千克) X	商品流转额/元 M	商品销售量/千克 M/X
甲市	1.00	5 000	5 000
乙市	1.20	4 800	4 000
合计	—	9 800	9 000

解：$\overline{X}_H = \dfrac{\sum M}{\sum \dfrac{M}{X}} = \dfrac{5\,000 + 4\,800}{\dfrac{5\,000}{1.0} + \dfrac{4\,800}{1.2}} = \dfrac{9\,800}{9\,000} = 1.09$（元/千克）。

在实际统计工作中，经常会遇到只有各组标志值和标志总量，而缺少总体单位数的资料，这时就须采用调和平均数公式计算平均数。此外，调和平均数还可作为算术平均数的变形来使用，在这种情况下，调和平均数的实质仍然是总体标志总量除以总体单位总量，只是计算形式不同而已，其经济内容和计算结果与算术平均数完全一致。

（3）由相对数或平均数计算平均数。在统计工作中，有时需要根据相对数或平均数计算平均数，即被平均的变量本身是相对数或平均数。这时，根据所掌握资料的不同，需要分别采用算术平均数或调和平均数计算。

【例 4-11】某地区工业局所属 80 家工业企业报告期生产计划完成程度资料如表 4-4 所示，求该局所属企业生产计划的平均完成程度。

表 4-4   某地区工业局所属企业报告期生产计划完成程度表

计划完成 程度	组中值 X	企业数	计划产值/万元 f	实际产值/万元 Xf
80％以下	75％	3	500	375
80％～90％	85％	7	1 200	1 020
90％～100％	95％	15	2 000	1 900
100％～110％	105％	40	3 000	8 400
110％～120％	115％	12	8 000	3 450
120％以上	125％	3	800	1 000
合计	—	80	15 500	16 145

解：根据表中资料应如何计算平均计划完成程度呢？其所依据的基本公式为

$$产值计划平均完成程度 = \frac{实际产值总和}{计划产值总和} \times 100\%。$$

因此，不能用企业数为权数。如果缺少分子资料，即实际产值，则应以计划产值为权数，采用加权算术平均数形式来计算产值计划平均完成程度，即

$$产值计划平均完成程度 = \frac{\sum Xf}{\sum f} \times 100\% = \frac{16\,145}{15\,500} \times 100\% = 104.16\%。$$

如果只掌握实际产值资料，而无计划产值资料，即缺少的是相对数分母资料，这时就应以实际产值为权数，采用加权调和平均数的形式来计算产值计划平均完成程度。

$$产值计划平均完成程度 = \frac{\sum M}{\sum \frac{M}{X}} \times 100\%$$

$$= \frac{375 + 1\,020 + 1\,900 + 8\,400 + 3\,450 + 1\,000}{\frac{375}{75\%} + \frac{1\,020}{85\%} + \frac{1\,900}{95\%} + \frac{8\,400}{105\%} + \frac{3\,450}{115\%} + \frac{1\,000}{125\%}} \times 100\%$$

$$= 104.16\%。$$

两种方法计算的结果完全一致。同理，在由平均数计算平均数时，如已知的是平均数的分母资料，则应以平均数的分母资料为权数，采用加权算术平均数形式计算平均指标；如已知的是平均数的分子资料，则应以平均数的分子资料为权数，采用加权调和平均数的形式计算平均指标。

3. 几何平均数 $\overline{X}_G$

几何平均数是 n 个变量值连乘积的 n 次方根。它是一种特殊用途的平均数，适用于现象各变量值的连乘积等于总体标志总量的场合，是计算平均比率和平均速度最常用的一种方法。几何平均数也分简单几何平均数和加权几何平均数两种。

(1)简单几何平均数。简单几何平均数适用于计算未分组资料的平均比率或平均速度，即

$$\overline{X}_G = \sqrt[n]{X_1 X_2 X_3 \cdots X_n} = \sqrt[n]{\prod_{i=1}^{n} X_i}。 \tag{4-24}$$

其中：$\overline{X}_G$ 为几何平均数；X 为总体的各个变量值；n 为变量值个数；$\prod$ 为连乘符号。

在实际统计中，有时变量值较多，计算几何平均数需要多次方，为了计算方便，通常需利用对数。将几何平均数公式的两边取对数，即

$$\lg \overline{X}_G = \frac{1}{n}(\lg X_1 + \lg X_2 + \cdots + \lg X_n) = \frac{\sum \lg X}{n}。 \tag{4-25}$$

由此可见，几何平均数的对数等于各个变量值对数的算术平均数。求出几何平均数的对数后，再由对数求出真数，就是几何平均数。

【例 4-12】 某机械厂有铸造车间、机加工车间、装配车间三个连续流水作业车间。铸造车间某月的产品合格率为 95％，机加工车间产品合格率为 92％，装配车间产品合格率为 90％，求当月该厂车间平均产品合格率。

解：平均车间产品合格率为

$$\overline{X}_G = \sqrt[3]{X_1 X_2 X_3} = \sqrt[3]{95\% \times 92\% \times 90\%} = 92.31\%。$$

若利用对数，则

$$\lg \overline{X}_G = \frac{1}{3}\left[(\lg 95 + \lg 92 + \lg 90) - 6\right]$$

$$= \frac{1}{3}\left[(1.977\,7 + 1.963\,8 + 1.954\,2) - 6\right] = -0.034\,77。$$

求真数：$\overline{X}_G = 92.31\%$。

当月该厂车间平均产品合格率为 92.31％。

(2)加权几何平均数。当计算几何平均数的每个变量值的次数不相同时，则要采用加权几何平均数，其计算公式为

$$\overline{X}_G = \sqrt[f_1 + f_2 + \cdots + f_n]{X_1^{f_1} X_2^{f_2} \cdots X_n^{f_n}} = \sqrt[\sum_{i=1}^{n} f_i]{\prod_{i=1}^{n} X_i^{f_i}}。 \tag{4-26}$$

其中：f_i 为每个变量值的次数(权数)；$\sum_{i=1}^{n} f_i$ 为权数总和。

若将上式两边取对数，则有

$$\lg \overline{X}_G = \frac{1}{f_1 + f_2 + \cdots + f_n}(f_1 \lg X_1 + f_2 \lg X_2 + \cdots + f_n \lg X_n)$$

$$= \frac{\sum f \lg X}{\sum f}。 \tag{4-27}$$

【例 4-13】 某投资银行某笔投资是按复利计算的，25 年的年利率分布是：有 1 年为 3％，有 4 年为 4％，有 8 年为 8％，有 10 年为 10％，有 2 年为 15％，求平均年利率。

解：平均年本利率为

$$\overline{X}_G = \sqrt[25]{103\% \times 104\%^4 \times 108\%^8 \times 110\%^{10} \times 115\%^2}。$$

两边取对数：

$$\lg \overline{X}_G = \frac{1}{25}\left[(\lg 103 + 4\lg 104 + 8\lg 108 + 10\lg 110 + 2\lg 115) - 50\right] = 0.035\,35，$$

$$\overline{X}_G = 108.48\%，$$

平均年利率＝平均年本利率－1＝8.48％。

4.2.2 >>> 位置平均数

位置平均数是按照观察值的大小顺序或出现频数的多少确定的代表性指标。常用的位置平均数主要有中位数、四分位数、众数等。

1. 中位数 M_e

如果把总体各单位的标志值按大小顺序排列，则处于序列中间位置的标志值，就是中位数。中位数的概念表明，数列中有一半项目的数值小于中位数，一半项目的数值大于中位数。

(1)由未分组资料确定中位数。对于未经分组的资料，中位数的计算方法是：先将各单位的标志值按大小顺序排列，而后用公式$(n+1)/2$来确定中位数在数列中的位置(n代表变量值项数)。当变量值的项数为奇数时，中位数等于序列中间一项的变量值；当变量值的项数为偶数时，中位数等于序列中间两项变量值的算术平均数。即

$$M_e = \begin{cases} X_{(n+1)/2}, & n \text{ 为奇数,} \\ (X_{n/2} + X_{n/2+1})/2, & n \text{ 为偶数。} \end{cases} \tag{4-28}$$

【例 4-14】 某班组 9 名工人的日产量(件)序列为：8，9，10，11，11，12，12，13，13，求日产量的中位数。

解：这个数列共有 9 项变量值，故第 $\dfrac{n+1}{2} = \dfrac{9+1}{2} = 5$ 项的变量值就是中位数，即 $M_e = 11$(件)。

如果上例再增加一名工人，其日产量为 14 件，这时中位数位置 $= \dfrac{10+1}{2} = 5.5$，也就是说，应取序列第 5 项、第 6 项变量值的算术平均数为中位数，即 $M_e = \dfrac{11+12}{2} = 11.5$(件)。

(2)由分组资料确定中位数。

①由单项数列确定中位数。在单项分配数列的情况下，先按 $\dfrac{\sum f}{2}$ 确定中位数位置，再计算累计次数，进而确定中位数所在组，即累计次数较中位数位置略大的组，这一组的变量值就是中位数。

【例 4-15】 已知某班组职工日产量如表 4-5 所示，求职工日产量的中位数。

表 4-5 某班组职工日产量资料

日产量/件	职工人数/人	累计人数/人	
		向上累计	向下累计
300	2	2	30
350	6	8	28

续表

日产量/件	职工人数/人	累计人数/人	
		向上累计	向下累计
480	10	18	22
600	8	26	12
800	4	30	4
合计	30	—	—

解：

$$中位数位置 = \frac{\sum f}{2} = \frac{30}{2} = 15。$$

从计算结果看，无论是向上累计还是向下累计，中位数都在第 3 组，故第 3 组的变量值就是中位数，即工人日产量的中位数 $M_e = 480$(件)。

②由组距数列确定中位数。在组距分组的情况下，中位数的计算比较复杂。

【例 4-16】已知某企业职工工资如表 4-6 所示，求职工工资的中位数。

表 4-6　某企业职工工资分布情况

工资/元	职工人数/人	累计人数/人	
		向上累计	向下累计
600 以下	60	60	1 000
600～800	140	200	940
800～1 000	290	490	800
1 000～1 200	280	770	510
1 200～1 400	190	960	230
1 400 以上	40	1 000	40
合计	1 000	—	—

解：第一步：确定中位数位置及其所在组。中位数位置可按 $\frac{\sum f}{2}$ 来确定，即中位数位置 $= \frac{\sum f}{2} = \frac{1\ 000}{2} = 500$。再计算累计次数(向上累计或向下累计任选一种)，根据累计次数可确定中位数应在第 4 组。

第二步：确定中位数的数值。假定中位数所在组内的变量值均匀分布，可得如下计算公式。

下限公式为

$$M_e = L + \frac{\dfrac{\sum f}{2} - S_{m-1}}{f_m} \times i \text{。} \tag{4-29}$$

其中：M_e 为中位数；L 为中位数组的下限；f_m 为中位数组的次数；S_{m-1} 为中位数组以下各组的累计次数；i 为中位数组的组距；$\sum f$ 为总次数。

下限公式是根据向上累计来计算的。若是上限公式，则要采用向下累计，上限公式为

$$M_e = U - \frac{\dfrac{\sum f}{2} - S_{m+1}}{f_m} \times i \text{。} \tag{4-30}$$

其中：U 为中位数组的上限；S_{m+1} 为中位数组以上各组的累计次数。

将表 4-6 的资料代入上述公式，可得

$$M_e = 1\,000 + \frac{\dfrac{1\,000}{2} - 490}{280} \times 200 = 1\,007.14\text{（元）}$$

或

$$M_e = 1\,200 - \frac{\dfrac{1\,000}{2} - 230}{280} \times 200 = 1\,007.14\text{（元）。}$$

2. 四分位数

将所有变量值按大小顺序排列并分成四等分，处于三个分位点上的数值就是四分位数。最小的四分位数称为下四分位数，所有数值中，有四分之一小于下四分位数，四分之三大于下四分位数。中间的四分位数就是中位数。最大的四分位数称为上四分位数，所有数值中，有四分之三小于上四分位数，四分之一大于上四分位数。四分位数也可以称为第 25、第 50、第 75 百分位数。下四分位数和上四分位数也可以看作小于中位数和大于中位数的观察值的中位数。

四分位数的计算方法与中位数类似。根据未分组数据计算四分位数时，首先对数据进行排序，然后确定四分位数所在的位置。

【例 4-17】假定一组观察值的顺序统计量为 8，9，10，11，11，12，12，13，13，求四分位数。

解：下四分位数在第二顺序量和第三顺序量之间，取它们的算术平均数，得到下四分位数的值为 $\dfrac{9+10}{2} = 9.5$，中间的四分位数为 11，上四分位数的值为 $\dfrac{12+13}{2} = 12.5$。

对于组距分组资料，首先确定四分位数所在的组，然后计算四分位数的值。下四分位数的近似计算公式为

$$Q_L = L_{Q_L} + \frac{\dfrac{\sum f}{4} - S_{Q_L - 1}}{f_{Q_L}} \times i_{Q_L} \tag{4-31}$$

或
$$Q_L = U_{Q_L} - \frac{\dfrac{3\sum f}{4} - S_{Q_L+1}}{f_{Q_L}} \times i_{Q_L}。 \tag{4-32}$$

上四分位数的近似计算公式为
$$Q_U = L_{Q_U} + \frac{\dfrac{3\sum f}{4} - S_{Q_U-1}}{f_{Q_U}} \times i_{Q_U} \tag{4-33}$$

或
$$Q_U = U_{Q_U} - \frac{\dfrac{\sum f}{4} - S_{Q_U+1}}{f_{Q_U}} \times i_{Q_U}。 \tag{4-34}$$

其中：Q_L，Q_U 分别表示下四分位数、上四分位数；L_{Q_L}，U_{Q_L} 分别为下四分位数组的下、上限；L_{Q_U}，U_{Q_U} 分别为上四分位数组的下、上限；f_{Q_L}，f_{Q_U} 分别为下、上四分位数组的频数；i_{Q_L}，i_{Q_U} 分别为下、上四分位数组的组距；S_{Q_L-1}，S_{Q_L+1} 分别为小于和大于下四分位数组下限和上限的累计频数；S_{Q_U-1}，S_{Q_U+1} 分别为小于和大于上四分位数组下限和上限的累计频数。

【例 4-18】结合表 4-6 中的资料，计算四分位数。

解：首先确定四分位数的位置。Q_L 的位置 $=1\,000/4=250$，Q_U 的位置 $=3\times1\,000/4=750$。由向上累计次数可以得到 Q_L 在第 3 组、Q_U 在第 4 组。接着，计算 Q_L，Q_U 的值。

下四分位数为
$$Q_L = L_{Q_L} + \frac{\dfrac{\sum f}{4} - S_{Q_L-1}}{f_{Q_L}} \times i_{Q_L} = 800 + \frac{\dfrac{1\,000}{4} - 200}{290} \times 200 = 834.48(元)$$

或
$$Q_L = U_{Q_L} - \frac{\dfrac{3\sum f}{4} - S_{Q_L+1}}{f_{Q_L}} \times i_{Q_L}$$
$$= 1\,000 - \frac{\dfrac{3\times1\,000}{4} - 510}{290} \times 200 = 834.48(元)。$$

上四分位数为
$$Q_U = L_{Q_U} + \frac{\dfrac{3\sum f}{4} - S_{Q_U-1}}{f_{Q_U}} \times i_{Q_U}$$
$$= 1\,000 + \frac{\dfrac{3\times1\,000}{4} - 490}{280} \times 200 = 1\,185.71(元)$$

或
$$Q_U = U_{Q_U} - \frac{\frac{\sum f}{4} - S_{Q_U+1}}{f_{Q_U}} \times i_{Q_U}$$

$$= 1\ 200 - \frac{\frac{1\ 000}{4} - 230}{280} \times 200 = 1\ 185.71(元)。$$

3. 众数 M_0

众数是总体中出现次数最多的变量值。换句话说，众数是最常见的数值。正因为如此，众数能表明数字资料的集中趋势，说明客观现象的一般水平。

(1)由单项数列确定众数。在资料单项分组的情况下，众数的确定非常简单，只要找出次数最多的组，即众数组，则该组的变量值就是众数。以表4-5的资料为例，众数在第3组，则第3组的变量值就是众数，即 $M_0 = 480$(件)。

(2)由组距数列确定众数。对于组距分组资料，众数的确定比较复杂。首先要确定众数组，然后再求众数值。一般情况下，若数列的分布是对称的钟形分布，则可用众数组的组中值作为众数。但在实际工作中，完全的均匀分布往往是不存在的。显然，如果众数组前一组次数比后一组次数多，则众数在众数组内靠近它的下限；如果众数组前一组次数比后一组次数少，则众数在众数组内靠近它的上限。因此，众数的数值取决于与众数组相邻两组次数的多少，利用补插法可以得到计算众数的下限公式和上限公式。

下限公式为

$$M_0 = L + \frac{\Delta_1}{\Delta_1 + \Delta_2} i; \tag{4-35}$$

上限公式为

$$M_0 = U - \frac{\Delta_2}{\Delta_1 + \Delta_2} i。 \tag{4-36}$$

其中：M_0 为众数；L 为众数组的下限；U 为众数组的上限；Δ_1 为众数组次数与前一组次数之差；Δ_2 为众数组次数与后一组次数之差；i 为众数组的组距。

【例4-19】以表4-6的资料说明众数的计算。

解：由于工资在800~1 000元的工人最多，故第3组就是众数组。根据表4-6可知：$L = 800$ 元，$U = 1\ 000$ 元，$\Delta_1 = 290 - 140 = 150$，$\Delta_2 = 290 - 280 = 10$，$i = 200$。将有关资料分别代入式(4-35)和式(4-36)可得

$$M_0 = 800 + \frac{150}{150 + 10} \times 200 = 987.5(元)$$

或
$$M_0 = 1\ 000 - \frac{10}{150 + 10} \times 200 = 987.5(元)。$$

4. 中位数、众数和算术平均数的关系

中位数、众数和算术平均数之间存在着一定的关系，这种关系取决于统计数据的次

数分布情况。次数分布常见的形态有正态(对称)分布和偏态(不对称)分布两种类型。

(1)当次数分布完全对称时，算术平均数、中位数和众数三者合而为一，即 $\overline{X}=M_e=M_0$。它们的关系如图 4-1 所示。

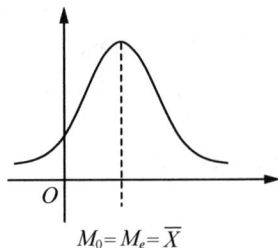

图 4-1　对称分布

(2)当次数分布呈现非对称的钟形分布时，算术平均数、中位数和众数之间存在一定的差别。这种差别和非对称程度有关。非对称的程度越大，它们之间的差距越大；非对称的程度越小，它们之间的差距就越小。如果存在非正常的极端值，次数分布就会发生偏斜。极端值对算术平均数、中位数和众数的影响是不同的：众数是出现次数最多的标志值，不受极端值的影响；中位数只受极端值位置的影响，不受极端值数值的影响；而算术平均数则受所有极端值的影响，极端值对它影响最大。当统计数据中出现极大值，次数分布向右偏时，算术平均数最大，众数最小，即 $\overline{X}>M_e>M_0$，三者的关系如图 4-2 所示。当统计数据中出现极小值，次数分布向左偏时，算术平均数最小，众数最大，即 $\overline{X}<M_e<M_0$，三者的关系如图 4-3 所示。

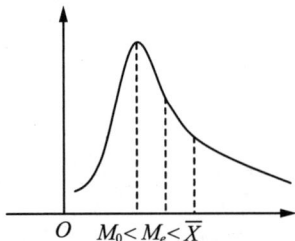

图 4-2　右偏分布

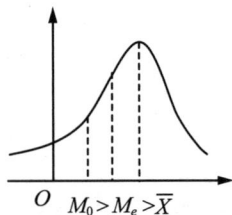

图 4-3　左偏分布

根据英国统计学家卡尔·皮尔逊的经验，在偏态适度的情况下，无论是右偏还是左偏，中位数与算术平均数的距离约等于众数与算术平均数距离的 1/3；中位数与众数的距离约等于算术平均数与众数距离的 2/3。由此，可以得到以下三个关系式：

$$M_0=3M_e-2\overline{X}, \tag{4-37}$$

$$M_e=(M_0+2\overline{X})/3, \tag{4-38}$$

$$\overline{X}=(3M_e-M_0)/2。 \tag{4-39}$$

利用上述关系式，可根据已知的两个平均数来推算另一个平均数。

4.2.3 ▷▷▷ 截尾平均数

截尾平均数是指剔除观察值中的极端值后计算的平均数。算术平均数是根据全部观察值计算的，能反映全部观察值的信息，但其易受极端值的影响；中位数是根据观察值的顺序位置计算的，不受极端值的影响，但不能全面反映观察值的情况。截尾平均数既能全面反映观察值的情况，又不受极端值的影响。

设 X_1，X_2，$\cdots$，X_n 为一组观察值，其顺序量是 $X_{(1)}$，$X_{(2)}$，$\cdots$，$X_{(n)}$，则截尾平均数的计算公式为

$$\overline{X}_\alpha = \frac{X_{(n\alpha+1)} + X_{(n\alpha+2)} + \cdots + X_{(n-n\alpha)}}{n-2n\alpha} = \frac{\sum\limits_{i=1}^{n-2n\alpha} X_{(n\alpha+i)}}{n-2n\alpha} \text{。} \tag{4-40}$$

其中：α 为任意给定的数，$0<\alpha<1$。当 $\alpha=0$ 时，$\overline{X}_\alpha = \overline{X}$；如果 α 的取值趋近 0.5，则 $\overline{X}_{0.5} = M_e$。

【例 4-20】 在一次演讲比赛中，9 名评委为某位演讲者的打分结果如下：8.5，6.1，9.0，9.3，5.8，9.2，9.5，9.8，9.0，求去掉两个最高分和两个最低分后该演讲者的平均得分是多少。

解：对得分进行排序：

$$5.8，6.1，8.5，9.0，9.0，9.2，9.3，9.5，9.8\text{。}$$

由题意取 $\alpha = \dfrac{2}{9}$，计算可得

$$\overline{X}_\alpha = \frac{\sum\limits_{i=1}^{n-2n\alpha} X_{(n\alpha+i)}}{n-2n\alpha} = \frac{\sum\limits_{i=1}^{5} X_{(2+i)}}{5}$$

$$= \frac{8.5+9.0+9.0+9.2+9.3}{5} = 9.0\text{。}$$

如果掌握的是组距资料，计算截尾平均数的步骤如下。

(1)确定第一个 α 分位数和最后一个 α 分位数。

(2)假定 α 分位数所在组的观察值均匀变化，按比例确定第一个 α 分位数到该组上限的观察值频数，以及最后一个 α 分位数到该组下限的观察值频数。具体做法是：用 α 分位数与该组上限(对第一个 α 分位数)或下限(对最后一个 α 分位数)的距离除以 α 分位数组的组距，再以得到的系数乘以 α 分位数组的频数即可。

(3)重新以 α 分位数作为 α 分位数组的下限(对第一个 α 分位数)或上限(对最后一个 α 分位数)，组成新的分组区间，编制新的频数分布。

(4)按一般组距频数分布计算平均数的方法，计算截尾算术平均数。

【例 4-21】 取 $\alpha = 15\%$ 时，求资料表 4-6 的截尾算术平均数。

解：第一个 15% 分位数在 600~800 这一组，最后一个 15% 分位数在 1 200~1 400 这一组。则第一个 15% 分位数为

$$F_{0.15} = L_{0.15} + \frac{0.15\sum f - S_{0.15-1}}{f_{0.15}} \times i_{0.15}$$

$$=600+\frac{0.15\times1\,000-60}{140}\times200=728.57(元)。$$

最后一个 15% 分位数为

$$F_{0.85}=U_{0.85}-\frac{0.15\sum f-S_{0.85+1}}{f_{0.85}}\times i_{0.85}$$

$$=1\,400-\frac{0.15\times1\,000-40}{190}\times200=1\,284.21(元)。$$

对表 4-6 中的资料进行整理，可得到截尾频数分布，如表 4-7 所示。

表 4-7　职工工资截尾频数分布

工资/元	组中值	职工人数 f/人	频数密度 f'
728.57～800	764.29	50	0.70
800～1 000	900	290	1.45
1 000～1 200	1 100	280	1.40
1 200～1 284.21	1 242.11	80	0.95
合计	—	700	—

计算截尾算术平均数为

$$\overline{X}_{0.15}=\frac{\displaystyle\sum_{i=1}^{4}x_i f'_i}{\displaystyle\sum_{i=1}^{4}f'_i}$$

$$=\frac{764.29\times0.70+900\times1.45+1\,100\times1.40+1\,242.11\times0.95}{0.70+1.45+1.40+0.95}$$

$$=1\,013.34(元)。$$

4.3　离散程度的测度

4.3.1 ▷▷▷ 离散程度的概念和意义

所谓离散程度，即观测数据之间的差异程度或频数分布的分散程度，也称为离中趋势。离散程度是数据分布的另一主要特征，只有把集中趋势和离中趋势结合起来才能全面反映数据的分布特征。在统计上用来测度离散程度的指标称为标志变异指标，也称标志变动度。标志变异指标具有以下两方面的作用。

(1)标志变异指标是衡量平均数代表性的依据。标志变异指标可以说明平均数代表性的大小。一般来说，标志变异指标的数值越大，总体中各单位标志值的差异程度越大，次数分布就越分散，平均数的代表性就越小；反之，标志变异指标的数值越小，平均数的代表性就越大。

（2）标志变异指标可用来反映现象发展的稳定性和均衡性。标志变异指标可以表明生产过程的节奏性或其他经济活动过程的均衡性，进行产品质量控制和说明经济管理工作的质量。

4.3.2 ▷▷▷ 标志变异指标的种类及其计算方法

常用的标志变异指标有全距、四分位差、平均差、标准差和变异系数。

1. 全距 R

全距又称为极差，它是数列的最大标志值与最小标志值之差，即

$$全距 = 最大标志值 - 最小标志值。 \tag{4-41}$$

全距可用来说明标志值的变动范围。全距越大，说明数列中标志值的变异程度越大，平均数的代表性越小；全距越小，说明标志值的变异程度越小，平均数的代表性就越大。

在单项分组数列中，只需用数列中最大标志值减去最小标志值就可得全距，即

$$R = X_{max} - X_{min}。 \tag{4-42}$$

在组距分组数列中，计算全距可用最高一组的上限减去最低一组的下限，即

$$R = 最高组上限 - 最低组下限 \tag{4-43}$$

全距的计算简单，且易于理解，在实际工作中应用很广泛。在工业生产过程中，全距常被用来检查产品质量的稳定性和进行质量控制。因为在正常生产条件下，产品的质量性能指标（如强度、长度、使用寿命等）的误差总是在一定范围内波动，如果误差超出了一定的范围，就说明生产中出现了异常情况。因此，利用全距可以及时发现生产中存在的问题，以便采取相应措施，保证产品质量。

但是，全距只能反映数列两极端数值的差异，而不能全面反映数列中所有标志值的差异情况。因此，全距作为一个反映离散趋势的指标，是粗略的、有局限性的，尤其是当组距分组数列出现开口组时，就无法计算全距。

2. 四分位差 Q_D

四分位差也称为四分位数间距或内距，是上四分位数 Q_U 与下四分位数 Q_L 之差，用 Q_D 表示，即

$$Q_D = Q_U - Q_L。 \tag{4-44}$$

四分位差可看成中间 50% 观察值的极差，其数值越大，说明中间的数据越分散，反之说明中间的数据越集中。由于四分位数间距不受两端个别极大值或极小值的影响，因而四分位差较全距稳定，但仍未考虑全部观察值的变异度，常用于描述偏态频数分布以

及分布的一端或两端无确切数值资料的离散程度。如例 4-18 中，已求得 $Q_U =$ 1 185.71(元)，$Q_L = 834.48$(元)，则四分位数间距 $Q = Q_U - Q_L = 1\,185.71 - 834.48 = 351.23$(元)。

3. 平均差 $A \cdot D$

平均差是总体中各单位标志值与其算术平均数离差绝对值的算术平均数。由于各标志值对算术平均数的离差之和等于零，因此计算平均差时，须采用离差的绝对值 $|X_i - \overline{X}|$。平均差利用了全部数据信息来测定离散程度，因而能综合反映总体中各单位标志值的差异情况。平均差越大，表明标志变动程度越大，平均数的代表性越小；反之，平均差越小，则表明标志变动程度越小，平均数的代表性就越大。

计算平均差一般分为三个步骤：第一步，求各标志值与算术平均数的离差；第二步，求离差的绝对值；第三步，将离差绝对值的总和除以项数(n)或总次数($\sum f_i$)。

由于掌握的资料不同，平均差的计算公式可分为简单平均式和加权平均式两种形式。

(1)简单平均式。当资料未经分组时，采用简单平均式。其计算公式为

$$A \cdot D = \frac{\sum |X_i - \overline{X}|}{n}。 \tag{4-45}$$

【例 4-22】某车间甲、乙两班组工人日产量资料如表 4-8 所示，要求计算平均差。

表 4-8 甲、乙两班组工人日产量的平均差计算表

甲 班			乙 班		
日产量/件 X	离差 $X - \overline{X}$	离差绝对值 $|X - \overline{X}|$	日产量/件 X	离差 $X - \overline{X}$	离差绝对值 $|X - \overline{X}|$
50	−20	20	60	−10	10
60	−10	10	65	−5	5
70	0	0	70	0	0
80	10	10	75	5	5
90	20	20	80	10	10
合计	0	60	合计	0	30

解：由表 4-8 可得：$\overline{X}_甲 = 70$(件)，$\overline{X}_乙 = 70$(件)。所以

$$A \cdot D_甲 = \frac{\sum |X_i - \overline{X}|}{n} = \frac{60}{5} = 12(件)，$$

$$A \cdot D_乙 = \frac{\sum |X_i - \overline{X}|}{n} = \frac{30}{5} = 6(件)。$$

这就是说，在甲、乙两班组工人平均日产量相同的情况下，甲组的平均差大于乙组，

因而甲组平均日产量的代表性比乙组小。

(2)加权平均式。当资料经过分组,形成分配数列时,应采用加权平均式。其计算公式为

$$A \cdot D = \frac{\sum |X_i - \overline{X}| f_i}{\sum f_i}。 \tag{4-46}$$

【例4-23】以表4-2中100名工人的零件加工时间为例,说明由分组资料计算平均差的方法。

解:由表4-2整理计算可得表4-9。

表4-9　100名工人零件加工时间的平均差计算表

零件加工时间/分	工人人数 f	组中值 X	总加工时间 Xf	$X-\overline{X}$	$\|X-\overline{X}\|$	$\|X-\overline{X}\|f$
20～30	12	25	300	−17.3	17.3	207.6
30～40	23	35	805	−7.3	7.3	167.9
40～50	50	45	2 250	2.7	2.7	135.0
50～60	10	55	550	12.7	12.7	127.0
60～70	5	65	325	22.7	22.7	113.5
合计	100	—	4 230	—	—	751.0

故

$$\overline{X} = \frac{\sum X_i f_i}{\sum f_i} = \frac{4\ 230}{100} = 42.3(分),$$

$$A \cdot D = \frac{\sum |X_i - \overline{X}| f_i}{\sum f_i} = \frac{751.0}{100} = 7.51(分)。$$

计算结果表明,这100名工人的零件平均加工时间与每名工人的零件加工时间平均相差7.51分钟。

4. 标准差 σ

(1)标准差的计算方法。标准差是总体各单位标志值与其算术平均数离差平方的算术平均数的平方根,又称均方根差。标准差的平方即为方差。标准差记作 σ,方差记作 σ^2。

标准差是测定标志变动程度最重要的指标,其意义与平均差基本相同,也是各个标志值对其算术平均数的平均离差,但在数学处理上与平均差有所不同。平均差是采用取绝对值的方法来消除离差的负号,而标准差是采用平方的方法来消除离差的负号。标准差的计算,首先要求出各单位标志值对其算术平均数的离差,再把各项离差加以平方,然后计算这些离差平方的算术平均数,最后再把这个平均数开方,即得标准差。其计算公式也分为简单平均式与加权平均式两种形式。

①简单平均式。对于未分组资料,采用简单平均式。其计算公式为

$$\sigma = \sqrt{\frac{\sum (X - \overline{X})^2}{n}} \text{。}\qquad(4\text{-}47)$$

【例 4-24】仍以表 4-8 中甲、乙两班组工人日产量资料为例来说明标准差的计算。

解：由表 4-8 整理计算可得表 4-10。

表 4-10　甲、乙两班组工人日产量的标准差计算表

甲班			乙班		
日产量/件 X	离差 $X-\overline{X}$	离差平方 $(X-\overline{X})^2$	日产量/件 X	离差 $X-\overline{X}$	离差平方 $(X-\overline{X})^2$
50	−20	400	60	−10	100
60	−10	100	65	−5	25
70	0	0	70	0	0
80	10	100	75	5	25
90	20	400	80	10	100
合计	0	1 000	合计	0	250

故

$$\sigma_甲 = \sqrt{\frac{\sum (X - \overline{X})^2}{n}} = \sqrt{\frac{1\,000}{5}} = 14.1\,(\text{件})\text{,}$$

$$\sigma_乙 = \sqrt{\frac{\sum (X - \overline{X})^2}{n}} = \sqrt{\frac{250}{5}} = 7.07\,(\text{件})\text{。}$$

这就是说，在甲、乙两班组工人平均日产量相同的条件下，每个工人的日产量与其算术平均数的标准离差，甲组为 14.1 件，乙组为 7.07 件。甲组的标准差大，说明甲组工人日产量的变动程度大，因而其平均数的代表性小；乙组的标准差比甲组小，因而其平均数的代表性比甲组大。

②加权平均式。对于分组资料，标准差的计算公式为

$$\sigma = \sqrt{\frac{\sum (X - \overline{X})^2 f}{\sum f}} \text{。}\qquad(4\text{-}48)$$

【例 4-25】仍以表 4-2 中 100 名工人的零件加工时间为例来说明标准差的计算。

解：由表 4-2 整理计算可得表 4-11。

表 4-11　100 名工人零件加工时间的标准差计算表

零件加工时间/分	工人人数 f	组中值 X	$X-\overline{X}$	$(X-\overline{X})^2$	$(X-\overline{X})^2 f$
20～30	12	25	−17.3	299.29	3 591.48
30～40	23	35	−7.3	53.29	1 225.67

7

,9 续表

零件加工时间/分	工人人数 f	组中值 X	$X-\bar{X}$	$(X-\bar{X})^2$	$(X-\bar{X})^2 f$
40～50	50	45	2.7	7.29	364.5
50～60	10	55	12.7	161.29	1 612.9
60～70	5	65	22.7	515.29	2 576.45
合计	100	—	—	—	9 371

故
$$\sigma=\sqrt{\frac{\sum(X-\bar{X})^2 f}{\sum f}}=\sqrt{\frac{9371}{100}}=9.68(\text{分})。$$

计算结果表明，这 100 名工人的零件加工时间与其算术平均数的标准离差为 9.68 分钟。

（2）标准差的数学性质。标准差的平方就是方差 σ^2，方差具有如下几个重要性质。

①变量的方差等于变量平方的平均数与变量平均数的平方之差，即

$$\sigma^2=\frac{\sum(X-\bar{X})^2}{n}=\frac{\sum[X^2-2X\bar{X}+(\bar{X})^2]}{n}$$

$$=\frac{\sum X^2}{n}-2\bar{X}\frac{\sum X}{n}+(\bar{X})^2$$

$$=\bar{X^2}-2\bar{X}\bar{X}+(\bar{X})^2$$

$$=\bar{X^2}-(\bar{X})^2。 \tag{4-49}$$

②变量对算术平均数的方差小于对任意常数的方差。

设 X_0 为任意常数，$C=\bar{X}-X_0$，$X_0=\bar{X}-C$，则

$$\frac{\sum(X-X_0)^2}{n}=\frac{\sum[X-(\bar{X}-C)]^2}{n}=\frac{\sum[(X-\bar{X})+C]^2}{n}$$

$$=\frac{\sum(X-\bar{X})^2+2C\sum(X-\bar{X})+nC^2}{n}。$$

由于
$$\sum(X-\bar{X})=0，$$

故
$$\frac{\sum(X-X_0)^2}{n}=\frac{\sum(X-\bar{X})^2+nC^2}{n}=\frac{\sum(X-\bar{X})^2}{n}+C^2。$$

由于
$$C^2\geqslant 0，$$

故
$$\frac{\sum(X-\bar{X})^2}{n}\leqslant\frac{\sum(X-X_0)^2}{n}。 \tag{4-50}$$

也就是说，变量对算术平均数的方差小于对任意常数的方差。

（3）标准差的简捷计算法。标准差是测定标志变动程度最常用的指标，但它的计算比较烦琐。因此，手工计算标准差通常采用简捷法。

由于 $\sigma^2 = \overline{X^2} - (\overline{X})^2$，故

$$\sigma = \sqrt{\overline{X^2} - (\overline{X})^2}。 \tag{4-51}$$

对未分组资料：

$$\sigma = \sqrt{\frac{\sum X^2}{n} - \left(\frac{\sum X}{n}\right)^2}。 \tag{4-52}$$

对分组资料：

$$\sigma = \sqrt{\frac{\sum X^2 f}{\sum f} - \left(\frac{\sum X f}{\sum f}\right)^2}。 \tag{4-53}$$

【例 4-26】根据表 4-11 的资料，用简捷法计算标准差。

解：计算过程如表 4-12 所示。

表 4-12 标准差（简捷法）计算表

零件加工时间/分	工人人数 f	组中值 X	Xf	X^2	$X^2 f$
20～30	12	25	300	625	7 500
30～40	23	35	805	1 225	28 175
40～50	50	45	2 250	2 025	101 250
50～60	10	55	550	3 025	30 250
60～70	5	65	325	4 225	21 125
合计	100	—	4 230	—	188 300

故

$$\sigma = \sqrt{\frac{\sum X^2 f}{\sum f} - \left(\frac{\sum X f}{\sum f}\right)^2} = \sqrt{\frac{188\ 300}{100} - \left(\frac{4\ 230}{100}\right)^2}$$
$$= \sqrt{1\ 883 - 1\ 789.29} = 9.68（分）。$$

可见，标准差的简捷法与普通法计算结果相同。

（4）是非标志的标准差。在实际统计中，有时把客观现象的总体单位分为具有某一标志值的单位和不具有某一标志值的单位两组。例如，把全部产品分为合格和不合格两组，把全体职工分为男、女两组或分为出勤和缺勤两组，把全体学生分为及格和不及格两组，或分为戴眼镜和不戴眼镜两组，等等。统计学中，把这种用"是""否"或"有""无"来表示的标志称为是非标志。

由于是非标志只有两种标志表现，故可用"1"表示具有某种标志表现，用"0"表示不具有某种标志表现。全部总体单位数用 N 表示，其中具有某种标志表现的单位数用

N_1 表示，不具有某种标志表现的单位数用 N_0 表示，则 $N = N_1 + N_0$。这两部分单位数占全部单位数的比率(或成数)可表示如下。

具有某种标志表现的单位数所占的比率为

$$p = \frac{N_1}{N}。 \tag{4-54}$$

不具有某种标志表现的单位数所占的比率为

$$q = \frac{N_0}{N}。 \tag{4-55}$$

两个比率之和等于 1，即

$$p + q = 1， \tag{4-56}$$

$$q = 1 - p。 \tag{4-57}$$

是非标志的平均数、标准差的计算方法如表 4-13 所示。

表 4-13　是非标志的平均数、标准差计算表

是非标志值 X	总体单位数 f	Xf	$X - \bar{X}$ $(\bar{X} = p)$	$(X - \bar{X})^2$	$(X - \bar{X})^2 f$
1	N_1	N_1	$1 - p$	$(1-p)^2$	$(1-p)^2 N_1$
0	N_0	0	$0 - p$	p^2	$p^2 \cdot N_0$
合计	N	N_1	—	—	$(1-p)^2 N_1 + p^2 \cdot N_0$

是非标志的算术平均数为

$$\bar{X} = \frac{\sum Xf}{\sum f} = \frac{N_1}{N} = p。 \tag{4-58}$$

$$\sigma = \sqrt{\frac{\sum (X - \bar{X})^2 f}{\sum f}} = \sqrt{\frac{(1-p)^2 N_1 + p^2 N_0}{N}}$$

$$= \sqrt{q^2 p + p^2 q} = \sqrt{pq(q + p)} = \sqrt{pq} = \sqrt{p(1-p)}。 \tag{4-59}$$

由此可见，是非标志的标准差等于具有某种标志表现的单位数占总体的比重和不具有某种标志表现的单位数占总体比重乘积的平方根。

【例 4-27】某机床厂 2016 年第二季度生产某种型号的机床 100 台，合格品 96 台，不合格品 4 台，试问机床平均合格率和标准差各为多少。

解：　　　　　平均合格率 $p = \frac{96}{100} = 96\%$，

标准差 $\sigma = \sqrt{p(1-p)} = \sqrt{0.96 \times 0.04} = 0.196 = 19.6\%$。

计算结果表明，机床的平均合格率为 96%，其标准差为 19.6%。

5. 变异系数 V

全距、四分位差、平均差、标准差是反映标志变异程度的绝对指标。这些指标数值的大小不仅取决于标志值的离差程度，还取决于数列平均水平的高低。因此，对于具有不同平均水平的数列或总体，就不宜直接通过这四个指标来比较其标志变异程度的大小，而需要将它们与相应的平均数对比，计算变异系数，即采用相对指标才能进行比较。测定标志变异程度的相对指标主要有极差系数、四分位差系数、平均差系数和标准差系数四种。

极差系数 V_R 是极差与平均数之比，其计算公式为

$$V_R = \frac{R}{\overline{X}} \times 100\% 。 \tag{4-60}$$

四分位差系数 V_{Q_D} 是四分位差与平均数之比，其计算公式为

$$V_{Q_D} = \frac{Q_D}{\overline{X}} \times 100\% 。 \tag{4-61}$$

平均差系数 $V_{A \cdot D}$ 是平均差与平均数之比，其计算公式为

$$V_{A \cdot D} = \frac{A \cdot D}{\overline{X}} \times 100\% 。 \tag{4-62}$$

标准差系数 V_σ 是标准差与平均数之比，其计算公式为

$$V_\sigma = \frac{\sigma}{\overline{X}} \times 100\% 。 \tag{4-63}$$

【例 4-28】假设有甲、乙两家企业的劳动生产率资料如表 4-14 所示，试分析比较其标志变异程度。

表 4-14　甲、乙两家企业的劳动生产率情况表

企业	工人劳动生产率 $\overline{X}$/(元/人)	标准差 σ/(元/人)	标准差系数 $V_\sigma = \frac{\sigma}{\overline{X}} \times 100\%$
甲	16 000	600	3.75%
乙	8 000	400	5.00%

解：从以上两家企业工人劳动生产率的标准差看，甲企业的劳动生产率显然大于乙企业的劳动生产率，但不能由此断言甲企业工人劳动生产率的代表性比乙企业小。这是因为，两家企业的劳动生产率水平悬殊，所以不能直接根据标准差的大小得出结论。在这种情况下，只有通过标准差系数才能比较，因为它消除了不同数列平均水平所产生的影响。由表 4-14 可知，$V_{\sigma \text{甲}} = 3.75\%$，$V_{\sigma \text{乙}} = 5\%$，也就是说，甲企业的标志变异程度比乙企业小，甲企业工人劳动生产率的代表性大于乙企业。

4.4　偏态和峰态的测度

4.4.1 ▷▷▷ 偏态及其测度

"偏态"一词是卡尔·皮尔逊于 1895 年首次提出的，主要用于研究次数分布形状是否对称。所谓偏态，就是次数分布的非对称程度。它是以对称分布为标准相比较而言的。前面已经提到，利用算术平均数、中位数和众数之间的关系就可以大致判断次数分布是对称、右偏还是左偏。因此，根据算术平均数、中位数和众数之间的关系就可以判别偏态的方向，但是要反映偏态的程度则需要计算偏态系数。

偏态系数（SK）的计算方法很多，在根据未分组的原始数据计算偏态系数时，计算公式为

$$SK = \frac{n\sum_{i=1}^{n}(X_i - \overline{X})^3}{(n-1)(n-2)S^3}。 \tag{4-64}$$

根据分组资料计算偏态系数，计算公式为

$$SK = \frac{\sum_{i=1}^{n}(X_i - \overline{X})^3 f_i}{nS^3}。 \tag{4-65}$$

上述公式中，S^3 是样本标准差的三次方。偏态系数反映了统计数据分布的非对称程度。当数据分布对称时，偏态系数 SK 等于零；如果偏态系数 SK 明显不等于零，表明分布不对称。如 SK 为正值，则可以判断为右偏或正偏；反之，当 SK 为负值时，可以判断为左偏或负偏。SK 的数值越大，表示偏斜的程度就越大。

4.4.2 ▷▷▷ 峰态及其测度

"峰态"一词是卡尔·皮尔逊于 1905 年首次提出的，是次数分布的又一重要特点，即某种次数分布曲线与正态分布曲线相比较，是平顶还是尖顶，其平顶或尖顶的程度如何。通常用峰态系数来衡量次数分布曲线顶端的尖削程度。

峰态系数（K）的计算方法很多，在根据未分组的原始数据计算峰态系数时，计算公式为

$$K = \frac{n(n+1)\sum_{i=1}^{n}(X_i - \overline{X})^4 - 3(n-1)\left[\sum_{i=1}^{n}(X_i - \overline{X})^2\right]^2}{(n-1)(n-2)(n-3)S^4}。 \tag{4-66}$$

根据分组资料计算峰态系数，计算公式为

$$K = \frac{\sum_{i=1}^{n}(X_i - \overline{X})^4 f_i}{nS^4} - 3 。 \tag{4-67}$$

上述公式中，S^4 是样本标准差的四次方。峰态系数反映了统计数据分布曲线的尖峰或扁平程度。由于标准正态分布的峰态系数 K 为零，当峰态系数 $K > 0$ 时为尖峰分布，当峰态系数 $K < 0$ 时为扁平分布。

本章小结

1. 绝对数也称总量指标，按反映的内容不同分为总体单位总量指标和总体标志总量指标两种。总体单位总量指标是反映总体单位数的总量指标，总体标志总量指标是反映总体各单位标志值总和的总量指标。总量指标按反映的时间状况不同，分为时期指标和时点指标两种。

2. 相对数也称为相对指标，是两个有联系的统计指标对比计算的相对数。它表明客观现象之间的数量依存和对比关系。相对数的数值通常有两种表现形式：无名数和有名数。相对数包括结构相对数、比例相对数、比较相对数、计划完成程度相对数、动态相对数和强度相对数。

3. 集中趋势是频数分布的一个重要特征，频数分布集中趋势的测度指标包括算术平均数、调和平均数、几何平均数、中位数、四分位数、众数和截尾平均数。

4. 离散程度，即观测数据之间的差异程度或频数分布的分散程度，也称为离中趋势。离散程度是数据分布的另一主要特征，在统计上用来测度离散程度的指标称为标志变异指标，也称标志变动度。常用的标志变异指标有全距、四分位差、平均差、标准差和变异系数。

5. 偏态是次数分布的非对称程度，反映偏态的程度则需要计算偏态系数。次数分布曲线顶端的尖削程度，通常用峰态系数来衡量。

阅读与分析

从平均工资的上涨谈平均指标的计算①

据悉，2002 年我国在岗职工年平均工资为 12 422 元，到 2006 年达到 21 001 元。扣除价格上涨因素，年均递增 12%，比同期人均国内生产总值年均递增 9.2% 高 2.8 个百分

① 王平、王芳：《由平均工资上涨争议谈平均指标的科学运用》，载《商业时代》，2009(23)：61-62。

点，是改革开放以来我国职工实际工资收入水平增长最快的时期。但这一消息却引发了激烈争论。

从各大门户网站的留言看，几乎所有的网友都对这条新闻存有质疑。下面以"平均工资"为例讨论在运用平均数时应注意的几个问题。

1. 总体的同质性是运用平均指标的基本前提

只有当总体各单位在被研究的标志上具有同类性时，才能使所计算出来的平均指标正确反映总体单位的共同特征，具有代表性。

而在参与统计的总体中，行业与行业之间、行业内部员工之间的收入差距明显。对于这样一个非同质总体，显然用"平均工资"这一个指标来反映总体水平的代表性就较差。

2. 算术平均数易受极端值的影响

目前我国的"平均工资""平均住房面积"等平均指标都是采用算术平均数来计算的。算术平均数等于总体标志总量除以总体单位总量，也就是对总体的某个标志计算算术平均数时，把所有标志值相加，然后再除以标志值个数。显然，根据以上计算公式，每个标志值的大小都对算术平均数的大小有影响，这时总体中如果出现极大值，将会使算术平均数偏大，而出现极小值将会使算术平均数偏小，从而掩盖总体的真实水平。这一点其实也是总体同质性的一个具体体现。

而我国"平均工资"的计算也存在这个问题。如果从这个角度理解，上面所提到的"职工工资总额和平均工资连续两位数增长"，很可能意味着极少数人工资的迅猛增长，而多数人的工资处于停滞状态。

3. 用组平均数补充说明总体平均数

总体平均数虽然是以同质总体为基础计算的，但在总体单位之间还存在很大差别，并对总体平均数有重要的影响作用。特别对于分组资料而言，总体平均数除了受各个标志值影响之外，还受各组相对次数，也就是总体结构的影响，在总体各个标志值不变的情况下，如果总体的结构发生变化，总体平均数也要随之变化。因此，在用算术平均数反映总体一般水平时，除了计算总体平均数外，还应进一步利用分组法计算组平均数，来补充说明总体平均数，揭示现象内部结构对总体平均指标的影响。因此，在计算"平均工资"时，除了计算总体平均工资外，还须把总体按照行业分组，分别计算各行业的平均工资并和前一年或前几年对比，这样员工才能更加清楚自己所在行业的工资水平，从而也可避免这场争论。

4. 把平均指标和标志变异指标结合起来使用

利用平均指标分析问题，是抽象了总体各单位某一数量标志值的具体差异，来反映这些标志值的一般水平。但平均指标只能反映总体某一方面的共性，而不能反映总体各单位之间的个性。我们还可以利用标志变异指标来说明总体各单位某一数量标志值之间的差异程度，即说明变量值的离散趋势。另外利用标志变异指标进行变异分析，还可以说明平均指标的代表性。

　　而由于我国居民收入的差距很大，且还在不断加大，因此计算出来的平均数的代表性肯定不强，不能代表总体的一般水平。因此，我们在计算总的平均工资时，还应计算标准差以及标准差系数，以反映平均数的代表性，并且方便和其他国家比较。另外，我们在计算各行业的平均工资时，也应计算相应的标准差系数，以反映整个行业平均工资的代表性。

思考与练习

一、思考题

1. 试述总量指标的概念、种类及其作用。

2. 什么是总体单位总量和总体标志总量？举例说明两者之间的关系。

3. 什么是时期指标和时点指标？它们各有哪些特点？

4. 总量指标的计量单位有哪几种形式？

5. 什么是相对数？它的主要作用有哪些？

6. 什么是无名数与有名数？

7. 相对数有哪些种类？简述各种相对数的概念、作用和计算方法。

8. 在检查长期计划执行情况时，水平法和累计法各在什么情况下采用？两者有何区别？

9. 什么是平均数？它有哪些作用？

10. 平均数的种类有哪些？如何计算各种平均数？各适用于什么场合？

11. 什么是算术平均数、调和平均数和几何平均数？

12. 什么叫中位数与众数？

13. 什么是标志变异指标？主要作用有哪些？

14. 反映标志变异程度的指标主要有哪几种？

15. 什么是全距、平均差、标准差、变异系数？各有何特点？

16. 试述平均差与标准差有何异同。

17. 什么叫是非标志？如何计算是非标志的算术平均数和标准差？

二、单项选择题

1. 下列指标中属于时期指标的有（　　　　）。

　　A. 机器台数　　　B. 企业数　　　　C. 工业净产值　　　D. 耕地面积

2. 两个数值对比，分子数值比分母数值较大时，常用的相对数形式是（　　　　）。

　　A. 系数　　　　　B. 倍数　　　　　C. 百分数　　　　　D. 成数

3. 下列指标中属于结构相对数的有（　　　　）。

　　A. 人均粮食产量　　　　　　　　　B. 产品合格率

　　C. 积累与消费的比例　　　　　　　D. 职工平均工资

4. 某厂2015年实现利润200万元，2016年计划增长10%，实际实现231万元，则利润超额完成计划程度为（　　）。

    A. 5.5%　　　　　B. 5%　　　　　C. 115.5%　　　　　D. 15.5%

5. 钢产量与人口数对比，属于（　　）。

    A. 平均数　　　　B. 比较相对数　　C. 比例相对数　　D. 强度相对数

6. 下列指标中属于相对数的有（　　）。

    A. 劳动生产率　　B. 价格　　　　C. 人均粮食产量　　D. 职工平均工资

7. 下列相对数中，可以用有名数表示的有（　　）。

    A. 计划完成相对数　　　　　　　　B. 结构相对数

    C. 动态相对数　　　　　　　　　　D. 强度相对数

8. 人口数和出生人数（　　）。

    A. 前者是时期指标，后者是时点指标

    B. 前者是时点指标，后者是时期指标

    C. 两者都是时期指标

    D. 两者都是时点指标

9. 某企业2021年计划要求成本降低3%，实际降低5%，则计划完成程度为（　　）。

    A. 97.94%　　　　B. 166.67%　　　C. 101.94%　　　　D. 1.94%

10. 某企业2021年计划要求销售收入增长8%，实际增长12%，则超额完成计划程度为（　　）。

    A. 103.70%　　　B. 50%　　　　C. 150%　　　　D. 3.7%

11. 动态相对数是指（　　）。

    A. 同一现象在不同时间不同空间上的对比

    B. 同一现象在同一时间不同空间上的对比

    C. 同一现象在不同时间同一空间上的对比

    D. 不同现象在不同时间同一空间上的对比

12. 某地区有100万人口，共有80家医院。平均每家医院要服务12 500人，这个指标是（　　）。

    A. 平均数　　　　B. 发展水平指标　　C. 总量指标　　D. 强度相对数

13. 计算平均指标最常用的方法和最基本形式是（　　）。

    A. 中位数　　　　B. 调和平均数　　C. 众数　　　　D. 算术平均数

14. 某市2021年工人劳动生产率为15 000元，人均月收入为1 500元，则（　　）。

    A. 上述两个指标均为平均数

    B. 上述两个指标均为强度相对数

    C. 前者是平均数，后者是强度相对数

    D. 前者是强度相对数，后者是平均数

15. 分配数列中，当标志值较小的一组权数较大时，计算出来的算术平均数（　　）。

    A. 接近标志值大的一方　　　　　　B. 接近标志值小的一方

    C. 不受权数的影响　　　　　　　　D. 不能确定其移动方向

16. 假如各标志值都减去 20 个单位，那么算术平均数（　　）。

    A. 减少 20　　　　　　　　　　　B. 减少到 1/20

    C. 不变　　　　　　　　　　　　　D. 不能预测其变化

17. 假如各标志值所对应的次数都缩小 1/2，那么算术平均数（　　）。

    A. 缩小 1/2　　　B. 扩大 2 倍　　　C. 不变　　　　D. 扩大 1/2

18. 某公司所属三家企业，2021 年实际完成产值分别为 400 万元，500 万元，600 万元。计划完成程度分别为 108%，110%，108%，则该公司三家企业的平均计划完成程度的计算公式为（　　）。

    A. $\dfrac{108\%+110\%+108\%}{3}$

    B. $\dfrac{108\%\times400+110\%\times500+108\%\times600}{400+500+600}$

    C. $\dfrac{400+500+600}{\dfrac{400}{108\%}+\dfrac{500}{110\%}+\dfrac{600}{108\%}}$

    D. $\sqrt[3]{108\%\times110\%\times108\%}$

19. 平均差数值越小，则（　　）。

    A. 反映变量值越分散，平均数代表性越小

    B. 反映变量值越集中，平均数代表性越大

    C. 反映变量值越分散，平均数代表性越大

    D. 反映变量值越集中，平均数代表性越小

20. 某厂三批产品的废品率分别为 1%，1.5%，2%。第一批产品数量占总数的 25%，第二批占 30%，则产品的平均废品率为（　　）。

    A.1.5%　　　　　B. 4.5%　　　　　C. 1.6%　　　　　D. 1.48%

21. 几何平均数主要适合于计算（　　）。

    A. 具有等差关系的数列

    B. 变量值的连乘积等于变量值之和的数列

    C. 变量值为偶数项的数列

    D. 变量值的连乘积等于总比率或总速度的数列

22. 根据 20 个企业工人日产量的资料得：$\sum X=300$，$\sum X^2=48\,120$，则 20 个工人日产量的方差为（　　）。

    A.4　　　　　　　B. 16　　　　　　C. 20　　　　　　D. 无法计算

23. 某组向上累计次数表示( )。

    A. 大于该组上限的次数有多少   B. 大于该组下限的次数有多少

    C. 小于该组上限的次数有多少   D. 小于该组下限的次数有多少

24. 某组向下累计次数表示( )。

    A. 大于该组上限的次数有多少   B. 大于该组下限的次数有多少

    C. 小于该组上限的次数有多少   D. 小于该组下限的次数有多少

25. 若某总体次数分布呈适度左偏分布,则有( )式成立。

    A. $\overline{X} > M_e > M_0$ B. $\overline{X} < M_e < M_0$

    C. $\overline{X} > M_0 > M_e$ D. $\overline{X} < M_0 < M_e$

26. 某系 7 个研究生经济学考试成绩分别为 88,85,85,91,88,93,88,则经济学成绩的众数和中位数分别为( )。

    A. $M_0 = 88$,$M_e = 85$ B. $M_0 = 85$,$M_e = 85$

    C. $M_0 = 88$,$M_e = 88$ D. $M_0 = 85$,$M_e = 88$

27. 某企业 2017 年职工平均工资为 15 600 元,标准差为 330 元,2021 年职工平均工资增长了 40%,标准差增大到 450 元。职工平均工资的代表性( )。

    A. 增大   B. 减小   C. 不变   D. 不能比较

28. 今有 100 名织布工人日产量资料如表 4-15 所示,则平均日产量为( )。

表 4-15　100 名织布工人日产量

日产量/米	80 以下	80～100	100～120	120 以上
工人人数/人	20	40	30	10

    A. 100   B. 96   C. 90   D. 110

29. 今有生产同种产品的三家企业的资料如表 4-16 所示。则这三家企业生产该产品的平均废品率为( )。

表 4-16　三家企业的资料

企业	废品率	废品数/件
企业 1	5%	30
企业 2	7%	84
企业 3	6%	12
合计	—	126

    A. 6.3%   B. 6%   C. 7%   D. 6.43%

30. 今有关于两组统计专业学生旷课时数的资料如表 4-17 所示，则这两组学生平均每人旷课时数为(　　)。

表 4-17　统计专业学生旷课时数

组别	旷课总时数/小时	平均每名学生旷课时数/小时
1 组	135	4.5
2 组	208	5.2
合计	343	—

A. 9.1　　　　　B. 9.7　　　　　C. 4.9　　　　　D. 4.85

31. 今有工人家庭按月人均收入分配的资料如表 4-18 所示，则众数为(　　)。

表 4-18　工人家庭按月人均收入分配资料

按每个家庭成员月收入分组/元	600 以下	600～900	900～1 200	1 200～1 500	1 500 以上	合计
家庭数/户	60	90	180	120	50	500

A. 1 050　　　　B. 1 080　　　　C. 1 800　　　　D. 180

32. 今有某车间工人按工资分配的资料如表 4-19 所示，则中位数为(　　)。

表 4-19　某车间工人按工资分配的资料

工资/元	1 500 以下	1 500～1 700	1 700～1 900	1 900～2 100	2 100 以上	合计
工人人数/人	14	38	60	72	16	200

A. 1 860　　　　B. 1 800　　　　C. 2 000　　　　D. 1 600

33. 计算标准差时，如果从每个变量值中都减去任意数 A，计算结果与原标准差相比较(　　)。

A. 变大　　　B. 变小　　　C. 不变　　　D. 可能变大，也可能变小

三、计算题

1. 某企业 2021 年的劳动生产率计划规定比上年提高 10%，实际执行结果比上年提高 12%，问劳动生产率计划完成程度是多少？

2. 某企业按计划规定，第二季度的单位产品成本应比第一季度降低 8%，实际执行结果比第一季度降低 10%。问该企业二季度单位产品成本降低计划完成程度是多少？

3. 某公司所属甲、乙、丙三个企业 2021 年上半年产值计划及计划执行情况如表 4-20 所示，试计算表中所缺数字，填入表 4-20 中，并说明(3)、(5)、(6)、(7)是什么相对指标？

表 4-20　某公司所属企业 2021 年上半年产值情况表

企业	第一季度实际产值/万元	第二季度					第二季度为第一季度的
		计划		实际		计划完成	
		产值/万元	比重	产值/万元	比重		
	(1)	(2)	(3)	(4)	(5)	(6)	(7)
甲	150	180		200			
乙	200			260		120%	
丙	300	320				98.5%	
合计	650		100%		100%		

4. 甲地区 2021 年计划 GDP 为 200 亿元，实际实现 220 亿元，年平均人口数为 100 万，2021 年 GDP 的第一、第二、第三产业资料如表 4-21 所示；又知该地区 2020 年 GDP 为 205 亿元，乙地区 2021 年实现 250 亿元，利用有关资料，试计算各种相对指标。

表 4-21　甲地区 2021 年国内生产总值产业分布表

项目	计划数/亿元	实际数/亿元
国内生产总值	200	220
其中：第一产业	18	20
第二产业	120	130
第三产业	62	70

5. 某产品按五年计划规定最后一年产量应达到 50 万吨，计划执行情况如表 4-22 所示，试计算该产品产量计划完成程度及提前完成五年计划的时间。

表 4-22　某产品五年内产量情况表

项目	第一年	第二年	第三年		第四年				第五年			
			上半年	下半年	一季度	二季度	三季度	四季度	一季度	二季度	三季度	四季度
产量/万吨	40	45	22	24	11	12	12	13	13	13.5	13.5	14

6. 某企业工人工资等级资料如表 4-23，问该企业工人的平均工资等级为多少？

表 4-23　某企业工人工资等级表

工资等级	一级	二级	三级	四级	五级	六级	合计
工人人数所占比重	5%	16%	25%	26%	20%	8%	100%

7. 某生产车间有工人 60 人，生产某产品数量如表 4-24 所示。试计算 10 月、11 月平均每人日生产量，并比较分析 10 月与 11 月日生产量变动状况，指出变动原因。

表 4-24　某车间产量资料

按日产量分组/件	工人人数/人	
	10 月	11 月
40 以下	5	3
40～50	13	5
50～60	18	12
60～70	15	20
70～80	7	15
80 以上	2	5
合计	60	60

8. 甲、乙两市场蔬菜价格及销售情况如表 4-25 所示。试计算甲、乙两市场各自的平均价格，并说明哪个市场的平均价格高，为什么。

表 4-25　甲、乙两市场蔬菜价格表

品种	价格/(元/千克)	销售额/元	
		甲市场	乙市场
一	1.1	1 100	2 200
二	1.2	2 400	1 200
三	1.3	1 300	1 300
合计	—	4 800	4 700

9. 已知某班学生统计学考试成绩资料如表 4-26 所示。试计算考试成绩的算术平均数、中位数、众数。

表 4-26　某班学生成绩分布表

按成绩分组/分	学生人数
60 以下	6
60～70	16
70～80	46
80～90	25
90～100	7
合计	100

10. 某地区20家商店2021年第三季度的统计资料如表4-27所示。试计算该地区20家商店的平均完成销售计划指标及平均流通费用率(提示：流通费用率＝流通费用额÷实际销售额)。

表4-27　某地区20家商店销售情况表

按商品销售计划 完成情况分组	商店 数目/家	实际商品销售额/万元	流通费用率
80%～90%	3	45.8	14.8%
90%～100%	4	68.5	13.2%
100%～110%	9	120.6	12.0%
110%～120%	4	88.1	11.0%

11. 已知21个数值的算术平均数为55，标准差为3，后发现其中60一数必须剔除，如不看原始资料，试计算剔除60一数后所余20个数值的算术平均数及标准差。

12. 假定某地两家企业某月职工人数与工资资料如表4-28所示。试计算甲、乙两家企业工人的平均工资，并比较说明两家企业职工工资的差异程度和平均工资的代表性大小。

表4-28　甲、乙两家企业工资情况表

工资/元	职工人数/人	
	甲	乙
500以下	15	20
500～600	20	22
600～700	40	38
700～800	17	15
800以上	8	5
合计	100	100

13. 两种水稻分别在五块田地上试种，其产量如表4-29所示。假定生产条件相同，试计算这两个品种的平均收获率，并确定哪一品种具有较大的稳定性和推广价值。

表4-29　甲、乙两种水稻产量资料

地块 编号	甲品种		乙品种	
	地块面积/亩	产量/千克	地块面积/亩	产量/千克
1	1.2	1 200	1.5	1 680
2	1.1	1 045	1.3	1 300

续表

地块编号	甲品种		乙品种	
	地块面积/亩	产量/千克	地块面积/亩	产量/千克
3	1.0	1 100	1.3	1 170
4	0.9	810	1.0	1 208
5	0.8	840	0.9	630
合计	5.0	4 995	6.0	5 988

14. 某企业生产某种零件，其抽检结果如表 4-30 所示。根据质量标准规定零件尺寸在 60 毫米以下是合格品，试根据是非标志计算原则计算零件合格率和标准差。

表 4-30 某种零件抽检情况表

零件尺寸/毫米	零件数/件
37.5	26
42.5	258
47.5	3 445
52.5	45 387
57.5	31 968
62.5	2 824
67.5	1 764
72.5	728
合计	86 400

第 5 章

抽样分布与参数估计

本章导读

本章在介绍抽样调查基本理论的基础上，给出一些常用的样本统计量的抽样分布，并介绍参数估计的基本方法和样本容量的确定。

思政目标

引导学生进行科学研究要正确运用科学的方法，敢于挑战固有观念和行为，培养学生实事求是、全面思考的科学精神。

思政案例

沉默的大多数[1]

第二次世界大战时，美国数理统计学家瓦尔德（Abraham Wald）教授应军方要求对战机的弹痕做统计学分析，并提供关于"飞机应该如何加强防护，才能降低被炮火击落的概率"的相关建议。研究发现弹痕集中在机翼部位，而驾驶舱和油箱很少有中弹痕迹。惯性思维是战机上弹痕越多的地方越应该加强防护，于是军方决定加固机翼装甲。而瓦尔德教授则指出：现在我们收集的样本全是返航的飞机，他们多数机翼中弹，这就说明即使机翼中弹，飞机也有很大的概率能够成功返航，而恰恰是那些没有什么弹痕的部位比如驾驶舱和油箱，当它们中弹的时候，飞机连返航的机会都没有，所以需要加固那些没有断痕的部位。这就是统计学中著名的幸存者偏差理论。

人们往往过分关注眼前的人或物，自己幸存的经历即显著信息，而忽视了不在事件

---

[1] 祝国强：《趣谈统计工作中易忽视的错误——幸存者偏差》，载《中国统计》，2014（9）：53-54。有删改。

之内的或者无法幸存的人或物等沉默信息，从而在不知不觉中犯下错误，就像我们仅仅根据幸存返航的飞机来判断需要加固的部位就会犯下错误。幸存者偏差主要源于样本选择偏差，从而导致结论的偏差。因此，我们应当跳出幸存者偏差的陷阱，只有根据研究问题和研究目标合理地选择抽样对象和方式，才能得出客观的结论。

思考

有人认为许多企业家不读大学也成功了，所以学历不重要。结合上述案例谈一谈这种认识的问题所在。

5.1　抽样调查的基本问题

5.1.1 ▷▷▷ 抽样调查的含义

抽样调查（sampling survey）是非全面调查中的一种重要方法，它是按照一定程序，从所研究对象的全体（即总体，population）中抽取一部分（即样本，individual）进行调查或观察，并在一定的条件下运用数理统计的原理和方法，对总体的数量特征进行估计和推断。

抽样方法可分为随机抽样（概率抽样，probability sampling survey）和非随机抽样（非概率抽样，non-probability sampling survey）两大类，在统计调查实践中，这两类抽样方式都经常被采用。

随机抽样是指按照等概率原则，即随机原则，从总体中抽取一定数目的单位作为样本进行观察。随机抽样完全排除了人为的主观因素，使总体中每个单位都有一定的概率被选入样本，从而使根据样本得出的结论对总体具有充分的代表性。

非随机抽样是从方便出发或根据研究者主观的判断来抽取样本，不遵循随机原则。非随机抽样主要依赖研究者个人的经验和判断，它无法估计和控制抽样误差，无法用样本的定量资料来推断总体。但非随机抽样简单易行，适用于某些领域的探索性研究。

应用抽样调查研究现象总体特征时主要采用的是随机抽样，因此本章主要讨论的是随机抽样的原理和方法。

到目前为止，抽样调查已在世界上许多国家得到广泛的应用，在我国的应用领域也越来越多，作用越来越大，如城乡住户调查、市场调查、价格统计调查、人口统计调查、固定资产投资统计调查等。

5.1.2 ▷▷▷ 抽样调查的特点

抽样调查与其他统计调查方法相比，具有如下基本特点。

1. 抽样调查总体中的每个单位被抽中的概率是已知的

如果抽选时每个单位都有同样的概率被抽中，称为等概率抽样；如果各单位被抽中的概率不相等，则称为不等概率抽样。

2. 遵守抽样的随机原则

所谓随机原则(或称等可能性原则)，即在抽样时，首先必须保证总体中每个单位的中选或不中选都不受任何主观因素的影响，即必须排除人们的主观选择。其次必须保证总体中每个单位都有相同的中选或不中选的可能性。不过，这里应当注意随机原则在等概率抽样与不等概率抽样中理解上的差异。

3. 从数量上推断总体

从数量上推断总体，即以样本的估计值来推断总体有关参数，并可以通过增加样本容量和改变抽样的组织形式来提高抽样估计的准确性，且将抽样误差控制在既定的范围之内。抽样调查的这一特点使它既不同于全面调查，也与其他非全面调查有显著区别，从而突出了抽样调查的科学价值。

4. 估计和推断的精确性和可靠性

由样本来推断总体，毕竟不是全面调查，所以不可能做到绝对准确和可靠，只能是相对的准确和可靠。这种相对的准确和可靠，可用数量表现为一定的精确程度和可靠程度。抽样调查的科学性，就表现为对抽样估计和推断的结论，能够提出客观的可以控制的精确程度和可靠程度。

5.1.3 ▷▷▷ 抽样调查的主要作用

1. 可承担一些不可能或不必要进行全面调查的调查任务

对有破坏性或损耗性的商品进行质量检验(如对灯泡使用寿命、炮弹杀伤力、食品质量等进行的调查)，或对一些无限总体的调查(如对森林木材蓄积量进行调查)，在经费、人力、物力和时间有限的情况下，采用抽样调查方式，可节省开支，争取时效，用比较少的人力、物力和时间，达到比较满意的调查效果。

2. 可运用于企业产品质量管理

例如，对成批或大量连续生产的产品质量稳定性进行检验和质量控制，检查生产过程是否正常，并及时提供有关信息，便于采取措施，预防废品的产生，更好地使企业为生产和市场服务。

3. 对全面调查资料的质量进行评价和修正

全面调查涉及面广、工作量大、花费时间和经费多、组织起来比较困难，而且调查质量如何，还需要检查验证，这时显然不能重新用全面调查的方式。例如，我国每组织一次人口普查，前后要用几年时间才能完成，为了节省时间和经费，常用抽样调查进行检查和修正。

4. 可作为普查的补充

以人口调查为例，目前我国在结尾逢"0"的年份进行全国性人口普查，以摸清我国人口数量与基本状况。但每一次人口普查占用时间长，所耗费的人力、物力极为浩大，不可能经常进行。因此，从 1983 年起我国每年进行一次人口变动量的抽样调查，对当年人口的出生、死亡及迁移情况进行估计，结合普查或上一年抽样调查数据，给出当年人口状况的有关数据。

5. 可作为普查的试点

抽样调查可以作为普查的试点，以便及时发现问题，在展开正式普查前进行修正和补充，不过这种试调查需要严格的概率抽样。

5.1.4 ▷▷▷ 抽样推断的数学原理

抽样推断的基本原理主要是概率论中的大数定律与中心极限定理。

1. 大数定律

大数定律又称为大数法则，是指在随机试验中每次出现的结果不尽相同，但是大量重复试验出现的结果的平均值却总是接近于某个确定的值。究其原因，在大量的观察试验中，受个别的、偶然的因素影响而产生的差异将会相互抵消，从而使现象的必然规律性显现出来。例如，观察个别或少数家庭的婴儿出生情况，发现有的生男，有的生女，没有一定的规律性，但是通过大量的观察就会发现男婴和女婴占婴儿总数的比重均趋于 50%。

大数定律有若干种表现形式，这里仅介绍切比雪夫大数定律。

设 X_1，X_2，$\cdots$，X_n 是一列两两相互独立的随机变量，服从同一分布，且存在有限的数学期望 μ 和方差 σ^2，则对任意小的正数 ε，有

$$\lim_{n \to \infty} P\left(\left| \frac{\sum X}{n} - \mu \right| < \varepsilon \right) = 1 。 \tag{5-1}$$

该定律的含义是：当 n 充分大时，服从同一分布的随机变量 X_1，X_2，$\cdots$，X_n 的算术平均数 $\dfrac{\sum X}{n}$ 将依概率接近于这些随机变量的数学期望。

将该定律应用于抽样推断，就会有如下结论：随着样本容量 n 的增加，样本均值（又称样本平均数）将接近于总体均值。从而为统计推断中依据样本均值估计总体均值提供了理论依据。

2. 中心极限定理

大数定律揭示了大量随机变量的平均结果，但没有涉及随机变量的分布问题。而中心极限定理说明的是在一定条件下，大量独立随机变量的平均数是以正态分布为极限的。

中心极限定理有若干种表现形式，19 世纪 20 年代林德伯格（Lindburg）和勒维（Levy）证明的是：设从均值为 μ、方差为 σ^2（有限）的任意一个总体中抽取样本量为 n 的样本，当 n 充分大时，样本均值 $\overline{X}$ 的抽样分布近似服从均值为 μ、方差为 $\frac{\sigma^2}{n}$ 的正态分布。

中心极限定理要求 n 必须充分大，那么多大才叫充分大呢？n 的取值与总体的分布形状有关，总体偏离正态越远，则要求 n 越大；反之，则越小。然而在实际应用中，总体的分布经常是未知的，此时我们常要求 $n \geqslant 30$。

5.1.5 ▷▷▷ 抽样调查的实施步骤

第一，根据调查目的和要求，确定调查对象（总体），明确所估计的调查目标值以及所要达到的精度。

第二，对总体的部分样本单位进行试调查，以获取抽样指标的一些辅助信息。

第三，根据抽样方案和具体的抽样方法，确定抽样单元（可以是个体单位，也可以是集合单位），编制抽样框。

第四，根据抽样框，按照选定的抽样方法，随机抽选样本。

第五，进行数据处理和抽样估计与推断，对调查结果进行分析，撰写调查分析报告。

5.2　抽样调查的组织方式

根据调查对象的性质和研究目的的不同，可采用的随机抽样技术主要有简单随机抽样、类型抽样、整群抽样、系统抽样和多阶段抽样等。

5.2.1 ▷▷▷ 简单随机抽样

1. 简单随机抽样的概念

简单随机抽样（simple random sampling）又称纯随机抽样，是对被抽样总体不作任何分组、排列，完全客观地从中抽取调查单位，是最基本、最简单的抽样组织形式。

简单随机抽样一般可采用掷硬币、掷骰子、抽签、查随机数表等方法抽取样本。其中，抽签法就是给总体的每个单位编号，并做成号签，把号签混合之后，抽取所需单位数，然后按照抽中的号码查对调查单位，加以登记。随机数表法是指先将数字 0～9 用完全随机顺序排列编制完整的随机数表，并在随机数表上任意选择一个起点，按总体单位数的位数连续选取数值（如总体单位数为 800，就连续三位选取数值；总体单位数为 90，就连续两位选取数值），选取的数值不超过总体单位数为有效，否则为无效，直至选够样本。

2. 简单随机抽样的优点

简单随机抽样的优点是在理论上最符合随机原则，方法简单直观，当总体名单完整时，可直接从中随机抽取样本。由于抽取概率相同，计算抽样误差及对总体指标加以推断比较方便。

3. 简单随机抽样的局限性

首先，采用简单随机抽样要对总体各单位加以编号。如果实际所需调查总体十分庞大，单位非常多，逐一编号几乎是不可能的；或者所需调查的总体是无限总体，也无法编号，如对连续不断生产的大批量产品进行质量检验，就不能对全部产品进行编号。

其次，当总体的标志变异程度较大时，不能保证简单随机抽样得到的样本在总体中均匀分布，则样本代表性会下降。

最后，由于抽出样本的单位往往较为分散，所以调查时投入的人力、物力、财力较大。

因此，简单随机抽样仅适用于总体单位较少且比较集中、标志变异程度较小的总体。

5.2.2 ▶▶▶ 类型抽样

1. 类型抽样的概念

类型抽样（stratified sampling）又称分层抽样，它是先将总体所有单位按某些重要标志进行分类（层），然后在各类（层）中独立地抽取样本单位的一种抽样方式。分类抽样的目的在于使样本的构成充分接近总体构成，从而增大样本的代表性。适宜于各单位标志值或属性差异较大的总体。例如，对商业企业销售状况进行调查，就可将销售额按时间不同，分为周末销售额和非周末销售额两个层次，再从各个层次中抽取适当的数额进行分析。

类型抽样中，样本在各层的分配方式，一般有等数分配、等比例分配与最优分配。等数分配是把各层同等对待，平均分配样本单位的数目。如果各层的单位数相等或差异不大，用这种分配样本单位数的方法比较合理，并可使计算较简单，但实践中这种情况并不多见。等比例分配是按各层单位数占总体单位总数的比例来分配样本单位数，这样可以给各层赋予合理的权重，不至于产生人为的偏差。等比例分配简便易行，分配比较合理，在实际操作中应用较广。最优分配不仅要考虑到各层单位数的比重，还要考虑到各层的标志变异程度。理论上可以证明，按这一原则进行分配，能够使得综合的抽样平均误差最小。但是，除了有历史资料以外，一般是不可能知道总体标准差的；若用各层的样本标准差估计时，样本已经产生，再来考虑抽样单位数，显然没有必要了。所以最优分配在实际工作中很少采用。

2. 类型抽样的优点

首先，总体按某一标志分层，可以突出层间差异，而使每一层内部各个单位标志值之间的差别缩小，使层内的分布比较均匀，缩小层内差异，并且保证各层都有被抽到的机会。例如，在对工业某行业所有企业的生产状况调查中，大型企业内部的各个企业产量之间的差别比大型企业与中型企业产量之间的差别要小得多。也就是说，大型企业层内标志变异度比大型企业与中型企业的层间标志变异度要小得多。同理，小型企业层内的产量标志变异比小型企业与大型企业、中型企业层间的产量标志变异度要小得多。

其次，在各层中随机抽取的样本能够比较好地代表各层的性质，缩小了层内的抽样误差，也就缩小了样本指标对总体指标的抽样误差，使样本指标的代表性提高，从而确保对总体指标的估计精度。

最后，便于行政管理。类型抽样往往是按行政区划分层的，因而在抽样调查中不仅可以得到总体的有关信息，也可得到各行政区划的有关信息。借助各行政区划的组织力量，从事抽样调查的管理工作更为方便，尤其是在总体情况较为复杂、各个总体单位之间差别较大、总体单位数量较多的情况下，采用类型抽样能明显地体现出行政管理的优越性。

3. 类型抽样的局限性

类型抽样严格要求在抽样之前必须具有完整的抽样框，这不得不使类型抽样的应用范围受到限制。尽管如此，在调查中研究者只要有可能还是应尽量采用分层抽样的方法，因为对抽样框的研究和整理是研究者所能控制的，特别是这种研究和整理可以减少抽样单位数量，从而极大地提高调查效率。

5.2.3 整群抽样

1. 整群抽样的概念

整群抽样(cluster sampling)是按照某一标志将总体分成若干个群体，每个群体包含若干总体单位，每群的单位数若是相等，则称为等群体整群抽样；每群的单位数若是不相等，则称为不等群体整群抽样。抽样时按随机原则抽取群，对抽中的群调查其中所有单位。例如，在对居民消费情况进行调查时，若以街道为群，抽样时可先抽取街道，再调查每个被抽到的街道中的每一户居民。

需要指出的是，整群抽样与类型抽样在目的上有很大的区别。前者的目的是扩大总体单位，抽取的单位不是总体的基本单位，而是总体的群；后者的目的是缩小总体，将标志值相近的总体单位划归同一层，以减小层总体的变异，抽取的基本单位仍然是总体的基本单位。

2. 整群抽样的优点

整群抽样组织起来比较方便，确定群体后就可以得到许多单位进行观察，节约调查时间和成本。而且当各群之间差异较小、群内各单位间的差异较大时，样本代表性越好，整群抽样的调查结果就越准确。因此，在大规模的市场调查中，若所观察到的群体符合上述特征，就可以考虑采取整群抽样的调查方式。

3. 整群抽样的局限性

以群为单位进行抽选，抽选单位比较集中，若群间差异较小，群内差异较大的条件不能很好地满足，则会明显地影响样本分布的均匀性。因此，整群抽样和其他抽样方式相比，在抽样单位数目相同的条件下抽样误差有可能较大，代表性较低。所以在抽样调查实践中，采用整群抽样时，一般都要比其他抽样方式抽选更多的单位，以降低抽样误差，提高抽样结果的准确度。

5.2.4 ▷▷▷ 系统抽样

1. 系统抽样的概念

系统抽样(systematic sampling)又称机械抽样，就是先将总体单位按一定顺序排列起来，在规定的范围内随机抽取起始单元，然后按一定间隔来抽取样本单位。

系统抽样的上述定义是广义的。事实上，总体单元的排列可以是一维(直线或圆形)的，也可以是二维(平面)的；起始单元可以是一个，也可以是一组；对总体单元的抽取可以是等概率的(严格的或近似的)，也可以是不等概率的。此外，除了某些特殊情形的不等概率系统抽样，系统抽样是不放回的。

总体单位排列顺序的方式有两种：一种是按与调查项目无关的标志排序。例如，对住户进行调查时，可以按住户所在街区的门牌号码排队，再每隔若干个号码抽选一户进行调查。另一种是按与调查项目有关的标志排序。例如，对住户进行调查时，可按住户平均月收入排队，再进行抽选。采用无关标志排序得到的总体，实质上是一个随机总体，抽样效果与简单随机抽样相似。采用有关标志排序可使中选单位比较均匀地分布在总体中，尤其是当被研究现象的标志变异程度较大，而在实际工作中又不可能抽选更多的样本单位时，这种方式更为有效。因此，我国现行的系统抽样调查中，一般都采用有关标志排序。同时，系统抽样也是市场调查中应用最广的一种抽样方式。

2. 系统抽样的优点

第一，抽取样本方便易行。在进行系统抽样方案的设计和抽取样本单位时，只要有调查总体的基本资料，便可用以构造总体抽样框，在此抽样框上依一定的间隔抽取样本单位即可，正是由于系统抽样的抽样程序相当简单，对工作人员的业务素质要求不高，使得培训工作容易进行，且在大规模的抽样调查中易于采用和节约时间、成本。

第二，在已知总体某些有关信息的条件下，采用系统抽样能保证样本单位在总体中均匀地分布，从而可以提高样本对总体的代表性，有利于降低抽样误差。例如，我国农产品的抽样调查中，总体单位按前三年或当年预计的粮食平均亩产量由低到高顺序排队，然后按一定的距离从总体各部分抽取样本单位，这样的样本结构大致能反映出总体的结构，再现总体各个层次粮食产量的情况，所以样本对总体的代表性较高，能取得良好的抽样估计效果。

3. 系统抽样的局限性

第一，运用系统抽样的前提是要有总体单位的有关历史资料，特别是按有关标志排队时，往往需要有较为详细、具体的相关资料，这是一项很复杂和细致的工作。

第二，当抽选间隔和被调查对象本身的节奏性（或循环周期）重合时，就会影响调查的精度。例如，对某商场每周的商品销售量情况进行抽样调查，若抽取的第一个样本是周末，抽样间隔为 7 天，那么抽取的样本单位都是周末，而周末往往商品销售量较大，这样就会发生系统性偏差，从而影响等距抽样的代表性。

第三，系统抽样的抽样误差计算较为复杂。

5.2.5 ▶▶▶ 多阶段抽样

1. 多阶段抽样的概念

在许多情况下，特别是在复杂的、大规模的市场调查中，调查单位一般不是一次性直接地抽取到的，而是采用两阶段或多阶段抽取的办法，即先抽大的调查单元，在大单元中抽小单元，再在小单元中抽更小的单元，这种抽样组织方式称为多阶段抽样（multistage sampling）。我国城市住户调查采用的就是多阶段抽样，先从全国各城市中抽取若干城市，再在城市中抽取街道，然后在各街道中抽取居民家庭。

2. 多阶段抽样的优点

第一，当总体很大，直接从总体中抽取样本单位很困难时，可采用多阶段抽样。由于对抽样单位的抽选不是一步到位的，至少要两步，因此抽样框也可以分阶段进行准备。

第二，组织调查方便灵活，尤其对于那些基本单位数多且分散的总体，由于编制抽样框较为困难或难以直接抽取所需样本，就可以利用地理区域或行政系统进行多阶段抽样。例如，对于散料的抽样。所谓散料是指连续松散的、不易区分个体的材料，如矿石、煤、水泥、化肥与粮食等。对于一批散料，如储藏在一个仓库且已用麻袋分装的小麦，为估计其农药残留量，显然只能进行抽样测试。最常用的方法是从仓库中（视为总体）先抽取若干麻袋（在散料抽样中称为分装），再从每个抽中的麻袋中的不同部位抽取一定数量的小麦样品(称为份样)进行测试。这里分装即是一级(抽样)单元,份样即是二级(抽样)单元。

在样本容量相同的条件下,多阶段抽样的样本单位在总体中散布比单阶段抽样均匀,故能提高抽样推断的准确程度。

3. 多阶段抽样的局限性

由于多阶段抽样的步骤多,因此在设计抽样调查方案、计算抽样误差和推断总体上均比较复杂。

除上面所介绍的五种抽样调查的基本组织方式之外,还有诸如二重抽样法(两相抽样法)和连续抽样法等,用来解决一些特殊的抽样问题。

5.3　抽样分布

5.3.1 ▷▷▷ 常用术语

1. 总体和样本

总体是研究对象的全体。样本是总体的一部分,又称子样,它由从总体中按一定程序抽得的那部分个体或抽样单元组成。例如,要了解某种产品的生产质量情况,可以按抽样理论从全部所生产产品中抽取部分进行质量检验,那么全部生产的产品为总体,抽中的那部分产品为样本。

2. 总体指标和样本指标

总体指标是根据总体各单位标志值计算的指标,常用的总体指标有总体单位数、总体均值、总体成数、总体方差和总体标准差。

样本指标是根据样本各单位标志值计算而得的指标,常用的样本指标有样本单位数(又称样本容量)、样本均值、样本成数、样本方差和样本标准差。现将各指标的名称、符号和计算方法列出,如表 5-1 所示。

表 5-1　总体指标和样本指标的代表符号及计算公式

指标名称	总体		样本	
	符号	计算公式	符号	计算公式
单位数	N	$N_1 + N_0$	n	$n_1 + n_0$
平均数	μ	$\dfrac{\sum X}{N}$ 或 $\dfrac{\sum XF}{\sum F}$	$\overline{X}$	$\dfrac{\sum X}{n}$ 或 $\dfrac{\sum Xf}{\sum f}$

续表

指标名称	总体		样本	
	符号	计算公式	符号	计算公式
成数	P	$\dfrac{N_1}{N}$	p	$\dfrac{n_1}{n}$
方差	σ^2	$\dfrac{\sum(X-\mu)^2}{N}$ 或 $\dfrac{\sum(X-\mu)^2 F}{\sum F}$ $P(1-P)$	s^2	$\dfrac{\sum(X-\bar{X})^2}{n-1}$ 或 $\dfrac{\sum(X-\bar{X})^2 f}{\sum f - 1}$ $\dfrac{n}{n-1}p(1-p)$
标准差	σ	$\sqrt{\dfrac{\sum(X-\mu)^2}{N}}$ 或 $\sqrt{\dfrac{\sum(X-\mu)^2 F}{\sum F}}$ $\sqrt{P(1-P)}$	s	$\sqrt{\dfrac{\sum(X-\bar{X})^2}{n-1}}$ 或 $\sqrt{\dfrac{\sum(X-\bar{X})^2 f}{\sum f - 1}}$ $\sqrt{p(1-p)}$

在表 5-1 中，N_1 和 n_1 分别表示总体和样本中具有某种性质的单位数，N_0 和 n_0 分别表示总体和样本中不具有某种性质的单位数；F 和 f 分别表示总体和样本分组资料的次数。应当指出，尽管样本统计量的计算公式与总体参数的计算公式形式上十分类似，但两者有重要区别：总体参数是常数，样本统计量是随机变量。

3. 可能样本数目和抽样方法

可能样本数目既和样本容量有关，也和抽样的方法有关。

从总体中具体抽取抽样单位的方法有两种，即重复抽样和不重复抽样。重复抽样又称有放回抽样，是一种在总体中允许重复抽取样本单位的抽选方法，即从总体中随机抽出一个样本单位后，将它再放回去，使它仍有被抽取的机会，在抽样过程中总体单位数始终相同，每一次抽取可看作相互独立的试验。不重复抽样又称无放回抽样，即已被抽中的样本单位不再放回到总体中去，也就是说，任何样本单位一经抽出，就不会再有第二次被抽取的可能性，后一次抽取样本单位要受到之前抽取样本单位的影响。

根据对样本要求的不同，抽样方法又有考虑顺序和不考虑顺序之分。若考虑顺序，构成单位相同但抽取顺序不同的视为不同的样本；若不考虑顺序，则可把构成单位相同但抽取顺序不同的视为同一个样本。

把上述两种分类结合起来，便形成可供选择的四种抽样方法：考虑顺序的重复抽样、不考虑顺序的重复抽样、考虑顺序的不重复抽样、不考虑顺序的不重复抽样。这样一来，在根据研究目的的不同选择抽样方法时，就可由排列组合公式计算出其样本可能数目。各种抽样方法的样本可能数目的计算公式如图 5-1 所示。

$$
\begin{cases}
\text{考虑顺序}
\begin{cases}
\text{不重复抽样} & A_N^n = \dfrac{N!}{(N-n)!} \\[2mm]
\text{重复抽样} & B_N^n = N^n
\end{cases} \\[6mm]
\text{不考虑顺序}
\begin{cases}
\text{不重复抽样} & C_N^n = \dfrac{N!}{n!\,(N-n)!} \\[2mm]
\text{重复抽样} & D_N^n = C_{N+n-1}^n
\end{cases}
\end{cases}
$$

图 5-1　抽样方法及其样本可能数目

但在抽样调查实践中，通常只讨论考虑顺序的重复抽样及不考虑顺序的不重复抽样两种情形下的可能样本数目。

4. 抽样框和抽样单元

抽样框是指供抽样所用的总体清单，是抽样的实际总体。抽样框包括具体的目录以及能够计数的全部抽样单位，而又不用把它们一一列举出来。例如，要从 50 000 名职工中抽取 300 名职工组成一个样本，则 50 000 名职工的名册就是抽样框。再如，在区域抽样中，抽样框包括地图，但抽样框的编制往往不用把全部人口都标记在地图上。对于学校儿童的抽样框包括一些学区，这些学区包含学校、班级，直至儿童。设计可以通过几个阶段进行，而用不着获得一个全部儿童的完整名单。

抽样框包括以地图、清单、名录等形式的已有材料所组成的各种描述。利用它可以构造样本单位并从中抽选出一部分来。对抽样框的详细说明应该定义调查的地理范围和调查内容的分类；还应说明抽样框制定的日期和来源。原有的抽样框在认为合适使用之前，往往需要修正，特别是对多阶段抽样中的后面几个阶段；有时，从一开始就可能需要编制一个抽样框。在这种情况下，就应该把如何修订或构造叙述清楚。

显然，抽样框一般可采用现成的名单，如企业名录、企事业单位职工名册等，在没有现成名单的情况下，可由调查人员自己编制。应该注意的是：在利用现有名单作为抽样框时，要先对该名录进行检查，避免有重复、遗漏的情况发生，以提高样本框对总体的代表性。

为了便于抽样，通常把总体划分为有限个互不交叉而又内容完备的部分，每个部分称为一个抽样单元。抽样单元可大可小，例如，在全国居民生活状况调查中，各省就是一级单元，每个省又可分为较小的二级单元，如市、县等，还可按区、街道、家庭户、个人再细分为三级、四级单元等。

5. 三种不同性质的分布

(1)总体分布。总体中各元素的观察值所形成的相对频数分布称为总体分布。

如果总体中所有的观察值都能得到，我们就可以通过直方图等统计

扫码听课

图形来观察它的分布状况。但在实际调查研究中往往得不到总体的所有观察值，也就不知道总体的分布。通常可以根据经验大致了解总体的分布类型，或是假定它服从某种分布。

（2）样本分布。从总体中抽取一个容量为 n 的样本，由这 n 个观察值形成的相对频数分布称为样本分布。

样本是从总体中抽取出来的，它会包含总体的一些信息。若样本容量逐渐增大，则样本分布会逐渐接近总体分布。但由于样本是随机抽取的，当样本容量较小时，样本的分布往往与总体的分布不一致，甚至会有较大的差异。

（3）抽样分布。样本统计量的概率分布称为抽样分布，如样本均值的分布、样本成数的分布、样本方差的分布等。但在实际调查研究中不可能抽出所有的样本，因此抽样分布是一种理论分布。

5.3.2 ▷▷▷ 样本均值（比例）的抽样分布

当总体分布为正态分布 $N(\mu, \sigma^2)$ 时，可以从数学上进行推导得到：$\overline{X}$ 的抽样分布仍为正态分布，$\overline{X}$ 的数学期望为 μ，方差为 $\dfrac{\sigma^2}{n}$，则

$$\overline{X} \sim N\left(\mu, \frac{\sigma^2}{n}\right)。 \tag{5-2}$$

上面的结果表明，$\overline{X}$ 的期望值与总体均值 μ 相同，而方差则缩小为总体方差的 $1/n$。因此，当我们用样本均值 $\overline{X}$ 去估计总体均值 μ 时，平均来说没有偏差。当 n 越来越大时，$\overline{X}$ 的散布程度越来越小，即用 $\overline{X}$ 估计 μ 越来越准确。

然而在实际问题中，总体并不总是呈正态分布或近似正态分布，此时 $\overline{X}$ 的分布也将取决于总体分布的情况。但是中心极限定理告诉我们，不管总体的分布是什么，只要总体的方差 σ^2 有限，样本均值 $\overline{X}$ 总是呈近似正态分布。

另外，由二项分布的原理和渐近分布的理论可知，当 n 充分大时，样本比例 p 的分布可用正态分布去逼近。

5.3.3 ▷▷▷ 两个样本均值之差的分布

在比较两个总体均值之差时，设 $\overline{X}_1$ 是独立地抽自总体 $X_1 \sim N(\mu_1, \sigma_1^2)$ 的一个容量为 n_1 的样本的均值，$\overline{X}_2$ 是独立地抽自总体 $X_2 \sim N(\mu_2, \sigma_2^2)$ 的一个容量为 n_2 的样本的均值，则 $(\overline{X}_1 - \overline{X}_2)$ 也为正态分布，期望和方差分别为

$$E(\overline{X}_1 - \overline{X}_2) = E(\overline{X}_1) - E(\overline{X}_2) = \mu_1 - \mu_2， \tag{5-3}$$

$$D(\overline{X}_1 - \overline{X}_2) = D(\overline{X}_1) + D(\overline{X}_2) = \frac{\sigma_1^2}{n_1} + \frac{\sigma_2^2}{n_2}。 \tag{5-4}$$

若两个总体不是正态分布，但 n_1 和 n_2 均比较大（通常 $n_1 \geqslant 30$，$n_2 \geqslant 30$）时，可以用正态分布来近似，其均值和方差同上。

5.3.4 ▷▷▷ 样本方差的分布

样本方差的分布比较复杂，它与总体的分布有关。这里只介绍当总体分布为正态分布时，样本方差的分布。

设 X_1，X_2，$\cdots$，X_n 为来自正态分布的样本，则从数学上可以推导出如下结果。

正态总体下样本方差 s^2 的分布有以下两种情况。

设总体分布为 $N(\mu, \sigma^2)$ 的正态分布，则

$$(n-1)\frac{s^2}{\sigma^2} \sim \chi^2(n-1)。 \tag{5-5}$$

其中：$\chi^2(n-1)$ 称为自由度为 $n-1$ 的卡方分布。

设 $X \sim N(0, 1)$，X_1，X_2，$\cdots$，X_n 为 X 的一个样本，可以证明

$$\sum_{i=1}^{n} x_i^2 \sim \chi^2(n)。 \tag{5-6}$$

自由度 n 表示独立标准正态变量的个数，$\chi^2(n)$ 称为自由度为 n 的卡方分布。$\chi^2(n)$ 的分布密度函数较为复杂，此处从略（χ^2 分布的图形如图 5-2 所示）。

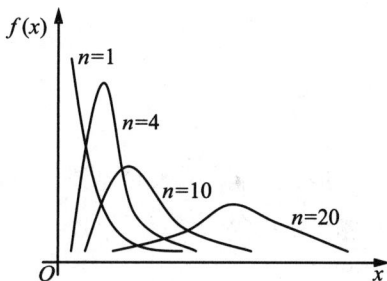

图 5-2 χ^2 分布的示意图

从图 5-2 中可以看出，$\chi^2(n)$ 为不对称的偏峰分布，且仅在第一象限有值，随着 n 的逐渐增大，分布趋于对称。可以证明，当 $n \to \infty$ 时，即以正态分布为其极限分布。

自由度为 n 的 $\chi^2(n)$ 分布，其均值和方差分别为

$$E(\chi^2(n)) = n, \tag{5-7}$$
$$D(\chi^2(n)) = 2n。 \tag{5-8}$$

$\chi^2(n)$ 的 p 分位数 $\chi_p^2(n)$ 可从 χ^2 分布表查得。当自由度 n 很大时，$\sqrt{2\chi^2(n)}$ 近似地服从 $N(\sqrt{2n-1}, 1)$。在实际应用时，当自由度 $n > 45$ 时，

$$\chi_p^2(n) \approx \frac{1}{2}(u_p + \sqrt{2n-1})^2。 \tag{5-9}$$

其中：u_p 为正态 p 分位数，由正态分布表可以查得。

5.3.5 ▷▷▷ 两个样本方差比的分布

这里只介绍两个总体分布均为正态分布时，分别来自这两个总体的两个样本方差比的分布。

设 X_1，X_2，$\cdots$，X_{n_1} 是来自正态总体 $N(\mu_1，\sigma_1^2)$ 的一个样本，Y_1，Y_2，$\cdots$，Y_{n_2} 是来自正态总体 $N(\mu_2，\sigma_2^2)$ 的一个样本，且 $X_i(i=1，2，\cdots，n_1)$ 与 $Y_i(i=1，2，\cdots，n_2)$ 相互独立，则

$$\frac{S_x^2/S_y^2}{\sigma_1^2/\sigma_2^2} = \frac{S_x^2/\sigma_1^2}{S_y^2/\sigma_2^2} \sim F(n_1-1，n_2-1)。 \tag{5-10}$$

其中：

$$S_x^2 = \frac{1}{n_1-1}\sum_{i=1}^{n_1}(X_i-\overline{X})^2，$$

$$\overline{X} = \frac{1}{n_1}\sum_{i=1}^{n_1}X_i，$$

$$S_y^2 = \frac{1}{n_2-1}\sum_{i=1}^{n_2}(Y_i-\overline{Y})^2，$$

$$\overline{Y} = \frac{1}{n_2}\sum_{i=1}^{n_2}Y_i。$$

$F(n_1-1，n_2-1)$ 是第一自由度(分子自由度)为 n_1-1，第二自由度(分母自由度)为 n_2-1 的 F 分布。

5.4 抽样误差

抽样调查误差按照产生的原因不同可以分为两种：非抽样误差和抽样误差。

非抽样误差是由抽样方法之外的其他原因所导致的误差。具体来说，概念性错误、逻辑性错误、对回答的错误解释、计算错误等都可导致非抽样误差的出现。这类误差可以通过加强调查过程中的检查督促、提高调查人员的素质等手段来减少到最低程度。

抽样误差是由抽样方法本身造成的误差，即用样本估计总体而产生的误差。抽样误差可以是某一次抽样所得的样本指标与总体指标数值之间的差别，通常称之为实际误差，一般是无法获知的。此外，抽样误差也可以是抽样平均误差，即一系列抽样指标(抽样平均数或抽样成数)的标准差。由于抽样平均误差概括地反映了整个抽样过程中一切可能结果的误差，表明样本均值(或成数)与总体均值(或成数)的平均误差程度，因此它既可以作为衡量抽样指标对于全及指标代表程度的一种尺度，又是计算抽样指标与全及指标之间变异范围的主要依据。在抽样理论和实践中，所谓的抽样误差一般是指抽样平均误差，

它在抽样推断或估计中具有重要意义。

5.4.1 ▶▶▶ 抽样误差的影响因素

抽样误差是抽样调查所固有的、不可避免的误差，但是我们可以按照大数定律和数理统计方法进行计算，确定其数量界限并加以控制。因此，在运用抽样估计和推断时，为了控制抽样误差，就应当分析影响抽样误差的因素。影响抽样误差的因素主要有以下几个方面。

1. 被研究总体各单位标志值的变异程度

总体的方差越大，抽样误差就可能越大；反之，则抽样误差越小。如果总体各单位标志值之间没有差异，那么抽样误差也就不存在了。

2. 样本容量

抽样误差的规模可由样本容量的调整而得到控制，在其他条件不变的情况下，抽样单位数越多，抽样误差就越小；反之，抽样误差就越大。

3. 抽样调查的方式方法

采用不同的抽样组织方式，也会有不同的抽样误差，误差的大小与总体分布特征有关。而重复抽样与不重复抽样的方法相比较，不重复抽样的样本代表性要优于重复抽样。

抽样误差越小，样本指标对总体指标的代表性越好，抽样推断的可靠性越强，反之则越不可靠。在随机抽样时，抽样误差可以加以计算并可以得到控制。

5.4.2 ▶▶▶ 抽样平均误差

我们用样本均值(或成数)的标准差来反映样本均值(或成数)与总体均值(或成数)的平均误差程度，称其为样本均值的抽样平均误差($\mu_{\overline{X}}$)或抽样成数的抽样平均误差(μ_p)。不同抽样组织方式下，抽样平均误差的计算有所不同。

扫码听课

1. 简单随机抽样

(1)样本均值的抽样平均误差($\mu_{\overline{X}}$)。

①重复抽样。设 $\overline{X}_1$，$\overline{X}_2$，$\cdots$，$\overline{X}_{N^n}$ 为通过简单随机重复抽样来自总体单位数为 N 的总体的所有可能样本的均值，则根据抽样平均误差的定义，可以得到

$$\mu_{\overline{X}} = \sqrt{\frac{\sum_{i=1}^{N^n}(\overline{X}_i - \mu)^2}{N^n}} 。 \tag{5-11}$$

其中：总体均值应等于抽样平均数的平均数，即

$$\mu = \overline{\overline{X}} = \frac{\sum\limits_{i=1}^{N^n} \overline{X}_i}{N^n}。 \tag{5-12}$$

但在实际计算时是不能直接用这个公式的，这是因为：第一，在实际工作中通常只从总体中抽取一个样本，不可能抽取所有可能的样本并计算它们的抽样平均数；第二，在进行抽样调查的全过程中，总体均值是未知的，因而上述抽样平均误差的公式也无法计算。然而，统计理论可以证明，在重复抽样条件下，抽样平均误差的计算公式为

$$\mu_{\overline{X}} = \sqrt{\frac{\sigma^2}{n}}。 \tag{5-13}$$

它说明在重复抽样的条件下，抽样平均误差与总体标准差成正比，与样本容量的平方根成反比。

事实上，总体方差一般也是未知的。但由于样本方差 s^2 是 σ^2 的无偏估计，且是通过调查可以计算得到的，所以上述公式中的 σ 往往用 s 来代替，从而可以得到

$$\mu_{\overline{X}} = \sqrt{\frac{\sigma^2}{n}} \approx \sqrt{\frac{s^2}{n}}。 \tag{5-14}$$

②不重复抽样。当抽样方式为不重复抽样时，样本标志值 X_1，X_2，$\cdots$，X_n 不是相互独立的，其计算公式为

$$\mu_{\overline{X}} = \sqrt{\frac{\sum\limits_{i=1}^{C_N^n}(\overline{X}_i - \mu)^2}{C_N^n}}。 \tag{5-15}$$

同样，在实际工作中这个公式无法使用，于是有

$$\mu_{\overline{X}} = \sqrt{\frac{\sigma^2}{n} \cdot \frac{N-n}{N-1}} \approx \sqrt{\frac{s^2}{n} \cdot \frac{N-n}{N-1}}。 \tag{5-16}$$

当总体单位数 N 很大时，这个计算公式可近似表示为

$$\mu_{\overline{X}} = \sqrt{\frac{s^2}{n} \cdot \frac{N-n}{N}} = \sqrt{\frac{s^2}{n}\left(1 - \frac{n}{N}\right)}。 \tag{5-17}$$

与重复抽样相比，不重复抽样平均误差是在重复抽样平均误差的基础上再乘以校正因子 $\sqrt{\dfrac{N-n}{N-1}}$，而校正因子总是小于 1，所以在相同条件下，不重复抽样的平均误差也总是小于重复抽样的平均误差。

【例 5-1】为了解某村 1 200 户农民的年收入状况，按照简单不重复抽样方法，抽取一个由 80 户农民组成的样本，所得资料如表 5-2 所示。试求该村每户农民平均收入的抽样平均误差。

表 5-2　80 户农民的年收入分组资料

年收入/千元	家庭数 f	组中值 X	$X-\overline{X}$	$(X-\overline{X})^2 \cdot f$
4 以下	5	2	-8.8	387.20
4～8	8	6	-4.8	184.32
8～12	40	10	-0.8	25.60
12～16	20	14	3.2	204.80
16 以上	7	18	7.2	362.88
合　计	80	—	—	1 164.80

解：已知 $N=1\,200$，$n=80$，

$$\overline{X} = \frac{\sum Xf}{\sum f} = \frac{864}{80} = 10.80(千元)，$$

$$s^2 = \frac{\sum (X-\overline{X})^2 f}{\sum f - 1} = \frac{1\,164.80}{79} = 14.74，$$

$$\mu_{\overline{X}} = \sqrt{\frac{s^2}{n}\left(1-\frac{n}{N}\right)} = \sqrt{\frac{14.74}{80} \times \left(1-\frac{80}{1\,200}\right)} = \sqrt{0.17} = 0.41(千元)。$$

则该村每户农民平均收入的抽样平均误差为 0.41 千元。

(2)抽样成数的抽样平均误差(μ_p)。总体成数 P 可以表现为总体是非标志的平均数，即

$$E(X) = P。 \tag{5-18}$$

它的标准差

$$\sigma = \sqrt{P(1-P)}。 \tag{5-19}$$

在重复抽样条件下，其抽样平均误差的计算公式为

$$\mu_p = \sqrt{\frac{P(1-P)}{n}}。 \tag{5-20}$$

在不重复抽样条件下，其计算公式为

$$\mu_p = \sqrt{\frac{P(1-P)}{n} \cdot \frac{N-n}{N-1}}。 \tag{5-21}$$

当总体单位数 N 很大时，这个计算公式可近似表示为

$$\mu_p = \sqrt{\frac{P(1-P)}{n}\left(1-\frac{n}{N}\right)}。 \tag{5-22}$$

在计算抽样成数平均误差时，通常得不到总体方差的数值，一般可以用样本方差来

代替总体方差。由于计算抽样成数平均误差时往往采用较大的样本容量，即 $n \geqslant 30$，所以有

$$\sigma = \sqrt{P(1-P)} \approx s = \sqrt{\frac{n}{n-1}p(1-p)} \approx \sqrt{p(1-p)}, \qquad (5\text{-}23)$$

则仍然可以按照上述公式进行计算。

【例 5-2】对一批洗衣机的质量进行抽样检验，按纯随机重复抽样抽出 200 台，发现 6 台不合格，试计算这批洗衣机的合格率和抽样平均误差。

解：已知 $n = 200$，$n_0 = 6$，

$$p = \frac{n_1}{n} = \frac{200-6}{200} = 0.97 = 97\%,$$

$$\mu_p = \sqrt{\frac{p(1-p)}{n}} = \sqrt{\frac{0.97 \times 0.03}{200}} = \sqrt{0.000\ 145\ 5} = 0.012\ 06 = 1.206\%。$$

这批洗衣机的合格率为 97%，其抽样平均误差为 1.206%。

2. 类型抽样

在类型抽样中，等比例分配是使用最为普遍的一种，因此这里只介绍等比例分配的抽样平均误差的计算。

假设将全及总体单位数 N 分为 K 个类型组，即各组单位数为 N_1，N_2，$\cdots$，N_K。然后从 N_1 组中抽取 n_1 个样本单位，从 N_2 组中抽取 n_2 个样本单位……从 N_K 组中抽取 n_K 个样本单位，则有 $n_1 + n_2 + \cdots + n_K = n$。抽取时各组的抽样比例是相等的，即

$$\frac{n_1}{N_1} = \frac{n_2}{N_2} = \cdots = \frac{n_K}{N_K} = \frac{n}{N}。 \qquad (5\text{-}24)$$

从而，每组的样本单位数应当是

$$n_i = n \times \frac{N_i}{N} = n \times \frac{n_i}{n},\ i = 1,\ 2,\ \cdots,\ K。 \qquad (5\text{-}25)$$

每个类型组中抽取的样本为 $(X_{11},\ X_{12},\ \cdots,\ X_{1n_1};\ X_{21},\ X_{22},\ \cdots,\ X_{2n_2};\ \cdots;\ X_{K1},\ X_{K2},\ \cdots,\ X_{Kn_K})$。

则每个类型组的平均数和方差分别为

$$\overline{X}_i = \frac{\sum\limits_{j=1}^{n_i} X_{ij}}{n_i},\ i = 1, 2, \cdots, K。 \qquad (5\text{-}26)$$

$$s_i^2 = \frac{\sum\limits_{j=1}^{n_i} (X_{ij} - \overline{X}_i)^2}{n_i - 1},\ i = 1, 2, \cdots, K。 \qquad (5\text{-}27)$$

样本总体的平均数和方差分别为

$$\overline{X} = \frac{\sum_{i=1}^{K} N_i \overline{X}_i}{N} = \frac{\sum_{i=1}^{K} n_i \overline{X}_i}{n} ， i=1, 2, \cdots, K。 \tag{5-28}$$

$$\bar{s}^2 = \frac{\sum_{i=1}^{K} N_i s_i^2}{N} = \frac{\sum_{i=1}^{K} n_i s_i^2}{n} ， i=1, 2, \cdots, K。 \tag{5-29}$$

因此，可以计算抽样平均误差为

$$\mu_{\overline{X}} = \sqrt{\frac{\bar{s}^2}{n}} \quad 或 \quad \mu_{\overline{X}} = \sqrt{\frac{\bar{s}^2}{n}\left(1-\frac{n}{N}\right)}。 \tag{5-30}$$

【例 5-3】对某市 600 家个体户的月零售额进行不重复类型抽样调查，现按申报资金分为大、中、小三类，调查结果的数据整理如表 5-3 所示，计算样本均值和抽样平均误差。

表 5-3　某市个体户零售额

类别	N_i	n_i	$\overline{X}_i$/万元	s_i^2
大	60	12	20	16
中	240	48	8	4
小	300	60	1	0.5

解：$\overline{X} = \dfrac{\sum_{i=1}^{3} n_i \overline{X}_i}{n} = \dfrac{1}{120} \times (20 \times 12 + 8 \times 48 + 1 \times 60) = 5.7(万元)$，

$\bar{s}^2 = \dfrac{\sum_{i=1}^{3} n_i s_i^2}{n} = \dfrac{1}{120} \times (16 \times 12 + 4 \times 48 + 0.5 \times 60) = 3.45$，

$\mu_{\overline{X}} = \sqrt{\dfrac{\bar{s}^2}{n}\left(1-\dfrac{n}{N}\right)} = \sqrt{\dfrac{3.45}{120}\left(1-\dfrac{120}{600}\right)} = 0.151\,7(万元)$。

所调查 120 家个体户的月零售额平均为 5.7 万元，抽样平均误差为 1 517 元。

3. 整群抽样

在整群抽样中，我们主要讨论等群体整群抽样的抽样平均误差计算。

设全及总体划分为 R 群，每个群包含的单位数均相等，为 M；从全及总体中随机抽取 r 群组成一个样本，对抽中的 r 群中所有的总体单位进行调查。根据样本数据，可以计算各群体的平均数为

$$\overline{X}_i = \frac{\sum_{j=1}^{M} X_{ij}}{M} ， i=1, 2, \cdots, r。 \tag{5-31}$$

则样本总体的平均数为

$$\overline{X} = \frac{\sum_{i=1}^{r} \overline{X}_i}{r} = \frac{\sum_{i=1}^{r} \sum_{j=1}^{M} X_{ij}}{rM}。 \tag{5-32}$$

由于整群抽样都采用不重复抽样方法，且总体群数 R 通常不是很大，所以样本均值的抽样平均误差为

$$\mu_{\overline{X}} = \sqrt{\frac{\delta^2}{r} \cdot \frac{R-r}{R-1}}。 \tag{5-33}$$

其中：δ^2 表示样本各群平均数间的方差，称为样本群间方差，即

$$\delta^2 = \frac{\sum_{i=1}^{r} (\overline{X}_i - \overline{X})^2}{r-1}。 \tag{5-34}$$

【例 5-4】某车间共有 48 个班组，每班组 4 人。现随机抽取 6 个班组，调查平均每个工人的生产量，调查结果如表 5-4 所示。试计算样本均值及抽样平均误差。

表 5-4　6 个班组的调查资料

班组	日产量/件				$\overline{X}_i$
	工人 1	工人 2	工人 3	工人 4	
1	15	20	25	20	20.0
2	10	16	20	24	17.5
3	20	30	20	40	27.5
4	30	20	15	15	20.0
5	20	18	22	24	21.0
6	14	16	18	26	18.5

解：$\overline{X} = \dfrac{\sum_{i=1}^{r} \overline{X}_i}{r} = \dfrac{1}{6} \times (20 + 17.5 + 27.5 + 20 + 21 + 18.5) = 20.75$（件），

$$\delta^2 = \frac{\sum_{i=1}^{r} (\overline{X}_i - \overline{X})^2}{r-1}$$

$$= \frac{1}{5} \times [(20 - 20.75)^2 + (17.5 - 20.75)^2 + \cdots + (18.5 - 20.75)^2]$$

$$= 12.475,$$

$$\mu_{\overline{X}} = \sqrt{\frac{\delta^2}{r} \cdot \frac{R-r}{R-1}} = \sqrt{\frac{12.475 \times (48-6)}{6 \times (48-1)}} = 1.363$$（件）。

4. 系统抽样

前面介绍过按所选标志的不同，系统抽样可分为无关标志排队等距抽样和有关标志排队等距抽样。所谓无关标志是指用于排队的标志与所调查的项目无直接关系。由于采用无关标志排队的总体实质上是一个随机总体，故按无关标志排队的系统抽样可视为简单随机抽样，其抽样误差通常近似地按简单随机抽样的误差公式计算。所谓有关标志是指用于排队的标志与所调查的项目有密切关系，采用有关标志排队的最大优点在于可以充分利用总体的有关信息，有利于提高样本的代表性和抽样的估计效果。有关标志排队系统抽样的抽样误差计算比较复杂，可近似地用类型抽样或整群抽样的误差公式进行计算。

5.4.3 ▷▷▷ 抽样极限误差

抽样极限误差又称抽样允许误差范围，是指在一定的把握程度下保证样本指标与总体指标之间的抽样误差不超过某一给定的最大可能范围，记作 $\Delta_{\bar{X}}、\Delta_p$。作为样本的随机变量——抽样指标值（$\bar{X}$ 或 p），是围绕以未知的唯一确定的全及指标值（μ 或 P）为中心上下波动的，它与全及指标值可能会产生正或负离差，这些离差均是抽样指标的随机变量，因而难以避免，只能将其控制在预先要求的误差范围（$\Delta_{\bar{X}}$ 或 Δ_p）内，即

$$|\bar{X} - \mu| \leqslant \Delta_{\bar{X}},$$
$$|p - P| \leqslant \Delta_p。 \tag{5-35}$$

以上不等式可以变形为

$$\mu - \Delta_{\bar{X}} \leqslant \bar{X} \leqslant \mu + \Delta_{\bar{X}},$$
$$P - \Delta_p \leqslant p \leqslant P + \Delta_p。 \tag{5-36}$$

这两个不等式虽然表明了抽样指标的误差的可能范围，但不符合抽样推断和估计的要求，因为全及指标值（平均数或成数）是未知的，是需要推断和估计的。由于 $\Delta_{\bar{X}}$ 和 Δ_p 是预先给定的抽样方案中所允许的误差范围，所以利用 $\Delta_{\bar{X}}$ 和 Δ_p 可以反过来估计未知的全及指标可能取值的范围。由上述两个绝对值不等式可以得到全及指标可能取值的范围计算公式为

$$\bar{X} - \Delta_{\bar{X}} \leqslant \mu \leqslant \bar{X} + \Delta_{\bar{X}},$$
$$p - \Delta_p \leqslant P \leqslant p + \Delta_p。 \tag{5-37}$$

基于理论上的要求，抽样极限误差通常是以抽样平均误差（$\mu_{\bar{X}}$ 或 μ_p）作为标准单位来衡量的。在总体为正态分布时，用公式表示，即

$$\Delta_{\bar{X}} = z_{\frac{a}{2}} \mu_{\bar{X}}, \tag{5-38}$$

$$\Delta_p = z_{\frac{a}{2}} \mu_p。 \tag{5-39}$$

因此，给定不同的置信水平，应用正态分布概率表可以计算出相应的抽样极限误差，

也就可以得出在一定的概率保证程度下，全及指标所包含的范围，例如：

当置信水平为 68.27% 时，$z_{\frac{\alpha}{2}}=1$，则 $P(|\overline{X}-\mu|\leqslant 1 \cdot \mu_{\overline{X}})=68.27\%$；

当置信水平为 95.45% 时，$z_{\frac{\alpha}{2}}=2$，则 $P(|\overline{X}-\mu|\leqslant 2 \cdot \mu_{\overline{X}})=95.45\%$；

当置信水平为 99.73% 时，$z_{\frac{\alpha}{2}}=3$，则 $P(|\overline{X}-\mu|\leqslant 3 \cdot \mu_{\overline{X}})=99.73\%$。

以上列举了置信水平、$z_{\frac{\alpha}{2}}$ 和 $\Delta_{\overline{X}}$ 之间的数量关系，可以用图 5-3 表示。

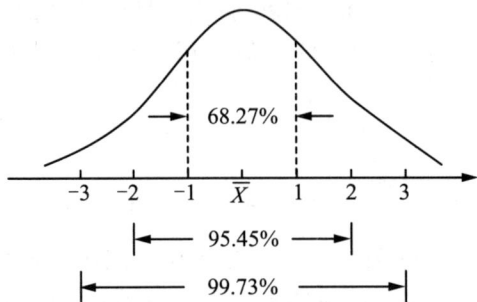

图 5-3 置信水平、$z_{\frac{\alpha}{2}}$ 和 $\Delta_{\overline{X}}$ 之间的数量关系

5.5 参数估计

5.5.1 ▶▶▶ 总体参数估计概述

总体参数估计就是以样本统计量来估计总体参数。

1. 参数估计的两个要求：精度要求和可靠性要求

所谓精度就是估计误差的最大范围，即误差的最大值，可通过极限误差来反映；所谓可靠性是指估计结果正确的概率大小。

设待估计的总体参数是 θ，用以估计该参数的统计量是 $\hat{\theta}$，抽样估计的极限误差是 Δ，即 $|\hat{\theta}-\theta|\leqslant\Delta$。抽样极限误差是根据研究对象的变异程度和分析任务的性质来确定的允许误差范围。显然，Δ 越小，估计的精度要求越高；Δ 越大，估计的精度要求越低。抽样极限误差的确定要以实际需要为基本依据。

可靠性是抽样估计本身正确性的一个概率保证，通常称为抽样估计的置信度。我们知道，对于连续型随机变量，它在一个点上取值的概率为零，因此直接用服从连续型分布的抽样统计量估计总体参数值很难说是可靠的。用统计量估计总体参数值称为点估计，点估计完全正确的概率通常为 0。因此，我们更多地考虑用样本统计量去估计总体参数的范围，这就是区间估计。

抽样估计的可靠程度(即概率)用 P 表示，P 是 $z_{\frac{\alpha}{2}}$ 的函数。而 $p=F(z_{\frac{\alpha}{2}})$ 表明概率分布是概率度 $z_{\frac{\alpha}{2}}$ 的函数。确定抽样估计的可靠程度，就是要确定抽样指标 $\hat{\theta}$ 落在置信区间 $(\hat{\theta}-\Delta，\hat{\theta}+\Delta)$ 中的概率 P，则有如下函数形式：

$$P(|\hat{\theta}-\theta|\leqslant\Delta)=F(z_{\frac{\alpha}{2}})。 \tag{5-40}$$

其中：$\Delta=z_{\frac{\alpha}{2}}\cdot\mu$。

由此可知，$z_{\frac{\alpha}{2}}$ 增大，Δ 也增大，即精度减小，这表明所要求的误差范围增大，说明从总体中随机抽取一个样本，其样本值落在这个较大的置信区间内的可能性或把握性 P 越大；反之，$z_{\frac{\alpha}{2}}$ 减小，Δ 也减小，即精度增大，这表明所要求的误差范围减小，说明从总体中随机抽取一个样本，其样本值落在这个较小的置信区间内的可能性或把握性 P 越小。可见估计中精度要求与可靠性要求是一对矛盾。

2. 抽样估计的优良标准

用样本指标估计总体指标时，评价某种统计量是否为优良统计量，一般有三个标准，即无偏性、一致性和有效性。

(1)无偏性。无偏性即样本指标的数学期望等于总体指标。其数学表达式为

$$E(\hat{\theta})=\theta。 \tag{5-41}$$

其中：$\hat{\theta}$ 和 θ 分别表示样本指标和总体指标。

(2)一致性。一致性即样本指标与总体指标的绝对离差小于某一任意小的正数 ε 的极限概率等于 1。其数学表达式为

$$\lim_{n\to\infty}P(|\hat{\theta}-\theta|<\varepsilon)=1。 \tag{5-42}$$

(3)有效性。有效性即要以某一样本指标 $\hat{\theta}_1$ 作为优良估计量，则其方差 $D(\hat{\theta}_1)$ 必须小于其他估计量 $\hat{\theta}_2$ 的方差 $D(\hat{\theta}_2)$，即

$$D(\hat{\theta}_1)<D(\hat{\theta}_2)。 \tag{5-43}$$

5.5.2 ▷▷▷ 一个总体参数的区间估计

1. 单一总体均值的区间估计

(1)已知方差 σ^2 的正态总体。当 $X\sim N(\mu，\sigma^2)$ 时，可以证明从该总体中抽取的简单随机样本 $X_1，X_2，\cdots，X_n$ 样本均值服从数学期望为 μ，方差为 $\dfrac{\sigma^2}{n}$ 的正态分布，即

$$\overline{X}\sim N\left(\mu，\frac{\sigma^2}{n}\right)。 \tag{5-44}$$

因此有

$$\frac{\overline{X}-\mu}{\sigma/\sqrt{n}} \sim N(0,\ 1)。 \tag{5-45}$$

对于给定的显著性水平 α，查正态分布表得临界值 $z_{\frac{\alpha}{2}}$，使

$$P\left\{-z_{\frac{\alpha}{2}} \leqslant \frac{\overline{X}-\mu}{\sigma/\sqrt{n}} \leqslant z_{\frac{\alpha}{2}}\right\}=1-\alpha。 \tag{5-46}$$

整理后可以得到

$$P\left\{\overline{X}-z_{\frac{\alpha}{2}}\frac{\sigma}{\sqrt{n}} \leqslant \mu \leqslant \overline{X}+z_{\frac{\alpha}{2}}\frac{\sigma}{\sqrt{n}}\right\}=1-\alpha。 \tag{5-47}$$

即总体均值 μ 在给定显著性水平 α 下的置信区间为

$$\left(\overline{X}-z_{\frac{\alpha}{2}}\frac{\sigma}{\sqrt{n}},\ \ \overline{X}+z_{\frac{\alpha}{2}}\frac{\sigma}{\sqrt{n}}\right)。 \tag{5-48}$$

（2）未知方差 σ^2 的正态总体。当总体服从正态分布，但总体方差 σ^2 未知时，要用样本方差 s^2 代替 σ^2 来建立置信区间。这时，新的统计量不服从标准正态分布，而是服从自由度为 $n-1$ 的 t 分布，记为

$$T=\frac{\overline{X}-\mu}{s/\sqrt{n}} \sim t(n-1)。 \tag{5-49}$$

t 分布是一种连续型对称分布，当 $n>30$ 时，t 分布的分散程度比标准正态分布大，密度函数曲线较为平缓。当给定显著性水平及自由度时，t 统计量的临界值可查表获得，因此有

$$P\left\{-t_{\frac{\alpha}{2}}(n-1) \leqslant \frac{\overline{X}-\mu}{s/\sqrt{n}} \leqslant t_{\frac{\alpha}{2}}(n-1)\right\}=1-\alpha。 \tag{5-50}$$

即

$$P\left\{\overline{X}-t_{\frac{\alpha}{2}}(n-1)\frac{s}{\sqrt{n}} \leqslant \mu \leqslant \overline{X}+t_{\frac{\alpha}{2}}(n-1)\frac{s}{\sqrt{n}}\right\}=1-\alpha。 \tag{5-51}$$

于是得到正态总体均值 μ 的置信水平为 $1-\alpha$ 的置信区间为

$$\left(\overline{X}-t_{\frac{\alpha}{2}}(n-1)\frac{s}{\sqrt{n}},\ \ \overline{X}+t_{\frac{\alpha}{2}}(n-1)\frac{s}{\sqrt{n}}\right)。 \tag{5-52}$$

但是随着 n 的增大，t 分布逐渐逼近标准正态分布，可以认为 $\frac{\overline{X}-\mu}{\sigma_{\overline{X}}}$ 近似地服从 $N(0,1)$，所以有

$$\left(\overline{X}-z_{\frac{\alpha}{2}}\frac{s}{\sqrt{n}},\ \ \overline{X}+z_{\frac{\alpha}{2}}\frac{s}{\sqrt{n}}\right)。 \tag{5-53}$$

当抽样方法为不重复抽样时，我们可以得到

$$\left(\overline{X}-z_{\frac{\alpha}{2}}\sqrt{\frac{s^2}{n}\left(1-\frac{n}{N}\right)},\ \ \overline{X}+z_{\frac{\alpha}{2}}\sqrt{\frac{s^2}{n}\left(1-\frac{n}{N}\right)}\right)。 \tag{5-54}$$

【例 5-5】试估计例 5-1 中该村每户农民平均收入 95.45％概率的置信区间。

解：当置信水平为 95.45％时，$z_{\frac{a}{2}}=2$。

$$\Delta_{\overline{X}}=z_{\frac{a}{2}}\mu_{\overline{X}}=2\times0.41=0.82\text{（千元）}。$$

则该村每户农民平均收入 95.45％概率的置信区间为（10.80－0.82，10.80＋0.82），即（9.98，11.62）。

【例 5-6】在 95％的置信水平下，试估计例 5-2 中这批洗衣机的合格率范围。

解：当置信水平为 95％时，$z_{\frac{a}{2}}=1.96$。

$$\Delta_{p}=z_{\frac{a}{2}}\mu_{p}=1.96\times1.206\%=2.36\%。$$

这批洗衣机的合格率范围为（97％±2.36％），即（94.64％，99.36％）。

2. 总体比例的区间估计

在许多实际问题中，常需要估计总体中具有某种特征的单位占总体全部单位的比例，即成数，如全部产品中合格品的比例、一批种子的发芽率、职工收入中工资收入所占的比例等。

这里只讨论大样本情况下总体比例的估计。可以证明，在大样本情况下，若 $np>5$，$q>5$，则可以把 p 的二项分布问题变换为正态分布问题近似地去求解，因而有

$$\frac{p-P}{\sqrt{P(1-P)/n}}\sim N(0,\ 1)。 \tag{5-55}$$

置信水平为 $1-\alpha$ 的总体比例的置信区间可表示为

$$\left(p-z_{\frac{a}{2}}\sqrt{\frac{p(1-p)}{n}},\ \ p+z_{\frac{a}{2}}\sqrt{\frac{p(1-p)}{n}}\right)。 \tag{5-56}$$

3. 单一正态总体方差的区间估计

根据样本方差的抽样分布可知，样本方差服从自由度为 $(n-1)$ 的 χ^2 分布。因此用 χ^2 分布构造总体方差的置信区间。

由于

$$\frac{(n-1)s^2}{\sigma^2}\sim\chi^2(n-1), \tag{5-57}$$

可以得到总体方差 σ^2 在 $1-\alpha$ 置信水平下的置信区间为

$$\left(\frac{(n-1)s^2}{\chi^2_{\frac{a}{2}}},\ \ \frac{(n-1)s^2}{\chi^2_{1-\frac{a}{2}}}\right)。 \tag{5-58}$$

5.5.3 ▶▶▶ 两个总体参数的区间估计

1. 两个总体均值之差的区间估计

（1）已知两个正态总体的方差 σ_1^2，σ_2^2。当两个总体均服从正态分布且两个总体的方差

σ_1^2，σ_2^2 已知时，可以证明，由两个独立样本算出的 $\overline{X}_1 - \overline{X}_2$ 的抽样分布服从正态分布，则有

$$\frac{\overline{X}_1 - \overline{X}_2 - (\mu_1 - \mu_2)}{\sqrt{\dfrac{\sigma_1^2}{n_1} + \dfrac{\sigma_2^2}{n_2}}} \sim N(0,\ 1)。 \tag{5-59}$$

两个总体均值之差 $\mu_1 - \mu_2$ 在置信水平 $1-\alpha$ 下的置信区间为

$$\left(\overline{X}_1 - \overline{X}_2 - z_{\frac{\alpha}{2}} \sqrt{\frac{\sigma_1^2}{n_1} + \frac{\sigma_2^2}{n_2}},\quad \overline{X}_1 - \overline{X}_2 + z_{\frac{\alpha}{2}} \sqrt{\frac{\sigma_1^2}{n_1} + \frac{\sigma_2^2}{n_2}} \right)。 \tag{5-60}$$

(2)两个正态总体的方差未知且 $\sigma_1^2 = \sigma_2^2$。可以用两个样本的方差 s_1^2，s_2^2 来给出总体方差的合并估计量，即

$$s_w^2 = \frac{(n_1 - 1)s_1^2 + (n_2 - 1)s_2^2}{n_1 + n_2 - 2}。 \tag{5-61}$$

这时有

$$\frac{\overline{X}_1 - \overline{X}_2 - (\mu_1 - \mu_2)}{\sqrt{\dfrac{s_w^2}{n_1} + \dfrac{s_w^2}{n_2}}} \sim t(n_1 + n_2 - 2), \tag{5-62}$$

则两个总体均值之差 $\mu_1 - \mu_2$ 在置信水平 $1-\alpha$ 下的置信区间为

$$\left(\overline{X}_1 - \overline{X}_2 - t_{\frac{\alpha}{2}}(n_1 + n_2 - 2) \sqrt{\frac{s_w^2}{n_1} + \frac{s_w^2}{n_2}},\quad \overline{X}_1 - \overline{X}_2 + t_{\frac{\alpha}{2}}(n_1 + n_2 - 2) \sqrt{\frac{s_w^2}{n_1} + \frac{s_w^2}{n_2}} \right)。$$
$$\tag{5-63}$$

(3)两个正态总体的方差未知且 $\sigma_1^2 \neq \sigma_2^2$。当两个正态总体的方差不等时，统计量

$$\frac{\overline{X}_1 - \overline{X}_2 - (\mu_1 - \mu_2)}{\sqrt{\dfrac{s_1^2}{n_1} + \dfrac{s_2^2}{n_2}}} \tag{5-64}$$

不服从自由度为$(n_1 + n_2 - 2)$的 t 分布。解决这个问题的办法是采用自由度的某种修正值。现给出狄克逊($Dixon$)提出的一种方法，用来修正 t 分布的自由度。其公式为

$$\mathrm{d}f' = \frac{\left(\dfrac{s_1^2}{n_1} + \dfrac{s_2^2}{n_2} \right)^2}{\dfrac{(s_1^2/n_1)^2}{n_1} + \dfrac{(s_2^2/n_2)^2}{n_2}}, \tag{5-65}$$

从而可得置信区间为

$$\left(\overline{X}_1 - \overline{X}_2 - t_{\frac{\alpha}{2}}(\mathrm{d}f') \sqrt{\frac{s_1^2}{n_1} + \frac{s_2^2}{n_2}},\quad \overline{X}_1 - \overline{X}_2 + t_{\frac{\alpha}{2}}(\mathrm{d}f') \sqrt{\frac{s_1^2}{n_1} + \frac{s_2^2}{n_2}} \right)。 \tag{5-66}$$

2. 两个总体比例之差的区间估计

设两个总体的比例分别为 p_1 和 p_2，为了估计 $p_1 - p_2$，分别从两个总体中各随机抽取容量为 n_1 和 n_2 的两个随机样本，并计算两个样本中的比例 p_1 和 p_2。这样就可以按通常的方式构造一个区间估计值。可以证明，当 n_1 和 n_2 两者都很大，而且总体比例不太接近 0 或 1 时，$p_1 - p_2$ 的抽样分布近似服从正态分布，即

$$p_1 - p_2 \sim N\left(p_1 - p_2, \ \frac{p_1(1-p_1)}{n_1} + \frac{p_2(1-p_2)}{n_2}\right), \tag{5-67}$$

由此可得 $p_1 - p_2$ 的置信水平为 $1-\alpha$ 的置信区间为

$$\left(p_1 - p_2 - z_{\frac{\alpha}{2}}\sqrt{\frac{p_1(1-p_1)}{n_1} + \frac{p_2(1-p_2)}{n_2}}, \ p_1 - p_2 + z_{\frac{\alpha}{2}}\sqrt{\frac{p_1(1-p_1)}{n_1} + \frac{p_2(1-p_2)}{n_2}}\right)。 \tag{5-68}$$

3. 两个正态总体方差比的区间估计

与比较两个总体均值不一样，比较两个总体方差 σ_1^2 和 σ_2^2 时，我们用各自的样本方差的比来判别。如果 $\frac{s_1^2}{s_2^2}$ 接近于 1，说明两个总体方差 σ_1^2 和 σ_2^2 很接近；反之，$\frac{s_1^2}{s_2^2}$ 偏离 1 很大或很小都说明两个总体方差之间存在差异。可以证明，当两个总体均匀正态分布时，

$$\frac{s_1^2}{s_2^2} \cdot \frac{\sigma_2^2}{\sigma_1^2} \sim F(n_1 - 1, \ n_2 - 1), \tag{5-69}$$

从而得到置信水平为 $1-\alpha$ 的 $\frac{\sigma_2^2}{\sigma_1^2}$ 的置信区间为

$$\left(\frac{s_1^2/s_2^2}{F_{\frac{\alpha}{2}}(n_1-1, \ n_2-1)}, \ \frac{s_1^2/s_2^2}{F_{1-\frac{\alpha}{2}}(n_1-1, \ n_2-1)}\right)。 \tag{5-70}$$

5.6　样本容量的确定

样本容量即样本中所包含的总体单位数量。样本容量过少，会使调查结果出现较大的误差，与预期目标相差甚远；样本容量过多，又会造成人力、财力和时间的浪费。因此，样本容量要确定得当。

5.6.1 ▶▶▶ 影响样本容量的主要因素

1. 总体的标志变异程度

总体的标志变异程度越大，所需的样本容量一般也越大。

2. 允许误差的大小

允许误差(又称极限误差)越小,样本容量越大;反之,允许误差越大,样本容量越小。允许误差的大小,主要取决于调查的目的和费用的投入。调查结果要求比较精确,又有足够的费用投入,允许误差可以小些;反之,允许误差可以大些。

3. 调查结果的可靠程度

调查结果的可靠程度即置信度或置信水平的大小。所要求的置信度越高,样本容量应当越大;所要求的置信度较低,样本容量可以小一些。

4. 抽样的方法

在同等条件下,不重复抽样比重复抽样需要的样本单位数少一些。

5. 抽样的组织形式

采用类型抽样、等距抽样比简单随机抽样需要的样本数目少一些。

此外,调查经验、调查表的回收率或访问的成功率高低也是影响样本数目的重要因素。在回收率低的情况下,应适当加大样本数目。

5.6.2 ⟫⟫⟫ 简单随机抽样中样本容量的计算

根据抽样极限误差公式并加以变换,可以推导出必要的抽样单位数目计算公式。

1. 重复抽样

将公式

$$\Delta_{\bar{X}} = z_{\frac{\alpha}{2}} \mu_{\bar{X}} = z_{\frac{\alpha}{2}} \sqrt{\frac{s^2}{n}}$$

两边平方后,得到

$$\Delta_{\bar{X}}^2 = z_{\frac{\alpha}{2}}^2 \cdot \frac{s^2}{n},$$

移项后,可以有

$$n = \frac{z_{\frac{\alpha}{2}}^2 s^2}{\Delta_{\bar{X}}^2}。 \tag{5-71-a}$$

计算样本容量时,原本必须知道总体的方差,而在实际抽样调查前,往往总体的方差是未知的。在实际操作中,可以用过去的历史资料,若过去曾有若干个方差,为保证抽样估计的精确度应该选择最大的;也可以事先进行一次小规模的试点调查,用调查数据推断所得的样本方差来替代总体的方差。

通常情况下,样本容量的计算结果为小数,而样本容量必须为整数。为保证抽样估计的精确度,我们不能采取四舍五入的方法取整。此时,不论小数部分为多少,都要取

整后再加一，即

$$n = \frac{z_{\frac{\alpha}{2}}^2 s^2}{\Delta_{\bar{X}}^2} \approx \left[\frac{z_{\frac{\alpha}{2}}^2 s^2}{\Delta_{\bar{X}}^2} \right] + 1。 \tag{5-71-b}$$

同理可以得到成数的必要抽样单位数计算公式为

$$n = \frac{z_{\frac{\alpha}{2}}^2 p(1-p)}{\Delta_p^2}。 \tag{5-72}$$

2. 不重复抽样

不重复抽样条件下的必要抽样单位数计算公式为

$$\mu_{\bar{X}} = \sqrt{\frac{s^2}{n} \left(1 - \frac{n}{N} \right)}。 \tag{5-73}$$

将公式变形并移项可得

$$n = \frac{N z_{\frac{\alpha}{2}}^2 s^2}{N \Delta_{\bar{X}}^2 + z_{\frac{\alpha}{2}}^2 s^2}。 \tag{5-74}$$

成数的必要抽样单位数计算公式为

$$n = \frac{N z_{\frac{\alpha}{2}}^2 p(1-p)}{N \Delta_p^2 + z_{\frac{\alpha}{2}}^2 p(1-p)}。 \tag{5-75}$$

【例 5-7】 在例 5-1 和例 5-5 的条件下，若要求允许误差不超过 500 元，则至少要抽多少户调查？

解：已知 $\Delta_{\bar{X}} = 0.5$ 千元，

$$n = \frac{N z_{\frac{\alpha}{2}}^2 s^2}{N \Delta_{\bar{X}}^2 + z_{\frac{\alpha}{2}}^2 s^2} = \frac{1\,200 \times 2^2 \times 14.74}{1\,200 \times 0.5^2 + 2^2 \times 14.74} = \frac{70\,752}{358.96} = 197.10 \approx 198（户）。$$

因此，至少要抽 198 户调查。

【例 5-8】 在例 5-2 和例 5-6 的条件下，若要求允许误差不超过 2%，则至少要抽多少台洗衣机调查？

解：已知 $\Delta_p = 2\%$，

$$n = \frac{z_{\frac{\alpha}{2}}^2 p(1-p)}{\Delta_p^2} = \frac{1.96^2 \times 0.97 \times 0.03}{2\%^2} = 279.48 \approx 280（台）。$$

因此，至少要抽 280 台洗衣机调查。

本章小结

1. 抽样调查是按照一定程序，从所研究对象的全体（即总体，population）中抽取一部分(即样本，individual)进行调查或观察，并在一定的条件下运用数理统计的原理和方法，对总体的数量特征进行估计和推断。抽样方法可分为随机抽样和非随机抽样两大类。抽样调查的组织方式主要有简单随机抽样、类型抽样、整群抽样、系统抽样和多阶段抽样等。

2. 抽样分布是指样本统计量的概率分布，如样本均值的分布、样本成数的分布、样本方差的分布等。但在实际调查研究中不可能抽出所有的样本，因此抽样分布是一种理论分布。

3. 抽样调查误差包括非抽样误差和抽样误差。非抽样误差是由抽样方法之外的其他原因所导致的误差。抽样误差是由抽样方法本身造成的误差，即用样本估计总体而产生的误差。

4. 总体参数估计就是以样本统计量来估计总体参数。参数估计有两个要求：精度要求和可靠性要求。所谓精度就是估计误差的最大范围，即误差的最大值，可通过极限误差来反映；所谓可靠性是指估计结果正确的概率大小。评价某种统计量是否为优良统计量有三个标准：无偏性、一致性和有效性。

5. 样本容量要确定得当。影响样本容量的主要因素有总体的标志变异程度、允许误差的大小、调查结果的可靠程度、抽样的方法和抽样的组织形式。

阅读与分析

2015 年全国 1‰人口抽样调查方案①

根据《国务院办公厅关于开展 2015 年全国 1‰人口抽样调查的通知》(国办发〔2014〕33 号)和《全国人口普查条例》(中华人民共和国国务院令第 576 号)，制定 2015 年全国 1‰人口抽样调查方案。

1. 调查目的和组织实施

(1)2015 年全国 1‰人口抽样调查的目的是了解 2010 年以来我国人口在数量、素质、结构、分布以及居住等方面的变化情况，为制定国民经济和社会发展规划提供科学准确的统计信息支持。

(2)调查工作按照"统一领导、分工协作、分级负责、共同参与"的原则组织实施。

国家和县以上地方各级人民政府成立 2015 年全国 1‰人口抽样调查工作领导机构及其办公室，被抽中的乡、镇和街道办事处成立 1‰人口抽样调查办公室，领导和组织实施全国和本地区的 1‰人口抽样调查工作。

2015 年全国 1‰人口抽样调查领导机构各成员单位要按照各自职能分工，认真做好相

---

① 中华人民共和国国家统计局：《2015 年全国 1‰人口抽样调查方案》，https：www.stats.gov.cn/zt_18555/zdtjgz/cydc/xw/202302/t20230221_1917242.htm，2024-05-10。

关工作。

(3)2015 年全国 1‰人口抽样调查所需经费，按照分级负担原则，由中央和地方各级人民政府共同负担，并列入相应年度的财政预算，按时拨付、确保到位。

(4)各级调查机构及其工作人员要坚持依法调查。严格执行《中华人民共和国统计法》和《全国人口普查条例》的有关规定。调查取得的数据，严格限定用于调查目的，不得作为任何部门和单位对各级行政管理工作实施考核、奖惩的依据，不得作为对调查对象实施处罚的依据。

(5)各级宣传部门和调查机构应采取多种方式，积极做好 1‰人口抽样调查的宣传工作，为 1‰人口抽样调查工作的开展营造良好的社会氛围。

(6)各级 1‰人口抽样调查领导机构对本行政区域的调查数据质量负责，确保调查数据真实、准确、完整、及时。

2. 调查标准时点、对象、内容和方式

(1)调查的标准时点为 2015 年 11 月 1 日零时。

(2)调查对象为抽中调查小区内的全部人口(不包括港澳台居民和外国人)。

应在抽中调查小区内登记的人包括：2015 年 10 月 31 日晚居住在本调查小区的人；户口在本调查小区，2015 年 10 月 31 日晚未居住在本调查小区的人。

中国人民解放军现役军人由军队领导机关统一进行调查。

(3)调查内容主要包括姓名、性别、年龄、民族、受教育程度、行业、职业、迁移流动、社会保障、婚姻、生育、死亡、住房情况等。

(4)调查以户为单位进行登记，户分为家庭户和集体户。

(5)调查采用调查员手持电子终端设备(PDA)入户登记与互联网自主填报相结合的方式。

住户可以选择由调查员手持电子终端设备(PDA)入户登记的方式，也可以选择在互联网上填写调查表直接上报的方式。

(6)调查表分为《2015 年全国 1‰人口抽样调查表》《2015 年全国 1‰人口抽样调查死亡人口调查表》。

3. 抽样方法、调查小区划分和绘图

(1)全国调查的样本量约占全国总人口的 1‰。调查以全国为总体，各地级市为子总体，采取分层、二阶段、概率比例、整群抽样方法，其中群(即最终样本单位)为调查小区。

(2)二阶段抽样的方法为：第一阶段抽取村级单位，第二阶段抽取调查小区。在第一阶段抽样时，抽取方法为分层、概率比例抽样。

样本的抽取由全国 1‰人口抽样调查办公室负责实施。

(3)调查小区的划分、编码和绘图。2015 年全国 1‰人口抽样调查小区规模划分原则为 80 个住房单元，常住人口大约 250 人。在划分调查小区的同时，绘制抽中村级单位内调查小区分布图,并给调查小区升序编码,绘制抽中调查小区内所有建筑物的分布图。

4. 调查的宣传、试点和物资准备

(1)各级宣传部门和调查机构要组织协调新闻媒体,通过报刊、广播、电视、互联网、新媒体和户外广告等多种渠道,宣传调查的重大意义、政策规定和工作要求,积极营造良好的调查氛围。

(2)全国 1‰人口抽样调查办公室负责组织国家级试点。省级 1‰人口抽样调查办公室负责组织本地区的试点。

(3)调查所需的物资由各级 1‰人口抽样调查办公室根据所承担的工作任务负责准备。

5. 调查指导员和调查员的借调、招聘和培训

(1)每个调查小区至少配备一名调查员,每个被抽中的乡、镇、街道至少配备一名调查指导员。

(2)调查指导员和调查员应当由具有初中以上文化水平、身体健康、经培训能够使用手持电子终端设备(PDA)、工作认真负责、能够胜任调查工作的人员担任。

(3)调查指导员和调查员的借调、招聘工作由县级 1‰人口抽样调查领导机构负责。

(4)调查指导员和调查员可以从党政机关、社会团体、企业事业单位借调,也可以从村民委员会、居民委员会或者社会招聘。

(5)培训工作分级进行。全国 1‰人口抽样调查办公室负责对省级 1‰人口抽样调查办公室的业务骨干进行培训;省级 1‰人口抽样调查办公室负责对市、县级 1‰人口抽样调查办公室的业务骨干进行培训;市、县级 1‰人口抽样调查办公室共同负责培训调查指导员和调查员。

培训工作应于 2015 年 10 月 15 日前完成。

6. 调查摸底、登记

(1)调查登记以前,调查员和调查指导员要对调查小区的人口状况进行摸底工作,明确调查登记的范围、绘制调查小区图、编制调查小区户主姓名底册。

摸底工作应于 2015 年 10 月 31 日前完成。

(2)现场登记工作从 2015 年 11 月 1 日开始,采用调查员手持 PDA 入户询问、现场填报,或由住户通过互联网自主填报的方式进行。

对完成 PDA 登记的住户,调查指导员应及时组织调查员进行复查,经核实无误后上报。

选择互联网填报的住户应于 2015 年 11 月 7 日前完成调查表的填写和提交。对在规定时间内没有完成的住户,调查员将再次入户使用 PDA 进行登记。

全部登记工作应于 11 月 15 日前完成。

7. 事后质量抽查

(1)登记工作完成后进行事后质量抽查。全国 1‰人口抽样调查办公室负责事后质量抽查样本的抽取,省级 1‰人口抽样调查办公室负责事后质量抽查工作的组织实施。

(2)事后质量抽查工作应于 2015 年 11 月 25 日以前完成。

(3)事后质量抽查结果只作为评价全国调查数据质量的依据。

8. 调查数据的汇总、发布和管理

(1)登记工作结束后，县级 1‰人口抽样调查办公室负责组织调查表的行业和职业编码。编码前应对编码人员进行严格培训。

编码工作应于 2015 年 11 月 20 日以前完成。

(2)调查数据的处理工作由 1‰人口抽样调查办公室负责。汇总程序由全国 1‰人口抽样调查办公室统一下发。

(3)国家统计局和全国 1‰人口抽样调查办公室对数据进行审核后发布主要数据公报。各省、自治区、直辖市的主要数据应于国家公报发布之后发布。

(4)调查的原始数据由全国和省级 1‰人口抽样调查办公室负责管理。

9. 其他

(1)调查工作全部结束后，各级 1‰人口抽样调查办公室要对这次调查工作进行全面的总结，并报同级人民政府和上级调查领导机构。

(2)交通极为不便的地区，需采用其他登记时间和方法的，须报请全国 1‰人口抽样调查工作协调小组批准。

(3)全国 1‰人口抽样调查办公室根据本方案制定各项工作实施细则和有关技术文件。

(4)本方案由全国 1‰人口抽样调查办公室负责解释。

思考与练习

一、思考题

1. 什么是重复抽样和不重复抽样？为什么在相同条件下不重复抽样的误差总是小于重复抽样的误差？

2. 抽样估计的优良标准是什么？它有哪些特点？

3. 影响抽样误差的因素有哪些？

4. 什么是随机原则？在抽样调查中为什么要遵守随机原则？

5. 什么是简单随机抽样？什么是类型抽样？类型抽样相比简单随机抽样有何优势？

6. 什么是整群抽样？其特点及适用场合是什么？

7. 多阶段抽样调查的含义、特点是什么？多阶段抽样方法与整群抽样方法有何不同？

二、单项选择题

1. 抽样调查必须遵守的基本原则是（　　）。

A. 随机性原则　　B. 准确性原则　　C. 可靠性原则　　D. 经济性原则

2. 所谓大样本，一般是指样本单位数达到或超过（　　）个。

A. 20　　　　　B. 30　　　　　C. 50　　　　　D. 100

3. 抽样平均误差反映了样本指标与总体指标之间的(　　)。

  A. 实际误差   B. 实际误差的绝对值

  C. 平均误差程度   D. 精确程度

4. 反映样本指标与总体指标之间抽样误差可能范围的指标是(　　)。

  A. 抽样极限误差 B. 抽样平均误差 C. 可靠程度 D. 精确程度

5. 在抽样推断中，样本容量(　　)。

  A. 越小越好   B. 越大越好

  C. 取决于统一的抽样比例   D. 取决于对抽样推断可靠性的要求

6. 在纯随机重复抽样条件下，为使抽样误差减少一半，则样本容量须增加(　　)倍。

  A. 4   B. 3   C. 2   D. 1

7. 成数与成数方差的关系是(　　)。

  A. 成数的数值越接近 0，成数的方差越大

  B. 成数的数值越接近 0.3，成数的方差越大

  C. 成数的数值越接近 1，成数的方差越大

  D. 成数的数值越接近 0.5，成数的方差越大

8. 当总体 X 服从正态分布 $N(\mu, \sigma^2)$ 时，根据(　　)知道样本均值也服从正态分布。

  A. 中心极限定理   B. 正态分布的性质

  C. 抽样分布   D. 统计推断

三、计算题

1. 已知对 1 000 件产品按简单随机不重复抽样方式抽取了 150 件，合格率为 96%。

(1) 若置信水平为 95%，试估计该批产品合格率的可能范围；

(2) 若允许误差扩大一倍，其他条件不变，则应抽查多少件产品？

2. 用简单随机抽样调查方法确定某地区居民的每户平均收入，已知标准差为 50 元，要求置信水平为 95%，抽样极限误差不超过 10 元，问需要抽查多少户？若其他条件不变，将抽样极限误差缩小到原来的 $\frac{1}{3}$ 时，则抽样数目会怎样变动？

3. 某厂有 1 500 名工人，用简单随机重复抽样的方法抽出 50 名工人作为样本，调查其工资水平，资料如表 5-5 所示。

表 5-5 50 名工人的工资水平

月工资水平/元	1 240	1 340	1 400	1 500	1 600	1 800	2 000	2 600
工人人数/人	4	6	9	10	8	6	4	3

(1) 计算样本均值和抽样平均误差；

(2) 以 95.45% 的可靠性估计该厂工人的月平均工资和工资总额的区间。

4. 某地有职工 10 万人，其中职员 4 万人、工人 6 万人，有关部门现进行职工月生活费支出的抽样调查，按不同类型抽查 40 名职员和 60 名工人的资料如表 5-6 所示。

表 5-6　40 名职员和 60 名工人的月生活费支出

职员		工人	
月生活费支出/元	人数	月生活费支出/元	人数
600	10	600	20
800	20	800	30
1 000	10	900	10

要求这次抽样的极限误差不超过 10 元，置信水平为 95.45%。

(1) 按类型抽样方式需抽取多少人？

(2) 若其他条件不变，则按纯随机抽样方式需抽取多少人？

第6章

假设检验与方差分析

📝 本章导读

本章讨论的是如何利用样本信息，对假设成立与否作出判断，同时介绍单因素方差分析和多因素方差分析。

📖 思政目标

引导学生形成良好的道德规范和做事严谨、诚实守信的品质，培养学生善于思考、追求真理的科学精神。

🌐🔍 思政案例

美国西点军校作弊丑闻[①]

2020年5月，美国西点军校被爆出"半个世纪以来最大作弊丑闻"，在一场约1 000人参加的微积分考试中，73名学员被发现涉及作弊，提交同样的错误答案。校方的调查和处理结果显示，至少有59人坦承犯错并受到留级处分，有6人自动退学，4人被宣告无过，2人因罪证不足不予调查。为什么许多人都提交同样的错误答案，我们就怀疑其中涉及作弊了？

不可否认的是，学生们在考试中有时会不可避免地提交错误答案，而且有可能一些学生刚好错的一样，这不算作弊。因此，我们设置原假设为：这场考试中不存在作弊，73人提交相同的错误答案是个巧合。备择假设则为：这场考试中存在作弊问题。但由于在1 000人参与的考试中提交相同的错误答案的人数（73人）远高于正常水平，那么73人提交相同错误答案的概率有多大呢？和同时有7万名身高在2.13米以上的观众出现在佐

---

① West Point faces worst cheating scandal in decades，https://edition.cnn.com/2020/12/21/politics/west-point-cheating-scandal-2020/index.html。有删改。

治亚穹顶体育场观看足球比赛的概率差不多。这种情况也有可能发生，但发生的概率非常小。因此，我们可以推翻"不存在作弊"的原假设，因为这样的考试结果在不作弊的前提下基本不可能发生。但是原假设到底要有多不可能才能让我们将其推翻呢？最常参考的"门槛"之一是 5％，也称为"显著性水平"。也就是说，如果某个原假设成立的概率不足5％的话，就可以将其推翻。

思考

谈一谈统计在上述案例中发挥了哪些作用。

6.1　假设检验

在许多实际问题中，参数估计尽管能解决一类总体 X 的分布类型已知而参数未知的问题，但还有很多问题仅用参数估计是不能解决的。例如，有一批日光灯管，其使用寿命 X 服从正态分布 $N(\mu_0, \sigma_0^2)(\mu_0, \sigma_0$ 都是已知的)。经过一段较长时间的储存，使用者必须知道这批灯管寿命的期望与方差是否发生了变化。设储存过的灯管使用寿命 X 仍服从 $N(\mu, \sigma^2)$，则上述问题就变成 $\mu = \mu_0$，$\sigma^2 = \sigma_0^2$ 是否成立。像这样的问题，参数估计是不能解决的，这就需要先对所研究的总体作某种假设。例如，刚才提到的问题，先假设 $\mu = \mu_0$ 或 $\sigma^2 = \sigma_0^2$，然后利用样本值 X_1，X_2，$\cdots$，X_n 所提供的信息，应用统计分析的方法来检验这个假设是否正确，从而作出拒绝或接受假设的决定，这就是所谓的假设检验。假设检验亦称"显著性检验"(test of statistical significance)，它的基本思想是小概率反证法思想。小概率思想是指小概率事件(通常 $P < 0.01$ 或 $P < 0.05$)在一次试验中基本不会发生。反证法思想是先提出假设(检验假设 H_0)，再用适当的统计方法确定假设成立的可能性大小。若可能性小，则认为假设不成立；若可能性大，则还不能认为假设不成立。假设检验有两类：一类是参数的假设检验，其内容是对总体中某个数字特征或分布中包含的参数提出假设检验；另一类是分布的假设检验，其内容是对总体的分布提出假设检验。

6.1.1 ▶▶▶ 假设检验的基本原理和步骤

假设检验与置信区间有着密切的关系。例如，在某电子产品的技术改进中，通过随机抽取的样本平均寿命来推断总体的平均寿命。如果我们要以一定的概率估计总体的平均使用寿命，这就是一个参数估计的问

扫码听课

题。更准确地说，就是一个区间估计的问题。如果要以一定的概率判断这批电子产品的平均使用寿命在技术改进前后有无明显的差别，这就是一个假设检验的问题。这两个问题对同一实例用的是同一个样本、同一个统计量、同一种分布，因而可由区间估计问题转换成假设检验问题，也可由假设检验问题转换成区间估计问题。这种互相转换形成了区间估计与假设检验的对偶性。

例如，某电子产品的使用寿命服从 $N(\mu_0, \sigma^2)$。经过技术改进后，随机抽取了 n 个产品 X_1，X_2，$\cdots$，X_n 进行使用寿命测试，得到平均寿命(假设分布方差不会改变)。根据以上资料，可进行两类统计推断。

如果要对技术改进后的产品使用寿命 μ 进行统计推断，则可在给定置信水平 $1-\alpha$ 时，对总体均值 μ 作出区间估计，即

$$P\left(\overline{X} - z_{\frac{\alpha}{2}} \frac{\sigma}{\sqrt{n}} \leqslant \mu \leqslant \overline{X} + z_{\frac{\alpha}{2}} \frac{\sigma}{\sqrt{n}}\right) = 1 - \alpha。 \tag{6-1}$$

它表明区间 $\left(\overline{X} - z_{\frac{\alpha}{2}} \frac{\sigma}{\sqrt{n}}, \; \overline{X} + z_{\frac{\alpha}{2}} \frac{\sigma}{\sqrt{n}}\right)$ 覆盖 μ 的概率为 $1-\alpha$。

如果要问改进后的平均使用寿命 μ 是否与改进前的 μ_0 有明显的差别，则可在给定显著性水平 α 时对总体参数 μ 进行假设检验。首先，建立原假设 H_0：$\mu = \mu_0$ 和备择假设 H_1：$\mu \neq \mu_0$。原假设 $\mu = \mu_0$ 表明技术改进前后的平均使用寿命没有明显差别，备择假设 $\mu \neq \mu_0$ 表明二者有了明显差别。

由区间估计与假设检验的对偶性，可以通过置信区间构造一个水平为 α 的检验。即当且仅当 μ_0 落在区间

$$\left(X - z_{\frac{\alpha}{2}} \frac{\sigma}{\sqrt{n}}, \quad X + z_{\frac{\alpha}{2}} \frac{\sigma}{\sqrt{n}}\right)$$

之内时，接受原假设 H_0；若令

$$Z = \frac{\overline{X} - \mu_0}{\sigma / \sqrt{n}},$$

则当且仅当 $-z_{\frac{\alpha}{2}} < Z < z_{\frac{\alpha}{2}}$，即 $|Z| < z_{\frac{\alpha}{2}}$ 时，接受 H_0；若 $|Z| \geqslant z_{\frac{\alpha}{2}}$ 时，则应拒绝 H_0。这种检验称为双侧检验。

从这个例子看到，区间估计中的置信区间所对应的就是假设检验中的接受域，置信区间之外的就是拒绝域。综上所述，假设检验的一般步骤如下。

第一，根据具体问题的要求建立原假设 H_0 和备择假设 H_1。在一般情况下，总是将检验者的目的放在备择假设 H_1 上，这样可以保证有充分的把握拒绝原假设 H_0，达到检验者的目的。如果原假设中有一个点，即 H_0：$\theta = \theta_0$，称为简单原假设，相应的检验称为双侧检验；如果原假设中不止一个点，即 H_0：$\theta \leqslant \theta_0$ 或 H_0：$\theta \geqslant \theta_0$，称为复合原假设，相应的检验称为单侧检验。

第二，选择一个合适的检验统计量。检验统计量应与原假设无关，能够知道当原假设 H_0 为真时统计量的抽样分布。抽样分布应不含未知参数。根据原假设和备择假设确定检验规则的形式。

第三，给定显著性水平 α，当原假设 H_0 为真时，求出临界值。

第四，由样本观察值计算检验统计量的值，按检验规则对原假设作出拒绝或接受的判断。

6.1.2 ▶▶▶ 总体均值的检验

考虑下面三种类型的假设检验。

(1) $H_0: \mu = \mu_0$，$H_1: \mu \neq \mu_0$。

(2) $H_0: \mu = \mu_0$，$H_1: \mu > \mu_0$。

(3) $H_0: \mu = \mu_0$，$H_1: \mu < \mu_0$。

下面分三种情况来讨论总体均值的检验。

1. 总体为正态分布且方差已知

构造检验统计量

$$Z = \frac{\overline{X} - \mu_0}{\sigma / \sqrt{n}}。 \tag{6-2}$$

当 $\mu = \mu_0$ 时，Z 服从 $N(0, 1)$。给定显著性水平 α，则有：

(1) $H_0: \mu = \mu_0$，$H_1: \mu \neq \mu_0$。检验规则为：当 $|Z| \geqslant z_{\frac{\alpha}{2}}$ 时，拒绝 H_0；当 $|Z| < z_{\frac{\alpha}{2}}$ 时，接受 H_0。

(2) $H_0: \mu = \mu_0$，$H_1: \mu > \mu_0$。检验规则为：当 $Z \geqslant z_\alpha$ 时，拒绝 H_0；当 $Z < z_\alpha$ 时，接受 H_0。

(3) $H_0: \mu = \mu_0$，$H_1: \mu < \mu_0$。检验规则为：当 $Z \leqslant -z_\alpha$ 时，拒绝 H_0；当 $Z > -z_\alpha$ 时，接受 H_0。

以上三个假设检验的拒绝域如图 6-1 所示，拒绝域面积为 α。

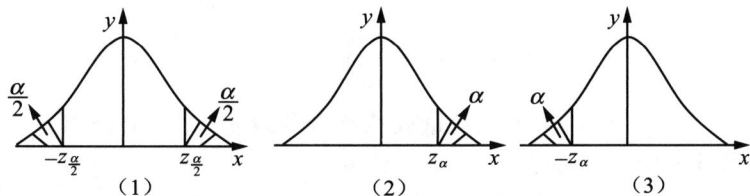

图 6-1　Z 检验拒绝域

【例 6-1】一家食品加工公司的质量管理部门规定，某种包装食品每包净重不得少于 20 千克。经验表明，重量近似服从标准差为 1.5 千克的正态分布。假定从一个由 30 包食品构成的随机样本中得到的平均重量为 19.5 千克，问有无充分证据说明这些包装食品的平均重量减少了。

解：如果把"平均重量保持不变或增加"作为原假设的内容，那么只要能否定原假设，就能说明样本数据提供了充分的证据说明平均重量减少了。这个理由暗示了如下的假设：

$$H_0: \mu \geqslant 20, \quad H_1: \mu < 20。$$

由于重量近似服从正态分布，且总体方差已知，所以选取检验统计量：

$$Z = \frac{\overline{X} - \mu_0}{\sigma / \sqrt{n}}。$$

其观察值为

$$Z = \frac{19.5 - 20}{1.5 / \sqrt{30}} = -1.826。$$

查正态分布表,得临界值 $z_\alpha = z_{0.05} = 1.65$。由于 $Z < -z_{0.05}$,所以拒绝原假设 H_0,说明这些包装食品的平均重量减少了。

如图 6-2 所示,使用 Excel 进行分析时,可以按照下面的步骤进行。

(1)在 A1 单元格输入"总体均值",在 B1 单元格输入"20";在 A2 到 C2 分别输入"样本数""样本均值""样本标准差",在 A3 到 C3 输入相应的数据。

(2)在 E2、E3 单元格输入"Z 值"和"伴随概率 p 值";在 F2 单元格输入公式" $= (B3-B1)/C3 * (A3\hat{\ }0.5)$",求出 Z 统计量 $-1.825\ 7$;在 F3 单元格输入公式" $= NORMDIST(F2,B3,C3,1)$",得到伴随概率 $p = 0.000\ 0$,由于伴随概率 $p < \alpha = 0.05$,因此同样拒绝原假设。

	A	B	C	D	E	F
1	总体均值	20				
2	样本数	样本均值	样本标准差		Z值	−1.8257
3	30	19.5	1.5		伴随概率p值	0.0000

图 6-2　例 6-1 的 Excel 计算表

2. 总体为正态分布但方差未知

由于 σ^2 未知,应取检验统计量

$$t = \frac{\overline{X} - \mu_0}{s / \sqrt{n}}。 \tag{6-3}$$

我们知道,当 $\mu = \mu_0$ 时,这个统计量服从自由度为 $n-1$ 的 t 分布。给定显著性水平 α,检验问题的检验规则分别如下。

(1)当 $|t| \geqslant t_{\frac{\alpha}{2}}(n-1)$ 时拒绝 H_0, $|t| < t_{\frac{\alpha}{2}}(n-1)$ 时接受 H_0。

(2)当 $t \geqslant t_\alpha(n-1)$ 时拒绝 H_0, $t < t_\alpha(n-1)$ 时接受 H_0。

(3)当 $t \leqslant -t_\alpha(n-1)$ 时拒绝 H_0, $t > -t_\alpha(n-1)$ 时接受 H_0。

以上三个假设检验拒绝域如图 6-3 所示,拒绝域面积为 α。

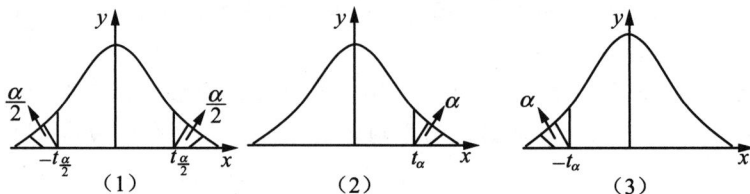

图 6-3　t 检验拒绝域

【例 6-2】某公司人事部门为一项工程上马在社会上招聘大批青年工人。在文化考核结束后，经理问人事部门情况怎么样？回答说，估计平均成绩可达 90 分。经理随机地从试卷中抽取 20 份，发现平均成绩为 83 分，标准差为 12 分。假定考试成绩服从正态分布，如果经理在 0.01 的显著性水平下检验人事部门所做的推测的准确性，应该怎样处理？

解：因为经理所关心的是真实的平均成绩与假设的 90 分是否有区别，所以应该使用双侧检验，建立假设如下：

$$H_0：\mu=90，\quad H_1：\mu \neq 90。$$

已知 $\mu=90$，$n=20$，$\overline{X}=83$，$S=12$，得

$$t=\frac{\overline{X}-\mu_0}{s/\sqrt{n}}=\frac{83-90}{12/\sqrt{20}}=-2.609。$$

对显著性水平 $\alpha=0.01$，查 t 分布表，得临界值 $t_{\frac{\alpha}{2}}(n-1)=t_{0.005}(19)=2.86$。由于 $|t|<t_{\frac{\alpha}{2}}(n-1)$，故接受 H_0，即招工考试的平均成绩是 90 分。

如图 6-4 所示，使用 Excel 进行分析时，可以按照下面的步骤进行。

	A	B	C	D	E	F
1	总体均值	90				
2	样本数	样本均值	样本标准差		t 值	2.6087
3	20	83	12		自由度	19
4					p 值(双尾)	0.0173

图 6-4 例 6-2 的 Excel 计算表

(1)在 A1 单元格输入"总体均值"，在 B1 单元格输入"90"；在 A2 到 C2 分别输入"样本数""样本均值""样本标准差"，在 A3 到 C3 输入相应的数据。

(2)在 E2 单元格输入"t 值"，在 F2 单元格输入公式"= ABS(B3 − B1)/C3 * (A3^0.5)"，求出 t 统计量；在 E3 单元格输入"自由度"，在 F3 单元格输入"=A3−1"。

(3)在 E4 单元格输入"p 值(双尾)"，在 F4 单元格键入公式"= TDIST(F2, F3, 2)"，得到双侧伴随概率 0.017 3。由于 $p=0.017\ 3>\alpha=0.01$，因此接受员工文化考试成绩为 90 分的假设。

3. 总体为非正态分布

对于非正态分布总体均值的假设检验，和区间估计的方法一样，需要大容量样本。一般情况下，当样本容量 $n \geqslant 30$ 时，我们就可以根据中心极限定理，认为 $\overline{X}$ 近似服从正态分布，而把 $Z=\dfrac{\overline{X}-\mu_0}{\sigma/\sqrt{n}}$ 作为检验统计量。如果总体标准差未知，我们可以用样本标准差作为它的估计值，即

$$Z=\frac{\overline{X}-\mu_0}{s/\sqrt{n}}。 \tag{6-4}$$

【例 6-3】一位不动产经纪人宣称，某地区的房屋每平方米的平均价值大于 4 500 元。从 46 间房屋组成的一个样本，得出每平方米房屋的平均价值为 4 800 元，标准差为 1 200 元。在显著性水平 $\alpha=0.05$ 下，这些数据是否支持这个经纪人的说法？

解：这个问题研究的是总体均值是否大于 4 500 元，故作假设

$$H_0: \mu \leqslant 4\,500, \quad H_1: \mu > 4\,500。$$

因为总体分布类型及方差未知，所以采用检验统计量

$$Z = \frac{\overline{X} - \mu_0}{s/\sqrt{n}}。$$

样本容量 46 较大，根据中心极限定理，这个统计量近似服从 $N(0, 1)$。对于显著性水平 $\alpha=0.05$，查正态分布表，得临界值 $z_{0.05}=1.65$。由于

$$Z = \frac{\overline{X} - \mu_0}{s/\sqrt{n}} = \frac{4\,800 - 4\,500}{1\,200/\sqrt{46}} = 1.695\,6 > z_{0.05},$$

所以拒绝 H_0，即支持这个经纪人的说法，可以认为该地区的房屋每平方米的平均价值大于 4 500 元。

6.1.3 ≫≫ 两个总体均值之差的检验

考虑下面三种类型的假设检验。

(1) $H_0: \mu_1 = \mu_2$，$H_1: \mu_1 \neq \mu_2$。

(2) $H_0: \mu_1 \leqslant \mu_2$，$H_1: \mu_1 > \mu_2$。

(3) $H_0: \mu_1 \geqslant \mu_2$，$H_1: \mu_1 < \mu_2$。

下面分三种情况来讨论。

1. 两个总体方差已知

设 $\overline{X}_1 \sim N(\mu_1, \sigma_1^2/n_1)$，$\overline{X}_2 \sim N(\mu_2, \sigma_2^2/n_2)$，则有

$$\frac{\overline{X}_1 - \overline{X}_2 - (\mu_1 - \mu_2)}{\sqrt{\dfrac{\sigma_1^2}{n_1} + \dfrac{\sigma_2^2}{n_2}}} \sim N(0, 1)。$$

于是构造统计量

$$Z = \frac{\overline{X}_1 - \overline{X}_2}{\sqrt{\dfrac{\sigma_1^2}{n_1} + \dfrac{\sigma_2^2}{n_2}}}。 \tag{6-5}$$

当 $\mu_1 = \mu_2$ 时，$Z \sim N(0, 1)$，对于显著性水平 α，则检验问题的检验规则分别如下。

(1) 当 $|Z| \geqslant z_{\frac{\alpha}{2}}$ 时拒绝 H_0，$|Z| < z_{\frac{\alpha}{2}}$ 时接受 H_0。

(2) 当 $Z \geqslant z_\alpha$ 时拒绝 H_0，$Z < z_\alpha$ 时接受 H_0。

(3)当 $Z \leqslant -z_\alpha$ 时拒绝 H_0，$Z > -z_\alpha$ 时接受 H_0。

【例 6-4】 有两种方法可用于制造某种以抗拉强度为重要指标的产品。以往经验表明，用这种方法生产出来的产品的抗拉强度都近似服从正态分布。方法 1 给出的标准差为 6 千克，方法 2 给出的标准差为 8 千克。管理部门想知道用这两种方法生产出来的产品平均抗拉强度是否相同，于是从方法 1 生产的产品中随机选取 12 个产品组成一个样本，算得样本均值为 40 千克；从方法 2 生产的产品中随机选取 16 个产品组成一个样本，算得样本均值为 34 千克。在显著性水平 $\alpha = 0.05$ 下，进行检验。

解：这个问题研究的是两个总体均值是否相同，先做假设

$$H_0: \mu_1 = \mu_2, \quad H_1: \mu_1 \neq \mu_2。$$

因为两个总体都近似服从正态分布，且方差都已知，所以采用检验统计量

$$Z = \frac{\overline{X}_1 - \overline{X}_2}{\sqrt{\dfrac{\sigma_1^2}{n_1} + \dfrac{\sigma_2^2}{n_2}}}。$$

它近似服从 $N(0, 1)$。又因为 $\overline{X}_1 = 40$，$\overline{X}_2 = 34$，$n_1 = 12$，$n_2 = 16$，$\sigma_1 = 6$，$\sigma_2 = 8$，所以

$$Z = \frac{40 - 34}{\sqrt{\dfrac{6^2}{12} + \dfrac{8^2}{16}}} = 2.267\,8。$$

对于 $\alpha = 0.05$，查正态分布表，得临界值 $z_{\frac{\alpha}{2}} = z_{0.025} = 1.96$。因为 $Z = 2.267\,8 > 1.96 = z_{\frac{\alpha}{2}}$，所以拒绝 H_0，即认为两种方法所生产出来的产品平均抗拉强度是不相同的。

2. 两个总体方差未知但相等

由于

$$t = \frac{(\overline{X}_1 - \overline{X}_2) - (\mu_1 - \mu_2)}{S_\omega \sqrt{\dfrac{1}{n_1} + \dfrac{1}{n_2}}} \sim t(n_1 + n_2 - 2),$$

其中

$$S_\omega = \sqrt{\frac{(n_1 - 1)S_1^2 + (n_2 - 1)S_2^2}{n_1 + n_2 - 2}},$$

所以检验统计量

$$t = \frac{\overline{X}_1 - \overline{X}_2}{S_\omega \sqrt{\dfrac{1}{n_1} + \dfrac{1}{n_2}}}。 \tag{6-6}$$

当 $\mu_1 = \mu_2$ 时，服从 $t(n_1 + n_2 - 2)$。给定显著性水平 α，检验问题的检验规则为
(1)当 $|t| \geqslant t_{\frac{\alpha}{2}}(n_1 + n_2 - 2)$ 时拒绝 H_0，$|t| < t_{\frac{\alpha}{2}}(n_1 + n_2 - 2)$ 时接受 H_0。

(2)当 $t \geqslant t_{\alpha}(n_1 + n_2 - 2)$ 时拒绝 H_0，$t < t_{\alpha}(n_1 + n_2 - 2)$ 时接受 H_0。

(3)当 $t \leqslant -t_{\alpha}(n_1 + n_2 - 2)$ 时拒绝 H_0，$t > -t_{\alpha}(n_1 + n_2 - 2)$ 时接受 H_0。

【例 6-5】某地区高考负责人想知道某年来自城市中学考生的平均成绩是否比来自农村中学考生的平均成绩高。已知总体服从正态分布且方差大致相同，由抽样获得如下资料：城市中学考生 $n_1 = 17$，$\overline{X}_1 = 545$，$s_1 = 50$；农村中学考生 $n_2 = 15$，$\overline{X}_2 = 495$，$s_2 = 55$。在显著性水平 $\alpha = 0.05$ 下进行检验。

解：建立假设

$$H_0 : \mu_1 \leqslant \mu_2, \quad H_1 : \mu_1 > \mu_2.$$

由于两个总体都服从正态分布且方差相等，所以选取检验统计量

$$t = \frac{\overline{X}_1 - \overline{X}_2}{S_{\omega} \sqrt{\dfrac{1}{n_1} + \dfrac{1}{n_2}}}.$$

其观察值为

$$t = \frac{545 - 495}{\sqrt{\dfrac{(17-1) \times 50^2 + (15-1) \times 55^2}{17 + 15 - 2}} \sqrt{\dfrac{1}{17} + \dfrac{1}{15}}} = 2.69.$$

查 t 分布表 $t_{\alpha}(n_1 + n_2 - 2) = t_{0.05}(30) = 1.70$，由于 $t > t_{\alpha}$，所以拒绝 H_0，即某地区某年来自城市中学考生的平均成绩比来自农村中学考生的平均成绩高。

3. 两个非正态总体

当两个样本均来自非正态总体时，只要样本容量都很大，就可以利用中心极限定理推导出当 $\mu_1 = \mu_2$ 时的检验统计量

$$Z = \frac{\overline{X}_1 - \overline{X}_2}{\sqrt{\dfrac{\sigma_1^2}{n_1} + \dfrac{\sigma_2^2}{n_2}}}. \tag{6-7}$$

Z 近似服从 $N(0, 1)$。如果 σ_1^2，σ_2^2 未知，就用 s_1^2，s_2^2 分别代替，其检验方法与正态总体条件下的检验相同。

【例 6-6】在两种工艺条件下纺得细纱，各抽 100 个样本试验其强力（单位：克）。整理数据得

工艺一：$n_1 = 100$，$\overline{X}_1 = 280$，$s_1 = 28$。

工艺二：$n_2 = 100$，$\overline{X}_2 = 286$，$s_2 = 28.5$。

在显著性水平 $\alpha = 0.05$ 下，检验这两种工艺生产的细纱强力有无显著性差异。

解：建立假设

$$H_0 : \mu_1 = \mu_2, \quad H_1 : \mu_1 \neq \mu_2.$$

因为两个总体的分布类型未知，方差也未知，所以在大样本的前提下，可以采用检验统计量

$$Z = \frac{\overline{X}_1 - \overline{X}_2}{\sqrt{\dfrac{\sigma_1^2}{n_1} + \dfrac{\sigma_2^2}{n_2}}}。$$

它在 $\mu_1 = \mu_2$ 时近似服从 $N(0,1)$。对于显著性水平 $\alpha = 0.05$，查正态分布表，得临界值 $z_{0.025} = 1.96$，再由样本数据，计算得

$$Z = \frac{280 - 286}{\sqrt{\dfrac{28^2}{100} + \dfrac{28.5^2}{100}}} = -1.5018。$$

因为 $|Z| = |-1.5018| = 1.5018 < 1.96$，所以接受 H_0，即认为两种工艺生产的细纱强力无显著性差异。

6.1.4 ▶▶▶ 总体成数的检验

考虑下面三种类型的假设检验。

(1) H_0：$p = P_0$，H_1：$p \neq P_0$。

(2) H_0：$p \leqslant P_0$，H_1：$p > P_0$。

(3) H_0：$p \geqslant P_0$，H_1：$p < P_0$。

当 np 和 $n(1-p)$ 都大于 5 时，样本成数 p 的抽样分布近似为正态分布，于是构造检验统计量

$$Z = \frac{p - P_0}{\sqrt{\dfrac{P_0(1-P_0)}{n}}}。 \tag{6-8}$$

当 $p = P_0$ 时，统计量近似服从 $N(0,1)$。

【例 6-7】某会计部门负责人发现开出去的发票有大量的笔误，而且相信在这些开出去的发票中至少包含一个错误的发票占 20% 以上。在一个由 400 张发票构成的随机样本中发现至少包含一个错误的发票有 100 张。这些数据是否支持这位负责人的看法(设 $\alpha = 0.05$)？

解：建立假设

$$H_0：p \leqslant 0.20，\quad H_1：p > 0.20。$$

由于样本容量 $n = 100$ 足够大，且 np 和 $n(1-p)$ 皆大于 5，故可用正态分布近似。$p = \dfrac{100}{400} = 0.25$，其检验统计量的数值为

$$Z = \frac{p - P_0}{\sqrt{\dfrac{P_0(1-P_0)}{n}}} = \frac{0.25 - 0.20}{\sqrt{\dfrac{0.20 \times (1-0.20)}{400}}} = 2.5。$$

由于这是单侧检验,$\alpha=0.05$,$z_\alpha=z_{0.05}=1.65$,$Z=2.5>z_\alpha(=1.65)$,故拒绝 H_0,即这些数据支持了这位负责人的看法。

6.1.5 ≫≫ 两个总体比例之差的检验

考虑下面三种类型的假设检验。

(1)H_0: $p_1=p_2$,H_1: $p_1\neq p_2$。

(2)H_0: $p_1\leqslant p_2$,H_1: $p_1>p_2$。

(3)H_0: $p_1\geqslant p_2$,H_1: $p_1<p_2$。

当 n_1p_1,$n_1(1-p_1)$ 和 n_2p_2,$n_2(1-p_2)$ 都大于或等于 5 时,检验统计量

$$Z=\frac{p_1-p_2}{\sqrt{\hat{p}(1-\hat{p})\left(\dfrac{1}{n_1}+\dfrac{1}{n_2}\right)}}。 \tag{6-9}$$

当 $p_1=p_2$ 时,

$$\hat{p}=\frac{n_1p_1+n_2p_2}{n_1+n_2}。$$

Z 近似服从 $N(0,1)$。

【例 6-8】对甲、乙两种类型企业的广告费用情况进行调查,其中在 200 家甲型企业中,有 12% 的企业广告费用占总销售额 3% 以上;在 200 家乙型企业中,有 15% 的企业广告费用占总销售额 3% 以上。在显著性水平 $\alpha=0.05$ 时,检验假设:H_0: $p_1\geqslant p_2$,H_1: $p_1<p_2$。

解:先计算 $\hat{p}$ 值

$$\hat{p}=\frac{n_1p_1+n_2p_2}{n_1+n_2}=\frac{200\times0.12+200\times0.15}{400}=0.135。$$

再计算 Z 的观察值

$$Z=\frac{0.12-0.15}{\sqrt{\dfrac{0.135\times0.865}{200}+\dfrac{0.135\times0.865}{200}}}=-0.8779。$$

对于显著性水平 $\alpha=0.05$,查正态分布表,得临界值 $z_\alpha=z_{0.05}=1.65$。由于 $Z=-0.8779\geqslant-z_\alpha$,所以接受 H_0,即没有充分证据认为 $p_1<p_2$。

6.1.6 ≫≫ 单个正态分布总体方差的假设检验

考虑下面三种类型的假设检验。

(1)H_0: $\sigma^2=\sigma_0^2$,H_1: $\sigma^2\neq\sigma_0^2$。

(2)H_0：$\sigma^2 \leqslant \sigma_0^2$，$H_1$：$\sigma^2 > \sigma_0^2$。

(3)H_0：$\sigma^2 \geqslant \sigma_0^2$，$H_1$：$\sigma^2 < \sigma_0^2$。

构造检验统计量

$$\chi^2 = \frac{(n-1)s^2}{\sigma_0^2}。 \tag{6-10}$$

其中：$s^2 = \dfrac{1}{n-1}\sum\limits_{i=1}^{n}(X_i - \overline{X})^2$。当 H_0 成立时，该统计量服从 $\chi^2(n-1)$。

给定显著水平 α，检验问题的检验规则分别如下。

(1)当 $\chi^2 \geqslant \chi^2_{\frac{\alpha}{2}}(n-1)$ 或 $\chi^2 \leqslant \chi^2_{1-\frac{\alpha}{2}}(n-1)$ 时拒绝 H_0，$\chi^2_{1-\frac{\alpha}{2}}(n-1) < \chi^2 < \chi^2_{\frac{\alpha}{2}}(n-1)$ 时接受 H_0。

(2)当 $\chi^2 \geqslant \chi^2_{\alpha}(n-1)$ 时拒绝 H_0，$\chi^2 < \chi^2_{\alpha}$ 时接受 H_0。

(3)当 $\chi^2 \leqslant \chi^2_{1-\alpha}(n-1)$ 时拒绝 H_0，$\chi^2 > \chi^2_{1-\alpha}(n-1)$ 时接受 H_0。

【例 6-9】已知某纺纱车间纺出细纱的支数服从正态分布，其总体标准差为 1.2 支。从某日纺出的一批细纱中，随机地抽出 16 缕进行支数测量，得到样本标准差 s 为 2.1 支，问该日纱的均匀度与平时有无显著差别（$\alpha = 0.05$）。

解：建立假设

$$H_0：\sigma^2 = 1.2^2，\quad H_1：\sigma^2 \neq 1.2^2。$$

计算统计量

$$\chi^2 = \frac{(n-1)s^2}{\sigma_0^2} = \frac{15 \times (2.1)^2}{(1.2)^2} = 45.94。$$

查表可得，$\chi^2_{\frac{\alpha}{2}}(n-1) = \chi^2_{0.025}(15) = 27.488$，$\chi^2_{1-\frac{\alpha}{2}}(n-1) = \chi^2_{0.975}(15) = 6.252$。

由于 $\chi^2 = 45.94 > \chi^2_{0.025}(15)$，所以拒绝 H_0，即这一天纺出的细纱均匀度与往日相比有显著差别。

6.1.7 ▶▶▶ 两个正态总体方差比的假设检验

考虑下面三种类型的假设检验。

(1)H_0：$\sigma_1^2 = \sigma_2^2$，H_1：$\sigma_1^2 \neq \sigma_2^2$。

(2)H_0：$\sigma_1^2 \leqslant \sigma_2^2$，$H_1$：$\sigma_1^2 > \sigma_2^2$。

(3)H_0：$\sigma_1^2 \geqslant \sigma_2^2$，$H_1$：$\sigma_1^2 < \sigma_2^2$。

当 $\sigma_1^2 = \sigma_2^2$ 成立时，统计量

$$F = \frac{s_1^2}{s_2^2} \sim F(n_1 - 1, \ n_2 - 1)。 \tag{6-11}$$

其中：s_1^2，s_2^2 分别为两个正态总体的样本方差。

给定显著水平 α，检验问题的检验规则分别如下。

(1)当 $F \leqslant F_{1-\frac{\alpha}{2}}(n_1-1, n_2-1)$ 或 $F \geqslant F_{\frac{\alpha}{2}}(n_1-1, n_2-1)$ 时，拒绝 H_0；
当 $F_{1-\frac{\alpha}{2}}(n_1-1, n_2-1) < F < F_{\frac{\alpha}{2}}(n_1-1, n_2-1)$ 时，接受 H_0。

(2)当 $F \geqslant F_\alpha(n_1-1, n_2-1)$ 时，拒绝 H_0；当 $F < F_\alpha(n_1-1, n_2-1)$ 时，接受 H_0。

(3)当 $F \leqslant F_{1-\alpha}(n_1-1, n_2-1)$ 时，拒绝 H_0；当 $F > F_{1-\alpha}(n_1-1, n_2-1)$ 时，接受 H_0。

【例 6-10】用两种不同方法冶炼某种金属材料，分别抽样测定其杂质的含量，数据如表 6-1 所示。试判断这两种冶炼方法的杂质含量的差异性是否显著不同($\alpha = 0.05$)。

表 6-1 金属材料的杂质含量

原冶炼方法	26.9%	22.8%	25.7%	23.0%	22.3%	24.2%	26.1%	26.4%	27.2%	29.5%
新冶炼方法	22.6%	24.5%	20.6%	23.5%	24.3%	21.9%	23.2%	22.5%	—	—

解：原方法与新方法的杂质含量分别为 X 与 Y，假定 $X \sim N(\mu_1, \sigma_1^2)$，$Y \sim N(\mu_2, \sigma_2^2)$，由抽样数据，计算结果如下：

$n_1 = 10$，$\overline{X} = 25.41\%$，$s_1^2 = 5.272$，$n_2 = 8$，$\overline{Y} = 22.89\%$，$s_2 = 1.644$。

计算统计量 F 的值：

$$F = \frac{s_1^2}{s_2^2} = \frac{5.272}{1.644} = 3.207。$$

值得一提的是，在实际计算时，总是像本例一样把样本方差观察值 s_1^2，s_2^2 中大的作为统计量 F 的分子，小的作为分母，这时第一自由度与第二自由度根据 s_1^2 与 s_2^2 哪个在分子上哪个在分母上而定。于是在 H_0 正确时，F 的值总是大于 1 而接近于 1，如果 F 值过大只能认为 H_0 不成立。所以在这种情况下，只需查找一个临界值 $F_{\frac{\alpha}{2}}$。若 $F \geqslant F_{\frac{\alpha}{2}}$，则拒绝 H_0；否则接受 H_0。

这样，在本例中我们已经把大的样本方差 s_1^2 放在分子上，F 分布的自由度应为(9，7)，查 F 分布表，得 $F_{\frac{\alpha}{2}}(9, 7) = F_{0.025}(9, 7) = 4.82$。由于 $F = 3.207 < 4.82$，接受 H_0，即认为两种冶炼方法的杂质含量的差异性无显著不同。

6.1.8 ▶▶▶ 假设检验的两类错误

从我们的主观愿望来讲，总希望经过假设检验能作出正确的判断，即若 H_0 确实为真，则接受 H_0；若 H_0 确实不真，则接受 H_1。但在客观上，我们是根据样本所确定的统计量的值来做推断的。由于样本的随机性，在推断时就不可能绝对不犯错误，因此当我们拒绝或接受一个假设时，就可能发生下列两类错误：(1)H_0 为真，而我们拒绝了它，这种"弃真"的错误，称为犯第一类错误。(2)H_0 不真，而我们接受了它，这种"取伪"的错误，称为犯第二类错误。把这两种错误列于表 6-2。

表 6-2　假设检验的两类错误

真实情况	判断	
	接受 H_0	拒绝 H_0
H_0 成立	判断正确	第一类错误
H_1 成立	第二类错误	判断正确

不难看出，犯第一类错误的概率恰好等于显著水平 α。现把犯第二类错误的概率记为 β，一般来说，β 的计算是很复杂的，我们只举一个简单的例子来说明。假定 $X \sim N(\mu, \sigma^2)$，σ^2 已知，μ 只可能取两个值 μ_0 或 μ_1，设：

$$H_0: \mu = \mu_0, \quad H_1: \mu = \mu_1(> \mu_0)。$$

抽取一个样本，对上述假设进行检验。

从图 6-5 可以看出，这个问题比较简单。当 H_0 成立时，X 来自左面的总体。当 H_1 成立时，X 来自右面的总体，这时 $\dfrac{X - \mu_0}{\sigma}$ 有偏大的趋势。因此，拒绝域应取为右侧，即若 $\dfrac{X - \mu_0}{\sigma} > z_{\frac{\alpha}{2}}$ 或 $X > \mu_0 + z_{\frac{\alpha}{2}} \sigma$，则拒绝 H_0。若记 $C = \mu_0 + z_{\frac{\alpha}{2}} \sigma$，则这是 X 取值的临界值。从图中容易看出，当 H_0 成立时，倘若 X 的取值满足 $X > C$，则要拒绝 H_0，这时犯了第一类错误，其概率如 C 右方竖阴影线部分所示。当 H_1 成立时，倘若 X 的取值满足 $X < C$，则将接受 H_0，这时犯了第二类错误，其概率如 C 左方的斜阴影线部分所示。当 C 向右移动时，犯第一类错误的概率将会变小，而与此同时，犯第二类错误的概率就会变大。也就是说，如果不轻易否定 H_0 时，则在 H_1 成立时，会有较大的可能被误认为 H_0 成立。当 C 向左移动，犯第一类错误的概率会变大，犯第二类错误的概率会变小。

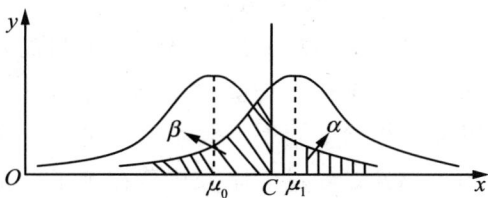

图 6-5　犯两类错误的概率示意图

能否让 α，β 同时都变得最小呢？当 H_0，H_1 给定，样本大小 n 固定时，这是不可能的。只有增大样本大小 n，才能使 α，β 都变小。那么如何评价同一检验问题的不同检验法呢？一般是这样理解的：固定 α，能使 β 达到最小的那个检验法就是最好的检验法。前面介绍的各个问题的检验方法都是在这种意义下的最优(或近似最优)方法。

6.1.9 ⟫⟫ 进行假设检验应注意的问题

第一，进行假设检验之前，应注意资料本身是否有可比性。

第二，当差别有统计学意义时，应注意这样的差别在实际应用中有无意义。

第三，根据资料类型和特点选用正确的假设检验方法。

第四，根据专业及经验确定是选用单侧检验还是双侧检验。

第五，当检验结果为拒绝无效假设时，应注意有发生第一类错误的可能性，即错误地拒绝了本身成立的 H_0，发生这种错误的可能性预先是知道的，即检验水准的大小；当检验结果为不拒绝无效假设时，应注意有发生第二类错误的可能性，即仍有可能错误地接受了本身就不成立的 H_0，发生这种错误的可能性预先是不知道的，但与样本含量和第一类错误的大小有关。

第六，判断结论时不能绝对化，应注意无论接受或拒绝检验假设，都有判断错误的可能性。

6.2　方差分析

6.2.1 ⟫⟫ 方差分析的基本思想

1. 方差分析的概念

方差分析（analysis of variance，ANOVA）又称变异数分析，由英国统计学家费雪首先提出，以 F 命名其统计量，故方差分析又称 F 检验，其目的是推断两组或多组资料的总体均值是否相同，检验两个或多个样本均值的差异是否有统计学意义。与假设检验方法相比，方差分析不仅可以提高检验的效率，同时由于它将所有的样本信息结合在一起进行分析，也增加了分析的可靠性。经过方差分析若拒绝了检验假设，则只能说明多个样本总体均值不相等或不全相等。若要得到各组均值间更详细的信息，则应在方差分析的基础上进行多个样本均值的两两比较。一般来说，随着个体显著性检验的次数增加，偶然因素导致差别的可能性也会增加（并非均值真的存在差别）。而方差分析方法同时考虑所有的样本，排除了错误累计的概率，从而避免了拒绝一个真实的原假设。

本节我们要学习的主要内容包括单因素方差分析，即完全随机设计或成组设计的方差分析，以及双因素方差分析，即配伍组（也称为随机区组）设计的方差分析。

2. 方差分析中的基本概念

在具体学习方差分析之前，我们先介绍方差分析中的几个基本概念。

(1)因素。因素又称因子，是在实验中或在抽样时发生变化的"量"。方差分析的目的就是分析因子对实验或抽样的结果有无显著影响。如果在实验中变化的因素只有一个，这时的方差分析就称为单因素方差分析；如果实验中变化的因素不止一个，就称为多因素方差分析，双因素方差分析是多因素方差分析的最简单情形。

(2)水平。水平又称处理。我们把因子在实验中的不同状态称作水平，每个因子水平下得到的样本数据称为观察值。我们要针对因子的不同水平或水平的组合，进行实验或抽取样本，以便了解因子的影响。

(3)交互影响。当方差分析过程中的影响因子不唯一时，这些因子间是否独立，是否存在相互影响，是需要注意的问题。如果因子间存在相互作用，称为交互影响；如果因子间是相互独立的，则称为无交互影响；交互影响有时也被称为交互作用，是对实验结果产生作用的一个新因素。在分析过程中，有必要将它的影响作用也单独分离开来。

3. 方差分析的基本原理

(1)方差分析的核心就是方差可分解。这里的方差是通过计算偏离均值的平方和再除以 $n-1$(样本量减 1)而得到的。这样，在给定 n 值的情况下，方差就是离差平方和，简称 SS。方差的分解按表 6-3 进行。观察表中的数据，两组均值明显不同(2 与 6)，每组的离差平方和都等于 2，加在一起为 4。如果忽略组别重复上述的计算，即在总体均值的基础上计算总 $SS_{总方差}$，得到的结果为 28。也就是说，在组内变异基础上得到的方差比在总变异基础上得到的方差小得多。出现上述情况的原因在于均值间存在较大的差异，这种差异可以解释 SS 的差异。实际上，如果对上述数据进行方差分析，可以得到表 6-4 的结果。

表 6-3　方差的分解

项　　目	第一组	第二组
1 号对象	2	6
2 号对象	3	7
3 号对象	1	5
均值	2	6
离差平方和	2	2
合计均值	4	
合计离差平方和	28	

表 6-4　方差分析的结果

误差类别	方差分析内容				
	SS	自由度	误差均方	F 值	P 值
组间方差	24.0	1	24.0	24.0	0.008
组内方差	4.0	1	1.0		

可以看到，表 6-4 中的 $SS_{总方差}$(28)分解为各组内误差效应的变异 SS(2+2=4)与组间误差效应的变异 SS(28-4=24)。

(2)组内方差 $SS_{组内}$ 与组间方差 $SS_{组间}$。组内方差通常指的是误差方差，表明当前的设计中不能解释或说明的方差。组间方差可以解释为由组间均数的差别所导致的方差，换句话说，不同组的处理因素不同，解释了这个变异，因此我们知道处理方式的差异使均值产生了变异。

(3)统计学意义检验。在方差分析中，检验是在组间变异与组内变异的方差比较的基础上进行的。即使在无效假设前提下(总体中组间均数不存在差异)，小样本均值仍有小的随机波动，因此组内变异的方差应与组间变异的方差大致相等。F 检验是用来检验两个方差的比率是否明显大于 1。在上例中，检验结果表明组间变异的方差与组内变异的方差的比值超过 1，具有统计学意义，因此我们可以判断：两组均值的差异具有显著性。

方差分析的基本逻辑，简要地说，就是检验均值(组间或变量间)差别是否具有统计学意义。这是通过分析方差而达到的，即通过将总变异分解为由随机误差造成的变异(组内方差 SS)与由均数差异造成的变异(组间方差 SS)两个部分。如果后者大于前者，并且具有统计学意义，我们将拒绝无效假设，接受备择假设，即总体中均数间存在差异。

应用方差分析对资料进行统计推断之前应注意其使用条件。

第一，可比性。若资料中各组均数本身不具可比性则不适用方差分析。

第二，正态性。偏态分布资料不适用方差分析。对偏态分布资料应考虑用对数变换、平方根变换、倒数变换、平方根反正弦变换等变量变换方法变为正态或接近正态后再进行方差分析。

第三，方差齐性。若组间方差不齐则不适用方差分析。多个方差的齐性检验可用 Bartlett 法，它用卡方值作为检验统计量，结果判断需查阅卡方临界值表。

6.2.2 ▶▶▶ 单因素方差分析

扫码听课

单因素方差分析研究一个因素对某种指标的影响，在实验中让其他的影响因素保持不变，只让这一个因素改变。对于 k 组样本，单因素方差分析使用下面的假设检验：H_0：$\mu_1 = \mu_2 = \cdots = u_k$，$H_1$：至少有一组均值与其他组均值不同。

进行单因素方差分析时，变量的总方差 $SS_{总方差}$ 分解为组内方差 $SS_{组内}$ 和组间方差 $SS_{组间}$ 两个部分。设 X_{ij} 为变量值，n_i 为第 i 组数据的个数，$\overline{X}_i$ 为第 i 组均值，$\overline{X}$ 为总均值，总样本数 $n = \sum\limits_{i=1}^{k} n_i$。单因素方差分析使用的计算表如表 6-5 所示。

表 6-5　单因素方差分析表

方差来源	离差平方和	自由度	均方差	F 统计量
组间	$SS_{组间} = \sum\limits_{i=1}^{k} n_i (\overline{X}_i - \overline{X})^2$	$k-1$	$MS_{组间} = SS_{组间} / k-1$	$F = \dfrac{MS_{组间}}{MS_{组内}}$
组内	$SS_{组内} = \sum\limits_{i=1}^{k} \sum\limits_{j=1}^{n_i} (\overline{X}_{ij} - \overline{X}_i)^2$	$n-k$	$MS_{组内} = SS_{组内} / n-k$	
总方差	$SS_{总方差} = \sum\limits_{i=1}^{k} \sum\limits_{j=1}^{n_i} (X_{ij} - \overline{X})^2$	$n-1$		

在给定的显著性水平下，查 F 分布表，得临界值 $F_a(k-1, n-k)$。若 $F < F_a(k-1, n-k)$，则接受原假设，各组样本均值没有显著差异；若 $F > F_a(k-1, n-k)$，则拒绝原假设，各组均值之间存在差异。

【例 6-11】三台机器制造同一产品，记录 5 天的产量如表 6-6 所示，试判断这三台机器的日均产量是否有显著差异。

表 6-6　三台机器在 5 天内的产量

机器	日产量				
A1	138	144	135	149	143
A2	163	148	152	146	157
A3	155	144	159	147	153

解：根据条件可以知道组数 $k=3$，每组的样本数都是相同的，总样本数 $n = \sum\limits_{i=1}^{k} n_i = 15$。使用 Excel 进行单因素方差分析的步骤如下。

(1)首先在 A1:F4 单元格中输入表 6-6 中数据，机器和日产量这两个变量名称不要输入。

(2)在菜单中选取"工具→数据分析→方差分析：单因素方差分析"，单击"确定"按钮；在弹出的"方差分析：单因素方差分析"对话框(见图 6-6)中，设置"输入区域"为 A1:F4，"分组方

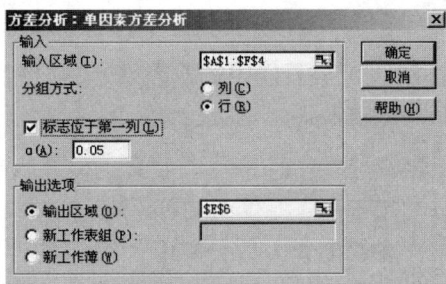

图 6-6　Excel 的单因素方差分析对话框

式"选择"行"；勾选"标志位于第一列"复选框，显著性水平"α"设定为 0.05，"输出区域"选择原工作表中的 E6。

单击"确定"按钮，输出单因素方差分析结果，如图 6-7 所示。

方差分析：单因素方差分析						
SUMMARY						
组	观测数	求和	平均	方差		
A1	5	709	141.8	29.7		
A2	5	766	153.2	47.7		
A3	5	758	151.6	36.8		
方差分析						
差异源	SS	df	MS	F	P-value	F crit
组间	380.9	2	190.466 7	5.003 503	0.026 286	3.885 294
组内	456.8	12	38.066 67			
总计	837.7	14				

图 6-7 例 6-11 的单因素方差分析结果

Excel 的方差分析由"综述表"(小结表，SUMMARY)和"方差分析表"(Anova)组成。"综述表"显示每一组数据的观测数、求和(总和)、平均(均值)和方差。可以看出第一组的均值 $\overline{X}_1 = 141.8$，第二组的均值 $\overline{X}_2 = 153.2$，第三组的均值 $\overline{X}_3 = 151.6$，三台机器的日平均产量存在一定的差别。

"方差分析表"显示组内方差 $SS_{组内} = 456.8$，组间方差 $SS_{组间} = 380.9$，总方差 $SS_{总方差} = 837.7$，检验这三组均值是否相等的 F 为 5.003 5，大于它在 5% 显著性水平的临界值 $F_{0.05}(2, 12) = 3.885\ 3$，其对应的伴随概率 $p = 0.026\ 3 < \alpha = 0.05$。因此不论是对比 F 统计量与其临界值，还是利用伴随概率来判断，都会拒绝原假设，即这三台机器的日平均产量确实存在显著差异。

6.2.3 ▶▶▶ 双因素方差分析

1. 无交互作用的双因素方差分析

在单因素方差分析中，只有一个因素或者说自变量影响因变量的观察值，如果有两个因素(自变量)影响因变量，但是这两个因素是相互独立的，没有交互作用，那么就可以使用 Excel 提供的"双因素方差分析"来研究这两个因素对因变量的影响。

在双因素方差分析中，很多统计软件包括 Excel 习惯上将一个因素称为行变量，另一个因素称为列变量。假设行变量有 r 个类型，列变量有 c 个类型，X_{ij} 为位于第 i 行、第 j 列的观察值，在进行无交互作用的方差分析时要假定各个总体都服从正态分布，并要求样本是简单随机样本，样本之间相互独立。

无交互作用双因素方差分析的原假设是：H_0：$\mu_{ij}=\mu(i=1, 2, \cdots, r; j=1, 2, \cdots, c)$，它等价于下面两个假设：$H_{01}$：$\alpha_1=\alpha_2=\cdots=\alpha_r$ 和 H_{02}：$\beta_1=\beta_2=\cdots=\beta_c$，其中 α，β 代表行变量和列变量各类别的均值。如果拒绝 H_{01} 或者 H_{02}，那么就可以认为行变量或者列变量对因变量产生了影响。

双因素方差分析同样要对总方差 $SS_{总方差}$ 进行分解，$SS_{总方差}$ 可以分解为 $SS_{行因素}$、$SS_{列因素}$ 和 $SS_{误差}$ 三部分，以分别反映行变量的组间差异、列变量的组间差异和组内差异。

设 $\overline{X}_i$ 为第 i 行样本的均值，$\overline{X}_j$ 为第 j 行样本的均值，$\overline{X}$ 为总均值，总样本数 $n=rc$，无交互作用双因素方差分析使用的计算表如表 6-7 所示。

表 6-7　无交互作用双因素方差分析表

方差来源	离差平方和	自由度	均方差	F 统计量
行因素	$SS_{行因素}=c\sum\limits_{i=1}^{r}(\overline{X}_i-\overline{X})^2$	$r-1$	$MS_{行因素}=\dfrac{SS_{行因素}}{r-1}$	$F_行=\dfrac{MS_行}{MS_{误差}}$
列因素	$SS_{列因素}=r\sum\limits_{j=1}^{c}(\overline{X}_{.j}-\overline{X})^2$	$c-1$	$MS_{列因素}=\dfrac{SS_{列因素}}{c-1}$	$F_列=\dfrac{MS_列}{MS_{误差}}$
误差	$SS_{误差}=\sum\limits_{i=1}^{r}\sum\limits_{j=1}^{c}(X_{ij}-\overline{X}_{i.}-\overline{X}_{.j}+\overline{X})^2$	$(r-1)\times(c-1)$	$MS_{误差}=\dfrac{SS_{误差}}{(r-1)(c-1)}$	
总方差	$SS_{总方差}=\sum\limits_{i=1}^{r}\sum\limits_{j=1}^{c}(X_{ij}-\overline{X})^2$	$rc-1$		

当 H_{01} 为真时，$F_行=\dfrac{MS_行}{MS_{误差}}\sim F((r-1), (r-1)(c-1))$，在给定的显著性水平 α 下查 F 分布表，若 $F_行>F_\alpha((r-1), (r-1)(c-1))$，则拒绝 H_{01}，行变量对因变量有显著影响；类似地，当 H_{02} 为真时，$F_列=\dfrac{MS_列}{MS_{误差}}\sim F((c-1), (r-1)(c-1))$，在给定的显著性水平 α 下查 F 分布表，若 $F_列>F_\alpha((c-1), (r-1)(c-1))$，则拒绝 H_{02}，列变量对因变量有显著影响。

【例 6-12】一家轮胎公司新研制了一种轮胎，该公司进行轮胎磨损实验，以确定不同的平均车速是否会对轮胎面的磨损产生不同的影响。公司从 5 家橡胶供应商处购买橡胶生产轮胎(见表 6-8)，不同类型的橡胶是否也会对汽车磨损产生不同的影响呢？

表 6-8　轮胎的磨损程度

橡胶供应商	速度		
	低速	中速	高速
A	3.7	4.5	3.1
B	3.4	3.9	2.8

续表

橡胶供应商	速度		
	低速	中速	高速
C	3.5	4.1	3.0
D	3.2	3.5	2.6
E	3.9	4.8	3.4

解：本例中，行变量"橡胶供应商"有 5 个，$r=5$；列变量"速度"有三种类型，$c=3$，总的样本观测数 $n=rc=15$。使用 Excel 进行无交互作用的双因素方差分析的步骤如下。

（1）在 A1:D6 单元格中输入表 6-8 中数据。

（2）在菜单中选取"工具→数据分析→方差分析：双因素方差分析"，单击"确定"按钮；在弹出的"方差分析：无重复双因素分析"对话框（见图 6-8）中，设置"输入区域"为 A1:D6，勾选"标志"复选框，显著性水平"α"设定为 0.05，"输出区域"设定为 D9。

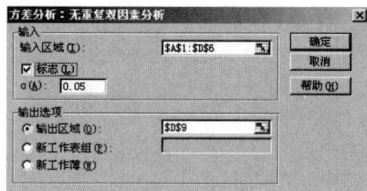

单击"确定"按钮，输出无重复双因素分析结果，如图 6-9 所示。

图 6-8　Excel 的无交互作用双因素方差分析对话框

方差分析：无重复双因素分析						
SUMMARY	观测数	求和	平均	方差		
A	3	11.3	3.766 667	0.493 333		
B	3	10.1	3.366 667	0.303 333		
C	3	10.6	3.533 333	0.303 333		
D	3	9.3	3.1	0.21		
E	3	12.1	4.033 333	0.503 333		
低速	5	17.7	3.54	0.073		
中速	5	20.8	4.16	0.258		
高速	5	14.9	2.98	0.092		
方差分析						
差异源	SS	df	MS	F	P-value	F crit
行	1.549 333	4	0.387 333	21.719 63	0.000 236	3.837 853
列	3.484	2	1.742	97.682 24	2.39E-06	4.458 97
误差	0.142 667	8	0.017 833			
总计	5.176	14				

图 6-9　例 6-12 的无交互作用双因素方差分析结果

观察输出结果中的"方差分析"表，可以得到 $SS_{行因素} = 1.549\ 3$，$SS_{列因素} = 3.484$，$SS_{误差} = 0.142\ 7$，$SS_{总方差} = 5.176$。$F_{行} = 21.719\ 6 > F_{0.05}(4, 8) = 3.837\ 9$，对应的伴随概率 $p = 0.000\ 2 < \alpha = 0.05$，拒绝 H_{01}，即不同类型的橡胶对轮胎磨损程度产生明显不同的影响。$F_{列} = 97.682\ 2 > F_{0.05}(2, 8) = 4.459\ 0$，对应的伴随概率 $p = 0.000\ 0 < \alpha = 0.05$，拒绝 H_{02}，即不同车速对轮胎磨损程度也显著不同。

2. 有交互作用的双因素方差分析

有交互作用的双因素方差分析的原假设是：$H_0：\mu_{ij} = \mu (i = 1, 2, \cdots, r; j = 1, 2, \cdots, c)$，它等价于下面三个假设：$H_{01}：\alpha_1 = \alpha_2 = \cdots = a_r$，$H_{02}：\beta_1 = \beta_2 = \cdots = \beta_r$ 和 $H_{03}：\gamma_{ij} = 0$。与无交互作用的双因素方差分析类似，若拒绝 H_{01} 或者 H_{02}，则可以认为行变量或者列变量对因变量产生了影响；若拒绝 H_{03}，则可以认为行变量和列变量的交互作用显著。

设 X_{ijk} 为观察值，$\overline{X}_{i.}$ 为第 i 行样本的均值，$\overline{X}_{.j}$ 为第 j 行样本的均值，一个行变量和一个列变量交叉形成一个单元，n 为每个单元中样本的个数。$\overline{X}_{ij}$ 为单元均值，$\overline{X}$ 为总均值，总样本数 $N = rcn$，有交互作用双因素方差分析使用的计算表如表 6-9 所示。

表 6-9　交互作用双因素方差表

方差来源	离差平方和	自由度	均方差	F 统计量
行因素	$SS_{行因素} = nc \sum_{i=1}^{r} (\overline{X}_{i.} - \overline{X})^2$	$r-1$	$MS_{行因素} = \dfrac{SS_{行因素}}{r-1}$	$F_{行} = \dfrac{MS_{行}}{MS_{误差}}$
列因素	$SS_{列因素} = nr \sum_{j=1}^{c} (\overline{X}_{.j} - \overline{X})^2$	$c-1$	$MS_{列因素} = \dfrac{SS_{列因素}}{c-1}$	$F_{列} = \dfrac{MS_{列}}{MS_{误差}}$
交互作用	$SS_{交互} = n \sum_{i=1}^{r} \sum_{j=1}^{c} (\overline{X}_{ij} - \overline{X}_{i.} - \overline{X}_{.j} + \overline{X})^2$	$(r-1) \times (c-1)$	$MS_{交互} = \dfrac{SS_{交互}}{(r-1)(c-1)}$	$F_{交互} = \dfrac{MS_{交互}}{MS_{误差}}$
误差	$SS_{误差} = \sum_{i=1}^{r} \sum_{j=1}^{c} \sum_{k=1}^{n} (X_{ijk} - \overline{X}_{ij})^2$	$rc \times (n-1)$	$MS_{误差} = \dfrac{SS_{误差}}{rc(n-1)}$	
总方差	$SS_{总方差} = \sum_{i=1}^{r} \sum_{j=1}^{c} \sum_{k=1}^{n} (X_{ijk} - \overline{X})^2$	$rcn-1$		

当 H_{01} 为真时，$F_{行} = \dfrac{MS_{行}}{MS_{误差}} \sim F((r-1), rc(n-1))$，在给定的显著性水平 α 下查 F 分布表，若 $F_{行} > F_{\alpha}((r-1), rc(n-1))$，则拒绝 H_{01}，行变量对因变量有显著影响；当 H_{02} 为真时，$F_{列} = \dfrac{MS_{列}}{MS_{误差}} \sim F((c-1), rc(n-1))$，在给定的显著性水平 α 下查 F 分布表，若 $F_{列} > F_{\alpha}((c-1), rc(n-1))$，则拒绝 H_{02}，列变量对因变量有显著影响；当 H_{03} 为真时，$F_{交互} = \dfrac{MS_{交互}}{MS_{误差}} \sim F((r-1)(c-1), rc(n-1))$，在给定的显著性水平 α 下查 F 分布表，若 $F_{误差} > F_{\alpha}((r-1)(c-1), rc(n-1))$，则拒绝 H_{03}，行变量和列变量的交

互作用对因变量有显著影响。

【例 6-13】 一家鞋店零售商进行了一项研究，以确定该鞋店每天销售额是否随方圆 1 千米范围内竞争者的数量以及商店的地理位置的不同而不同，该公司的研究者在研究中选择了三种类型的商店：单独位于邻郊的商店、位于购物中心的商店以及城内的商店。这些商店方圆 1 千米范围内的竞争者数量不同，可以被分为四类：没有竞争者、有 1 个竞争者、2 个竞争者以及 3 个和 3 个以上竞争者，表 6-10 中的数据是上述不同组合条件下的日销售量(单位：双)。试判断商店位置、竞争者数量以及它们的交互作用是否对鞋店日销量产生明显作用。①

解：根据题意可以确定行变量"商店位置"有三个类别，$r=3$；列变量"竞争者个数"有四个类别，$c=4$；行变量和列变量每一个交叉形成的单元中都有三个数据，$n=3$。总的样本观测数 $N=rcn=3 \times 4 \times 3=36$。使用 Excel 进行有交互作用的双因素方差分析的步骤如下。

表 6-10 鞋店日销售量表

商店位置	竞争者个数			
	0	1	2	≥3
单独位于邻郊的商店	41	38	59	47
	30	31	48	40
	45	39	51	39
位于购物中心的商店	25	29	44	43
	31	35	48	42
	22	30	50	53
城内的商店	18	22	29	24
	29	17	28	27
	33	25	26	32

(1)在 A1:E10 单元格中输入表 6-10 中数据，如图 6-10 所示。

(2)在菜单中选取"工具→数据分析→方差分析：可重复双因素分析"，单击"确定"按钮；在弹出的"方差分析：可重复双因素分析"对话框中，设置"输入区域"为 A1:E10；在"每一样本的行数"文本框中输入 3，它就是每一个交叉单元中的样本个数；设定显著性水平"α"为 0.05，"输出区域"设定为 G2，如图 6-10 所示。点击"确定"按钮，得到图 6-11 的输出结果。

---

① [美]肯·布莱克、戴维·L.埃尔德雷奇：《以 Excel 为决策工具的商务与经济统计》，张久琴、张玉梅、杨琳，译，318 页，北京，机械工业出版社，2003。

图 6-10 数据录入格式和有交互作用方差分析的对话框

SUMMARY	0	1	2	3	总计
单独位于邻郊的商店					
观测数	3	3	3	3	12
求和	116	108	158	126	508
平均	38.667	36	52.667	42	42.333
方差	60.333	19	32.333	19	67.515
位于购物中心的商店					
观测数	3	3	3	3	12
求和	78	94	142	138	452
平均	26	31.333	47.333	46	37.667
方差	21	10.333	9.333 3	37	106.61
城内的商店					
观测数	3	3	3	3	12
求和	80	64	83	83	310
平均	26.667	21.333	27.667	27.667	25.833
方差	60.333	16.333	2.333 3	16.333	24.879
总计					
观测数	9	9	9	9	
求和	274	266	383	347	
平均	30.444	29.556	42.556	38.556	
方差	73.528	53.528	141.03	87.778	

图 6-11 例 6-13 的综述表

输出结果中的"综述表"包括四个小的表格，前面三个表格显示每个单元中样本的观测数、总和、均值和方差；最后一个表格显示列变量每个类型对应的样本观测数、总和、均值和方差。

从"方差分析表"（见图 6-12）中可以看出，$SS_{行因素}=1\ 736.2$，$SS_{列因素}=1\ 078.3$，$SS_{交互}=503.33$，$SS_{误差}=607.33$，$SS_{总方差}=3\ 925.2$。$F_{行}=34.305>F_{0.05}(2，24)=3.402\ 8$，对应的伴随概率 $p=0.000\ 0<\alpha=0.05$，拒绝 H_{01}；$F_{列}=14.204>F_{0.05}(3，24)=3.008\ 8$，对应的伴随概率 $p=0.000\ 0<\alpha=0.05$，拒绝 H_{02}；$F_{交互}=3.315>F_{0.05}(6，24)=2.508\ 2$，对应的伴随概率 $p=0.016\ 1<\alpha=0.05$，拒绝 H_{03}。根据这三个检验统计量知道，商店位置、竞争者数量以及两者的交互作用对鞋店的日销售量的影响都有统计学的意义。

方差分析						
差异源	SS	df	MS	F	P-value	F crit
样本	1 736.2	2	868.11	34.305	9E-08	3.402 8
列	1078.3	3	359.44	14.204	2E-05	3.008 8
交互	503.33	6	83.889	3.315	0.0161	2.508 2
内部	607.33	24	25.306			
总计	3 925.2	35				

图 6-12　例 6-13 的有交互作用方差分析表

本章小结

1. 假设检验亦称"显著性检验"，要求先对所研究的总体作某种假设，然后利用样本值 X_1，X_2，…，X_n 所提供的信息，应用统计分析的方法来检验这个假设是否正确，从而作出拒绝或接受假设的决定。

2. 方差分析又称变异数分析，因以 F 命名其统计量，又称 F 检验，其目的是推断两组或多组资料的总体均值是否相同，检验两个或多个样本均值的差异是否有统计学意义。与假设检验方法相比，方差分析不仅可以提高检验的效率，同时由于它将所有的样本信息结合在一起进行分析，也增加了分析的可靠性。

阅读与分析

假设检验的逻辑与结论的脆弱[①]

如图 6-13 所示，如果没有拒绝原假设 H_0，或声称模型已经通过了所有的假设检验，那么利用统计模型所得出的结论需谨慎对待。因为拒绝的反面不仅仅是接受，还有"不置可否"（无法作出判断）。假设检验的目的是拒绝 H_0（稻草人假设）：当拒绝 H_0 的时候，我

---

① 魏瑾瑞、孙秋碧：《统计学的解释力——统计解释世界》，载《中国统计》，2009(2)：54-56。有删改。

们有 $1-\alpha$ 的信心和把握来表明所作出决定的态度，其中犯错(弃真)的可能是 α(小概率)；当证据不足以拒绝 H_0 的时候(小概率事件没有发生)，情况就复杂了，要么无奈地接受 H_0，要么留待以后进一步验证。但往往是等不及重复做这个检验，所以经济学家一般无法作出令人满意的短期预测，进一步的验证总是能证明这一点——他们犯了取伪的错误。当然，倘若 H_0 的确为真，经过检验又接受了它，那么这显示了检验的功效(Power) $1-\beta$，相应地，犯取伪错误的概率为 β。

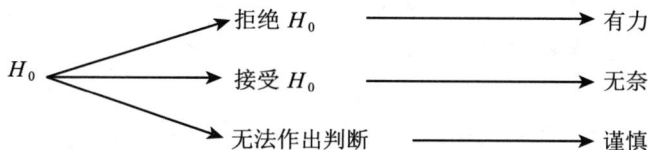

$$H_0 \begin{cases} \longrightarrow 拒绝 H_0 \longrightarrow 有力 \\ \longrightarrow 接受 H_0 \longrightarrow 无奈 \\ \longrightarrow 无法作出判断 \longrightarrow 谨慎 \end{cases}$$

图 6-13　假设检验的逻辑示意图

无法作出判断，即无法证实亦无法证伪，并不是吹毛求疵、鸡毛蒜皮可以忽略的小事儿，而是一个推理体系内普遍的局限。例如，你没办法证明自己的诚实，你也没办法表明个人劳动的价值(私人劳动只有转化为社会劳动，被社会所承认才具有普遍的价值)。希尔伯特曾向数学家们提出类似的问题，"你怎样才能确信数学是一个可靠的推理体系呢？如果有人给你一条关于数学的陈述，你将如何着手证明它的真伪？"哥德尔的回答是，"任何大得足以包含算术的逻辑体系必定是不完备的或者是不自洽的。一定存在不能用算术公理和演绎规则确定其真伪的算术陈述。"

【例】在做统计分析之前，抽样数据要不要做正态性检验？

为了保证统计推断的有效性，那么抽样必须是概率抽样。也就是说，在统计分析之前，我们应该检验抽样的随机性。但是如何检验其随机性呢？我们知道，倘若是随机抽取的数据，应该会出现正态分布，因为外界的干扰被假定是白噪声 White Noise($y_i =$ 真值 $+\varepsilon$)。这样一来，随机性检验就等价于正态性检验。如果通不过正态性检验，那它一定是非随机抽样，进一步的统计推断也就没意义了。但是如果通过了正态性检验，那么抽样就一定是随机的吗？不一定。因为完全可以伪造服从正态分布的随机数据，这很容易。所以，假设检验的逻辑是证伪，而不是证实。它只能告诉我们哪些变量是不合适的，但并不能指出哪些变量被遗漏了。这就好像是批评家或评论家的工作——按照其标准指出你的错误之所在，或哪儿不合适，但是：①还缺少什么呢？他们说不出来。换句话说，他们的工作是摧毁性的，而不是建设性的。②符合他们标准的就一定是事实本身吗？标准与事实之间是充要条件吗？③那些你没有拿给他看的部分，他们不会去追问。

对于方程求解，我们当然希望找到解，但是鲁菲尼和阿贝尔证明，大于等于 5 次幂的方程不存在公式解。这也是对问题的回答。上帝给予我们胸怀去接受那些不能改变的事物，给予我们勇气去改变那些能改变的事物，然后给予我们智慧去分辨二者的不同。我们看不见红外线，但是我们知道蚂蚁能看见，这就够了。

我们一直在寻求对世界有一个充分而正确的解释力，而这个解释力在哪儿呢？或许，下面这句话正是答案："在统计学中，一种解释的可信度并非来自它本身具有的绝对解释力，而是来自它相对于其他解释所具有的竞争力。"

思考与练习

一、思考题

1. 假设检验与置信区间有何关系？

2. 如何理解假设结果的准确性和误差？

二、单项选择题

1. 当总体服从正态分布，但总体方差未知的情况下，$H_0：\mu = \mu_0$，$H_1：\mu < \mu_0$，则 H_0 的拒绝域为（   ）。

A. $|t| \leqslant t_\alpha(n-1)$　　　　　B. $t \leqslant -t_\alpha(n-1)$

C. $t > t_\alpha(n-1)$　　　　　　　D. $t \leqslant t_\alpha(n-1)$

2. 在假设检验中，原假设 H_0，备择假设 H_1，则称（   ）为犯第二类错误。

A. H_0 为真，接受 H_1　　　　　B. H_0 为真，拒绝 H_1

C. H_0 不真，接受 H_1　　　　　D. H_0 不真，拒绝 H_1

三、计算题

1. 一个消费者协会的负责人为了研究该城市居民的副食品采购习惯，访问了 400 个家庭，得到的信息是：225 个双职工家庭中有 54 个家庭说他们的大多数副食品是在农贸市场购买的；175 个单职工家庭中有 52 个家庭说他们的大多数副食品是在农贸市场购买的。在显著性水平 $\alpha = 0.05$ 下，检验两类家庭中大多数副食品在农贸市场购买的家庭比例是否有所不同。

2. 从市场供应的某种润滑油中随机抽取 10 瓶，发现其重量是 10.2、9.7、10.1、10.3、10.1、9.8、9.9、10.4、10.3 和 9.8（单位：盎司），假定重量服从正态分布，试在显著性水平 $\alpha = 0.01$ 下检验"瓶装润滑油平均重量 10 盎司"这个假设。

3. 某类钢板的制造规定，每块钢板的重量方差不得超过 0.016 千克。有 25 块钢板组成一个样本，算得样本方差为 0.025。设每块钢板的重量服从正态分布，在显著性水平 $\alpha = 0.05$ 下，能否得出钢板重量不合规定的结论？

4. 有两种能使从事紧张工作的职员解除精神紧张的药物。在一项旨在比较这两种药物疗效的工作中，医疗小组使两个小组（各 8 人）的志愿者分别服用这两种药，两个月后收集了关于这两组受试验者紧张水平的数据，由样本数据得到方差 $s_1^2 = 4\,624$，$s_2^2 = 2\,916$。在显著性水平 $\alpha = 0.05$ 下，这些数据是否支持关于这些样本所代表的两个总体的紧张水平的方差有差别的看法？

5. 在电解铜工艺中，电流强度、电解液配方和浓度、设备水平等对电解铜的纯度有很大影响。为考虑电流强度的作用效果，将其他因素固定起来，分别在 5 种电流强度下各做 5 次试验，观察 1 小时内得到的电解铜的杂质率数据如表 6-11 所示，试在显著性水平

$\alpha=0.05$ 下检验电流强度对电解铜杂质率是否有影响。

表 6-11　电解铜的杂质率数据

样品	电流				
	A_1	A_2	A_3	A_4	A_5
	杂质率				
	10	15	20	25	30
1	1.7	2.1	1.5	1.9	1.8
2	2.1	2.2	1.3	1.9	1.9
3	2.2	2.0	1.8	2.2	2.1
4	2.1	2.2	1.4	2.3	1.7
5	1.9	2.1	1.7	2.0	1.2

第 7 章

列联表分析

本章导读

通过本章的学习，认识列联表在定性数据分析中的作用；了解列联表的基本内容、列联表分析中应注意的问题；掌握拟合优度检验和独立性检验。

思政目标

引导学生在实际生活中注重发现并体会现象之间的关联，学会用量变引起质变的道理看问题，培养学生的科学素养。

思政案例

清廉与长寿

据报道，有一名巴西医生经过多年研究后得出结论：卷入腐败行为的人容易得癌症、心肌梗死、过敏症、脑出血、心脏病等。在研究过程中，该医生收集了犯有各种贪污、受贿罪的官员与廉洁官员寿命的调查资料：500 名贪官中有 348 人的寿命小于平均寿命；590 名廉洁官员中只有 93 人的寿命小于平均寿命，这里平均寿命是指"当地人均寿命"。为分析官员在经济上是否清白与他们的寿命长短有无显著性关系可以采用独立性检验。

首先，根据调查资料可以列 2×2 列联表如表 7-1 所示。

表 7-1　2×2 列联表

类别	贪官	廉洁官员	合计
短寿	348	93	441
长寿	152	497	649
合计	500	590	1 090

其次，提出原假设和备择假设。

H_0：官员是否清廉与他们寿命的长短无关。

H_1：官员是否清廉与他们寿命的长短有关。

最后，根据卡方统计量的公式计算得到卡方值为 325.66，远远大于临界值 $\chi^2_{0.01}(1)=$ 6.634 9，表明有 99% 的把握拒绝 H_0，即有 99% 的把握可以认为官员在经济上是否清廉与他们寿命的长短有显著关系。

经常贪污受贿的官员，因为做了损人利己、损公肥私的坏事，时刻害怕有朝一日会受到人民的惩罚，心中不免因忧虑、恐惧而时时惊悸、怵惕不安，从而导致机体生理机能失调而疾病缠身。为政清廉有助于健康长寿，清廉精神是我们为人处世的底线原则，更是一个国家强盛的根本基石。

思考

思考本案例中可否直接通过比较贪官和廉洁官员的长寿人数得出结论，体会独立性检验的意义。

7.1　列联表概述

7.1.1 ▷▷▷ 列联表的构造

列联表（contingency table）是观测数据按两个或更多属性（定性变量）分类时所列出的频数分布表。一般地，若总体中的个体可按两个变量 A 和 B 分类。横向变量 A 有 R 个等级：A_1，A_2，…，A_R；纵向变量 B 有 C 个等级：B_1，B_2，…，B_C。从总体中抽取大小为 n 的样本，设其中有 n_{ij} 个个体的属性属于等级 A_i 和 B_j，n_{ij} 称为频数，将 $R \times C$ 个 n_{ij} 排列为一个 R 行 C 列的二维列联表，简称 $R \times C$ 列联表，如 2×4 列联表，2×2 列联表和 3×4 列联表。$R \times C$ 列联表的一般形式如表 7-2 所示。

扫码听课

表 7-2　$R \times C$ 列联表

A	B				$\sum\limits_{j}$
	B_1	B_2	…	B_C	
A_1	f_{11}	f_{12}	…	f_{1C}	$n_1.$
A_2	f_{21}	f_{22}	…	f_{2C}	$n_2.$
⋮	⋮	⋮	…	⋮	⋮
A_R	f_{R1}	f_{R2}	…	f_{RC}	$n_R.$
$\sum\limits_{i}$	$n._1$	$n._2$	…	$n._C$	n

若所考虑的属性多于两个，也可按类似的方式做出列联表，称为多维列联表。由于属性或定性变量的取值是离散的，因此多维列联表分析属于离散多元分析的范畴。

列联表分析在市场研究中有着广泛的应用。例如，某家调查公司想了解某地不同经济收入的居民对两种商标的偏好是否相同，调查结果如表 7-3 所示。

表 7-3　居民对两种商标的偏好调查结果

商标	低收入	较低收入	较高收入	高收入	合计
商标一	110	90	80	60	340
商标二	45	50	35	30	160
合计	155	140	115	90	500

表中的行（row）是态度变量，这里划分为两类：偏好商标一或偏好商标二；表中的列（column）是单位变量，这里划分为四类：低收入组、较低收入组、较高收入组和高收入组。因此，表 7-3 是一个 2×4 列联表。表中的每一个数据都反映着来自态度和单位两个方面的信息。由于列联表中的每个变量都可以有两个或两个以上的类别，因此列联表会有多种形式。

7.1.2 ⟫⟫⟫ 列联表的分布

列联表的分布包括两个方面：一个是观察值的分布，另一个是期望值的分布。

1. 观察值的分布

表 7-3 就是一个最简单的观察值的分布。表中的最右边显示了态度变量的总数，如偏好商标一的共有 340 人，偏好商标二的共有 160 人，称此为行边缘频数；表中的最下边显示了单位变量的总数，如低收入组、较低收入组、较高收入组、高收入组接受调查的人数分别有 155 人、140 人、115 人、90 人，对此称为列边缘频数。这样，列联表所表现的就是在变量 A 条件下变量 B 的分布，或是在变量 B 条件下变量 A 的分布，因此又把列联表中的观察值分布称为条件分布，每个具体的观察值就是条件频数。例如，低收入组偏好商标一的有 110 人就是一个条件频数。条件频数反映了数据的分布，但不适合对此进行对比。例如，较低收入组偏好商标一的有 90 人，较高收入组偏好商标一的有 80 人，但不能据此说较低收入人群比较高收入者更偏好商标一，因为较低收入组接受调查的人数比较高收入组接受调查的人数多，二者对比的基数不同。为了能在相同的基数上比较，使列联表中的数据提供更多的信息，可以计算相应的百分比。表 7-3 就是一个包含百分比的列联表。

表 7-4 中主栏的每个单元中有 4 个数据，各数据的含义分别为条件频数、行百分数、列百分数、总百分数。例如，第一个单元中，第一个数字 110 为观察值频数，即条件频数；第二个数字 32.35 为行百分数，即 $110/340 = 32.35\%$；第三个数字 70.97 为列百分

数，即 110/155＝70.97％；第四个数字为总百分数，即 110/500＝22％。在最右边和最下边的合计栏中各有两行数据，第一行是边缘频数，第二行是边缘频数的百分数。例如，最右边的 68％＝340/500，以及最下边的 31％＝155/500。包含百分数的列联表使我们对变量的联合分布的关系看得更清楚一些。但是，仅仅依赖于这样的表，还难以展开深入的分析，为此需要引入期望分布的概念。

表 7-4　包含百分比的 2×4 列联表

项目	低收入	较低收入	较高收入	高收入	合计
偏好商标一/人	110	90	80	60	340
行百分数	32.35％	26.47％	23.53％	17.65％	68％
列百分数	70.97％	64.29％	69.57％	66.67％	—
总百分数	22％	18％	16％	12％	—
偏好商标二/人	45	50	35	30	160
行百分数	28.13％	31.25％	21.87％	18.75％	32％
列百分数	29.03％	35.71％	30.43％	33.33％	—
总百分数	9％	10％	7％	6％	—
合计/人	155	140	115	90	500
百分数	31％	28％	23％	18％	100％

2. 期望值的分布

仍以前例为例。我们已经知道，在全部 500 个样本中，偏好商标一的共有 340 人，占总数的 68％，即从总体上看，超过 2/3 的调查对象偏好商标一。但我们希望进一步了解不同经济收入群体对两种商标的偏好是否存在差异。从逻辑上讲，如果不同经济收入群体对两种商标的偏好相同，那么对低收入组来说，偏好商标一的人数应该为 68％×155＝105 人，对较低收入组来说，偏好商标一的人数应该为 68％×140＝95 人，这 105 人和95 人就是本例中的期望值。由此可以计算出期望值的分布，并与观察值进行对比，如表 7-5 所示。

表 7-5　观察值和期望频数对比分布表

项目	低收入	较低收入	较高收入	高收入
偏好商标一				
观察值	110	90	80	60
期望值	105.4	95.2	78.2	61.2
偏好商标二				
观察值	45	50	35	30
期望值	49.6	44.8	36.8	28.8

如果不同收入群体对两种商标的偏好相同，即不同收入群体偏好商标一的比例相同，就应有 $P_1 = P_2 = P_3 = P_4 = 0.68$（$P_i$ 为第 i 个收入群体偏好商标一的百分比），那么在表 7-4 中，观察值和期望值就应非常接近。对于 $P_1 = P_2 = P_3 = P_4 = 0.68$ 的假设，可以采用 χ^2 分布（chi-square distribution）进行检验。在本章中主要讨论用 χ^2 进行拟合优度检验和独立性检验，其内容将在后面谈及。这里需要指出的是，利用观察值的有关信息计算期望值的分布是进行 χ^2 检验的第一步。由于检验的具体内容不同，计算期望值的方法会有所不同，但表 7-4 中关于观察值和期望值的内容，展示了进行 χ^2 检验的一般构造。

7.2 拟合优度检验

7.2.1 ▷▷▷ χ^2 统计量

扫码听课

χ^2 统计量可以用于变量间拟合优度检验和独立性检验，可以用于测定两个分类变量之间的相关程度。若用 f_o 表示观察值频数（observed frequency），用 f_e 表示期望值频数（expected frequency），则 χ^2 统计量可以写为

$$\chi^2 = \sum \frac{(f_o - f_e)^2}{f_e} \text{。} \tag{7-1}$$

现根据表 7-5，将 χ^2 统计量的计算过程列在表 7-6 中。

表 7-6 χ^2 统计量计算表

f_o	f_e	步骤一 $f_o - f_e$	步骤二 $(f_o - f_e)^2$	步骤三 $(f_o - f_e)^2/f_e$
110	105.4	4.6	21.16	0.200 8
90	95.2	−5.2	27.04	0.284 0
80	78.2	1.8	3.24	0.041 4
60	61.2	−1.2	1.44	0.023 5
45	49.6	−4.6	21.16	0.426 6
50	44.8	5.2	27.04	0.603 6
35	36.8	−1.8	3.24	0.088 0
30	28.8	1.2	1.44	0.050 0

$$\text{步骤四} \quad \chi^2 = \sum \frac{(f_o - f_e)^2}{f_e} = 1.718\ 0$$

χ^2 统计量有这样几个特征：首先，$\chi^2 \geqslant 0$，因为它是对平方值结果的汇总；其次，χ^2 值的大小与观察值和期望值的配对数，即与 $R \times C$ 的多少有关。$R \times C$ 越多，在不改变分布的情况下，χ^2 值越大，因此 χ^2 统计量的分布与自由度有关。最后，χ^2 统计量描述了观察值与期望值的接近程度。两者越接近，即 $f_o - f_e$ 的绝对值越小，计算出的 χ^2 值越小；反之，$f_o - f_e$ 的绝对值越大，计算出的 χ^2 值也越大。χ^2 检验正是运用 χ^2 统计量的计算结果与 χ^2 分布中的临界值进行比较，作出对原假设的统计决策。

第 6 章指出，为了对统计假设进行检验，了解抽样分布是很有必要的。χ^2 统计量的抽样分布服从称为 χ^2 分布的特殊分布。实际上，这是一族分布，其中的每一个分布都依赖于其自由度（degree of freedom）的大小。在不同自由度条件下，χ^2 分布也不同。图 7-1 显示了一族自由度分别为 1、5 和 10 时，与之对应的 χ^2 分布。

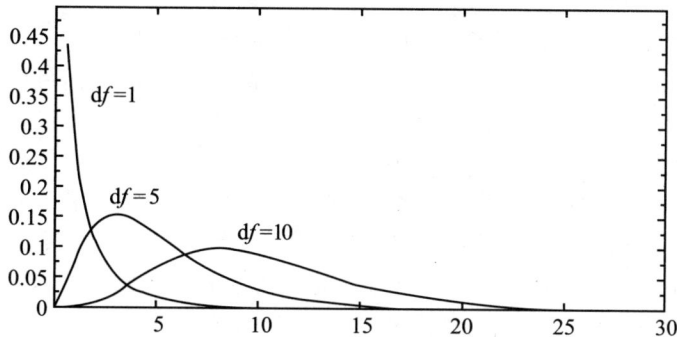

图 7-1　自由度分别为 1、5 和 10 时的 χ^2 分布

由图 7-1 可看出，自由度越小，分布就越向左边倾斜，随着自由度的增加，χ^2 分布的偏斜程度趋于缓解，逐渐显露出对称性，随着自由度的继续增大，χ^2 分布将趋近于对称的正态分布。

χ^2 分布是一个概率分布，因此 χ^2 分布曲线与横轴围成的面积为 1.0。由于有如此多的 χ^2 分布曲线，因此不可能在一张表中显示所有与可能结果相对应的面积。

运用 χ^2 分布进行假设检验，需要确定 χ^2 分布的自由度。根据前面列联表的知识，χ^2 分布自由度的计算公式可以写为

$$自由度\ \mathrm{d}f = (行数 - 1) \times (列数 - 1) = (R-1) \times (C-1) \tag{7-2}$$

顾名思义，自由度是可以自由取值的数据的个数，为什么计算公式采用式(7-2)的形式？假设有一个 3×4 的列联表，如表 7-7 所示。

表 7-7　自由度计算说明表

行	列				合计
	C_1	C_2	C_3	C_4	
R_1	√	√	√	*	RT_1

续表

行	列				合计
	C_1	C_2	C_3	C_4	
R_2	√	√	√	*	RT_2
R_3	*	*	*	O	RT_3
合计	CT_1	CT_2	CT_3	CT_4	

注：√表示可以自由取值的数据，*和 O 表示不能自由取值的数据。

表 7-7 中，RT_1，RT_2 和 RT_3 分别表示行的合计，CT_1，CT_2，CT_3 和 CT_4 分别表示列的合计。

首先考查列联表中的第一行，在行合计 RT_1 已经确定的情况下，这一行可以自由取值的数据只有 3 个(假定就是前 3 个)，用√表示，最后一个则无法再自由取值，用 * 表示；类似，在第二行中，在行合计 RT_2 已经确定的情况下，这一行可以自由取值的数据也只有 3 个，第 4 个不能自由取值的数据也用 * 表示。在第三行中，第一个数据(R_3，C_1)不能自由取值，因为在列合计 CT_1 已经确定的情况下，第一列的前两个数据已经自由取值了，同理，第三行中的第二个和第三个数据也不能自由取值，用 * 表示，第三行中的第四个数据(R_3，C_4)用 O 表示，因为不论从行或列来看，它前面的数据均是无法自由取值的 * ，在行、列合计确定的情况下，这个值也就无法自由选取。

表 7-7 是一个 3×4 的列联表，自由度的个数为 6，即

$$自由度\ df = (R-1) \times (C-1) = (3-1) \times (4-1) = 6。$$

这就是式(7-2)所体现的含义。

7.2.2 ▶▶▶ 拟合优度检验举例

拟合优度检验(goodness of fit test)是用 χ^2 分布进行统计显著性检验的重要内容之一。在假设检验中曾讨论过对两个比例是否相等进行检验，若要对多个比例是否相等进行检验，就需要利用 χ^2 检验。如果样本是从总体的不同类别中分别抽取，研究目的是对不同类别的目标量之间是否存在显著性差异进行检验，就把它称为拟合优度检验，有些书也把它称为一致性检验(test of homogeneity)。前面所举的某地不同经济收入的居民对两种商标的偏好就是拟合优度检验。如果不同经济收入的居民对两种商标的偏好相同，那么选择商标一的比例应该是一致的，都等于 68%；反之，如果这些比例不一致，表明不同收入的人群对两种商标的偏好存在显著的差异。现在我们把前面的例子作为一个假设问题提出。

【例 7-1】某调查公司对居民进行一次抽样调查，从高、中、低收入人群中共抽取 500 人以了解不同经济收入的居民对两种商标的偏好情况，如表 7-3 所示，以 α=0.1 的显著性水平检验不同收入人群对两种商标的偏好是否存在差异。

解：如果不存在差异，不同收入人群对某一商标的偏好比例应该是一致的。所以，原假设和备择假设分别为

$$H_0: P_1 = P_2 = P_3 = P_4 = 0.68。$$

$H_1: P_1, P_2, P_3, P_4$ 不全相等。

由式(7-1)得

$$\chi^2 = \sum \frac{(f_o - f_e)^2}{f_e} = 1.718\,0。$$

由式(7-2)有

$$自由度\,df = (R-1) \times (C-1) = (2-1) \times (4-1) = 3。$$

$\alpha = 0.1$，由附录查表得 $\chi^2_{0.1}(3) = 6.251\,1$。由于 $\chi^2 < \chi^2_{0.1}(3)$，故不能拒绝原假设 H_0，χ^2 假设检验如图 7-2 所示。最后得出结论：不同收入人群对两种商标的偏好是一致的，调查数据中的差异是由抽样的随机性造成的。

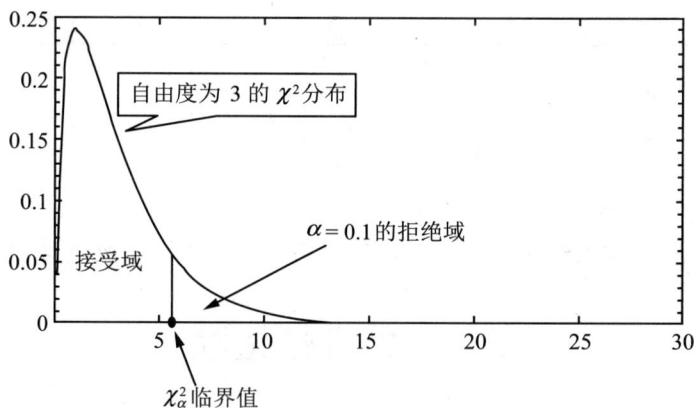

图 7-2　χ^2 假设检验示意图

【例 7-2】某市场调查公司进行了市场份额研究。在过去的一年中，A 公司的市场份额稳定于 30%，B 公司为 50%，C 公司为 20%。最近 C 公司开发了一种新型改进的产品，该产品已经取代了其当前占有市场的产品。该调查公司受雇于 C 公司，为它判断新产品是否使市场份额发生了改变。调查公司用一组 200 名顾客的群体进行研究，向每个人询问他们对于 A 公司、B 公司、C 公司的购买偏好。汇总如下：48 人表示准备购买 A 公司的产品，98 人表示准备购买 B 公司的产品，54 人表示准备购买 C 公司的产品。以 $\alpha = 0.05$ 的显著性水平检验 C 公司的新产品是否使市场份额发生了变化。

解：为了检验 C 公司开发的新型改进的产品投放市场后各公司市场份额的变化，把各公司原来的市场份额设为原假设。

$$H_0: P_A = 0.30, \ P_B = 0.50, \ P_C = 0.20。$$

H_1：原假设的等式中至少有一个不成立。

如果 C 公司开发的新产品投放市场后，各公司的市场份额没有发生变化，即如果原假设仍然成立，那么在 200 名被调查顾客中，喜欢各个公司产品的人数的期望值应当是

$$f_{eA} = 200 \times 0.3 = 60,$$
$$f_{eB} = 200 \times 0.5 = 100,$$
$$f_{eC} = 200 \times 0.2 = 40。$$

观察值、期望值及有关计算结果如表 7-8 所示。

表 7-8　观察值、期望值及有关计算结果

公司	观察值频数 f_o	期望值频数 f_e	$f_o - f_e$	$(f_o - f_e)^2 / f_e$
A	48	60	−12	2.4
B	98	100	−2	0.04
C	54	40	14	4.9
合计	200	200	—	7.34

由式(7-1)计算出

$$\chi^2 = \sum \frac{(f_o - f_e)^2}{f_e} = 7.34。$$

当 $\alpha = 0.05$，自由度 $df = (R-1) \times (C-1) = (2-1) \times (3-1) = 2$ 时，$\chi^2_{0.05}(2) = 5.99$，$\chi^2 > \chi^2_{0.05}(2)$，故拒绝原假设，认为 C 公司引进新产品将改变当前市场份额。

7.3　独立性检验

在研究问题时，有时会遇到要求判断两个分类变量之间是否存在联系的问题。例如，原料的质量是否与产地有关，学生的成绩是否与性别有关，顾客对三种样式的食物搅拌机的满意程度是否依赖于所购买的搅拌机的类型等。在这种情况下，可以使用 χ^2 检验判断两组或多组的资料是否相互关联。如果不相互关联，就称为独立。所以，把这类问题的处理称为独立性检验(test of independence)。

7.3.1 ▶▶▶ 独立性检验举例

【例 7-3】一家大型咨询公司定期招收 MBA 毕业生。人事部门负责人把培养 MBA 毕业生的每所学校按"很好""一般"和"较差"分类，以便为他们的招收计划提供帮助。按照新近招收的 100 名人员工作成绩，把他们分为"优秀""一般"和"差"。对调查结果的交叉分类在表 7-9 中给出。

表 7-9　调查结果

学校级别	人员级别			合计
	优秀	一般	差	
很好	10	10	5	25
一般	7	30	8	45
较差	3	20	7	30
合计	20	60	20	100

要求检验这些新招收人员的分类级别与培养他们的学校是否有关。

解：H_0：学校的级别与毕业生的工作成绩无关。

H_1：学校的级别与毕业生的工作成绩有关。

这里的关键问题是计算期望频数。

在第一行，毕业于学校级别"很好"的员工合计有25人，用25/100作为毕业于学校级别"很好"的员工比例的估计值；在第一列，工作成绩"优秀"的员工合计有20人，用20/100作为工作成绩"优秀"的员工比例的估计值。如果这些新招收人员的分类级别与培养他们的学校之间无关（是独立的），可以用下面的式(7-3)估计第一个单元（很好、优秀）中的期望比例。

令

$$A = 样本单位来自学校级别"很好"的事件，$$
$$B = 样本单位工作成绩"优秀"的事件。$$

根据独立性的概率乘法公式，有

$$P(第一单元) = P(A \cdot B) = P(A) \cdot P(B) = \left(\frac{25}{100}\right)\left(\frac{20}{100}\right) = 0.05。$$

0.05是第一个单元中的期望比例，其相应的频数期望值为：$0.05 \times 100 = 5$。

一般可采用下式计算任何一个单元中的期望频数：

$$f_e = \frac{RT}{n} \times \frac{CT}{n} \times n = \frac{RT \times CT}{n}。 \tag{7-3}$$

其中：f_e 为给定单元中的频数期望值；RT 为给定单元所在行的合计；CT 为给定单元所在列的合计；n 为观察值的总个数，即样本容量。

由表 7-9 和式(7-3)计算 χ^2 统计量，计算过程列于表 7-10。

表 7-10　3×3 列联表期望值计算过程

行	列	f_o	f_e	$f_o - f_e$	$(f_o - f_e)^2$	$(f_o - f_e)^2/f_e$
1	1	10	5	5	25	5.000
1	2	10	15	−5	25	1.667

行	列	f_o	f_e	$f_o - f_e$	$(f_o - f_e)^2$	$(f_o - f_e)^2 / f_e$
1	3	5	5	0	0	0
2	1	7	9	-2	4	0.444
2	2	30	27	3	9	0.333
2	3	8	9	-1	1	0.111
3	1	3	6	-3	9	1.500
3	2	20	18	2	4	0.222
3	3	7	6	1	1	0.167

$$\chi^2 = \sum \frac{(f_o - f_e)^2}{f_e} = 9.444$$

由式(7-1)计算出 χ^2 为

$$\chi^2 = \sum \frac{(f_o - f_e)^2}{f_e} = 9.444 。$$

χ^2 的自由度为 $(R-1) \times (C-1) = (3-1) \times (3-1) = 4$，临界值 $\chi^2_{0.05}(4) = 9.448$，$\chi^2 < \chi^2_{0.05}(4)$（即 $9.444 < 9.448$），因此接受 H_0，表明毕业生的工作成绩与培养他们的学校没有关系，然而应注意，只是 H_0 恰好被接受。

7.3.2 ▷▷▷ 耶茨连续型校正因子

对于 2×2 列联表，自由度 $df = (R-1) \times (C-1) = (2-1) \times (2-1) = 1$。当只有一个自由度时，必须引入耶茨连续型校正因子，这是因为 χ^2 分布表是从 χ^2 概率分布(是连续型随机变量)计算出的，而其近似变量(χ^2 统计量)是离散型的，这就会产生低估概率的倾向。耶茨证明了当使用公式

$$\chi^2 = \sum \frac{(|f_o - f_e| - 0.5)^2}{f_e} \tag{7-4}$$

时，用 χ^2 统计量的近似效果最好。但应注意，只有当自由度为 1 时，引入该校正因子才是必要的。当全部的观察值数目很大时，通常 $n > 50$，校正因子对结果的影响很小，因此可以忽略。

【例 7-4】某公司有 200 名雇员，按性别分类后，再按婚姻状况对他们进一步细分，得到如表 7-11 所示结果。提出的问题如下："男性雇员和女性雇员的工作类型独立于其婚姻状况吗?"

表 7-11　雇员的性别与婚姻状况

性别	已婚	单身	合计
男	90	60	150
女	40	10	50
合计	130	70	200

解：H_0：按性别分类的工作类型与婚姻状况无关。

H_1：按性别分类的工作类型与婚姻状况有关。

由表 7-11 和式(7-4)，计算过程列于表 7-12。

表 7-12　2×2 列联表期望值计算过程

行	列	f_o	f_e	f_o-f_e	$\|f_o-f_e\|-0.5$	$(\|f_o-f_e\|-0.5)^2/f_e$
1	1	90	97.5	-7.5	7.0	0.503
1	2	60	52.5	7.5	7.0	0.933
2	1	40	32.5	7.5	7.0	1.508
2	2	10	17.5	-7.5	7.0	2.800

$$\chi^2 = \sum \frac{(f_o-f_e)^2}{f_e} = 6.593$$

由式(7-1)计算出

$$\chi^2 = \sum \frac{(f_o-f_e)^2}{f_e} = 6.593 。$$

临界值 $\chi^2_{0.05}(1)=3.841$，$\chi^2>\chi^2_{0.05}(1)$，因此拒绝 H_0，并得出结论：按照性别划分的工作类型与婚姻状况有关。

7.3.3 ≫≫ 独立性检验与拟合优度检验的区别

从表面上看，拟合优度检验和独立性不论在列联表的形式，还是在计算的 χ^2 统计量的公式上都是相同的，所以也有人对此并不进行严格的区分，把它们统称为 χ^2 检验。但是，两种检验还是有区别的。第一，两种检验抽取样本的方法不同或对观察值进行测定的方法有所不同。如果抽取样本是在各类别中分别进行的，如例 7-1 中那样，从不同经济收入群体中分别抽取，则是拟合优度检验；如果抽取样本时并未事先分类，抽取样本后根据研究内容，把入选单位按两变量进行分类，形成列联表的形式，则是独立性检验。第二，两种检验假设的内容也有所差异，拟合优度检验中原假设通常是假设各类别总体比例等于某个期望概率，如例 7-1 和例 7-2；而在独立性检验中，原假设则假设两个变量之间相互独立，如例 7-3。第三，在计算期望频数时，在拟合优度检验中是利用原假设中的期望概率，用观察频数乘以期望概率，直接得到期望频数，如例 7-1 和例 7-2；而如果是独立性检验，则假设两个变量的分类是独立的，因而两个水平的联合概率是两个单独概率的乘积，期望频数按式(7-4)的方法计算，如例 7-4 所示。

7.4 列联表中的相关测量

前面讨论了利用 χ^2 分布对列联表中两个分类变量之间的相关性进行统计检验。如果变量相互独立，说明它们之间没有联系；反之，则认为它们之间存在联系。接下来的问题是，如果变量之间存在联系，它们之间的相关程度有多大？

对两个变量之间相关程度的测定，主要用相关系数表示。正如前面所言，列联表中的变量通常是类别变量，它们所表现的是研究对象的不同品质类别。所以，可以把这种定类数据之间的相关称为品质相关。经常用到的品质相关系数有以下几种。

7.4.1 ▶▶▶ φ 相关系数

φ 相关系数(phi coefficient)是描述 2×2 列联表数据相关程度最常用的一种相关系数。它的计算公式为

$$\varphi = \sqrt{\frac{\chi^2}{n}}。 \tag{7-5}$$

其中：χ^2 为按式(7-1)计算出的 χ^2 值；n 为列联表中的总频数，即样本量。φ 相关系数适合于 2×2 列联表，是因为对于 2×2 列联表中的数据，计算出的 φ 相关系数可以控制在 $0\sim1$ 这个范围。表 7-13 是一个简化的 2×2 列联表。

表 7-13   简化的 2×2 列联表

因素 Y	因素 X		合计
	x_1	x_2	
y_1	a	b	$a+b$
y_2	c	d	$c+d$
合计	$a+c$	$b+d$	

在表 7-13 中，a，b，c，d 均为条件频数，由上节分析可知，当变量 X，Y 相互独立、不存在相关关系时，频数间应有下面的关系：

$$\frac{a}{a+c} = \frac{b}{b+d}，$$

化简后有

$$ad = bc。$$

因此，差值 $ad-bc$ 的大小可以反映变量之间相关程度的强弱。差值越大，说明两个变量的关联程度越高。φ 相关系数就是以 $ad-bc$ 的差值为基础，实现对两个变量相关程度的测定。

由式(7-3)可知，在 2×2 列联表中每个单元中频数的期望值为

$$f_{e11}=\frac{(a+b)(a+c)}{n}, \quad f_{e21}=\frac{(a+c)(c+d)}{n},$$

$$f_{e12}=\frac{(a+b)(b+d)}{n}, \quad f_{e22}=\frac{(b+d)(c+d)}{n}。$$

由式(7-1)，有

$$\chi^2=\frac{(a-f_{e11})^2}{f_{e11}}+\frac{(b-f_{e12})^2}{f_{e12}}+\frac{(c-f_{e21})^2}{f_{e21}}\frac{(d-f_{e22})^2}{f_{e22}}$$

$$=\frac{n(ad-bc)^2}{(a+b)(c+d)(a+c)(b+d)}。$$

将此结果代入式(7-5)，得到

$$\varphi=\sqrt{\frac{\chi^2}{n}}=\frac{ad-bc}{\sqrt{(a+b)(c+d)(a+c)(b+d)}}。 \tag{7-6}$$

当 $ad=bc$ 时，表明变量 X，Y 之间相互独立，这时 $\varphi=0$。若 $b=0$，$c=0$ 时，由式(7-6)计算得 $\varphi=1$，这是 X 与 Y 完全相关的一种情况。同样，若 $a=0$，$d=0$ 时，由式(7-6)计算得 $\varphi=-1$，这也是 X 与 Y 完全相关的一种情况。由于在列联表中，变量的位置可以任意变换，因此 φ 的符号在这里没有什么实际意义，其绝对值 $|\varphi|=1$ 只是表明 X 与 Y 完全相关。由表 7-13 可知，当 $|\varphi|=1$ 时，必有某个方向对角线上的值全为零，如表 7-14 和表 7-15 所示。

表 7-14　完全相关时的 2×2 列联表

Y	X	
	x_1	x_2
y_1	a	0
y_2	0	d

表 7-15　完全相关时的另一种 2×2 列联表

Y	X	
	x_1	x_2
y_1	0	b
y_2	c	0

表中所表示的含义也是清楚的。例如，一个变量表示性别(男，女)，另一个变量表

示态度(赞成,反对)。$|\varphi|=1$ 说明,或者男性全部赞成,女性全部反对;或者女性全部赞成,男性全部反对。现实中这种情况是罕见的,因此实际上 φ 相关系数的取值范围在 $0 \sim 1$,且 φ 的绝对值越大,说明变量 X 与 Y 的相关程度越高。

但是,当列联表 $R \times C$ 中的行数 R 或列数 C 大于 2 时,φ 相关系数将随着 R 或 C 的变大而增大,且 φ 值没有上限。这时用 φ 相关系数测定两个变量的相关程度就不够清晰,可以采用列联相关系数。

7.4.2 ▷▷▷ 列联相关系数

列联相关系数(coefficient of contingency),简称 c 系数,主要用于大于 2×2 列联表的情况。c 系数的计算公式为

$$c = \sqrt{\frac{\chi^2}{\chi^2 + n}} \, 。 \tag{7-7}$$

当列联表中的两个变量相互独立时,$c=0$,但两个变量完全相关时,它不可能达到 1,这一点从式(7-7)中也可以反映出来。c 系数的特点是,其可能的最大值依赖于列联表的行数和列数,且随着 R 和 C 的增大而增大。例如,当两个变量完全相关时,对于 2×2 列联表,$c=0.7071$;对于 3×3 列联表,$c=0.8165$;对于 4×4 列联表,$c=0.87$。因此,根据不同的行和列计算的列联系数不便于比较,除非两个列联表中的行数和列数一致。这是列联表的局限。但由于其计算简便,且对总体的分布没有任何要求,所以列联系数仍不失为一种适应性较广的测度值。

7.4.3 ▷▷▷ V 相关系数

鉴于 φ 相关系数无上限,c 系数小于 1 的情况,克莱默(Cramer)提出了 V 相关系数。V 相关系数的计算公式为

$$V = \sqrt{\frac{\chi^2}{n \times \min[(R-1), (C-1)]}} \, 。 \tag{7-8}$$

V 相关系数的计算也是以 χ^2 值为基础的。式中的 $\min[(R-1), (C-1)]$ 表示取 $(R-1)$,$(C-1)$ 中较小的一个。当两个变量相互独立时,$V=0$;当两个变量完全相关时,$V=1$。所以 V 的取值范围在 $0 \sim 1$。如果列联表中有一维为 2,即 $\min[(R-1), (C-1)]=1$,则 V 值就等于 φ 值。

7.4.4 ▷▷▷ 例题分析

以前面例 7-4 的数据,分别计算 φ 相关系数、c 系数和 V 相关系数。

在例 7-4 中，我们对某公司雇员的性别和婚姻状况之间的关系进行了独立性检验。结果表明，按照性别划分的工作类型与婚姻状况有关。下一个问题是，这种相关程度有多高，能否对此给出数量化的描述？

由前可知，计算出的 $\chi^2 = 6.593$，列联表的总频数 $n = 200$。据此计算得

$$\varphi = \sqrt{\frac{\chi^2}{n}} = \sqrt{\frac{6.593}{200}} = 0.182,$$

$$c = \sqrt{\frac{\chi^2}{\chi^2 + n}} = \sqrt{\frac{6.593}{6.593 + 200}} = 0.179.$$

由于是 2×2 列联表，$\min[(R-1), (C-1)] = 1$，于是有 $V = \varphi = 0.182$。

对于 φ 值而言，2×2 列联表的 φ 值介于 $0 \sim 1$，故 $\varphi = 0.182$ 不能认为很大。对于 c 值而言，其结果必然低于 φ 值，2×2 列联表 c 的最大可能值是 0.7071。相比 0.7071 而言，本例中的 $c = 0.179$ 也并不大。对于 V 值而言，$V = 0.182$ 也很小。综合起来可以认为，尽管检验表明按照性别划分的工作类型与婚姻状况有关，但这种关系的密切程度不太高。这意味着，除了性别之外，还有其他因素对雇员的婚姻状况起着更重要的影响。

需要注意的是，对于不同的列联表，由于行数和列数的差异，会影响系数值。因此，在对不同列联表变量之间的相关程度进行比较时，不同列联表中行与列、列与列的个数要相同，并且采用同一种系数，这样的系数值才具有可比性。

7.5　列联分析中应注意的问题

7.5.1 ▷▷▷ 条件百分表的方向

在列联表中，变量 X 和变量 Y 的位置可以任意摆放。既可以放在行的位置，也可以放在列的位置。但是，如果二者存在因果关系，一般将自变量 X 放在列的位置，因变量 Y 放在行的位置，单元中以自变量方向计算百分数，这样可以更好地表现原因对结果的影响。表 7-16 为一个 2×2 列联表。

表 7-16　吸烟行为与患慢性支气管炎

因变量 Y	自变量 X	
	吸烟	不吸烟
患慢性支气管炎人数	84	15
占比	42%	10%
未患慢性支气管炎人数	116	135
占比	58%	90%

因变量 Y	自变量 X	
	吸烟	不吸烟
合计	200	150
占比	100%	100%

表中数据显示,共调查了 350 人,其中吸烟者 200 人,不吸烟者 150 人。在被调查的吸烟者中,患慢性支气管炎的有 84 人,占该群体的 42%;未患慢性支气管炎的有 116 人,占该群体的 58%。在被调查的不吸烟者中,患慢性支气管炎的有 15 人,占该群体的 10%;未患慢性支气管炎的有 135 人,占该群体的 90%。数据表明:与不吸烟者相比,吸烟者更容易患慢性支气管炎。

但是,有时情况也有例外。如果因变量在样本内的分布不能代表其在总体内的分布,则不能以自变量的方向计算百分数,否则会得出错误的结论。

【例 7-5】社会学家想研究家庭状况(自变量)对青少年犯罪(因变量)的影响。该地区有无犯罪记录的青少年 10 000 名,有犯罪记录的青少年 150 名。如果从无犯罪青少年中抽取 1%,即 100 人,则用相同的比例从有犯罪记录的青少年中抽取的样本量只有 1.5 人。显然无法进行研究。必须加大对有犯罪记录青少年的抽取比例,如抽取 50%,即 75 人。数据分布如表 7-17 所示。

表 7-17　家庭情况与青少年犯罪

青少年行为	家庭情况		合计
	完整家庭	离异家庭	
有犯罪记录	38	37	75
无犯罪记录	92	8	100
合计	130	45	175

解:表 7-17 是调查结果的条件分布。由表 7-17,按自变量方向计算百分数,得到表 7-18。

表 7-18　家庭情况与青少年犯罪百分表(按自变量方向计算)

青少年行为	家庭情况		合计
	完整家庭	离异家庭	
有犯罪记录	29.2%	82.2%	42.9%
无犯罪记录	70.8%	17.8%	57.1%
合计	100%	100%	100%

在完整家庭接受调查的 130 人中,有犯罪记录青少年所占的比例是 29.2%,将近 1/3,

这个结果显然是不对的。这是由于抽样扩大了对有犯罪记录青少年抽取的数量造成的。如果把计算百分数的方向变换一下，改为按因变量方向计算百分数，则得到表 7-19。

表 7-19　家庭情况与青少年犯罪百分表(按因变量方向计算)

家庭情况	青少年行为		合计
	有犯罪记录	无犯罪记录	
完整家庭	50.7%	92.0%	74.3%
离异家庭	49.3%	8.0%	25.7%
合计	100%	100%	100%

在无犯罪记录的青少年中，完整家庭占到 92%，而离异家庭仅占到 8%；在有犯罪记录的青少年中，完整家庭占 50.7%，离异家庭占 49.3%。家庭状况对青少年行为的影响得到了比较真实的反映。

7.5.2 ▶▶▶ χ^2 分布的期望值准则

在应用 χ^2 分布进行检验时，每个单元的期望值不应小于 5。因此，在应用 χ^2 检验之前，应先看看这一条件是否满足。关于小单元频数通常有两项准则：一项是如果是 2×2 列联表(只有两个单元)，每个单元的期望值必须是 5 或 5 以上，如表 7-20 所示的数据。

表 7-20　说明表

既往病史	f_o	f_e
未患过肝炎	532	531
患过肝炎	4	5

此时只有两个单元，或分为两个类别：未患过肝炎与患过肝炎。样本量足够大，每个单元的期望频数 $f_e \geqslant 5$，因此可以使用 χ^2 检验。

另一项准则是，若有两个以上的单元，如果 20% 的单元期望频数小于 5，则不能应用 χ^2 检验。根据这个准则，表 7-21 的数据可以计算 χ^2 统计量，因为 6 个单元中只有 1 个单元的期望频数小于 5；而表 7-22 的数据则不能计算 χ^2 统计量，因为 7 个单元中只有 3 个单元的期望频数小于 5，超过单元数的 20%。

表 7-21　说明表(a)

类别	f_o	f_e
A	28	26
B	49	47
C	18	23

续表

类别	f_o	f_e
D	6	4
E	92	88
F	20	25
合计	213	213

表 7-22 说明表(b)

类别	f_o	f_e
A	30	32
B	110	113
C	86	87
D	23	24
E	5	2
F	5	4
G	4	1
合计	263	263

在表 7-22 中，通过仔细观察可以发现，每个单元的观察值与期望值非常接近，最大的差别只有 3，应当说，期望值与观察值拟合得很好，它们之间并无显著差异。然而用 $\alpha = 0.05$ 的 χ^2 进行检验，则会得到 $\chi^2 = 14.01$，$\chi^2_{0.05}(6) = 12.5921$，

故 $$\chi^2 > \chi^2_{0.05}(6)。$$

结果拒绝原假设 H_0，结论是期望值与观察值之间存在显著差异，这一结论并不符合逻辑。如果将某些类别合并，使得 $f_e \geqslant 5$，该问题就会得到解决。例如，将表 7-22 中的类别 E，F，G 合并，合并后的 $f_o = 5 + 5 + 4 = 14$，$f_e = 2 + 4 + 1 = 7$，此时虽然期望值与观察值之间的差异扩大到 7，但通过计算会发现，合并以后有 $\chi^2 = 7.26$，$\chi^2_{0.05}(4) = 9.4481$，

故 $$\chi^2 < \chi^2_{0.05}(4)。$$

结果不能拒绝原假设 H_0，期望值与观察值之间不存在显著差异。显然，这一结论更符合逻辑。

由此可知，如果期望频数 f_e 过小，$(f_o - f_e)^2 / f_e$ 将会不适当地增大，造成对 χ^2 的高估，从而导致不适当地拒绝 H_0 的结论。处理的方法是，按照适当的方式把相邻种类的期望频数 f_e 进行合并，使种类数量减少，直到合并的期望频数至少等于 5，这样便可得到合理的结论。

本章小结

1. 列联表是观测数据按两个或更多属性(定性变量)分类时所列出的频数分布表。列联表的分布包括两个方面：一个是观察值的分布，另一个是期望值的分布。

2. χ^2 统计量是以观察频率和期望频率为基础定义的，$\chi^2 = \sum \frac{(f_o - f_e)^2}{f_e}$。$\chi^2$ 统计量可以用于变量间拟合优度检验和独立性检验，可以用于测定两个分类变量之间的相关程度。χ^2 分布是 χ^2 统计量的抽样分布，是一族分布，其中的每一个分布都依赖于其自由度的大小，χ^2 分布的自由度＝(行数－1)×(列数－1)＝$(R-1) \times (C-1)$。当自由度为 1 时，须引入耶茨连续型校正因子：$\chi^2 = \sum \frac{(|f_o - f_e| - 0.5)^2}{f_e}$。

3. 拟合优度检验是对不同类别的目标量之间是否存在显著性差异进行的检验，也用来检验一批分类数据所来自的总体的分布是否与某种理论分布相一致。独立性检验是用来判断两组或多组的资料是否相互关联的统计检验。

4. 测定两个分类变量之间的相关程度可以用 φ 相关系数、c 系数、V 相关系数。

5. 列联分析中应注意，当因变量在样本内的分布不能代表其在总体内的分布时，不能以自变量的方向计算百分数。χ^2 分布的两项期望值准则：一项是如果只有两个单元，每个单元的期望值必须是 5 或 5 以上；另一项是若有两个以上的单元，须有 80%的单元期望频数大于等于 5，才能应用 χ^2 检验。

阅读与分析

中学生考试成绩影响因素分析[①]

本文分析时对成绩部分进行了相应的简化处理，将其转化为文科成绩和理科成绩，其中文科成绩是由语文成绩、英语成绩、政治成绩与历史成绩加权平均计算出的，其权重按高考成绩比重来算，各科权重分别为 1.5，1.5，1.2 和 1.2。理科成绩由数学成绩、物理成绩与化学成绩加权平均算出，各科权重分别为 1.5，1.2 和 1.2。

1. 学习兴趣对考试成绩的影响

由于列联表中的 χ^2 检验要求每一类的期望频数都要尽可能大于或等于 5，所以在计算 χ^2 值时，特将成绩部分减少为三类："70 分以下"、"70～80 分"和"80 分以上"，学习兴趣部分将只有 10 人选择的"对所学科目都不感兴趣"的那一类去掉，其自由度就变成了$(r-1) \times (c-1) = (4-1) \times (3-1) = 6$，然后再进行分析。

---

① 忻贵升：《中学生学习效果影响因素分析》，学士学位论文，江苏大学，2008。有删改。

学习兴趣对文科成绩的影响如表 7-23。由表 7-23 可以看出 $\chi^2=25.083$，$p=0.000<$ $\alpha=0.01$，表明在 1% 的显著性水平上，拒绝原假设 H_0：学习兴趣与文科成绩相互独立，即说明学习兴趣与文科成绩之间是存在相关性的。

表 7-23 中学生学习兴趣对文科成绩的影响调查统计表

Crosstab

项目		文科成绩					合计
		60 分以下	60～70 分	70～80 分	80～90 分	90～100 分	
对所有科目感兴趣	人数	0	5	31	19	1	56
	占比	0.0%	8.9%	55.4%	33.9%	1.8%	100%
对偏理科目感兴趣	人数	1	10	11	2	0	24
	占比	4.2%	41.7%	45.8%	8.3%	0.0%	100%
对偏文科目感兴趣	人数	0	20	46	32	1	99
	占比	0.0%	20.2%	46.5%	32.3%	1.0%	100%
只对某几个科目感兴趣	人数	5	32	57	19	0	113
	占比	4.4%	28.3%	50.4%	16.8%	0.0%	100%
对所学科目都不感兴趣	人数	1	3	6	0	0	10
	占比	10.0%	30.0%	60.0%	0.0%	0.0%	100%
合计	人数	7	70	151	72	2	302
	占比	2.3%	23.2%	50.0%	23.8%	0.7%	100%

Chi-Square Tests

Item	Value	df	Asymp. Sig. (2-sided)
Pearson Chi-Square	25.083	6	0.000
Likelihood Ratio	26.902	6	0.000
Linear-by-Linear Association	8.349	1	0.004
N of Valid Cases	292		

0 cells(0.0%) have expected count less than 5. The minimum expected count is 6.00.

学习兴趣对理科成绩的影响如表 7-24。由表 7-24 可以看出 $\chi^2=36.906$，$p=0.000<\alpha=0.01$，表明在 1% 的显著性水平上，拒绝原假设 H_0：学习兴趣与理科成绩相互独立，即说明学习兴趣与理科成绩之间是存在相关性的。而且我们可以看到，学习兴趣与理科的相关程度由 $\chi^2=36.906$，$p=0.000<\alpha=0.01$，明显比学习兴趣与文科的相关程度要高一些，这也是由于文科与理科存在的变动幅度不同所致。

表 7-24　中学生学习兴趣对理科成绩的影响调查统计表

Crosstab

项目		理科成绩					合计
		60 分以下	60～70 分	70～80 分	80～90 分	90～100 分	
对所有科目感兴趣	人数	0	9	26	19	2	56
	占比	0.0%	16.1%	46.4%	33.9%	3.6%	100%
对偏理科目感兴趣	人数	2	3	13	6	0	24
	占比	8.3%	12.5%	54.2%	25.0%	0.0%	100%
对偏文科目感兴趣	人数	10	47	32	10	0	99
	占比	10.1%	47.5%	32.3%	10.1%	0.0%	100%
只对某几个科目感兴趣	人数	12	40	44	16	1	113
	占比	10.6%	35.4%	38.9%	14.2%	0.9%	100%
对所学科目都不感兴趣	人数	3	1	6	0	0	10
	占比	30.0%	10.0%	60.0%	0.0%	0.0%	100%
合计	人数	27	100	121	51	3	302
	占比	8.9%	33.1%	40.1%	16.9%	1.0%	100%

Chi-Square Tests

Item	Value	df	Asymp. Sig. (2-sided)
Pearson Chi-Square	36.906	6	0.000
Likelihood Ratio	37.832	6	0.000
Linear-by-Linear Association	21.587	1	0.000
N of Valid Cases	292		

1 cells(8.3%)have expected count less than 5. The minimum expected count is 4.44.

2. 学习习惯对考试成绩的影响

为了分析简便，特将制订学习计划、对学习计划的遵守、预习习惯、预习方法、复习习惯和学习总结六个方面的内容综合考虑，按各个方面所能做到的程度求出各样本的得分，并按此得分将其分为三类：学习习惯良好、学习习惯一般和学习习惯较差。在此基础之上分析学习习惯对学习成绩的影响虽然较为粗糙，但也能说明一些问题。同样由于列联表中的 χ^2 检验要求每一类的期望频数都要尽可能大于或等于 5，所以在计算 χ^2 值时，也将成绩部分减少为三类：70 分以下、70～80 分和 80 分以上，其自由度变为 $(r-1)\times(c-1)=(3-1)\times(3-1)=4$，然后再进行分析。

由表 7-25 可以看出，$\chi^2=25.018$，$p=0.000<\alpha=0.01$，表明在 1% 的显著性水平

上，拒绝原假设 H_0：学习习惯与文科成绩相互独立，即说明学习习惯与文科成绩之间是存在相关性的。

表 7-25 学习习惯对文科成绩的影响调查统计表

Crosstab

项目		文科成绩					合计
		60 分以下	60～70 分	70～80 分	80～90 分	90～100 分	
学习习惯良好	人数	0	11	48	33	1	93
	占比	0%	11.8%	51.6%	35.5%	1.1%	100%
学习习惯一般	人数	5	43	86	36	1	171
	占比	2.9%	25.1%	50.3%	21.1%	0.6%	100%
学习习惯较差	人数	2	16	17	3	0	38
	占比	5.3%	42.1%	44.7%	7.9%	0%	100%
合计	人数	7	70	151	72	2	302
	占比	2.3%	23.2%	50.0%	23.8%	0.7%	100%

Chi-Square Tests

Item	Value	df	Asymp. Sig. (2-sided)
Pearson Chi-Square	25.018	4	0.000
Likelihood Ratio	26.110	4	0.000
Linear-by-Linear Association	24.486	1	0.000
N of Valid Cases	302		

0 cells(0.0%)have expected count less than 5. The minimum expected count is 9.31.

由表 7-26 可以看出，$\chi^2 = 13.694$，$p = 0.008 < \alpha = 0.01$，表明在 1% 的显著性水平上，拒绝原假设 H_0：学习习惯与理科成绩相互独立，即说明学习习惯与理科成绩之间是存在相关性的。

表 7-26 学习习惯对理科成绩的影响调查统计表

Crosstab

项目		理科成绩					合计
		60 分以下	60～70 分	70～80 分	80～90 分	90～100 分	
学习习惯良好	人数	2	27	38	24	2	93
	占比	2.2%	29.0%	40.9%	25.8%	2.2%	100%

续表

项目		理科成绩					合计
		60分以下	60~70分	70~80分	80~90分	90~100分	
学习习惯一般	人数	18	59	72	22	0	171
	占比	10.5%	34.5%	42.1%	12.9%	0.0%	100%
学习习惯较差	人数	7	14	11	5	1	38
	占比	18.4%	36.8%	28.9%	13.2%	2.6%	100%
合计	人数	27	100	121	51	3	302
	占比	8.9%	33.1%	40.1%	16.9%	1.0%	100%

Chi-Square Tests

Item	Value	df	Asymp. Sig. (2-sided)
Pearson Chi-Square	13.694	4	0.008
Likelihood Ratio	13.411	4	0.009
Linear-by-Linear Association	9.745	1	0.002
N of Valid Cases	302		

0 cells(0.0%)have expected count less than 5. The minimum expected count is 6.79.

3. 结论

由上面的分析可以看出，课前预习环节对听课效果的影响是十分明显的，良好的课前预习习惯可以使学生获得良好的听课效果，同时也可以使学习变得充满乐趣。对错题的正确分析和纠正也是必需的，只有这样才能使自己少出同样的错，学习才会不断进步。我们说"知识重在积累"，而良好的学习习惯也是要靠平时的不懈努力来养成的，拥有良好的学习习惯就为平时知识的掌握扫清了障碍，也就为知识的积累打下了根基。

对考试成绩影响最大的因素是学习兴趣，学习习惯对考试成绩的影响主要是一种间接影响，但其影响也是十分明显的。虽然不可以绝对地说"拥有良好的学习习惯就可以考出优秀的成绩"，但通过上面的分析至少我们可以说"拥有良好的学习习惯就可以使自己的学习成绩提升到一个更高的层次，而没有良好的学习习惯其学习成绩是很难有所长进的"。

思考与练习

一、思考题

1. 拟合优度检验和独立性检验有什么联系与区别？

2. 如何测量列联表中分类变量间的相关程度？

3. 列联表分析中应注意哪些问题?

二、计算题

1. 某高校统计专业欲进行一项教学计划改革,从所属四个年级中共随机抽查了 420 名学生,了解他们对改革方案的态度,调查结果如表 7-27 所示。

表 7-27　420 名学生对改革方案的态度

年级	大一	大二	大三	大四
赞成该方案	68	75	57	79
反对该方案	32	45	33	31

要求:(1)提出假设;

(2)计算 χ^2 值;

(3)以 $\alpha = 0.1$ 的显著性水平进行检验。

(4)计算 φ 相关系数、c 系数和 V 相关系数。

2. 某公司预期:推销员进行的 20% 的上门推销产生了实际的效果。在试验期间,一位新上岗的推销员进行了 40 次上门访问,只推销出 4 次。

要求:检验这位新推销员的推销业绩是否与公司期望的平均业绩有明显差别(注:因为只有一个自由度,所以这里应使用耶茨连续型校正因子)。

3. 某工厂领导想了解工人的生产水平是否与其年龄有关,随机调查了 100 名工人,得到如表 7-28 所示数据。

表 7-28　100 名工人的数据

年龄	生产水平		
	低	中	高
18~30 岁	12	15	13
31~45 岁	11	13	11
46~65 岁	8	10	7

要求:以 0.05 的显著性水平检验工人的生产水平是否与其年龄有关。

第 8 章

相关和回归分析

📝 本章导读

通过本章的学习，要求掌握相关系数的概念、类型以及相关系数计算的方法；掌握线性回归模型的基本概念以及线性回归模型估计的基本原理，能够对具有线性相关性的变量建立一元或者多元线性回归模型，对线性回归模型进行统计检验，并且能够利用线性回归模型进行预测；掌握将常用的非线性回归模型转换为线性回归模型的方法。学习本章的最终目标是能够熟练地使用相关分析和回归分析方法来分析与解决实际问题。

📖 思政目标

引导学生要尊重事实，不可盲目套用模型得出有悖常理的结论，培养科学研究所需要的实事求是、脚踏实地的精神。

🔍 思政案例

小心"伪回归"发现的假关系

回归分析的目的是揭示自变量和因变量之间的因果关系。然而，当我们对时间序列进行回归分析时，必须要警惕一类陷阱——伪回归。它指的是自变量和因变量之间本来没有任何因果关系，但由于某种原因，回归分析却显示出它们之间存在统计意义上的相关性，让人错误地认为两者之间有关联，这种相关性称作伪关系。

图 8-1 中两条曲线代表的时间序列分别为丹麦居民消费的对数（蓝线）以及该国饲养鹳鹚数量的对数（红线）。从图中来看，它们显然非常相关。如果用红线对蓝线回归，得到的回归系数显著不为 0，且回归方程的拟合度高达 0.688，说明蓝线对红线的解释能力非常强。但这显然也是毫无意义的，因为居民消费和鹳鹚数量之间没有任何逻辑关联。造成伪回归的原因是两个变量之间的局部随机趋势，从图中可以看到居民消费和鹳鹚数量

均随时间呈现上升趋势。这种趋势的巧合造成了它们之间在统计意义上的伪关系，然而它二者之间并没有因果关系。我们无法说"由于居民消费的增加导致了鸬鹚数量的上升"，反之亦然。因此，伪回归告诉我们：我们不能仅仅因为两个时间序列共同运动就说它们之间一定存在相关性。（石川，2019）

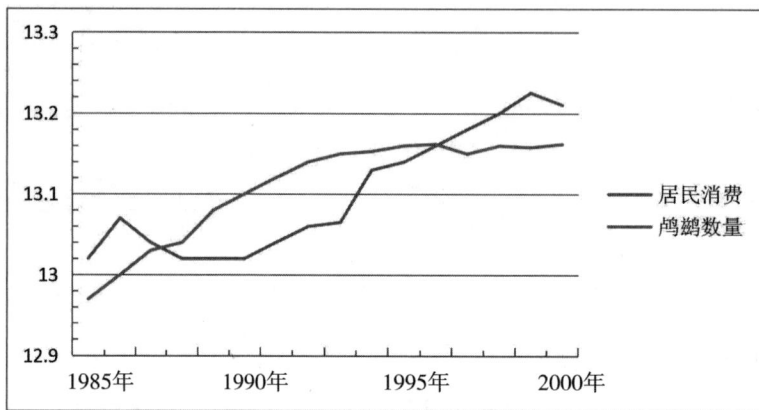

图 8-1　居民消费和鸬鹚数量的对数

思考

谈一谈你在日常生活中可能遇到的"伪回归"现象并思考如何避免出现伪回归问题。

8.1　相关与回归分析的基本问题

8.1.1 ≫≫≫ 相关关系的概念及类型

扫码听课

1. 相关关系的概念

客观现象之间的各种相互关系，大致可以分为函数关系和相关关系两种。

函数关系是指客观现象之间真实存在着的严格的、确定性的依存关系。在这种关系中，对于某一变量的每个数值都有另一变量的一个确定的数值与其相对应，并且这种关系可用一个确定的函数表达式来表示。例如，银行存款利息和利率的关系就是函数关系。

相关关系是指现象之间存在一定的关系，但是这种关系并不确定。在这种关系中，由于受随机因素的影响，对于某一变量的一定数值，与之相联系的其他变量并不总是有一个确定的值与之相对应，也就是说作为变化根据的变量和作为变化结果的变量的数值之间不是一一对应的关系。例如，居民消费支出和居民收入之间的关系就是相关关系。一般情况下，居民的消费支出随着居民收入的提高而不断增加，但两者之间并不存在严格的数量关系，因为居民消费支出还受到居民消费习惯、消费心理等其他因素的影响。

2. 相关关系的类型

（1）单相关和复相关。根据涉及的因素的多少，相关关系可分为单相关和复相关两种。单相关又称零阶相关，是指两个变量之间的相关关系；复相关是指两个以上变量之间的相关关系。

（2）正相关和负相关。根据相关的方向，相关关系可分为正相关和负相关两种。正相关是指两个变量的变动方向是一致的，即同时增加或同时减少的关系；负相关是指两个变量的变化方向相反，如一个变量增加而另一个变量相应减少的关系。

（3）线性相关和非线性相关。根据相关的表现形式，相关关系可分为线性相关和非线性相关两种。线性相关是指一个变量与另一个或一组变量之间的关系表现为线性组合形式的相关关系；非线性相关是指相互依存的变量之间的变动关系近似地表现为一条曲线。

（4）完全相关、不相关和不完全相关。根据相关的密切程度，相关关系可分为完全相关、不相关和不完全相关三种。完全相关是指两个变量之间，其中一个变量的数值变化完全由另一个或一组变量的数值所确定，即两个变量之间的关系为函数关系；不相关是指变量之间彼此独立，互不影响，毫无联系的一种关系；不完全相关是指介于完全相关与不相关之间的一种相关关系，一般的相关关系都是指这种关系。

8.1.2 ⟫⟫⟫ 相关分析的主要内容

第一，判断变量之间是否存在相关关系。可以通过定性分析及绘制相关表和散点图，粗略地反映相关关系的形态和相关程度。判断现象之间是否存在相关关系，是相关与回归分析的前提，如果现象之间根本没有内在关系，那么就不需要进行相关与回归分析。

第二，测定变量之间相关关系的密切程度。主要是通过计算相关系数来反映。相关系数可以从数量上明确反映变量之间的相关方向和相关程度。

8.1.3 ⟫⟫⟫ 回归分析的概念及类型

1. 回归分析的概念

回归分析是指对具有高度相关关系的现象，根据其相关的形态，建立一个合适的数学模型来近似地反映现象之间一般变化关系的一种分析方法。这种数学模型称为回归方程。

2. 回归分析的类型

（1）线性回归分析和非线性回归分析。根据回归方程表现形式的不同，回归分析可分为线性回归分析和非线性回归分析两类。线性回归分析对呈现线性相关关系的变量建立直线回归方程，非线性回归分析对呈现非线性相关关系的变量建立非线性回归方程。

（2）一元回归分析和多元回归分析。根据涉及自变量的多少，回归分析可分为一元回归分析和多元回归分析两类。一元回归分析是用一个因变量对一个自变量建立回归方程；多元回归分析是用一个因变量对两个或两个以上的自变量建立回归方程。

8.1.4 ▶▶▶ 回归分析的主要内容

第一，根据样本观察值对回归模型参数进行估计，求得回归方程。

第二，对回归方程进行统计检验。

第三，利用回归方程进行预测、政策分析和实证分析，也就是将回归方程应用于实际。

8.1.5 ▶▶▶ 相关分析和回归分析的区别

相关分析和回归分析都是研究变量之间相关性的方法，在实际应用中，这两种方法经常相互结合和渗透。例如，在进行回归分析之前，一般要分析两个变量之间是否存在相关性，是线性相关还是非线性相关，然后才能选择合适的回归模型来分析两个变量之间的关系。但是由于研究的侧重点和应用面的不同，相关分析和回归分析存在着区别，主要体现在以下三个方面。

1. 变量之间的关系不同

在相关分析中，变量 Y 和变量 X 的地位是平等的，不存在因变量和自变量之分，研究变量 Y 和变量 X 之间的相关系数与研究变量 X 和变量 Y 之间的相关系数是一样的，从后面介绍的相关系数公式的对称性中可以发现这样的事实。在回归分析中，变量 Y 称为因变量或被解释变量，变量 X 称为自变量或解释变量，这两个变量存在解释和被解释的关系，它们的地位是不平等的，也就是存在因果关系，一般情况下，根据实际经验或者相关的理论来确定因变量和自变量。例如，在分析居民收入和消费支出的关系时，居民收入会被当作自变量，而消费支出作为因变量，因为人们有了收入以后才能够消费，这种关系是不能颠倒的。

2. 变量的性质不同

在相关分析中，变量 Y 和变量 X 都是随机变量。而在回归分析中，一般设定因变量 Y 为随机变量，自变量 X 为非随机变量，对某个自变量的观察值，因变量 Y 可以取不同的观察值与 X 相对应。

3. 分析的作用不同

相关分析主要分析变量之间的相关密切程度，而回归分析不仅可以揭示自变量 X 对因变量 Y 的影响程度，还能够通过回归方程进行预测或者进行其他方面的实证分析。

8.1.6 ▶▶▶ 相关关系的测度

测定相关关系主要利用相关表、散点图和相关系数。

1. 相关表

相关表是一种反映变量之间相关关系的统计表。将某一变量的若干数值按从小到大顺序依次排列，然后再列出与其相关的另一个变量的对应数值，这样排列的表格就称为相关表。

【例 8-1】对某 10 户居民家庭的年可支配收入和消费支出进行调查，得到的原始资料如表 8-1 所示，试建立居民可支配收入和消费支出的相关表。

表 8-1　居民可支配收入和消费支出调查资料　　　　　　　单位：千元

居民家庭编号	1	2	3	4	5	6	7	8	9	10
可支配收入	25	18	60	45	62	88	92	99	75	98
消费支出	20	15	40	30	42	60	65	70	53	78

解：根据调查原始资料，将居民可支配收入按从小到大顺序排列，编制出相关表，如表 8-2 所示。

表 8-2　居民可支配收入和消费支出相关表　　　　　　　　单位：千元

可支配收入	18	25	45	60	62	75	88	92	98	99
消费支出	15	20	30	40	42	53	60	65	78	70

从表 8-2 中可以看出，随着居民可支配收入水平的提高，消费水平也相应提高，两者之间存在明显的正相关关系。

2. 散点图

散点图又称相关图，它以直角坐标系的横轴代表随机变量 X，纵轴代表随机变量 Y，将两个随机变量相对应的数值用坐标点描绘出来。

通过散点图，可以大致看出两个随机变量之间有无相关关系及相关的形态、方向及紧密程度。当两个随机变量之间有准确的线性关系时，变量 X 和变量 Y 组成的观测点都在一条直线上，两个变量之间是一一对应的关系，图 8-2(a) 反映了两个变量完全正相关，图 8-2(b) 反映了两个变量完全负相关。如果散点图中的散点分布杂乱无章，如图 8-2(c) 所示，此时两个随机变量之间可能不存在线性相关性。如果散点图中散点呈现非线性趋势，如图 8-2(d) 所示，两个随机变量之间可能还存在非线性相关性。

社会经济问题中很多随机变量间的相关关系如图 8-2(e) 和图 8-2(f)，此时两个随机变量之间存在一定的相关性，但是这种相关性还没有密切到一一对应的关系。如果一个变

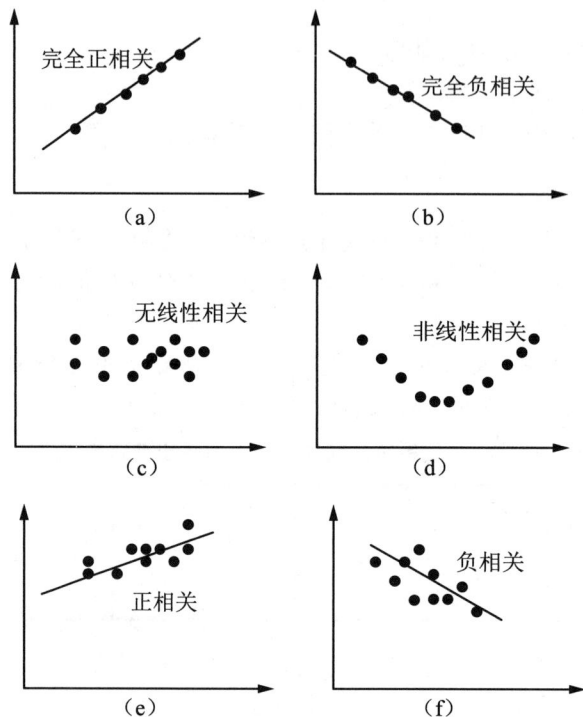

图 8-2　相关系数示意图

量的观察值随着另外一个变量的增大呈增大的趋势，那么这两个变量之间存在正相关关系，如图 8-2(e)所示。如果一个变量的观察值随着另外一个变量的增大呈减小的趋势，那么这两个变量之间存在负相关关系，如图 8-2(f)所示。

相关表和散点图只能粗略地反映现象之间的相关方向和相关程度，要确切地反映现象之间相关的密切程度，必须通过相关系数来判定。

3. 相关系数

（1）相关系数的计算。相关系数是度量两个随机变量之间线性相关强度的统计量。衡量变量之间线性相关性的统计量有多个，如何选择在很大程度上取决于样本容量的多少，如果能够得到总体的数据，那么使用总体相关系数 ρ 是最为理想的。但是在实际分析中一般只能得到样本数据，因此使用最广泛的还是样本相关系数 r，它又被称为皮尔逊乘积矩相关系数(Pearson product-moment correlation coefficient)，这个统计量是根据英国统计学家卡尔·皮尔逊来命名的。

收集到随机变量 X 和 Y 的 n 组样本观察值(X_i, Y_i)，$i=1, 2, \cdots, n$，则相关系数：

扫码听课

$$r = \frac{\sum_{i=1}^{n}(X_i - \overline{X})(Y_i - \overline{Y})}{\sqrt{\sum_{i=1}^{n}(X_i - \overline{X})^2} \cdot \sqrt{\sum_{i=1}^{n}(Y_i - \overline{Y})^2}} = \frac{l_{xy}}{\sqrt{l_{xx} \cdot l_{yy}}}。 \tag{8-1}$$

其中：$\overline{X}$ 为变量 X 的均值；$\overline{Y}$ 为变量 Y 的均值。

变量 X 的离差平方和

$$l_{xx} = \sum_{i=1}^{n} x_i^2 = \sum_{i=1}^{n}(X_i - \overline{X})^2 = \sum_{i=1}^{n} X_i^2 - n(\overline{X})^2。 \tag{8-2}$$

其中：离差 x_i 为变量 X 的第 i 个观察值 X_i 与均值 $\overline{X}$ 之差。

变量 Y 的离差平方和

$$l_{yy} = \sum_{i=1}^{n} y_i^2 = \sum_{i=1}^{n}(Y_i - \overline{Y})^2 = \sum_{i=1}^{n} Y_i^2 - n(\overline{Y})^2。 \tag{8-3}$$

其中：离差 y_i 为变量 Y 的第 i 个观察值 Y_i 与均值 $\overline{Y}$ 之差。

变量 X 和 Y 离差乘积项的和

$$l_{xy} = \sum_{i=1}^{n} x_i y_i = \sum_{i=1}^{n}(X_i - \overline{X})(Y_i - \overline{Y}) = \sum_{i=1}^{n} X_i Y_i - n\overline{X}\overline{Y}。 \tag{8-4}$$

【例 8-2】根据表 8-2、表 8-3 中的资料以及式(8-1)，计算居民年可支配收入与消费支出之间的相关系数。

表 8-3 居民可支配收入和消费支出的相关系数计算表

序号	可支配收入 X	消费支出 Y	$X_i - \overline{X}$	$Y_i - \overline{Y}$	$(X_i - \overline{X})(Y_i - \overline{Y})$
1	18	15	−48.2	−32.3	1 556.86
2	25	20	−41.2	−27.3	1 124.76
3	45	30	−21.2	−17.3	366.76
4	60	40	−6.2	−7.3	45.26
5	62	42	−4.2	−5.3	22.26
6	75	53	8.8	5.7	50.16
7	88	60	21.8	12.7	276.86
8	92	65	25.8	17.7	456.66
9	98	78	32.8	22.7	744.56
10	99	70	31.8	30.7	976.26
合计	662	473	—	—	5 620.40

解：变量 X 的均值 $\overline{X} = \dfrac{\sum\limits_{i=1}^{n} X_i}{n} = \dfrac{662}{10} = 66.2$，

变量 Y 的均值 $\overline{Y} = \dfrac{\sum\limits_{i=1}^{n} Y_i}{n} = \dfrac{473}{10} = 47.3$，

变量 X 的离差平方和 $\sum\limits_{i=1}^{n} x_i^2 = \sum\limits_{i=1}^{n} X_i^2 - n(\overline{X})^2 = 7\,831.6$，

变量 Y 的离差平方和 $\sum\limits_{i=1}^{n} y_i^2 = \sum\limits_{i=1}^{n} Y_i^2 - n(\overline{Y})^2 = 4\,134.1$，

变量 X 和 Y 离差乘积项的和 $\sum\limits_{i=1}^{n} x_i y_i = \sum\limits_{i=1}^{n} X_i Y_i - n\overline{X}\,\overline{Y} = 5\,620.4$，

从而计算出居民消费支出和可支配收入的相关系数为

$$r = \frac{\sum\limits_{i=1}^{n}(X_i - \overline{X})(Y_i - \overline{Y})}{\sqrt{\sum\limits_{i=1}^{n}(X_i - \overline{X})^2} \cdot \sqrt{\sum\limits_{i=1}^{n}(Y_i - \overline{Y})^2}}$$

$$= \frac{5\,620.4}{\sqrt{7\,831.6} \times \sqrt{4\,134.1}} = \frac{5\,620.4}{5\,690.045\,5} = 0.987\,8.$$

(2)相关系数的检验。相关系数 r 的取值范围在 -1 和 $+1$ 之间。一般根据经验法则来判断两个变量之间的线性相关性。

$|r|$ 越接近于 1，说明相关程度越强。$|r|$ 越接近于 0，说明相关程度越弱。$|r| <$ 0.3，为弱相关。$0.3 \leqslant |r| < 0.5$，为低度相关。$0.5 \leqslant |r| < 0.8$ 为显著相关。$|r| \geqslant$ 0.8 为高度相关。$r = 1$ 或 $r = -1$，说明两个变量完全正相关或完全负相关，这时两个变量之间的关系即为函数关系。

也可以使用相关系数分布表来判断两个变量之间的线性关系是否显著。提出原假设 $H_0: \rho = 0$，根据给定的显著性水平 α 以及样本容量 n，查"相关系数 ρ 的临界值表"，得到相关系数的临界值 $r_\alpha(n-2)$。如果根据样本数据计算的相关系数 $|r| > r_\alpha(n-2)$，则拒绝两个变量之间相关系数为 0 的原假设，认为变量 X 和变量 Y 之间的线性关系显著。如果 $|r| < r_\alpha(n-2)$，则接受两个变量之间相关系数为 0 的原假设，认为变量 X 和变量 Y 没有显著的线性相关性。

例 8-2 计算出居民的消费支出与可支配收入之间的相关系数 $r = 0.987\,8$，根据经验法则，可以判断这两个变量之间存在着高度的相关关系。给定显著性水平 $\alpha = 0.05$，样本容量 $n = 10$，查"相关系数 ρ 的临界值表"，得到相关系数的临界值 $r_{0.05}(8) = 0.632$，从而有 $r = 0.987\,8 > r_{0.05}(8) = 0.632$，因此居民消费支出和人均可支配收入之间的线性关系是统计显著的。

8.2　一元线性回归分析

8.2.1 ▶▶▶ 一元线性回归模型

1. 总体回归方程

通过相关分析判断出两个变量之间存在显著的线性相关性，如果要进一步分析变量 X 和变量 Y 之间的统计规律性，可以建立如下的线性回归模型：

$$Y_i = \beta_0 + \beta_1 X_i + \varepsilon_i。 \tag{8-5}$$

式(8-5)称为总体回归方程，其中变量 Y 为因变量或被解释变量，变量 X 为自变量或者解释变量，β_0，β_1 是总体回归参数，ε_i 称为随机误差项或者随机扰动项。因此，总体线性回归方程实际上由两个部分构成：一部分是由 X 的变化引起 Y 的线性变化部分，即 $\beta_0 + \beta_1 X_i$；另一部分是由随机因素构成的随机误差 ε_i，代表那些影响因变量 Y 的其他因素。例如，我们在分析居民收入和消费支出时，我们知道居民收入是影响消费支出的主要影响因素，随着居民收入的提高，居民消费支出也会逐渐增加，但是还存在消费习惯、消费心理以及家庭环境等影响消费支出的因素，当然随机误差项还包含测量误差和偶然因素等其他内容，因此为了全面地分析变量 X 和变量 Y 之间的关系，在线性回归模型中引入了随机误差项 ε_i。

2. 样本回归方程

我们希望得到总体回归方程的参数 β_0，β_1，但是在实际分析过程中，因变量 Y 的总体分布是未知的，参数 β_0，β_1 的真值是没有办法求出的，只能利用样本的参数估计量对总体的参数进行估计。对于每一个 X_i，随机抽取一个样本值 Y_i，得到 n 组样本观察值 (X_i, Y_i)，$i = 1$，2，$\cdots$，n。虽然 n 组样本观察值的点不可能完全落在总体回归直线上，但是样本来自总体，应该包含了总体的信息，使用某种估计方法可以寻找到一条和样本观察值拟合最好的直线去近似地代替总体回归直线，这条直线称为样本回归直线，对应的回归方程形式为

$$\hat{Y}_i = \hat{\beta}_0 + \hat{\beta}_1 X_i。 \tag{8-6}$$

其中，$\hat{Y}_i$ 称为因变量 Y_i 的第 i 个估计值，或者拟合值($Fitted$)。$\hat{\beta}_0$，$\hat{\beta}_1$ 是样本回归参数，是总体回归参数 β_0，β_1 的估计量。$\hat{\beta}_0$ 是样本回归方程在纵轴上的截距，一般情况下，它没有多少实际的经济或者社会意义。$\hat{\beta}_1$ 是样本回归方程的斜率，在实际应用中表示自变量 X 每变化 1 个单位，因变量 Y 平均变化 $\hat{\beta}_1$ 个单位。

8.2.2 ▶▶▶ 一元线性回归模型的最小二乘估计

为了通过样本观察数据得到总体回归参数 β_0，β_1 的理想估计量，需要使用一定的估计方法，常用的有普通最小二乘估计法和极大似然估计法，下面主要介绍普通最小二乘估计法。

1. 普通最小二乘估计法的基本假定

在使用普通最小二乘估计法时需要作如下假定。

（1）零均值假定。

$$E(\varepsilon_i)=0, \quad i=1, \ 2, \ \cdots, \ n。 \tag{8-7}$$

由于存在随机扰动因素，Y_i 在其期望值 $E(Y_i)$ 附近上下波动，随机误差项 ε_i 既可能取得正值，也可能取得负值，取正值和负值的概率是大体相当的，因此零均值假定表明，平均地看，总体回归模型的随机误差项有相互抵消的倾向。

（2）同方差假定。

$$\mathrm{Var}(\varepsilon_i)=E(\varepsilon_i-E(\varepsilon_i))^2=E(\varepsilon_i^2)=\sigma^2, \quad i=1, \ 2, \ \cdots, \ n。 \tag{8-8}$$

其中：σ^2 为一个常数。

同方差假定表明，虽然因变量 Y_i 围绕在期望值 $E(Y_i)$ 附近，但是不论自变量 X_i 如何变化，因变量 Y_i 的波动范围始终保持不变。

（3）无自相关假定。

$$\mathrm{Cov}(\varepsilon_i, \ \varepsilon_j)=E[(\varepsilon_i-E(\varepsilon_i))(\varepsilon_j-E(\varepsilon_j))]=E(\varepsilon_i\varepsilon_j)=0。 \tag{8-9}$$

其中：$i\neq j$（$i, \ j=1, \ 2, \ \cdots, \ n$）。

无自相关假定表明，任意两个随机误差项 ε_i 和 ε_j 相互独立，互不干扰，其实就是表明因变量 Y_i 的各个观察值 Y_1，Y_2，$\cdots$，Y_n 互不相关。

（4）自变量 X_i 和随机误差项 ε_i 不相关假定。

$$\mathrm{Cov}(X_i, \ \varepsilon_i)=0, \quad i=1, \ 2, \ \cdots, \ n。 \tag{8-10}$$

该假定表明，自变量 X_i 和随机误差项 ε_i 相互独立，互不相关。

2. 普通最小二乘估计法的基本原理

有了上面的几个基本假定，就可以使用普通最小二乘估计法来得到样本参数估计量 $\hat{\beta}_0$ 和 $\hat{\beta}_1$。普通最小二乘估计主要关注的是样本实际观察值 Y_i 和样本拟合值 $\hat{Y}_i$ 之差，也就是样本残差 $e_i=Y_i-\hat{Y}_i$。选择参数 $\hat{\beta}_0$ 和 $\hat{\beta}_1$，应该使全部观察值的残差平方和 $\sum_{i=1}^{n}e_i^2$ 最小。

$$\sum_{i=1}^{n}e_i^2=\sum_{i=1}^{n}(Y_i-\hat{Y}_i)^2=\sum_{i=1}^{n}(Y_i-\hat{\beta}_0-\hat{\beta}_1X_i)^2。 \tag{8-11}$$

残差平方和是 $\hat{\beta}_0$ 和 $\hat{\beta}_1$ 的二次非负函数，并且连续可微。根据最小二乘原理，要使残

差平方和 $\sum\limits_{i=1}^{n} e_i^2$ 最小，即求出其极值点，其必要条件是 $\sum\limits_{i=1}^{n} e_i^2$ 对 $\hat{\beta}_0$ 和 $\hat{\beta}_1$ 的偏导数为 0。

$$\begin{cases} \dfrac{\partial \sum\limits_{i=1}^{n} e_i^2}{\partial \hat{\beta}_0} = -2 \sum\limits_{i=1}^{n} (Y_i - \hat{\beta}_0 - \hat{\beta}_1 X_i) = 0, & (8\text{-}12) \\[4mm] \dfrac{\partial \sum\limits_{i=1}^{n} e_i^2}{\partial \hat{\beta}_1} = -2 \sum\limits_{i=1}^{n} (Y_i - \hat{\beta}_0 - \hat{\beta}_1 X_i) X_i = 0。 & (8\text{-}13) \end{cases}$$

上式等价于

$$\sum_{i=1}^{n} e_i = 0, \tag{8-14}$$

$$\sum_{i=1}^{n} e_i X_i = 0。 \tag{8-15}$$

由此得到如下方程组

$$\begin{cases} \sum\limits_{i=1}^{n} Y_i = n\hat{\beta}_0 + \hat{\beta}_1 \sum\limits_{i=1}^{n} X_i, & (8\text{-}16) \\[4mm] \sum\limits_{i=1}^{n} X_i Y_i = \hat{\beta}_0 \sum\limits_{i=1}^{n} X_i + \hat{\beta}_1 \sum\limits_{i=1}^{n} X_i^2。 & (8\text{-}17) \end{cases}$$

解此方程组，可求得 $\hat{\beta}_0$ 和 $\hat{\beta}_1$ 的表达式为

$$\begin{cases} \hat{\beta}_1 = \dfrac{n\sum\limits_{i=1}^{n} X_i Y_i - \sum\limits_{i=1}^{n} X_i \sum\limits_{i=1}^{n} Y_i}{n\sum\limits_{i=1}^{n} X_i^2 - \left(\sum\limits_{i=1}^{n} X_i\right)^2} = \dfrac{\sum\limits_{i=1}^{n} X_i Y_i - n\overline{X}\,\overline{Y}}{\sum\limits_{i=1}^{n} X_i^2 - n(\overline{X})^2}, & (8\text{-}18) \\[6mm] \hat{\beta}_0 = \overline{Y} - \hat{\beta}_1 \overline{X}。 & (8\text{-}19) \end{cases}$$

【例 8-3】 根据表 8-2 中的数据，建立居民消费支出对居民可支配收入的一元线性回归方程。

解：将例 8-2 中的相关数据代入 $\hat{\beta}_0$ 和 $\hat{\beta}_1$ 的表达式可得

$$\hat{\beta}_1 = \frac{\sum\limits_{i=1}^{n} X_i Y_i - n\overline{X}\,\overline{Y}}{\sum\limits_{i=1}^{n} X_i^2 - n(\overline{X})^2} = \frac{5\,620.4}{7\,831.6} = 0.717\,7,$$

$$\hat{\beta}_0 = \overline{Y} - \hat{\beta}_1 \overline{X} = 47.3 - 0.717\,7 \times 66.2 = -0.211\,7。$$

从而得到居民消费支出对居民可支配收入的一元线性样本回归方程为

$$\hat{Y}_i = \hat{\beta}_0 + \hat{\beta}_1 X_i = -0.211\,7 + 0.717\,7 X_i。$$

斜率参数的估计值 $\hat{\beta}_1 = 0.717\,7$ 表明居民可支配收入每增加 1 千元，消费支出平均增

加 0.717 7 千元(即约 718 元)。

8.2.3 ▷▷▷ 一元线性回归模型的统计检验

根据自变量 X 和因变量 Y 的样本观察值,应用普通最小二乘估计法得到了样本线性回归方程,将它作为总体线性回归方程的近似,但是这种近似是否恰当,必须进行相关的统计检验。对于一元线性回归模型,常用的统计检验有拟合优度检验和参数的显著性检验。

1. 拟合优度检验

拟合优度又称为判定系数检验,它用来检验样本回归直线和样本观察值之间的拟合程度,度量拟合优度检验的统计量称为拟合系数或判定系数 R^2(R -Squared)。

拟合系数的定义是通过分解因变量 Y 的总离差平方和得到的。设有 n 组样本观察值 $(X_i,\ Y_i)$,得到样本线性回归方程 $\hat{Y}_i = \hat{\beta}_0 + \hat{\beta}_1 X_i$,因变量 Y 的第 i 个实际观察值 Y_i 和样本均值 $\bar{Y}$ 的总离差 $y_i = Y_i - \bar{Y}$ 可以分解成两个部分(见图 8-3),即

$$y_i = Y_i - \bar{Y} = (Y_i - \hat{Y}_i) + (\hat{Y}_i - \bar{Y})。 \tag{8-20}$$

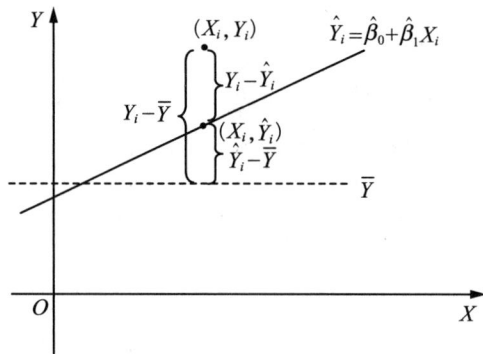

图 8-3 因变量总离差分解图

其中 $\hat{Y}_i - \bar{Y}$ 是因变量的拟合值和因变量的平均值之差,是由回归直线解释的部分,而 $Y_i - \hat{Y}_i$ 是因变量观察值和因变量拟合值之差,也就是前面介绍的残差,它是回归直线所不能解释的部分。

对上式两边平方并求和可得

$$\sum_{i=1}^{n} (Y_i - \bar{Y})^2 = \sum_{i=1}^{n} (Y_i - \hat{Y}_i)^2 + \sum_{i=1}^{n} (\hat{Y}_i - \bar{Y})^2 +$$
$$2\sum_{i=1}^{n} (Y_i - \hat{Y}_i)(\hat{Y}_i - \bar{Y})。 \tag{8-21}$$

其中交叉乘积项有

$$\sum_{i=1}^{n} (Y_i - \hat{Y}_i)(\hat{Y}_i - \overline{Y}) = \sum_{i=1}^{n} e_i(\hat{\beta}_0 + \hat{\beta}_1 X_i - \overline{Y})$$

$$= \hat{\beta}_0 \sum_{i=1}^{n} e_i + \hat{\beta}_1 \sum_{i=1}^{n} e_i X_i - \overline{Y} \sum_{i=1}^{n} e_i。 \tag{8-22}$$

根据式(8-14)和式(8-15)，有 $\sum_{i=1}^{n} e_i = 0$ 和 $\sum_{i=1}^{n} e_i X_i = 0$，因此

$$\sum_{i=1}^{n} (Y_i - \hat{Y}_i)(\hat{Y}_i - \overline{Y}) = 0。 \tag{8-23}$$

从而有

$$\sum_{i=1}^{n} (Y_i - \overline{Y})^2 = \sum_{i=1}^{n} (Y_i - \hat{Y}_i)^2 + \sum_{i=1}^{n} (\hat{Y}_i - \overline{Y})^2, \tag{8-24}$$

或者

$$\sum_{i=1}^{n} y_i^2 = \sum_{i=1}^{n} e_i^2 + \sum_{i=1}^{n} \hat{y}_i^2。 \tag{8-25}$$

其中：$\sum_{i=1}^{n} y_i^2$ 称为因变量 Y 的总离差平方和；$\sum_{i=1}^{n} e_i^2$ 为残差平方和；$\sum_{i=1}^{n} \hat{y}_i^2$ 为回归平方和。

在因变量 Y 的总离差平方和中，如果回归平方和所占的比重越大，残差平方和所占的比重越小，表明样本回归直线和样本观察值拟合得越好，从而定义拟合系数为

$$R^2 = \frac{\sum\limits_{i=1}^{n} \hat{y}_i^2}{\sum\limits_{i=1}^{n} y_i^2} = 1 - \frac{\sum\limits_{i=1}^{n} e_i^2}{\sum\limits_{i=1}^{n} y_i^2}。 \tag{8-26}$$

拟合系数的取值范围为 $0 \leqslant R^2 \leqslant 1$。若 $R^2 = 0$，表明完全不拟合。若 $R^2 = 1$，说明完全拟合，样本观察值全部落在样本回归直线上。因此，R^2 越接近于 1，模型的拟合程度越好，反之则拟合程度越差。

需要说明的是，拟合系数 R^2 和样本相关系数 r 虽然存在如下的数量关系 $R^2 = r^2$，但是它们的含义是不同的。样本相关系数 r 是反映两个随机变量之间的线性相关性的，而拟合系数 R^2 度量的是自变量 X 对因变量 Y 波动程度的解释。

在一元线性回归模型中，可以推导出回归平方和 $\sum_{i=1}^{n} \hat{y}_i^2 = (\hat{\beta}_1)^2 \sum_{i=1}^{n} x_i^2$，因此在一元线性回归模型中，可以用下面的公式计算拟合系数，即

$$R^2 = \frac{\sum\limits_{i=1}^{n} \hat{y}_i^2}{\sum\limits_{i=1}^{n} y_i^2} = \frac{(\hat{\beta}_1)^2 \sum\limits_{i=1}^{n} x_i^2}{\sum\limits_{i=1}^{n} y_i^2}。 \tag{8-27}$$

其中：$\sum_{i=1}^{n} x_i^2$ 为自变量的离差平方和；$\sum_{i=1}^{n} y_i^2$ 为因变量的离差平方和。

【例 8-4】 根据表 8-2 中的数据，计算居民消费支出对居民可支配收入的一元线性回归方程的拟合系数。

解：根据例 8-2 和例 8-3 的相关计算结果，求得回归平方和为

$$\sum_{i=1}^{n} \hat{y}_i^2 = (\hat{\beta}_1)^2 \sum_{i=1}^{n} x_i^2 = 0.717\ 7^2 \times 7\ 831.6 = 4\ 034.004\ 6。$$

拟合系数 $R^2 = \dfrac{\sum\limits_{i=1}^{n} \hat{y}_i^2}{\sum\limits_{i=1}^{n} y_i^2} = \dfrac{4\ 034.004\ 6}{4\ 134.1} = 0.975\ 7$，表明自变量能解释因变量 97.57% 左

右的变动，模型的拟合效果较好。

2. 参数的显著性检验

参数的显著性检验使用的是 t 统计量，因此又称为 t 检验。对总体回归模型中的参数 β_0，β_1 分别提出假设，检验样本回归模型中的参数 $\hat{\beta}_0$，$\hat{\beta}_1$ 与假设值之间的差异是否显著。在参数的显著性检验中，最常用的是检验总体回归模型的斜率参数 $\beta_1 = 0$，对 $\hat{\beta}_1$ 进行参数的显著性检验，就是对 β_1 是否异于 0 进行检验。如果 β_1 显著地等于 0，那么不论自变量如何变化，因变量始终保持一个常数，这时候自变量对因变量的线性作用为零。

对一元线性回归模型进行参数显著性检验的步骤如下。

首先，提出假设：H_0：$\beta_i = 0(i=0,\ 1)$；H_1：$\beta_i \neq 0(i=0,\ 1)$。

其次，在原假设成立的条件下，构造 t 统计量并计算其值为

$$t(\hat{\beta}_i) = \frac{\hat{\beta}_i}{se(\hat{\beta}_i)} \sim t(n-2)。 \tag{8-28}$$

其中：$se(\hat{\beta}_i)$ 为参数估计值 $\hat{\beta}_i$ 的标准误差。

最后，在给定的显著性水平 α 下，查 t 分布表得到临界值 $t_{\alpha/2}(n-2)$。

若 $|t| > t_{\alpha/2}(n-2)$，则拒绝原假设 H_0，参数估计值 $\hat{\beta}_i$ 与 0 有显著的差异。

若 $|t| < t_{\alpha/2}(n-2)$，则不能拒绝原假设 H_0，参数估计值 $\hat{\beta}_i$ 与 0 没有显著的差异。

【例 8-5】 试对例 8-3 回归模型的斜率系数进行参数的显著性检验。

解：在一元线性回归模型中，斜率系数 $\hat{\beta}_1$ 的标准误差为

$$se(\hat{\beta}_1) = \sqrt{\frac{\sum\limits_{i=1}^{n} e_i^2}{(n-2)\sum\limits_{i=1}^{n} x_i^2}} = \sqrt{\frac{\sum\limits_{i=1}^{n} y_i^2 - \sum\limits_{i=1}^{n} \hat{y}_i^2}{(n-2)\sum\limits_{i=1}^{n} x_i^2}}$$

$$= \sqrt{\frac{4\ 134.1 - 4\ 034.004\ 6}{(10-2)\times 7\ 831.6}} = 0.040\ 1。$$

$$t(\hat{\beta}_1) = \frac{\hat{\beta}_1}{se(\hat{\beta}_1)} = \frac{0.717\ 7}{0.040\ 1} = 17.911\ 3。$$

给定显著性水平 $\alpha = 0.05$，已知样本容量 $n = 10$，查 t 分布表，得临界值 $t_{0.025}(8) = 2.306$，由于 $t(\hat{\beta}_1) = 17.911\ 3 > t_{0.025}(8) = 2.306$，拒绝原假设，表明居民消费支出和居民可支配收入之间的线性关系显著。

8.2.4 ▶▶▶ 一元线性回归模型的预测

预测是线性回归模型应用的一个重要方面，对线性回归模型进行预测有点预测和区间预测两种类型。

1. 点预测

在一元线性回归模型中进行点预测，就是给定未来的自变量 X_0，将它代入样本回归方程，得到因变量的点预测值 $\hat{Y}_0 = \hat{\beta}_0 + \hat{\beta}_1 X_0$。

可以证明，在 $X = X_0$ 时，利用样本回归方程得到的点预测值 $\hat{Y}_0$ 是因变量个别值 Y_0 和总体均值 $E(Y_0)$ 的无偏估计量，即有 $E(\hat{Y}_0) = E(Y_0)$。

2. 区间预测

虽然点预测值 $\hat{Y}_0$ 是因变量个别值 Y_0 和总体均值 $E(Y_0)$ 的无偏估计量，但是它们之间仍然存在误差，如果在一定的概率条件下把握误差的范围，进而预测因变量个别值 Y_0 和总体均值 $E(Y_0)$ 的可能取值范围，这样的预测就是区间预测。

给定显著性水平 α，总体均值 $E(Y_0)$ 的 $1 - \alpha$ 预测区间为

$$\hat{Y}_0 - t_{\alpha/2}(n-2) \cdot \hat{\sigma} \cdot \sqrt{\frac{1}{n} + \frac{(X_0 - \overline{X})^2}{\sum\limits_{i=1}^{n} x_i^2}} \leqslant E(Y_0)$$

$$\leqslant \hat{Y}_0 + t_{\alpha/2}(n-2) \cdot \hat{\sigma} \cdot \sqrt{\frac{1}{n} + \frac{(X_0 - \overline{X})^2}{\sum\limits_{i=1}^{n} x_i^2}}。 \tag{8-29}$$

因变量个别值 Y_0 的 $1 - \alpha$ 预测区间为

$$\hat{Y}_0 - t_{\alpha/2}(n-2) \cdot \hat{\sigma} \cdot \sqrt{1 + \frac{1}{n} + \frac{(X_0 - \overline{X})^2}{\sum\limits_{i=1}^{n} x_i^2}} \leqslant Y_0$$

$$\leqslant \hat{Y}_0 + t_{\alpha/2}(n-2) \cdot \hat{\sigma} \cdot \sqrt{1 + \frac{1}{n} + \frac{(X_0 - \overline{X})^2}{\sum\limits_{i=1}^{n} x_i^2}} \, 。 \tag{8-30}$$

其中：$\hat{\sigma} = \sqrt{\dfrac{\sum\limits_{i=1}^{n} e_i^2}{n-2}}$ 是回归模型随机误差项标准差的估计值。

【例 8-6】根据例 8-3 建立的一元线性回归模型，当居民年可支配收入达 120 千元时，对居民消费支出进行点预测和区间预测。

解：(1)点预测：已知未来的自变量 $X_0 = 120$，代入一元线性回归模型，得到点预测值 $\hat{Y}_i = \hat{\beta}_0 + \hat{\beta}_1 X_i = -0.211\,7 + 0.717\,7 \times 120 = 85.912\,3$（千元）。

(2)回归模型随机误差项标准差的估计值 $\hat{\sigma} = \sqrt{\dfrac{\sum\limits_{i=1}^{n} e_i^2}{n-2}} = 3.545\,8$。

给定显著性水平 $\alpha = 0.05$，总体均值 $E(Y_0)$ 的预测区间为

$$\hat{Y}_0 \pm t_{\alpha/2}(n-2) \cdot \hat{\sigma} \cdot \sqrt{\frac{1}{n} + \frac{(X_0 - \overline{X})^2}{\sum\limits_{i=1}^{n} x_i^2}}$$

$$= 85.912\,3 \pm 2.306 \times 3.545\,8 \times \sqrt{\frac{1}{10} + \frac{(120 - 66.2)^2}{7\,831.6}}$$

$$= 85.912\,3 \pm 5.603\,1 \, 。$$

即 $[80.309\,2,\ 91.515\,4]$。

因变量个别值 Y_0 的预测区间为

$$\hat{Y}_0 \pm t_{\alpha/2}(n-2) \cdot \hat{\sigma} \cdot \sqrt{1 + \frac{1}{n} + \frac{(X_0 - \overline{X})^2}{\sum\limits_{i=1}^{n} x_i^2}}$$

$$= 85.912\,3 \pm 2.306 \times 3.545\,8 \times \sqrt{1 + \frac{1}{10} + \frac{(120 - 66.2)^2}{7\,831.6}}$$

$$= 85.912\,3 \pm 9.912\,2 \, 。$$

即 $[76.000\,1,\ 95.824\,5]$。

8.3　多元线性相关与回归分析

客观现象某个变量的变化往往受到多个因素的影响，如果要研究某个变量和多个影响因素之间的关系，可以使用多元线性回归方法。我们把包括两个或两个以上自变量的

线性回归模型称为多元线性回归模型。多元线性回归模型与一元线性回归模型类似，可以用最小二乘法估计模型参数，也需对模型及模型参数进行统计检验。对多元线性回归模型的参数估计和检验一般使用矩阵来计算。

8.3.1 ▶▶▶ 多元线性回归模型

一个有 k 个自变量的多元线性回归模型的总体形式为

$$Y_i = \beta_0 + \beta_1 X_{1i} + \cdots + \beta_k X_{ki} + \varepsilon_i。 \tag{8-31}$$

其中：变量 Y 为因变量；变量 X_1，X_2，$\cdots$，X_k 为 k 个自变量；β_0，β_1，$\cdots$，β_k 是总体回归参数；ε_i 称为随机误差项或者随机扰动项。

多元回归模型的结构和一元线性回归模型一样，由确定的线性部分 $\beta_0 + \beta_1 X_i + \cdots + \beta_k X_k$ 和随机部分 ε_i 构成。

在实际分析中，如果得到 n 组样本观察值 $(Y_i,\ X_{1i},\ X_{2i},\ \cdots,\ X_{ki})$，$i = 1$，$2$，$\cdots$，$n$，则上面的线性回归模型可以表示为

$$\begin{cases} Y_1 = \beta_0 + \beta_1 X_{11} + \beta_2 X_{21} + \cdots + \beta_k X_{k1} + \varepsilon_1, \\ Y_2 = \beta_0 + \beta_1 X_{12} + \beta_2 X_{22} + \cdots + \beta_k X_{k2} + \varepsilon_2, \\ \qquad\qquad\qquad \cdots \\ Y_n = \beta_0 + \beta_1 X_{1n} + \beta_2 X_{2n} + \cdots + \beta_k X_{kn} + \varepsilon_n。 \end{cases} \tag{8-32}$$

其矩阵形式为

$$\boldsymbol{Y} = \boldsymbol{X}\boldsymbol{\beta} + \boldsymbol{\varepsilon}。 \tag{8-33}$$

其中

$$\boldsymbol{Y} = \begin{bmatrix} Y_1 \\ Y_2 \\ \vdots \\ Y_n \end{bmatrix}_{n \times 1} \qquad \boldsymbol{X} = \begin{bmatrix} 1 & X_{11} & X_{21} & \cdots & X_{k1} \\ 1 & X_{12} & X_{22} & \cdots & X_{k2} \\ \vdots & \vdots & \vdots & \ddots & \vdots \\ 1 & X_{1n} & X_{2n} & \cdots & X_{kn} \end{bmatrix}_{n \times (k+1)}$$

$$\boldsymbol{\beta} = \begin{bmatrix} \beta_0 \\ \beta_1 \\ \vdots \\ \beta_k \end{bmatrix}_{(k+1) \times 1} \qquad \boldsymbol{\varepsilon} = \begin{bmatrix} \varepsilon_1 \\ \varepsilon_2 \\ \vdots \\ \varepsilon_n \end{bmatrix}_{n \times 1}$$

类似地，多元线性回归的样本方程为

$$\hat{Y}_i = \hat{\beta}_0 + \hat{\beta}_1 X_{1i} + \cdots + \hat{\beta}_k X_{ki}。 \tag{8-34}$$

其对应的矩阵形式为

$$\hat{\boldsymbol{Y}} = \boldsymbol{X}\hat{\boldsymbol{\beta}}。 \tag{8-35}$$

其中

$$\hat{\boldsymbol{Y}} = \begin{bmatrix} \hat{Y}_1 \\ \hat{Y}_2 \\ \vdots \\ \hat{Y}_n \end{bmatrix}_{n \times 1}, \quad \hat{\boldsymbol{\beta}} = \begin{bmatrix} \hat{\beta}_0 \\ \hat{\beta}_1 \\ \vdots \\ \hat{\beta}_k \end{bmatrix}_{(k+1) \times 1} \qquad 。$$

8.3.2 ▶▶▶ 多元线性回归模型的最小二乘估计

对多元线性回归模型的参数进行估计时，最常用的方法还是普通最小二乘估计法。使用普通最小二乘法同样要满足一些假定条件，如在一元线性回归模型中介绍的零均值假定、同方差假定、无自相关假定和自变量与随机误差项不相关的假定，对多元回归模型来说还需要满足一个基本假定，也就是要求多元回归模型的任意自变量之间不存在相关性，即无多重共线性假定

$$\mathrm{Cov}(X_i, \ X_j) = 0, \ i \neq j, \ i, \ j = 1, \ 2, \ \cdots, \ n 。 \tag{8-36}$$

如果满足上面的基本假定，就可以使用普通最小二乘估计法求得参数估计值。

多元回归模型的残差平方和 $\sum\limits_{i=1}^{n} e_i^2$ 用矩阵表示为

$$\sum_{i=1}^{n} e_i^2 = e'e = (Y - X\hat{\beta})'(Y - X\hat{\beta}) 。 \tag{8-37}$$

根据最小二乘原理，要使残差平方和 $\sum\limits_{i=1}^{n} e_i^2$ 最小，即求出其极小值，其必要条件是 $\sum\limits_{i=1}^{n} e_i^2$ 对 $\hat{\boldsymbol{\beta}}$ 的偏导数为 0。

$$\begin{aligned}
\frac{\partial \sum\limits_{i=1}^{n} e_i^2}{\partial \hat{\boldsymbol{\beta}}} &= \frac{\partial}{\partial \hat{\boldsymbol{\beta}}}(\boldsymbol{Y} - \boldsymbol{X}\hat{\boldsymbol{\beta}})'(\boldsymbol{Y} - \boldsymbol{X}\hat{\boldsymbol{\beta}}) = \frac{\partial}{\partial \hat{\boldsymbol{\beta}}}(\boldsymbol{Y}' - \hat{\boldsymbol{\beta}}'\boldsymbol{X}')(\boldsymbol{Y} - \boldsymbol{X}\hat{\boldsymbol{\beta}}) \\
&= \frac{\partial}{\partial \hat{\boldsymbol{\beta}}}(\boldsymbol{Y}'\boldsymbol{Y} - \hat{\boldsymbol{\beta}}'\boldsymbol{X}'\boldsymbol{Y} - \boldsymbol{Y}'\boldsymbol{X}\hat{\boldsymbol{\beta}} + \hat{\boldsymbol{\beta}}'\boldsymbol{X}'\boldsymbol{X}\hat{\boldsymbol{\beta}}) \\
&= \frac{\partial}{\partial \hat{\boldsymbol{\beta}}}(\boldsymbol{Y}'\boldsymbol{Y} - 2\hat{\boldsymbol{\beta}}'\boldsymbol{X}'\boldsymbol{Y} + \hat{\boldsymbol{\beta}}'\boldsymbol{X}'\boldsymbol{X}\hat{\boldsymbol{\beta}}) \\
&= -2\boldsymbol{X}'\boldsymbol{Y} + 2\boldsymbol{X}'\boldsymbol{X}\hat{\boldsymbol{\beta}} = 0 。
\end{aligned} \tag{8-38}$$

根据上式得到

$$\boldsymbol{X}'\boldsymbol{X}\hat{\boldsymbol{\beta}} = \boldsymbol{X}'\boldsymbol{Y} 。 \tag{8-39}$$

根据矩阵代数，当 $(\boldsymbol{X}'\boldsymbol{X})$ 的逆矩阵 $(\boldsymbol{X}'\boldsymbol{X})^{-1}$ 存在时，用逆矩阵 $(\boldsymbol{X}'\boldsymbol{X})^{-1}$ 去乘式(8-39)两边，就得到多元回归模型的参数估计值向量

$$\hat{\boldsymbol{\beta}} = (\boldsymbol{X}'\boldsymbol{X})^{-1}\boldsymbol{X}'\boldsymbol{Y}。 \tag{8-40}$$

8.3.3 ▶▶▶ 多元线性回归模型的统计检验

多元线性回归模型常用的统计检验有拟合优度检验、参数的显著性检验和回归方程总体显著性检验。

1. 拟合优度检验

与一元线性回归模型类似，多元回归模型的拟合系数可以定义为

$$R^2 = \frac{\sum\limits_{i=1}^{n}\hat{y}_i^2}{\sum\limits_{i=1}^{n}y_i^2} = 1 - \frac{\sum\limits_{i=1}^{n}e_i^2}{\sum\limits_{i=1}^{n}y_i^2}。 \tag{8-41}$$

其中：因变量的离差平方和 $\sum\limits_{i=1}^{n}y_i^2 = \boldsymbol{Y}'\boldsymbol{Y} - n(\bar{Y})^2$；回归平方和 $\sum\limits_{i=1}^{n}\hat{y}_i^2 = \hat{\boldsymbol{\beta}}'\boldsymbol{X}'\boldsymbol{Y} - n(\bar{Y})^2$；

残差平方和 $\sum\limits_{i=1}^{n}e_i^2 = \boldsymbol{Y}'\boldsymbol{Y} - \hat{\boldsymbol{\beta}}'\boldsymbol{X}'\boldsymbol{Y}$。

2. 参数的显著性检验

多元回归模型参数显著性检验使用的 t 统计量的构造和一元线性回归模型是类似的，在原假设 H_0 成立的条件下有

$$t(\hat{\beta}_i) = \frac{\hat{\beta}_i}{se(\hat{\beta}_i)} \sim t(n-k-1)。 \tag{8-42}$$

其中：$se(\hat{\beta}_i) = \hat{\sigma}\sqrt{C_{jj}}$，$C_{jj}$ 是矩阵 $(\boldsymbol{X}'\boldsymbol{X})^{-1}$ 对角线上的第 i 个元素。

给定显著性水平 α 并且已知样本容量 n，查 t 分布表，得临界值 $t_{\alpha/2}(n-k-)$，若 $|t(\hat{\beta}_i)| > t_{\alpha/2}(n-k-1)$，则拒绝原假设，表明第 i 个参数估计值 $\hat{\beta}_i$ 通过了参数的显著性检验。

3. 回归方程总体显著性检验

对回归模型进行总体显著性检验，就是判断自变量 X_1，X_2，$\cdots$，X_k 从整体上对因变量 Y 是否有显著的影响，由于该检验使用的是 F 统计量，因此又称为回归模型的 F 检验，其检验步骤如下。

（1）提出假设。

H_0：$\beta_1 = \beta_2 = \cdots = \beta_k = 0$。

H_1：β_i 不全为零$(i=1，2，\cdots，k)$。

（2）根据表 8-4 方差分析表构造 F 统计量并计算其值。

表 8-4　方差分析表

离差平方和	表达式	自由度	均方和
回归平方和	$\sum\limits_{i=1}^{n}\hat{y}_i^2 = \hat{\boldsymbol{\beta}}'\boldsymbol{X}'\boldsymbol{Y} - n(\bar{Y})^2$	k	$\sum\limits_{i=1}^{n}\hat{y}_i^2 \Big/ k$
残差平方和	$\sum\limits_{i=1}^{n}e_i^2 = \boldsymbol{Y}'\boldsymbol{Y} - \hat{\boldsymbol{\beta}}'\boldsymbol{X}'\boldsymbol{Y}$	$n-k-1$	$\sum\limits_{i=1}^{n}e_i^2 \Big/ (n-k-1)$
总离差平方和	$\sum\limits_{i=1}^{n}y_i^2 = \boldsymbol{Y}'\boldsymbol{Y} - n(\bar{Y})^2$	$n-1$	

在原假设成立的条件下有

$$F = \frac{n-k-1}{k} \cdot \frac{\sum\limits_{i=1}^{n}\hat{y}_i^2}{\sum\limits_{i=1}^{n}e_i^2} \sim F(k, \ n-k-1)。 \tag{8-43}$$

（3）给定的显著性水平 α，查 F 分布表，得临界值

$$F_\alpha(k, n-k-1)。$$

若 $F > F_\alpha(k, n-k-1)$，则拒绝原假设，表明回归模型通过了总体显著性检验。

8.3.4 ▶▶▶ 多元回归模型的预测

和一元线性回归模型的预测相类似，多元回归模型的预测也有点预测和区间预测两种类型。

1. 点预测

将未来的自变量向量 $\boldsymbol{X}_0$ 代入样本回归方程，得到因变量的点预测值 $\hat{\boldsymbol{Y}}_0 = \boldsymbol{X}_0\hat{\boldsymbol{\beta}}$。

2. 区间预测

给定显著性水平 α，总体均值 $E(\boldsymbol{Y}_0)$ 的 $1-\alpha$ 预测区间为

$$\hat{\boldsymbol{Y}}_0 - t_{\alpha/2}(n-k-1) \cdot \hat{\sigma} \cdot \sqrt{\boldsymbol{X}_0(\boldsymbol{X}'\boldsymbol{X})^{-1}\boldsymbol{X}_0'} \leqslant E(\boldsymbol{Y}_0)$$

$$\leqslant \hat{\boldsymbol{Y}}_0 + t_{\alpha/2}(n-k-1) \cdot \hat{\sigma} \cdot \sqrt{\boldsymbol{X}_0(\boldsymbol{X}'\boldsymbol{X})^{-1}\boldsymbol{X}_0'}。 \tag{8-44}$$

因变量个别值 Y_0 的 $1-\alpha$ 预测区间为

$$\hat{\boldsymbol{Y}}_0 - t_{\alpha/2}(n-k-1) \cdot \hat{\sigma} \cdot \sqrt{1 + \boldsymbol{X}_0(\boldsymbol{X}'\boldsymbol{X})^{-1}\boldsymbol{X}_0'} \leqslant E(\boldsymbol{Y}_0)$$

$$\leqslant \hat{\boldsymbol{Y}}_0 + t_{\alpha/2}(n-k-1) \cdot \hat{\sigma} \cdot \sqrt{1 + \boldsymbol{X}_0(\boldsymbol{X}'\boldsymbol{X})^{-1}\boldsymbol{X}_0'}。 \tag{8-45}$$

【例 8-7】利用 9 个地区的纸消耗量 X_1、鱼消耗量 X_2 和汽油消耗量 X_3 来预测 9 个地区人均消费金额 Y 时得到表 8-5 的数据。

表 8-5　9 个地区的人均消费金额和 3 种商品消耗量数据

人均消费金额/元	纸消耗量/(千克/人)	鱼消耗量/千克	汽油消耗量/(千桶/天)
19 700	76 892	158.7	5 454
5 570	24 126	132.7	277
16 500	84 579	47	17 033
2 090	6 860	31.1	430
4 490	15 641	42.1	331
10 790	43 098	44.3	1 936
13 400	41 575	90.6	183
9 040	52 335	43.9	1 803
640	940	76.3	235

试利用上面的数据建立人均消费金额 Y 对纸消耗量 X_1、鱼消耗量 X_2 和汽油消耗量 X_3 的三元线性回归模型并且对回归模型进行检验。给定未来的自变量向量 $X_0 = (1, 38\ 000, 75, 3\ 000)$，利用建立的回归模型进行预测。

解：(1)建立三元线性回归模型。

利用表中数据求得 $\overline{Y} = 9\ 135.555\ 6$，$\overline{X}_1 = 38\ 449.56$，$\overline{X}_2 = 74.08$，$\overline{X}_3 = 3\ 075.777\ 8$。

$$X'X = \begin{bmatrix} 9 & 34\ 6046 & 666.7 & 27\ 682 \\ 346\ 046 & 20\ 265\ 505\ 316 & 28\ 296\ 490.6 & 2\ 060\ 439\ 806 \\ 666.7 & 28\ 296\ 490.6 & 65\ 663.35 & 1\ 929\ 593.6 \\ 27\ 682 & 2\ 060\ 439\ 806 & 1\ 929\ 593.6 & 327\ 328\ 014 \end{bmatrix},$$

$$X'Y = \begin{bmatrix} 82\ 220 \\ 4\ 625\ 115\ 630 \\ 7\ 032\ 782 \\ 432\ 207\ 240 \end{bmatrix}, \quad \hat{\boldsymbol{\beta}} = (X'X)^{-1}(X'Y) = \begin{bmatrix} -583.279\ 6 \\ 0.233\ 7 \\ 18.088\ 0 \\ -0.211\ 6 \end{bmatrix}。$$

三元线性回归模型的表达式为

$$\hat{Y}_i = -583.279\ 6 + 0.233\ 7X_1 + 18.088\ 0X_2 - 0.211\ 6X_3。$$

(2)对回归模型进行检验。

①拟合优度检验。利用表中数据可计算因变量的离差平方和 $\sum_{i=1}^{n} y_i^2 = Y'Y - n(\overline{Y})^2 = 342\ 883\ 022.222\ 2$，回归平方和 $\sum_{i=1}^{n} \hat{y}_i^2 = \hat{\boldsymbol{\beta}}'X'Y - n(\overline{Y})^2 = 321\ 148\ 160.601\ 8$，拟合系数

$$R^2 = \frac{\hat{\boldsymbol{\beta}}'X'Y - n(\overline{Y})^2}{Y'Y - n(\overline{Y})^2} = \frac{321\ 148\ 160.601\ 8}{342\ 883\ 022.222\ 2} = 0.936\ 6，三个自变量共同作用可以解释因变量$$

93.66％左右的方差变动，模型的拟合效果较好。

②残差平方和 $\sum_{i=1}^{n} e_i^2 = \sum y_i^2 - \sum \hat{y}_i^2 = 21\ 734\ 861.620\ 5$。随机误差项标准差的估计

值 $\hat{\sigma} = \sqrt{\dfrac{\sum\limits_{i=1}^{n} e_i^2}{n-k-1}} = \sqrt{\dfrac{21\ 737\ 864.620\ 5}{9-3-1}} = 2\ 084.939\ 4$。

回归模型的方差—协方差矩阵：

$$\text{Var}(\hat{\boldsymbol{\beta}}) = \hat{\sigma}^2 (\boldsymbol{X}'\boldsymbol{X})^{-1}$$

$$= \begin{bmatrix} 2\ 422\ 313.836\ 3 & -21.397\ 6 & -16\ 100.954\ 7 & 24.752\ 7 \\ -21.397\ 6 & 0.001\ 9 & -0.376\ 9 & -0.008\ 1 \\ -16\ 100.954\ 7 & -0.376\ 9 & 341.527\ 4 & 1.720\ 8 \\ 24.752\ 7 & -0.008\ 1 & 1.720\ 8 & 0.052\ 3 \end{bmatrix},$$

$$t(\hat{\beta}_0) = \frac{\hat{\beta}_0}{\sqrt{\text{Var}(\hat{\beta}_0)}} = \frac{-538.279\ 6}{\sqrt{2\ 422\ 313.836\ 3}} = -0.345\ 9,$$

$$t(\hat{\beta}_1) = \frac{\hat{\beta}_1}{\sqrt{\text{Var}(\hat{\beta}_1)}} = \frac{0.233\ 7}{\sqrt{0.001\ 9}} = 5.361\ 4,$$

$$t(\hat{\beta}_2) = \frac{\hat{\beta}_2}{\sqrt{\text{Var}(\hat{\beta}_2)}} = \frac{18.088\ 0}{\sqrt{341.527\ 4}} = 0.978\ 8,$$

$$t(\hat{\beta}_3) = \frac{\hat{\beta}_3}{\sqrt{\text{Var}(\hat{\beta}_3)}} = \frac{-0.211\ 6}{\sqrt{0.0523}} = -0.925\ 3。$$

给定显著性水平 $\alpha = 0.05$，查 t 分布表得到临界值 $t_{0.025}(5) = 2.571$。只有 $t(\hat{\beta}_1) = 5.361\ 4 > t_{0.025}(5) = 2.571$，通过了参数的显著性检验，其他两个自变量都没有通过参数的显著性检验。

③回归模型的总体显著性检验。$F = \dfrac{n-k-1}{k} \cdot \dfrac{\sum\limits_{i=1}^{n} \hat{y}_i^2}{\sum\limits_{i=1}^{n} e_i^2} = \dfrac{9-3-1}{3} \times$

$\dfrac{321\ 148\ 160.601\ 8}{21\ 734\ 861.620\ 5} = 24.626\ 2$，给定显著性水平 $\alpha = 0.05$，查 F 分布表得到临界值 $F_{0.05}(3, 5) = 5.41$，$F = 24.626\ 2 > F_{0.05}(3, 5) = 5.41$，模型的总体回归效果显著。

三元回归模型通过了总体显著性检验，但是三个自变量中只有第一个自变量通过了参数的显著性检验，这可能是由于三个自变量的多重共线性问题造成的。一般而言，如果回归模型通过了总体的显著性检验，即使模型中有个别的自变量没有通过参数的显著性检验，也不影响我们使用回归模型进行预测。

（3）利用三元回归模型进行预测。给定未来的自变量向量 $\boldsymbol{X}_0 = (1, 38\,000, 75, 3\,000)$，计算得到未来的因变量预测值 $\hat{\boldsymbol{Y}}_0 = \boldsymbol{X}_0 \hat{\boldsymbol{\beta}} = 9\,063.222\,7$。

进一步计算得到 $\boldsymbol{X}_0 (\boldsymbol{X}'\boldsymbol{X})^{-1} \boldsymbol{X}'_0 = 0.111\,2$。

给定显著性水平 0.05，总体均值 $E(\boldsymbol{Y}_0)$ 的 95% 预测区间为

$$\hat{\boldsymbol{Y}}_0 \pm t_{\alpha/2}(n-k-1) \cdot \hat{\sigma} \cdot \sqrt{\boldsymbol{X}_0 (\boldsymbol{X}'\boldsymbol{X})^{-1} \boldsymbol{X}'_0}$$

$$= 9\,063.222\,7 \pm 2.571 \times 2\,084.939\,4 \times \sqrt{0.111\,2}$$

$$= 9\,063.222\,7 \pm 1\,787.507\,6, \quad \text{即 } [7\,275.715\,1, 10\,850.730\,3]。$$

因变量个别值 $\boldsymbol{Y}_0$ 的 95% 的预测区间为

$$\hat{\boldsymbol{Y}}_0 \pm t_{\alpha/2}(n-k-1) \cdot \hat{\sigma} \cdot \sqrt{1 + \boldsymbol{X}_0 (\boldsymbol{X}'\boldsymbol{X})^{-1} X'_0}$$

$$= 9\,063.222\,7 \pm 2.571 \times 2\,084.939\,4 \times \sqrt{1 + 0.111\,2}$$

$$= 9\,063.222\,7 \pm 5\,650.375\,8, \quad \text{即 } [3\,412.846\,9, 14\,713.598\,5]。$$

从计算结果可以看出来，总体均值 $E(\boldsymbol{Y}_0)$ 的 95% 预测区间小于因变量个别值 $\boldsymbol{Y}_0$ 的 95% 预测区间。

8.4　非线性回归分析

在现实生活中，很多现象之间的关系并不是线性关系，对这种类型现象建立回归模型一般要应用非线性回归，通过变量代换，可以将很多的非线性回归转化为线性回归。当然，有些非线性回归模型也没有办法转换为线性回归模型，需要采用其他的方法对非线性回归模型进行估计。

本节主要介绍的是可以转换为线性回归模型的非线性回归模型。常见的非线性回归模型主要有多项式回归模型、双曲线模型和对数模型。一般通过绘制因变量和自变量之间的散点图，观察它们之间呈现什么样的变化趋势，然后再选择一个比较合适的非线性模型。当然，也可以同时建立多个非线性回归模型，最后利用模型的参数检验统计量来选择一个较好的模型作为最终的非线性回归模型。常见的非线性模型和代换方法如表 8-6 所示。

表 8-6　常见的非线性模型和代换方法

类别	原模型	模型代换	代换后模型
多项式模型	$Y_i = \beta_0 + \beta_1 X_1 + \cdots + \beta_k X_k + \varepsilon_i$	$Z_1 = X_1$ $\vdots$ $Z_k = X_k$	$Y_i = \beta_0 + \beta_1 Z_1 + \cdots + \beta_k Z_k + \varepsilon_i$
双曲线模型	$Y_i = \beta_0 + \dfrac{\beta_1}{X_i} + \varepsilon_i$	$Z_i = \dfrac{1}{X_i}$	$Y_i = \beta_0 + \beta_1 Z_i + \varepsilon_i$

类别	原模型	模型代换	代换后模型
对数模型	$Y_i = \beta_0 + \beta_1 \ln X_i + \varepsilon_i$	$Z_i = \ln X_i$	$Y_i = \beta_0 + \beta_1 Z_i + \varepsilon_i$
	$\ln Y_i = \beta_0 + \beta_1 X_i + \varepsilon_i$	$Z_i = \ln Y_i$	$Z_i = \beta_0 + \beta_1 X_i + \varepsilon_i$
	$\ln Y_i = \beta_0 + \beta_1 \ln X_i + \varepsilon_i$	$Y_i = \ln Y_i$ $X_i = \ln X_i$	$Y_i = \beta_0 + \beta_1 X_i + \varepsilon_i$

下面用一个简单的例子来说明非线性回归模型在实际中的应用。

【例 8-8】 已知某地区百货公司销售额 X 与流通费用率 Y 之间的数据,如表 8-7 所示,试选择一个合适的回归模型来描述这两个变量之间的关系。

表 8-7　百货公司销售额和流通费用率数据

销售额 X/万元	流通费用率 Y
1.5	7.0%
4.5	4.8%
7.5	3.6%
10.2	3.1%
15.5	2.7%
16.5	2.5%
19.5	2.4%
22.5	2.3%
25.5	2.2%

解:首先绘制流通费用率 Y 对销售额 X 的散点图,如图 8-4 所示,从散点图中可以看出随着销售额的增加,流通费用率逐渐下降。散点图中有直线变化趋势,同时也有一定的非线性变化趋势,分别对表 8-7 中的数据建立线性回归模型和双曲线模型,相关计算如下。

(1)线性回归模型。变量 X 的均值 $\overline{X} = 13.688\ 9$,变量 Y 的均值 $\overline{Y} = 3.4$,两个变量乘积项的和 $\sum\limits_{i=1}^{n} X_i Y_i = 328.47$, 自变量平方和 $\sum\limits_{i=1}^{n} X_i^2 = 2\ 232.04$。

$$\hat{\beta}_1 = \frac{\sum\limits_{i=1}^{n} X_i Y_i - n\overline{X}\,\overline{Y}}{\sum\limits_{i=1}^{n} X_i^2 - n(\overline{X})^2} = \frac{328.47 - 9 \times 13.688\ 9 \times 3.4}{2\ 232.04 - 9 \times 13.688\ 9^2} = -0.165\ 7,$$

$$\hat{\beta}_0 = \overline{Y} - \hat{\beta}_1 \overline{X} = 3.4 + 0.165\ 7 \times 13.688\ 9 = 5.668\ 3。$$

线性回归模型的表达式为 $\hat{Y}_i = 5.668\ 3 - 0.165\ 7 X_i$。

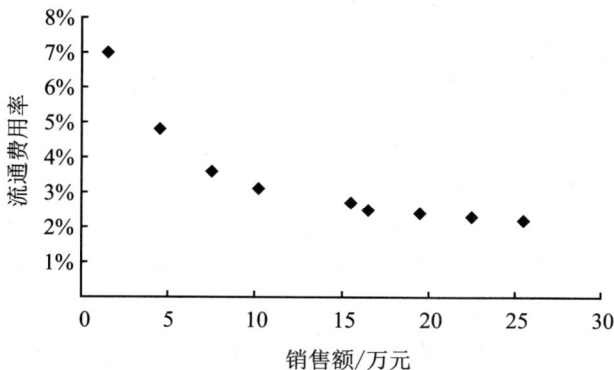

图 8-4　流通费用率和销售额的散点图

进一步可以计算线性回归模型的残差平方和 $\sum\limits_{i=1}^{n} e_i^2 = 5.017\,5$，模型的拟合系数 $R^2 = 0.749\,1$。

（2）双曲线模型。设双曲线回归模型的自变量 $Z_i = \dfrac{1}{X_i}$，变量 Z 的平均值 $\overline{Z} = 0.153\,4$，两个变量乘积项的和 $\sum\limits_{i=1}^{n} Z_i Y_i = 7.154\,5$，自变量平方和 $\sum\limits_{i=1}^{n} Z_i^2 = 0.535\,2$。

$$\hat{\beta}_1 = \frac{\sum\limits_{i=1}^{n} Z_i Y_i - n\overline{Z}\,\overline{Y}}{\sum\limits_{i=1}^{n} Z_i^2 - n(\overline{Z})^2} = \frac{7.154\,5 - 9 \times 0.153\,4 \times 3.4}{0.535\,2 - 9 \times 0.153\,4^2} = 7.607\,6,$$

$$\hat{\beta}_0 = \overline{Y} - \hat{\beta}_1 \overline{Z} = 3.4 - 7.607\,6 \times 0.153\,4 = 2.233\,0.$$

双曲线回归模型的表达式为 $\hat{Y}_i = 2.233\,0 + \dfrac{7.607\,6}{X_i}$。

进一步可以计算线性回归模型的残差平方和 $\sum\limits_{i=1}^{n} e_i^2 = 0.181\,6$，模型的拟合系数 $R^2 = 0.936\,4$。

对比线性回归模型和双曲线模型，可以发现双曲线回归模型的残差平方和明显小于线性回归模型，双曲线回归模型的拟合系数也明显大于直线回归模型，说明双曲线回归模型的拟合效果较好，自变量对因变量的解释程度大大增加，因此用双曲线回归模型要好于直线回归模型。

📚 本章小结

1. 相关系数是度量两个随机变量之间线性相关强度的统计量。相关系数在 -1 和 $+1$

之间变化。两个变量之间的线性相关性越强，相关系数越接近于＋1 或者－1。两个变量之间的线性相关性越弱，相关系数越接近于 0。

2. 一元线性回归模型是分析一个因变量 Y 是如何依赖自变量 X 的变化而变化的模型。在一元线性回归模型中，总体回归模型是 $Y_i = \beta_0 + \beta_1 X_i + \varepsilon_i$，利用样本数据和普通最小二乘法求出它所对应的样本回归模型 $\hat{Y}_i = \hat{\beta}_0 + \hat{\beta}_1 X_i$。在一元线性回归模型中涉及的统计检验主要有拟合优度检验和参数的显著性检验。拟合系数是度量样本回归模型拟合效果的统计量，它是因变量 Y 中的变异能被自变量 X 解释的部分所占的比例。参数的显著性检验是为了判断因变量 Y 和自变量 X 是否存在显著的线性相关性。

3. 多元线性回归模型是一元线性回归模型的推广，通过多元线性回归模型，我们可以了解一个因变量是如何依赖两个或者两个以上自变量的。在多元线性回归分析中涉及的检验有拟合优度检验、参数的显著性检验以及回归方程总体显著性检验。

4. 非线性回归模型是研究变量之间非线性关系的模型，常见的非线性回归模型主要有多项式回归模型、双曲线模型和对数模型。通过对比非线性回归模型的检验统计量，可以选择一个合适的非线性回归模型来描述变量之间的非线性关系。

阅读与分析

私营企业不同行业收入和利润的关系

一般来说，企业的主营业务收入越多，企业的利润也会越高。但是不同行业的利润总额和主营业务收入之间存在较大的差异，为了分析两者的关系，收集到 2009 年中国私营企业 39 个行业的主营业务收入与利润总额的数据，如表 8-8 所示。

表 8-8　2009 年中国私营企业 39 个行业的主营业务收入与利润总额　　　　单位：亿元

行业	主营业务收入	利润总额
煤炭开采和洗选业	2 877.24	404.62
石油和天然气开采业	34.57	6.16
黑色金属矿采选业	2 038.36	351.79
有色金属矿采选业	778.39	97.75
非金属矿采选业	926.59	77.45
其他采矿业	7.07	0.40
农副食品加工业	9 693.85	577.02
食品制造业	2 308.72	160.17
饮料制造业	1 447.82	113.40

续表

行业	主营业务收入	利润总额
烟草制品业	4.07	0.43
纺织业	10 452.55	500.16
纺织服装、鞋、帽制造业	3 767.40	205.70
皮革、毛皮、羽毛（绒）及其制品业	2 185.52	139.96
木材加工及木、竹、藤、棕、草制品业	3 030.82	209.97
家具制造业	1 384.65	80.28
造纸及纸制品业	2 758.86	165.22
印刷业和记录媒介的复制业	988.86	58.54
文教体育用品制造业	748.86	36.15
石油加工、炼焦及核燃料加工业	2 547.38	154.87
化学原料及化学制品制造业	9 503.36	639.92
医药制造业	1 704.16	135.71
化学纤维制造业	1383.56	5 9.91
橡胶制品业	1 223.34	76.37
塑料制品业	4 193.93	232.36
非金属矿物制品业	9 555.35	738.67
黑色金属冶炼及压延加工业	9 930.80	402.65
有色金属冶炼及压延加工业	5 752.85	247.06
金属制品业	6 573.14	362.34
通用设备制造业	9 729.49	612.00
专用设备制造业	4 159.42	303.66
交通运输设备制造业	5 908.28	342.90
电气机械及器材制造业	8 130.58	476.55
通信设备、计算机及其他电子设备制造业	2 255.21	130.73
仪器仪表及文化、办公用机械制造业	970.93	66.16
工艺品及其他制造业	1 679.49	93.44

续表

行业	主营业务收入	利润总额
废弃资源和废旧材料回收加工业	485.74	15.47
电力、热力的生产和供应业	293.78	16.43
燃气生产和供应业	76.20	6.10
水的生产和供应业	34.23	3.59

在进行回归分析之前，首先绘制散点图来分析利润总额和主营业务收入的关系，如图 8-5 所示，判断使用线性模型来研究这两个变量之间的关系是否合理。

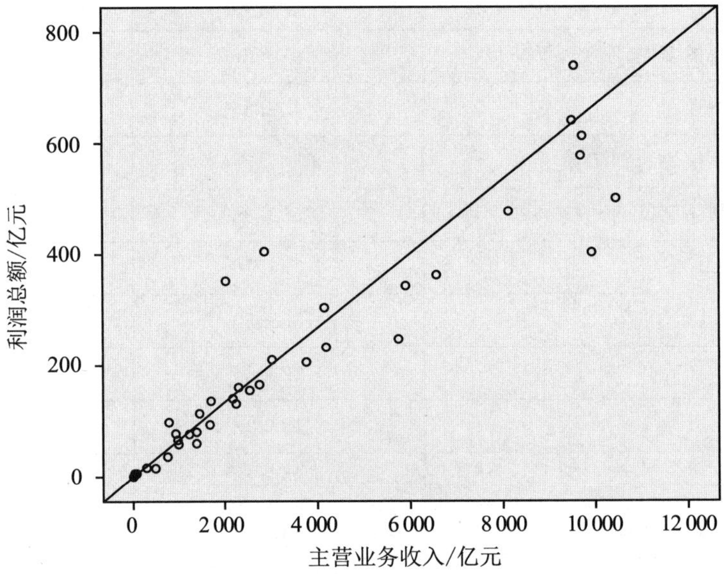

图 8-5　私营企业利润总额对主营业务收入的散点图

从上面的散点图中可以看出，两个变量之间的线性关系还是比较明显的，采用线性方程来研究两者的关系是合适的。随着主营业务收入的增加，利润总额也相应增加，但是其变动程度也有所增加。散点图的右上角有几个偏离其他点的散点，它们可能是有影响力的异常值。

接下来可以建立利润总额对主营业务收入的线性回归模型：

$$\hat{Y}_i = 23.391 + 0.056X_i, R^2 = 0.869, F = 245.517。$$

根据回归结果可以发现，私营企业的主营业务收入每增加 1 亿元，它们的利润总额平均增加 0.056 亿元；回归模型的拟合系数为 0.869，表明自变量主营业务收入可以解释因变量利润总额 86.9% 左右的方差变动，模型的拟合效果较好。

思考与练习

一、思考题

1. 相关分析和回归分析有哪些联系与区别？

2. 对回归模型使用普通最小二乘法有哪些基本假设条件，这些假设条件的作用是什么？

二、单项选择题

1. 对于一元线性回归模型 $Y_i = b_0 + b_1 X_i + \varepsilon_i$，由样本数据所得回归系数 b_1 的估计量 $\hat{b}_1$ 具备有效性是指（　　）。

　　A. $\mathrm{Var}\,(\hat{b}_1) = 0$ 　　　　　　　　　B. $\mathrm{Var}\,(\hat{b}_1)$ 为最小

　　C. $b_1 - \hat{b}_1 = 0$ 　　　　　　　　　D. $(b_1 - \hat{b}_1)$ 为最小

2. 已知一个一元线性样本回归模型为 $\hat{Y}_i = 60 - 5X_i$，则第四个观测点（$X_4 = 30$，$Y_4 = 35$）对应的残差 e_4 为（　　）。

　　A. 125 　　　　　B. -125 　　　　　C. 55 　　　　　D. -55

3. 对于一个样本容量为 30 的二元线性回归模型 $Y_i = b_0 + b_1 X_{1i} + b_2 X_{2i} + \varepsilon_i$ 进行估计，在 0.05 的显著性水平下，对 b_1 的显著性做 t 检验，则 b_1 显著不为 0 的条件是其 t 统计量的绝对值大于（　　）。

　　A. $t_{0.025}(30)$ 　　　B. $t_{0.05}(30)$ 　　　C. $t_{0.025}(27)$ 　　　D. $t_{0.025}(28)$

4. 已知一个 6 元线性回归模型的残差平方和 $\sum e_i^2 = 620$，样本容量 $n = 27$，那么该模型随机误差项方差的估计值 $\hat{\sigma}^2$ 为（　　）。

　　A. 23.846 2 　　　B. 31 　　　　C. 32 　　　　D. 29.523 8

5. 用一组有 30 个观察值的样本估计模型 $Y_i = b_0 + bX_{1i} + b_2 X_{2i} + \varepsilon_i$，并在 0.05 的显著性水平下对模型进行总体显著性检验，若 $F = 2.49$，$F_{0.05}(2,\ 27) = 3.35$，则表明（　　）。

　　A. 自变量 X_1 对 Y 的影响是显著的

　　B. 自变量 X_2 对 Y 的影响是显著的

　　C. 自变量 X_1，X_2 对 Y 的共同影响显著

　　D. 自变量 X_1，X_2 对 Y 的共同影响不显著

6. 在直线回归方程中，若回归系数为负，则（　　）。

　　A. 表明现象正相关 　　　　　　　　B. 表明现象负相关

　　C. 表明相关程度很弱 　　　　　　　D. 不能说明相关的方向和程度

7. 若两变量完全相关，则估计标准误差为（　　）。

　　A. 0 　　　　　B. 1 　　　　　C. -1 　　　　　D. 无穷大

8. 进行相关分析，要求相关的两个变量（　　）。

　　A. 都是随机的 　　　　　　　　　　B. 一个是随机的，另一个不是随机的

C. 随机和不随机都可以　　　　　　D. 都不是随机的

9. 下面现象间的关系属于相关关系的是（　　　）

　　A. 圆的周长和它的半径之间的关系

　　B. 价格不变条件下，商品销售额与销售量之间的关系

　　C. 随着家庭收入的增多，其消费支出也有增长的趋势

　　D. 正方形面积和它的边长之间的关系

10. 若物价上涨，商品的需求量相应减少，则物价与商品需求量之间的关系为（　　　）。

　　A. 不相关　　　　B. 负相关　　　　C. 正相关　　　　D. 复相关

三、计算题

1. 分析人员在研究某地区自来水消耗量与当地温度的关系时得到表8-9。

表 8-9　某地区自来水消耗量与当地温度的数据

自来水消耗量 Y	温度 X
219	39.44
56	3.89
107	25.00
129	25.56
68	10.00
184	35.56
150	32.22
112	23.89

　　要求：计算自来水消耗量 Y 和当地温度 X 的相关系数 r，判断这两个变量是否存在显著线性相关关系。

2. 在研究某公司各下属企业产品销售收入 Y 和广告支出 X 时得到表8-10。

表 8-10　某公司各下属企业产品销售收入和广告支出数据

销售收入 Y/百万元	广告支出 X/万元
12.5	148
3.7	55
21.6	338
60	994
37.6	541
6.1	89

续表

销售收入 Y/百万元	广告支出 X/万元
16.8	126
41.2	379

要求：(1)试估计产品销售收入 Y 对广告支出 X 的一元线性回归方程，并解释回归系数的经济意义；

(2)计算拟合系数 R^2，解释其意义；

(3)计算回归系数的 t 检验值，在 5% 的显著性水平下，判断回归系数是否能通过显著性检验；

(4)当广告支出 $X_0 = 400$ 时，对销售收入进行点预测和区间预测。

3. 假设超市的日均销售额和超市的经营面积和超市与居民区距离有关，表 8-11 所示为某地区 10 家超市的相关数据。

表 8-11　某地区 10 家超市的相关数据

日均销售额 Y/千元	经营面积 X_1/平方米	居民区距离 X_2/千米
40	60	3
45	100	5
80	85	2
60	50	1
50	75	3
20	55	4
15	70	6
90	95	1
30	45	3
70	65	2

要求：(1)试估计超市日均销售 Y 对经营面积 X_1 和居民区距离 X_2 的二元线性回归方程，并解释回归系数的经济意义；

(2)计算拟合系数 R^2，解释其意义；

(3)计算回归系数的 t 统计量，在 5% 的显著性水平下，判断回归系数是否能通过参数的显著性检验；

(4)计算回归模型的 F 统计量，在 5% 的显著性水平下，判断回归系数是否能通过总体的显著性检验；

(5)给定未来的自变量向量 $X_0 = (1, 75, 4)$，利用建立的回归模型对日均销售 Y 进行预测。

4. 已知某地区通货膨胀率和失业率的数据如表 8-12 所示。

表 8-12 某地区通货膨胀率和失业率的数据

年份	通货膨胀率 Y	失业率 X
2012	0.6%	2.8%
2013	0.1%	2.8%
2014	0.7%	2.5%
2015	2.3%	2.3%
2016	3.1%	2.1%
2017	3.3%	2.1%
2018	1.6%	2.2%
2019	1.3%	2.5%
2020	0.7%	2.9%
2021	−0.1%	3.2%

要求：选择一个合适的非线性回归模型来描述通货膨胀率 Y 和失业率 X 之间的关系。

第 9 章

时间数列

📝 本章导读

通过本章的学习，要求掌握时间数列的概念、特点和分类；掌握动态分析指标的计算；掌握时间数列的动态分析，尤其是长期趋势、季节变动、循环变动的测定。

📖 思政目标

引导学生尊重规律，在认识世界和改造世界的过程中，坚持发展的观点，探索规律，与时俱进，爱党爱国，坚持解放思想和实事求是的统一。

🌐 思政案例

建党百年来我国脱贫攻坚成就[①]

建党一百年以来，中国共产党始终不忘初心，致力于治理人民的贫困问题，千方百计地推进治贫事业，从生存到发展到温饱到富裕，探索出具有中国特色的治贫方略，并于建党百年之际成功解决了中国绝对贫困的历史性问题。1978—2020 年我国农村贫困人口及贫困发生率数据如图 9-1 所示。经过改革开放以来的扶贫，按现行农村贫困标准统计 2012 年农村还有贫困人口 9 899 万人。经过党的十八大以来的脱贫攻坚奋战，通过强化到村到户到人精准帮扶、补齐贫困地区基础设施发展短板、深化社会协作扶贫、加大财政金融扶贫力度、实施"志智能"扶贫结合、实行农村最低生活保障制度兜底脱贫、生态脱贫和强化党对脱贫攻坚的领导等系列脱贫措施，到 2020 年年底现行贫困标准下全国农村贫困人口的贫困发生率由 2012 年的 10.2% 下降到 0，农村贫困人口全部脱贫出列。在

---

① 程承坪，曾瑾：《中国共产党治理贫困的百年历程、成就与未来展望——写在中国共产党建党百年之际》，载《当代经济管理》，2021，43(6)：10-17。有删改。

中国共产党成立100周年之际，我国脱贫攻坚战取得了全面胜利，完成了消除绝对贫困的艰巨任务，创造了又一个彪炳史册的人间奇迹。

未来，中国面临着巩固拓展脱贫攻坚成果、防止绝对贫困人口返贫以及消除相对贫困的严峻挑战。但是，只要坚持中国共产党的领导，充分发挥社会主义制度的优越性，中国就一定能够从容应对这一挑战，实现全体人民共同富裕的宏伟目标。

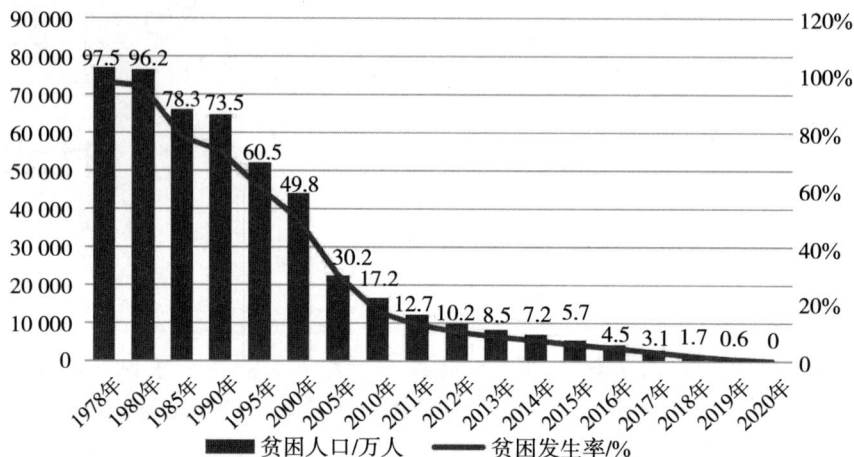

图 9-1 1978—2020 年我国农村贫困人口和贫困发生率

思考

结合案例中的时间数列分析我国农村贫困人口数据变化的趋势，谈谈改革开放以来我国扶贫工作的特点。

9.1 时间数列概述

9.1.1 ▷▷▷ 时间数列的概念

时间数列又称动态数列，就是把反映某种客观现象在时间上发展变化的指标数值，按时间先后顺序排列起来所形成的数列。如表 9-1 所示就是时间数列。

表 9-1 我国 2016—2020 年国民经济主要指标

经济指标	2016 年	2017 年	2018 年	2019 年	2020 年
现价 GDP/亿元	746 395.1	832 035.9	919 281.1	986 515.2	1 013 567.0
第三产业增加值占 GDP 比重	51.6%	51.6%	52.2%	53.9%	54.5%
年末人口总数/亿人	13.83	13.90	13.95	14.00	14.12
职工年平均工资/元	68 993	76 121	84 744	93 383	100 512

从表 9-1 中可以看出，时间数列由两个基本要素构成：一是现象所属的时间；二是现象在各时间上的统计指标数值，习惯上称之为时间数列中的发展水平。

研究时间数列具有重要的作用。通过时间数列分析，可以反映客观现象的发展状态和结果；可以研究客观现象的发展速度和发展趋势，揭示现象发展变化的规律，并据以进行统计预测，从而为制定决策、编制计划提供依据；可以利用不同的但有联系的数列进行对比分析或相关分析。

9.1.2 ▷▷▷ 时间数列的种类

时间数列按其所排列指标的性质不同，可分为绝对数时间数列、相对数时间数列和平均数时间数列。其中，绝对数时间数列是基本数列，后两种时间数列是由绝对数时间数列派生而形成的数列。

1. 绝对数时间数列

一系列同类的总量指标按时间先后顺序排列所形成的时间数列称为绝对数时间数列。它主要用于反映现象在各时期（或时点）达到的绝对水平及其发展变化的状况。

绝对数时间数列根据其总量指标所反映的时间状况不同，又可分为时期数列和时点数列两种。

（1）时期数列。如果绝对数时间数列中的各项指标所反映的是现象在一段时期内发展过程的总量，这样的绝对数时间数列就是时期数列，表 9-1 所示的现价 GDP 数列就是一个时期数列。时期数列具有下列特点。

①数列中的各个指标数值是可以相加的，相加的结果表示现象在更长时期内发展的总量。

②数列中每一个指标数值的大小与现象所属时期长短都有直接关系。在时期数列中，每个指标所包括的时间长度称为"时期"，时期的长短主要根据研究目的来决定，可以是一日、一个月、一个季度、一年或更长时间。一般来说，时期越长，指标数值就越大，反之就越小。

③数列中每个指标的数值，通常是通过连续不断的登记取得的。

（2）时点数列。如果绝对数时间数列中的各项指标所反映的是现象在某一时点（瞬间）所达到的水平，这样的绝对数时间数列就是时点数列，表 9-1 所示的年末人口总数数列就是一个时点数列。时点数列具有以下几个特点。

①数列中的各个指标数值是不能相加的。时点数列中每个指标反映的是现象在一定时点上的数量，各指标相加的结果不能说明现象在任何一个时点上的数量，即相加的结果没有实际经济意义。

②数列中每个指标数值的大小与间隔长短都没有直接关系。在时点数列中，相邻两个时点指标在时间上的距离称为"间隔"。由于时点数列中每个指标数值反映的是现象在

某一时点上的数量，年末数可能大于月末数，也可能小于月末数，所以其指标数值的大小与间隔长短没有直接关系。

③数列中每个指标的数值，通常是通过一定时期登记一次取得的。

2. 相对数时间数列

一系列同类的相对指标按时间先后顺序排列而形成的时间数列称为相对数时间数列。它主要用以反映现象之间相互联系的发展过程。表 9-1 所示的第三产业增加值占 GDP 比重数列就是一个相对数时间数列。在相对数时间数列中，各项指标数值是不能相加的。相对数时间数列主要包括：由两个时期数列对比形成的相对数时间数列，如第三产业增加值占 GDP 比重时间数列；由两个时点数列对比形成的相对数时间数列，如男女性别比例时间数列、设备利用率时间数列、人口密度时间数列等；由一个时期数列和一个时点数列对比形成的相对数时间数列，如人均国内生产总值时间数列、流动资金周转次数时间数列等。

3. 平均数时间数列

一系列同类的平均指标按时间先后顺序排列所形成的时间数列称为平均数时间数列。它可以反映现象一般水平的发展变化过程，表 9-1 所示的职工年平均工资数列就是一个平均数时间数列。在平均数时间数列中，各个指标值也是不能相加的。平均数时间数列可分为静态平均数时间数列和动态平均数时间数列两种。其中，静态平均数时间数列也是由绝对数时间数列对比而形成的，具体地讲，有如下三种情况：第一，由两个时期数列对比形成的平均数时间数列，如单位产品成本时间数列、单位产品原材料消耗量时间数列等；第二，由两个时点数列对比形成的平均数时间数列，如平均每班学生人数时间数列等；第三，由一个时期数列和一个时点数列对比形成的平均数时间数列，如工人劳动生产率时间数列等。动态平均数时间数列由动态平均指标按时间先后排列形成，将在 9.2.3 节中具体介绍。

在实际统计工作中，为了对客观现象发展过程进行全面分析研究，有时需要把各种时间数列结合起来运用。

9.1.3 ▷▷▷ 时间数列的编制原则

时间数列分析是通过不同时间上同类指标数值的对比来反映客观现象的发展过程及其规律的，因此，保证数列中各个指标数值的可比性就成了编制时间数列所应遵循的基本原则。具体来讲，应注意以下几点。

1. 时间长短应一致

在时期数列中，由于各指标数值的大小与时期长短有直接的关系，因而各指标所包含的时期长短应该一致，否则很难进行比较分析。但这个原则也不是绝对的，有时为了特殊的研究目的，也可编制时期不相等的时期数列。

对于时点数列，由于各个指标数值反映的是现象在某一时点上的状态，所以不存在时期长短问题。但时点数列中相邻指标间有间隔，间隔是否相等，不是一个必要条件，间隔不等仍能说明现象的发展趋势，但是等间隔时点数列比不等间隔时点数列更能准确地反映现象的发展过程及其规律性。

2. 总体范围应一致

在一个时间数列中，各个指标所反映的总体范围应该前后一致。因为指标数值的大小与总体范围大小直接相关，如果总体范围前后发生了变化，那么反映这一总体的指标数值就不能直接对比，而必须经过调整才能进行比较。例如，某一地区的行政区划发生变动，则必须对变动前后该地区的人口数、土地面积、国内生产总值、财政收入、进出口贸易总额等指标进行相应的调整，以确保编制的时间数列具有可比性。

3. 指标的经济内容应该一致

编制时间数列，不仅要注意各项指标的名称相同，而且要使各项指标具有相同的经济内容。有些经济指标虽然名称一样，但其所包含的经济内容可能不一样，即随着社会经济情况的变化，有些指标的经济内容前后会有所改变。例如，税收收入指标，在税制改革前后，其经济内容就不完全一样。如果对具体内容前后发生变化的经济指标不加区别和调整，编制成一个时间数列就会违反可比性原则，以此进行动态对比分析往往会得出错误的结论。

4. 指标的计算方法、计算价格和计量单位要一致

计算方法也叫计算口径。在指标名称、经济内容都一致的情况下，有时会存在计算口径不一致的问题。例如，劳动生产率指标有按全部职工计算的全员劳动生产率，也有按生产工人计算的工人劳动生产率；国内生产总值指标有按"生产法"计算的，也有按"分配法"计算的。显然按不同口径计算的指标不具有可比性。

以上四点是编制时间数列应特别注意的问题。当然，在实际统计工作中，对时间数列的可比性原则也不能过分绝对化，有时由于资料来源有限，只要大体可比，也能用于统计分析。

9.1.4 ▶▶▶ 时间数列分析的内容

编制时间数列的目的在于研究事物的动态，研究其发展规律。为此，必须对时间数列进行系统分析，时间数列的分析包括两方面内容：一是通过计算动态分析指标来研究现象的发展速度和发展规律；二是用统计方法对一个长时间的时间数列加以分解，并用一定的数学模型测定数列的长期趋势及季节变动等，并以此作为研究规律、外推预测的重要依据。

9.2 时间数列的动态分析

时间数列的动态分析是通过计算一系列动态分析指标进行的。动态分析指标是指由同一时间数列中的各指标数值加以对比或综合平均而得的派生指标。在统计学中，通常将由时间数列中各指标对比而得的派生指标称为动态比较指标，包括增减量、发展速度、增减速度和增减百分之一的绝对值指标；将由时间数列中各指标综合平均而得的指标称为动态平均指标，包括平均发展水平、平均增减量、平均发展速度和平均增减速度。而以上这些分析指标都是在发展水平的基础上计算出来的。

9.2.1 ▷▷▷ 发展水平

在时间数列中，每一项具体的指标数值叫作发展水平，也称时间数列水平，它可以是总量指标、相对指标或平均指标。发展水平是计算动态分析指标的基础，一般用 a_i 表示。

根据发展水平在时间数列中所处的位置，通常把数列的第一个指标数值叫作最初水平，最后一个指标数值叫作最末水平，其余各项指标数值叫作中间水平。一般用 a_0 表示最初水平，a_n 表示最末水平，中间各项用 a_1，a_2，a_3，$\cdots$，a_{n-1} 表示。在对比两个时期的发展水平时，把要研究的那个时期的发展水平叫作报告期水平或计算期水平，而把作为比较基础时期的发展水平叫作基期水平。对于一个确定的时间数列来说，最初水平、最末水平是确定的，而基期和报告期会随着对比时期的不同而发生变化。例如，把两个不同时期的发展水平相比较，就可计算出动态比较指标，包括增减量、发展速度、增减速度和增减百分之一的绝对值指标。

9.2.2 ▷▷▷ 动态比较指标

1. 增减量

增减量是用相减的方法计算的动态比较指标，它是时间数列中报告期水平与基期水平之差，其计算公式为

$$增减量＝报告期水平－基期水平。$$

所得的差值是正值，则为增长量；是负值，则为减少量。由于比较时所采用的基期不同，增减量可分为逐期增减量和累计增减量。逐期增减量是报告期水平与前一期水平之差，表明现象逐期增减的绝对数量；累计增减量是报告期水平与某一固定时期水平（通常为最初水平）之差，表明现象在某一段较长时期内总的增减量。如果时间数列中各时期的发展水平为 a_0，a_1，a_2，$\cdots$，a_n，则以上两个指标可用符号表示如下：

逐期增减量为

$$a_1-a_0,\ a_2-a_1,\ a_3-a_2,\ \cdots,\ a_n-a_{n-1}。 \tag{9-1}$$

累计增减量为

$$a_1-a_0,\ a_2-a_0,\ a_3-a_0,\ \cdots,\ a_n-a_0。 \tag{9-2}$$

逐期增减量之和等于对应的累计增减量，即

$$(a_1-a_0)+(a_2-a_1)+\cdots+(a_n-a_{n-1})=a_n-a_0。 \tag{9-3}$$

同样，相邻两个时期的累计增减量之差等于相应的逐期增减量，即

$$(a_i-a_0)-(a_{i-1}-a_0)=a_i-a_{i-1}。 \tag{9-4}$$

2. 发展速度

发展速度是用对比的方法计算的动态比较指标，是表明客观现象发展程度的相对指标，它是时间数列中两个不同时期的发展水平之比，说明报告期水平已发展到（或已增加到）基期水平的若干倍（或百分之几）。其计算公式为

$$发展速度=\frac{报告期水平}{基期水平}。 \tag{9-5}$$

发展速度由于所采用的基期不同，可分为环比发展速度和定基发展速度两种。环比发展速度是报告期水平与前一期水平之比，用来说明报告期水平已经发展到前一时期水平的百分之几（或多少倍），表明现象逐期发展的程度。如果计算的时间单位为一年，这个指标也叫作"年速度"。定基发展速度是报告期水平与某一固定时期水平（通常是最初水平）之比，用来说明报告期水平已经发展为最初水平的百分之几（或多少倍），表明现象在一个较长时间内的变动程度，因此有时也叫"总速度"。这两种发展速度可用公式表示如下。

环比发展速度为

$$\frac{a_1}{a_0},\ \frac{a_2}{a_1},\ \frac{a_3}{a_2},\ \cdots,\ \frac{a_n}{a_{n-1}}。 \tag{9-6}$$

定基发展速度为

$$\frac{a_1}{a_0},\ \frac{a_2}{a_0},\ \frac{a_3}{a_0},\ \cdots,\ \frac{a_n}{a_0}。 \tag{9-7}$$

显然，环比发展速度的连乘积等于相应的定基发展速度，即

$$\frac{a_1}{a_0}\times\frac{a_2}{a_1}\times\frac{a_3}{a_2}\times\cdots\times\frac{a_n}{a_{n-1}}=\frac{a_n}{a_0}。 \tag{9-8}$$

相邻两个时期的定基发展速度之比等于相应的环比发展速度，即

$$\frac{a_i}{a_0}\div\frac{a_{i-1}}{a_0}=\frac{a_i}{a_{i-1}}。 \tag{9-9}$$

利用上述关系可进行两种发展速度的相互推算。

3. 增减速度

增减速度是反映现象变化增减程度的动态比较指标。它是时间数列各期增减量与基

期水平之比，说明报告期水平比基期水平增长（或下降）了几倍或百分之几。其计算公式为

$$增减速度 = \frac{增减量}{基期水平} = \frac{报告期水平 - 基期水平}{基期水平}$$

$$= \frac{报告期水平}{基期水平} - 1 = 发展速度 - 1。 \tag{9-10}$$

发展速度大于 1，则增减速度为正值，表明现象的增长程度；反之，发展速度小于 1，则增减速度为负值，表明现象的降低程度。

由于计算时采用的基期不同，增减速度和发展速度一样，也可分为环比增减速度和定基增减速度两种。环比增减速度是逐期增减量与前一期水平之比，表明现象逐期增减的程度；定基增减速度是累计增减量与最初水平之比，表明现象在较长时期内总的增减程度。这两个指标的计算公式为

$$环比增减速度 = \frac{逐期增减量}{前一期水平} = 环比发展速度 - 1， \tag{9-11}$$

$$定基增减速度 = \frac{累计增减量}{最初水平} = 定基发展速度 - 1。 \tag{9-12}$$

应当指出，环比增减速度和定基增减速度之间不存在直接的换算关系。如果需要由环比增减速度求定基增减速度，必须将环比增减速度换算为环比发展速度，再连乘求定基发展速度，最后将所得结果减 1。

4. 增减百分之一的绝对值

速度指标是相对数，它掩盖了现象的绝对水平。因此，在应用速度指标进行经济分析时，必须与绝对指标结合起来，才能全面地说明问题。为此，需计算一个能把两者结合起来的指标，这个指标就是增减百分之一的绝对值。

增减百分之一的绝对值是逐期增减量与环比增减速度之比，表明报告期水平比基期水平每增减百分之一所包含的绝对量是多少。其计算公式为

$$增减 1\% 的绝对值 = \frac{逐期增减量}{环比增减速度 \times 100}$$

$$= \frac{报告期水平 - 前一期水平}{\dfrac{报告期水平 - 前一期水平}{前一期水平} \times 100}$$

$$= \frac{前一期水平}{100}。 \tag{9-13}$$

下面以表 9-1 中我国 2016—2020 年的现价 GDP 资料为例说明动态比较指标的计算，如表 9-2 所示。

表 9-2　我国 2016—2020 年现价 GDP 分析表

年份	现价 GDP/亿元	累计增减量	定基发展速度	定基增减速度	增减 1% 的绝对值/亿元
2015	688 858.2	—	—	—	—
2016	746 395.1	57 536.9	108.35%	8.35%	6 888.58
2017	832 035.9	85 640.8	120.78%	20.78%	7 463.95
2018	919 281.1	87 245.2	133.45%	33.45%	8 320.36
2019	986 515.2	67 234.1	143.21%	43.21%	9 192.81
2020	1 013 567.0	27 051.8	147.14%	47.14%	9 865.15

9.2.3 ▶▶▶ 动态平均指标

动态平均指标主要有以下四种：平均增减量、平均发展水平、平均发展速度和平均增减速度。

1. 平均增减量

平均增减量是动态平均数中最简单的一种，它是逐期增减量的平均数，用来说明现象在一定时期内平均每期增减的绝对量，可用简单算术平均数计算。其计算公式为

$$平均增减量 = \frac{逐期增减量之和}{逐期增减量项数} = \frac{累计增减量}{时间数列项数 - 1}。 \tag{9-14}$$

2. 平均发展水平

平均发展水平就是将时间数列各期的发展水平加以平均而得到的动态平均数。平均发展水平可以根据绝对数时间数列计算，也可以根据相对数时间数列或平均数时间数列计算。由绝对数时间数列计算平均发展水平，是计算平均发展水平的基本方法。

（1）根据绝对数时间数列计算平均发展水平。由于绝对数时间数列分为时期数列和时点数列，它们各有其不同的特点，因而计算平均发展水平的方法也不一样。

①根据时期数列计算平均发展水平。时期数列中各项指标值是可以相加的，可使用简单算术平均法来计算时期数列的平均发展水平。其计算公式为

扫码听课

$$\bar{a} = \frac{a_1 + a_2 + \cdots + a_n}{n} = \frac{\sum a}{n}。 \tag{9-15}$$

其中：$\bar{a}$ 为平均发展水平；$a_1, a_2, \cdots, a_n$ 为各期发展水平；n 为时期项数。

【例 9-1】由表 9-2 资料，计算我国"十三五"时期的年平均 GDP。

解：$\bar{a} = \dfrac{746\ 395.1 + 832\ 035.9 + 919\ 281.1 + 986\ 515.2 + 1\ 013\ 567.0}{5}$

$= 899\ 558.9$（亿元）。

②根据时点数列计算平均发展水平。时点数列是由瞬间的时点资料组成的，理论上的"时点"是个瞬间概念，但实际工作中的"时点"往往扩大为"一天"，即一天为一个时点，故习惯上把逐日登记、按日排列的时点数列看成是连续时点数列。因此，时点数列可分为连续时点数列和间断时点数列两种。由不同的时点数列计算平均发展水平，计算方法也不同。

A. 由连续时点数列计算平均发展水平。连续时点数列有两种表现形式：一种是按原来的时点排列，未经任何分组；另一种是资料经过分组，形成了单项数列。

a. 资料未经任何分组，可采用简单算术平均法计算平均发展水平，即

$$\bar{a} = \frac{\sum a}{n}。 \tag{9-16}$$

【例 9-2】已知某企业 2021 年 8 月上旬每天的职工人数资料如表 9-3 所示，求 8 月上旬日平均职工人数。

表 9-3　某企业 2021 年 8 月上旬职工人数

日期	1 日	2 日	3 日	4 日	5 日	6 日	7 日	8 日	9 日	10 日
职工人数/人	250	250	250	262	262	258	258	266	272	272

解：由于表 9-3 是一个没有经过分组的连续时点数列，故用简单算术平均法计算，即

$$\bar{a} = \frac{\sum a}{n} = \frac{2\ 600}{10} = 260。$$

该企业 2021 年 8 月上旬日平均职工人数为 260 人。

b. 资料经过分组，形成单项数列，则应采用加权算术平均法计算，即

$$\bar{a} = \frac{\sum af}{\sum f}。 \tag{9-17}$$

其中：f 为各个时点指标值在数列中重复出现的天数。

【例 9-3】将表 9-3 资料进行单项分组，得表 9-4。

表 9-4　某企业 2021 年 8 月上旬职工人数分组表

职工人数 a	天数 f	af
250	3	750
262	2	524
258	2	516
266	1	266

续表

职工人数 a	天数 f	af
272	2	544
合计	10	2 600

解：该企业 2021 年 8 月上旬日平均职工人数为

$$\bar{a} = \frac{\sum af}{\sum f} = \frac{2\ 600}{10} = 260(\text{人})。$$

B. 由间断时点数列计算平均发展水平。间断时点数列分为间隔相等和间隔不等两种情况，其计算方法各不相同。

a. 由等间隔间断时点数列计算平均发展水平。若时点位置处在时期中间（如月中、季中、年中等），可直接采用简单算术平均法，即 $\bar{a} = \dfrac{\sum a}{n}$；若时点位置处在时期的一端（如期初、期末），要计算平均发展水平则应分以下两步。

第一步，假定现象在两个相邻时点之间的均匀变动，将相邻两个时点指标值相加除以 2，求出两时点之间的平均数，作为时期的代表值。各时点间的平均数分别为

$$\frac{a_1 + a_2}{2}, \quad \frac{a_2 + a_3}{2}, \quad \frac{a_3 + a_4}{2}, \quad \cdots, \quad \frac{a_{n-1} + a_n}{2}。$$

第二步，将上述平均数加以简单平均，求出整个研究时期的平均发展水平。

$$\bar{a} = \frac{\dfrac{a_1 + a_2}{2} + \dfrac{a_2 + a_3}{2} + \dfrac{a_3 + a_4}{2} + \cdots + \dfrac{a_{n-1} + a_n}{2}}{n - 1}$$

$$= \frac{\dfrac{a_1}{2} + a_2 + a_3 + \cdots + a_{n-1} + \dfrac{a_n}{2}}{n - 1}。 \tag{9-18}$$

式（9-18）表明，等间隔间断时点数列的平均发展水平是把时点数列的第一项和最后一项都折半来计算的，故这种方法也叫"首末折半法"，又叫"简单序时平均法"。

【例 9-4】某商店 2021 年第四季度商品库存额资料如表 9-5 所示，求商品平均库存额。

表 9-5　某商店 2021 年第四季度商品库存额资料

日期	9 月 30 日	10 月 31 日	11 月 30 日	12 月 31 日
商品库存额/万元	120	110	108	102

解：$\bar{a} = \dfrac{\dfrac{a_1}{2} + a_2 + a_3 + \cdots + a_{n-1} + \dfrac{a_n}{2}}{n-1} = \dfrac{\dfrac{120}{2} + 110 + 108 + \dfrac{102}{2}}{4-1}$

$$= \frac{329}{3} = 109.67（万元）。$$

即该商店 2021 年第四季度的商品平均库存额为 109.67 万元。

b. 由不等间隔间断时点数列计算平均发展水平。应以相邻时点之间的间隔长度为权数，采用加权算术平均法计算平均发展水平。其计算公式为

$$\bar{a} = \frac{\dfrac{a_1 + a_2}{2} f_1 + \dfrac{a_2 + a_3}{2} f_2 + \cdots + \dfrac{a_{n-1} + a_n}{2} f_{n-1}}{f_1 + f_2 + \cdots + f_{n-1}}。 \tag{9-19}$$

其中：$f_1, f_2, \cdots, f_{n-1}$ 为各相邻时点间的间隔长度。

【例 9-5】某企业 2021 年职工人数如表 9-6 所示，求月平均职工人数。

表 9-6 某企业 2021 年职工人数

日期	1 月 1 日	5 月 31 日	8 月 31 日	12 月 31 日
职工人数/人	1 213	1 232	1 240	1 245

解：该企业日平均职工人数为

$$\bar{a} = \frac{\dfrac{a_1 + a_2}{2} f_1 + \dfrac{a_2 + a_3}{2} f_2 + \dfrac{a_3 + a_4}{2} f_3}{f_1 + f_2 + f_3}$$

$$= \frac{\dfrac{1\ 213 + 1\ 232}{2} \times 5 + \dfrac{1\ 232 + 1\ 240}{2} \times 3 + \dfrac{1\ 240 + 1\ 245}{2} \times 4}{5 + 3 + 4}$$

$$= 1\ 232.54 = 1\ 233（人）。$$

由此可见，由不等间隔间断时点数列计算平均发展水平，要以各时点间的间隔长度为权数对各相应的时段平均数加权，这种方法叫"加权序时平均法"。

根据间断时点数列计算平均发展水平，是假定被研究现象在相邻两个时点之间均匀变动，但实际情况并非如此，因而所得结果只是近似值。为了使计算结果尽量反映实际情况，间断时点数列的间隔不宜过长。

（2）根据相对数时间数列计算平均发展水平。相对数有静态相对数和动态相对数两类。由动态相对数时间数列计算动态平均数时，需采用几何平均法或高次方程法，将在后面专门介绍，这里介绍的是静态相对数时间数列。静态相对数时间数列一般是两个相互联系的绝对数时间数列的相应项对比而派生出来的，因此，根据相对数时间数列计算平均发展水平时，应先分别计算构成相对数时间数列的两个绝对数时间数列的平均发展水平，然后再把这两个平均发展水平对比，即得出相对数时间数列的平均发展水平。

扫码听课

设 $\bar{a}$ 代表分子数列的平均发展水平，$\bar{b}$ 代表分母数列的平均发展水平，$\bar{c}$ 代表相对数时间数列的平均发展水平。则

$$\bar{c} = \frac{\bar{a}}{\bar{b}}。\tag{9-20}$$

具体计算时，又分为以下几种情况。

①由两个时期数列对比而形成的相对数时间数列求平均发展水平。根据掌握资料的不同，可分为以下三种情况。

A. 已知相对数时间数列的各指标值及相对数的子项和母项资料，则

$$\bar{c} = \frac{\bar{a}}{\bar{b}} = \frac{\dfrac{\sum a}{n}}{\dfrac{\sum b}{n}} = \frac{\sum a}{\sum b}。\tag{9-21}$$

B. 已知相对数时间数列的各指标 c 及相对数的母项资料 b，而缺少子项资料 a，则

$$\bar{c} = \frac{\sum a}{\sum b} = \frac{\sum bc}{\sum b}。\tag{9-22}$$

C. 已知相对数时间数列的各指标 c 及相对数的子项资料 a，而缺少母项资料 b，则

$$\bar{c} = \frac{\sum a}{\sum b} = \frac{\sum a}{\sum \dfrac{a}{c}}。\tag{9-23}$$

【例 9-6】根据表 9-7 的资料，计算由两个时期数列对比形成的相对数时间数列的平均数。

表 9-7　某企业 2021 年各季度产量完成情况

项目	第一季度	第二季度	第三季度	第四季度
实际产量 a/件	250	360	396	420
计划产量 b/件	250	300	360	420
产品计划完成程度 c	100%	120%	110%	100%

解：该企业 2021 年各季产量计划完成程度的平均数为

$$\bar{c} = \frac{\sum a}{\sum b} = \frac{250+360+396+420}{250+300+360+420}$$

$$= \frac{1\,426}{1\,330} = 1.072\,2 = 107.22\%。$$

若只有计划产量数 b，没有实际产量数 a，则该企业 2021 年各季产量计划完成程度的平均数为

$$\bar{c} = \frac{\sum bc}{\sum c} = \frac{250\times100\% + 300\times120\% + 360\times110\% + 420\times100\%}{250+300+360+420}$$

$$=\frac{1\ 426}{1\ 330}=107.22\%。$$

若只有实际产量数 a，没有计划产量数 b，则该企业 2021 年各季产量计划完成程度的平均数为

$$\bar{c}=\frac{\sum a}{\sum \dfrac{a}{c}}=\frac{250+360+396+420}{\dfrac{250}{100\%}+\dfrac{360}{120\%}+\dfrac{396}{110\%}+\dfrac{420}{100\%}}$$

$$=\frac{1\ 426}{1\ 330}=107.22\%。$$

②由两个时点数列对比而成的相对数时间数列计算平均发展水平。如前所述，时点数列分四种情况，因而由两个时点数列对比而成的相对数时间数列计算平均发展水平，视其资料掌握情况不同有以下四种算式。

A. 由两个连续时点数列对比形成的相对数时间数列，资料未经分组，则可根据掌握的资料采用下列简单平均式或其变形公式计算，即

$$\bar{c}=\frac{\bar{a}}{\bar{b}}=\frac{\sum a}{\sum b}, \tag{9-24}$$

$$\bar{c}=\frac{\sum bc}{\sum b}, \tag{9-25}$$

$$\bar{c}=\frac{\sum a}{\sum \dfrac{a}{c}}。 \tag{9-26}$$

B. 由两个连续时点数列对比形成的相对数时间数列，资料已经分组，则应采用加权平均式计算，即

$$\bar{c}=\frac{\bar{a}}{\bar{b}}=\frac{\dfrac{\sum af}{\sum f}}{\dfrac{\sum bf}{\sum f}}=\frac{\sum af}{\sum bf}。 \tag{9-27}$$

C. 由两个间断时点数列对比而成的相对数时间数列，若间隔相等，时点位置处于时期一端时，则

$$\bar{c}=\frac{\bar{a}}{\bar{b}}=\frac{\dfrac{\dfrac{a_1}{2}+a_2+\cdots+a_{n-1}+\dfrac{a_n}{2}}{n-1}}{\dfrac{\dfrac{b_1}{2}+b_2+\cdots+b_{n-1}+\dfrac{b_n}{2}}{n-1}}$$

$$= \frac{\dfrac{a_1}{2} + a_2 + \cdots + a_{n-1} + \dfrac{a_n}{2}}{\dfrac{b_1}{2} + b_2 + \cdots + b_{n-1} + \dfrac{b_n}{2}}。 \tag{9-28}$$

【例 9-7】某企业生产工人所占比重资料如表 9-8 所示，试计算第二季度生产工人占全部职工的平均比重。

表 9-8　某企业第二季度生产工人占全部职工比重资料

项目	3 月 31 日	4 月 30 日	5 月 31 日	6 月 30 日
生产工人数 a/人	435	452	462	576
全部职工数 b/人	580	580	600	720
生产工人比重 c	75％	78％	77％	80％

解：该企业第二季度生产工人占全部职工的平均比重为

$$\bar{c} = \frac{\dfrac{a_1}{2} + a_2 + a_3 + \dfrac{a_4}{2}}{\dfrac{b_1}{2} + b_2 + b_3 + \dfrac{b_4}{2}} = \frac{\dfrac{435}{2} + 452 + 462 + \dfrac{576}{2}}{\dfrac{580}{2} + 580 + 600 + \dfrac{720}{2}}$$

$$= 0.776 = 77.6\%。$$

D. 由两个不等间隔间断时点数列对比形成的相对数时间数列，其平均发展水平的计算公式为

$$\bar{c} = \frac{\dfrac{a_1 + a_2}{2} f_1 + \dfrac{a_2 + a_3}{2} f_2 + \cdots + \dfrac{a_{n-1} + a_n}{2} f_{n-1}}{\dfrac{b_1 + b_2}{2} f_1 + \dfrac{b_2 + b_3}{2} f_2 + \cdots + \dfrac{b_{n-1} + b_n}{2} f_{n-1}}。 \tag{9-29}$$

③由一个时期数列和一个时点数列对比形成的相对数时间数列求平均发展水平。先求构成相对数时间数列的分子数列和分母数列的平均发展水平，然后将两个平均发展水平对比，即可得相对数时间数列的平均发展水平。最常见的情形是分子数列为时期数列，分母数列为等间隔间断时点数列，其计算公式为

$$\bar{c} = \frac{\bar{a}}{\bar{b}} = \frac{\dfrac{a_1 + a_2 + \cdots + a_n}{n}}{\dfrac{\dfrac{b_0}{2} + b_1 + b_2 + \cdots + \dfrac{b_n}{2}}{n}}。 \tag{9-30}$$

【例 9-8】某商店第二季度各月商品流转次数资料如表 9-9 所示，求第二季度月平均商品流转次数。

表 9-9　某商店第二季度各月商品流转次数资料

项目	3 月	4 月	5 月	6 月
商品零售额 a/万元	—	560	712	900
月末商品库存额 b/万元	380	282	286	320
商品流转次数 c/次		1.69	2.51	2.97

解：第二季度月平均商品流转次数 $=\dfrac{\text{第二季度月平均商品零售额}}{\text{第二季度平均库存额}}$

$$\bar{c}=\frac{\bar{a}}{\bar{b}}=\frac{\dfrac{560+712+900}{3}}{\dfrac{\dfrac{380}{2}+282+286+\dfrac{320}{2}}{4-1}}=\frac{724}{306}=2.37(\text{次})。$$

(3)根据平均数时间数列计算平均发展水平。平均数时间数列分静态平均数时间数列和动态平均数时间数列两种。由于两种平均数的性质不同，其计算平均发展水平的方法也不同。

①由静态平均数时间数列计算平均发展水平。静态平均数时间数列实质上也是由两个绝对数时间数列相应项对比形成的，分子数列是总体标志总量指标数列，分母数列是总体单位总量指标数列，因此要计算静态平均数时间数列的平均发展水平，也和相对数时间数列一样，应先分别计算分子数列和分母数列的平均发展水平，然后再对比求得静态平均数时间数列的平均发展水平。

②由动态平均数时间数列计算平均发展水平。如果数列中各个时期的时间长度相等，可直接采用简单平均法来计算，即

$$\bar{a}=\frac{\sum a}{n}。\tag{9-31}$$

【例 9-9】某企业第三季度各月平均职工人数：7 月为 1 040 人，8 月为 1 050 人，9 月为 1 060 人，求该厂第三季度的月平均职工人数。

解：$\bar{a}=\dfrac{\sum a}{n}=\dfrac{1\,040+1\,050+1\,060}{3}=1\,050(\text{人})。$

即该厂第三季度的月平均职工人数为 1 050 人。

如果数列中各个时期的时间长度不等，则应以时间长度为权数，采用加权算术平均数公式计算，即

$$\bar{a}=\frac{\sum af}{\sum f}。\tag{9-32}$$

3. 平均发展速度和平均增减速度

平均发展速度是环比发展速度的序时平均数，用以说明现象在一段较长时期内逐期平均发展变化的程度。平均增减速度是环比增减速度的序时平均数，用以说明现象逐期平均增减变化的程度。二者的关系为

$$平均增减速度＝平均发展速度－1。$$

当平均发展速度大于 1 或 100％时，平均增减速度为正值，说明现象在一定时期内平均逐期增长的速度，叫作平均递增速度；反之，当平均发展速度小于 1 或 100％时，平均增减速度为负值，说明现象在一定时期内平均逐期下降的速度，叫作平均递减速度。

平均速度指标在实际工作中应用很广泛，在制订长期计划、检查计划执行情况以及对现象的发展变化进行预测等方面都有很重要的作用。平均发展速度和平均增减速度的计算方法有两种：水平法和累计法。

（1）水平法（几何平均法）。按水平法计算，要求现象从最初水平 a_0 出发，每期都按平均发展速度 $\overline{X}$ 发展，经过 n 个时期，正好达到最末水平 a_n。用公式表示为

$$a_0 \underbrace{\overline{X}\,\overline{X}\cdots\overline{X}}_{n个} = a_n,$$

$$a_0 \overline{X}^n = a_n,$$

$$\overline{X} = \sqrt[n]{\frac{a_n}{a_0}}。 \tag{9-33}$$

式（9-33）中根号下 a_n/a_0 是定基发展速度，在这里也称总速度，用 R 表示，式（9-33）可写成

$$\overline{X} = \sqrt[n]{R}。 \tag{9-34}$$

又

$$\frac{a_n}{a_0} = \frac{a_1}{a_0} \times \frac{a_2}{a_1} \times \cdots \times \frac{a_n}{a_{n-1}}。$$

若用 X 代表各时期的环比发展速度，则

$$\frac{a_n}{a_0} = X_1 X_2 \cdots X_n。$$

故式（9-33）又可写成

$$\overline{X} = \sqrt[n]{X_1 X_2 \cdots X_n} = \sqrt[n]{\prod_{i=1}^{n} X_i}。 \tag{9-35}$$

也就是说，平均发展速度等于各时期环比发展速度的几何平均数，所以这种方法又称几何平均法。

在实际应用时，上述三个公式可根据所掌握资料的不同选择应用。若掌握最初水平和最末水平，选用式（9-33）；若掌握总速度，选用式（9-34）；若掌握各期的环比发展速度资料，则选用式（9-35）。

【例 9-10】根据表 9-10 资料，说明平均发展速度的计算。

表 9-10　我国 2015—2020 年现价国内生产总值

经济指标	2015 年	2016 年	2017 年	2018 年	2019 年	2020 年
现价 GDP/亿元	688 858.2	746 395.1	832 035.9	919 281.1	986 515.2	1 013 567.0
环比发展速度	—	108.35%	111.47%	110.49%	107.31%	102.74%
定基发展速度	—	108.35%	120.78%	133.45%	143.21%	147.14%

解：用式(9-33)计算可得

$$\overline{X} = \sqrt[5]{\frac{a_5}{a_0}} = \sqrt[5]{\frac{1\ 013\ 567.0}{688\ 858.2}} = 108.03\%。$$

用式(9-34)计算可得

$$\overline{X} = \sqrt[5]{R} = \sqrt[5]{1.471\ 4} = 108.03\%。$$

用式(9-35)计算可得

$$\overline{X} = \sqrt[5]{X_1 X_2 X_3 X_4 X_5}$$
$$= \sqrt[5]{108.35\% \times 111.47\% \times 110.49\% \times 107.31\% \times 102.74\%}$$
$$= 108.03\%。$$

平均递增速度＝108.03%－1＝8.03%。

(2)累计法(方程法)。按累计法计算，要求现象从最初水平 a_0 出发，每期按平均发展速度 $\overline{X}$ 发展，所推算的 n 个时期理论水平的累计和应等于 n 个时期实际水平的累计和。

用公式表示为

$$a_0 \overline{X} + a_0 \overline{X}^2 + \cdots + a_0 \overline{X}^n = a_1 + a_2 + \cdots + a_n，$$

$$a_0 (\overline{X} + \overline{X}^2 + \cdots + \overline{X}^n) = \sum_{i=1}^{n} a_i。$$

即等式两边同除以 a_0 得

$$\overline{X} + \overline{X}^2 + \cdots + \overline{X}^n = \frac{\sum\limits_{i=1}^{n} a_i}{a_0}。$$

移项得

$$\overline{X} + \overline{X}^2 + \cdots + \overline{X}^n - \frac{\sum\limits_{i=1}^{n} a_i}{a_0} = 0。 \tag{9-36}$$

这是一个求平均发展速度的高次方程式，解这个方程式求出 $\overline{X}$ 的正根就是平均发展速度。因此，这种求平均发展速度的方法也叫方程法。直接求解这个方程相当复杂，通常是利用已经编好的"平均发展速度查对表"。一般在查表前先计算总速度 $\dfrac{\sum\limits_{i=1}^{n} a_i}{a_0}$，然后将总速度除以 n，所得的结果如大于 1 表示递增；如小于 1，则表示递减。

【例 9-11】某企业"十三五"期间各年的基本建设投资额分别为：200 万元、250 万元、280 万元、300 万元、350 万元，2015 年为 180 万元。求该企业"十三五"期间基本建设投资额的年平均增减速度。

解：该企业"十三五"期间的基本建设投资总额 $\sum\limits_{i=1}^{n} a_i = 200 + 250 + 280 + 300 + 350 = 1\ 380$（万元）。

因为　　　　　　　　　　$a_0 = 180$（万元），　$n = 5$（年），

所以　　　　　　$\dfrac{\sum\limits_{i=1}^{n} a_i}{a_0} = \dfrac{1\ 380}{180} = 7.666\ 7$，　即 766.67%。

再判断递增还是递减，即 $\dfrac{\sum\limits_{i=1}^{n} a_i}{a_0} / n = \dfrac{7.666\ 7}{5} = 1.53 > 1$，表明递增，故应查递增部分，得平均递增速度为 14.6%。

（3）计算和应用平均速度指标应注意的问题。

①两种方法计算的平均发展速度各有不同的特点。水平法是用最末水平与最初水平之比来计算平均速度，平均速度的数值大小直接取决于最末水平和最初水平，而不反映中间各期水平的变化。也就是说，水平法侧重于考查期末水平。在实际统计工作中，常用这种方法来计算主要产品产量、国民生产总值、工业增加值、工资总额等经济指标的平均发展速度。累计法是用各年发展水平总和与最初水平对比来计算平均速度，其数值大小直接取决于各年发展水平的总和与最初水平。也就是说，累计法侧重于考查整个时期中各期发展水平的总和。在实际统计工作中，累计法常用于基本建设投资额等指标平均速度的计算。

②要结合具体研究目的适当地选择基期，并注意用以计算平均发展速度的各个环比发展速度的同质性。速度的同质性主要是指其发展的方向相同，即各环比发展速度基本上都是不断上升或不断下降的。当然，同质性原则也不能绝对化。

③用分段平均速度补充总平均速度。总平均速度只能概括地反映现象在一段较长时期内现象发展和增减程度的一般水平。为了更深入地表明现象的发展变化情况，有必要用分段平均速度或较为突出的环比发展速度来补充说明总平均速度指标。

④平均速度指标应和发展水平、环比速度、定基速度等动态分析指标结合应用，相互补充，借以全面深入地反映现象的发展变化过程。

⑤各种有关经济现象的平均速度指标，可结合起来进行分析，特别应与经济效益的

平均速度指标进行比较研究。例如，轻、重工业生产的发展速度，工、农业生产的发展速度，粮食生产与人口增长的平均速度，总产值与增加值的发展速度等，都可结合起来进行比较分析，以便深入研究有关现象在各个研究时期中每年平均发展或增长的程度及其差别程度，为研究国民经济中各种具有密切联系的现象的发展动态提供依据。

9.3　时间数列的变动分析

9.3.1 ▷▷▷ 时间数列的变动

任何现象的变化都是许多因素共同影响的结果。时间数列的变动按其影响因素可分为以下四种。

1. 长期趋势

长期趋势是指现象由于受某种基本因素的影响，在一段较长时间内所呈现的持续稳定的变动趋势。这种变动趋势既可以是上升状态，也可以是下降状态。从各个时期看，现象的数值有高有低，各不相同，但从整个时间数列来看，则现象的变动趋势是稳定的。消费物价指数反映的生活费用的稳定增加，就是一个长期趋势的例子。虽然从个别年份来看，物价有升有降，但如果考察一个较长的时期，就会看出物价是稳定增长的。

2. 季节变动

季节变动是指现象由于受自然因素或社会因素的影响，在一年或更短的时间内，随时间的变化而呈现的周期性变动。季节变动可以分为季节的自然变动和季节的人为变动两种。

（1）季节的自然变动。季节的自然变动是指受自然界季节变化的影响而产生的变动。最常见的季节变动的例子是农业生产，例如，农业生产的用工量有农忙农闲之分、农产品的产量有淡季旺季之分，农业生产的季节性，还会使农产品加工业（如榨糖等）生产、农产品购销、农产品的货运量等也随季节的更换而变动。又如，各种生活必需品（如汗衫、背心、电扇、取暖器等）的销售也会随时序更替出现周期性的变化。

（2）季节的人为变动。季节的人为变动是指由于制度、习惯、行政规定等所产生的季节性变动。例如，许多商品的销售额在春节、中秋、元旦、国庆等节假日期间剧增；春节前后，由于交通拥挤易发生交通事故，由于乱放鞭炮，易发生火灾。季节变动的周期有的为一年，有的为一个月，如银行存款月初增加，月末减少；有的为一周，如娱乐场所周末拥挤而平日冷清；有的为一天，如市内交通在职工上下班时拥挤，其余时间则比较畅通。

3. 循环变动

循环变动是指围绕长期趋势出现的、周期在一年以上的具有一定循环起伏的变动。

循环变动也称周期变动，不同现象循环变动的周期长短不同，上下波动的程度也各不相同，但每一周期都呈现出盛衰起伏的状况，如大气温度、人口自然增长等往往都呈现出周期波动。最常见的周期变动的例子是商业周期，在某些年份商业活动达到趋势线以上的某一个顶点，而在另外的某些年份商业活动又降到趋势线以下的某个最低点。

4. 不规则变动

不规则变动是指由于偶然因素所引起的无固定周期的变动。例如，自然灾害、罢工、战争、选举、立法变更及司法裁决等，都可能引起程度不同、时间长短不一的经济兴旺或衰退。

时间数列分析的根本任务就是采用各种统计方法，将上面各种变动分别测定出来。应当指出，并不是每一种时间数列都存在着以上四种变动。例如，按年排列的时间数列就不存在季节变动，因此必须根据研究对象进行具体分析。

对时间数列的各种变动的分析，通常是以长期趋势为先导，把季节变动、循环变动和不规则变动看成相对于长期趋势的离差。在分析中，首先测定时间数列的长期趋势，然后再观察是否存在季节变动，如果有，则计算季节指数以消除季节变动的影响。这样所剩下的便是高于或低于长期趋势的循环变动和不规则变动的比率。分解这两种变动比较困难，但如果时间数列中没有什么重大变化，如政策变动、自然灾害等，则剩余变动的主要成分是循环变动。

9.3.2 ▶▶▶ 长期趋势的测定

1. 测定长期趋势的意义

在时间数列的四种变动中，长期趋势是最基本的变动，它表示在一段较长时期内的倾向。分析长期趋势是非常有意义的，其原因在于：研究长期趋势可以测定过去一段相当长的时间内现象持续增长或持续下降的趋势，从而掌握现象发展变化的规律性，这对于编制计划、管理经济都是十分重要的；能够根据事物过去的发展趋势预测现象未来的情况；可以把长期趋势成分从时间数列中分离开来，以便更好地研究时间数列的其他三种变动成分。

2. 测定长期趋势的方法

测定长期趋势主要是通过对时间数列进行修匀。修匀的方法有多种，可分为非数学模型法和数学模型法两种。

（1）非数学模型法。非数学模型法又分为序时平均法和移动平均法两种。

①序时平均法。序时平均法，既适用于时期数列，也适用于时点数列。它是将时期数列的时期或时点数列的间隔适当扩大，求出各个序时平均数，编制出一个平均数时间数列，以表明现象的变动趋势。

【例 9-12】以表 9-11 资料为例，说明序时平均法的应用。

表 9-11　某商店 2021 年 9 月每日商品销售额　　　　　　　　　　　　单位：万元

日期	销售额	日期	销售额	日期	销售额
1	68	11	75	21	85
2	64	12	75	22	80
3	72	13	78	23	86
4	75	14	76	24	82
5	68	15	69	25	78
6	69	16	86	26	86
7	76	17	86	27	76
8	80	18	76	28	84
9	82	19	73	29	85
10	82	20	80	30	86

　　解：从表 9-11 中资料可以看出，受各种因素的影响，该商店的销售额时升时降，趋势不很明显，如将时期扩大为 6 天，再求平均数，则得表 9-12。从表 9-12 可以看出，该商店 2021 年 9 月的商品销售额呈不断增长的趋势。

表 9-12　某商店 2021 年 9 月的商品销售额

项目	1—6 日	7—12 日	13—18 日	19—24 日	25—30 日
日平均销售额/万元	69.33	78.33	78.5	81	82.5

②移动平均法。移动平均法是修匀数列的一种重要方法，使用很广。所谓移动平均，就是从时间数列的第一项开始，按一定项数求序时平均数，逐项移动，边移动边平均。这样就可以得出一个由移动平均数构成的时间数列，这个派生的新时间数列把原数列中的某些不规则变动加以修匀，从而使趋势倾向更明显。

移动平均数的计算，首先要确定移动平均的项数，然后逐项移动采用简单算术平均法计算序时平均数。例如，移动项数为三项，则计算的移动平均数称为三项移动平均数，其 t 期的三项移动平均数 y_{tc} 的计算公式为

$$y_{tc} = \frac{y_{t-1} + y_t + y_{t+1}}{3}。$$ （9-37）

式（9-37）表明，由 $t-1$ 期、t 期、$t+1$ 期的指标值计算的简单算术平均数，可作为 t 期的移动平均数（趋势值）。例如，头三期指标的平均数，可作为第二期的趋势值；第二至第四期的平均数，可作为第三期的趋势值；依此类推。

扫码听课

又如五项移动平均，移动项数为 5，t 期的移动平均数为 $t-2$ 期、$t-1$ 期、t 期、$t+1$ 期、$t+2$ 期指标值的简单算术平均数，即：

$$y_{tc} = \frac{y_{t-2} + y_{t-1} + y_t + y_{t+1} + y_{t+2}}{5}。 \tag{9-38}$$

五项移动平均时，头五期资料的平均数，可作为第三期的趋势值；第二至第六期的平均数，可作为第四期的趋势值；依此类推。

用移动平均法计算出一系列的趋势值，将趋势值点依次联结可得趋势线。但是用移动平均法配合的趋势线，是否能显示时间数列的真实趋势，关键在于移动平均的项数。一般来说，移动平均的项数越多，则趋势线越平滑，但所得的移动平均数就越少；反之，项数越少，修匀作用就越小，所得的移动平均数数目越多。在确定移动项数时，要求移动项数与数列的自然周期相一致。如果数列中存在自然周期(循环周期或季节周期)，则应以自然周期为移动平均的项数；如果数列中不存在自然周期，则应尽可能采用奇数项移动，因为移动平均数要与所平均时期的中点相对应，奇数项平均数正好对准中间的时期，而偶数项平均数与所平均时期的中间两项的中点相对应，与原有时期错了半期，需要再作一次两项移动平均才能移正位置。

(2)数学模型法。数学模型法即趋势线配合法，是用数学方法为时间数列配合一个适当的趋势模型，是测定长期趋势的有效方法。

长期趋势的类型很多，因此在利用数学方法配合趋势模型之前，首先要确定采用何种趋势模型来反映时间数列的长期趋势。应配合怎样的趋势线，必须根据时间数列的数据特点来决定。其方法有两种：第一，根据图形来判断，即将给定的时间数列资料，在直角坐标系上画成散点图或动态折线图，从散点的分布或折线的走向上来判断趋势线类型。如果从一个时间数列的折线图上观察到的折线变动接近于直线，则可采用直线趋势模型；如果从一个时间数列的折线图上观察到的折线有一个明显的转弯，则可配合二次抛物线趋势方程，如此等等。如果从图形上观察到的时间数列呈固定速度增长状态，或在对数纸上呈直线形，则可配合指数曲线趋势方程，如此等等。第二，根据数列中数据变化的特点来决定。如果时间数列的一次差，即逐期增长量接近于常数，则可配合直线，其一般形式为 $y_c = a + bt$；如果时间数列的二次差接近于常数，则可配合二次曲线，其一般形式为 $y_c = a + bt + ct^2$；如果数列的环比发展速度或对数一次差接近于常数，可配合指数曲线趋势方程，其一般形式为 $y_c = ab^t$。

①半数平均法。半数平均法一般用于求直线趋势模型。它是利用数学上两点确定直线的原理，先将时间数列分成相等的两半，各求其平均数，然后把这两个平均数视作直线趋势线上的两点，代入方程式，联立求解，即可得直线趋势方程。最后再根据直线趋势方程求时间数列的各趋势值，可得出一个由趋势值组成的新的时间数列。修匀后的时间数列可以明显地反映现象变动的趋势。用半数平均法配合直线趋势时，若时间数列是奇数项，则应删除最早一期的数字。

半数平均法的数学依据是：实际观察值与趋势值之间的离差之和等于 0。若以 y 代表

实际观察值，以 y_c 代表趋势值，则

$$\sum (y - y_c) = 0。 \tag{9-39}$$

直线趋势方程为

$$y_c = a + bt。 \tag{9-40}$$

其中：t 为时间序时值；a 为 $t = 0$ 时 y_c 的数值；b 为趋势线的斜率，即 t 每变动一单位时，y_c 增加(或减少)的数量。

将式(9-40)代入式(9-39)得

$$\sum [y - (a + bt)] = 0,$$

所以

$$\sum y - \sum (a + bt) = 0。$$

两边除以 n，整理得

$$\bar{y} = a + b\bar{t}。 \tag{9-41}$$

将从数列两边求出的两个平均数代入式(9-41)，可得两个方程式，求解方程组即可得 a，b。

②最小平方法。最小平方法亦称最小二乘法，是用数学函数式来拟合时间数列长期趋势的一种方法，是配合长期趋势线常用的方法。按照这种方法配合趋势线，要求原数列 y 对趋势线 y_c 的偏差平方和为最小，以达到最优配合的目的；同时要求偏差之和为零。最小平方法包含的两个条件，可用公式表示为

$$\sum (y - y_c)^2 = 最小值, \tag{9-42}$$

$$\sum (y - y_c) = 0。 \tag{9-43}$$

一般来说，第一个条件如能满足，第二个条件也就随之满足。最小平方法，可用于求趋势直线、抛物线、指数曲线和其他形式的高次曲线。

A. 直线趋势。直线趋势方程的一般形式为

$$y_c = a + bt。 \tag{9-44}$$

其中：y_c 为时间数列的长期趋势值；t 为时间数列中的序时值；a 为 $t = 0$ 时 y_c 的数值；b 为直线的斜率，表示时间变动一个单位时，y_c 的变动量。

最小二乘法拟合直线方程，其待定参数 a，b 取决于标准方程组：

$$\begin{cases} \sum y = na + b \sum t, \\ \sum ty = a \sum t + b \sum t^2。 \end{cases} \tag{9-45}$$

其中：y 为时间数列中的实际观察值；n 为时间数列中观察值的项数。

上式中，t，y，n 都是已知数，解联立方程可得 a，b 的计算公式：

$$\begin{cases} b = \dfrac{n \sum ty - \sum t \sum y}{n \sum t^2 - (\sum t)^2}, \\ a = \bar{y} - b\bar{t}。 \end{cases} \tag{9-46}$$

在实际计算时，由于 t 只是序时值，可用 0，1，2，…来代替。为了简化计算，可改变序时值，使 $\sum t = 0$。当时间数列为奇数项时，可用中间的一期为原点，即 $t = 0$，两边各项以一个单位依次排出，则 t 分别为…，-3，-2，-1，0，$+1$，$+2$，$+3$，…；如果时间数列为偶数项，为了保证各序时值间隔相等，以使 $\sum t = 0$，应取数列中间两项的中点为原点，两边各项以两个单位依次排列，则 t 分别为…，-5，-3，-1，$+1$，$+3$，$+5$，…。这样标准方程可简化为

$$\begin{cases} \sum y = na, \\ \sum ty = b \sum t^2. \end{cases} \tag{9-47}$$

可得

$$a = \frac{\sum y}{n}, \quad b = \frac{\sum ty}{\sum t^2}.$$

【例 9-13】以首项为原点的计算方法，如表 9-13 所示。试用最小平方法预测该产品 2025 年的销售量。

表 9-13　某产品销售量长期趋势计算表

年份	销售量 y /万件	序时值 t	计算栏		趋势值 y_c
			ty	t^2	
2015	10.0	0	0	0	10.84
2016	12.7	1	12.7	1	11.39
2017	12.4	2	24.8	4	11.94
2018	11.9	3	35.7	9	12.49
2019	12.5	4	50.0	16	13.04
2020	13.0	5	65.0	25	13.59
2021	14.9	6	89.4	36	14.14
合计	87.4	21	277.6	91	—

解：表 9-13 中，原点是 2015 年，t 的单位为一年。

将表中计算结果代入标准方程组得

$$\begin{cases} 87.4 = 7a + 21b, \\ 277.6 = 21a + 91b. \end{cases}$$

解得

$$a = 10.84, \ b = 0.55。$$

则直线趋势方程为

$$y_c = 10.84 + 0.55t。$$

将 $t = 0$，1，2，3，4，5，6 分别代入方程，可得各年的趋势值 y_c，见表 9-13 中最后一列。利用这个趋势方程，可以对 2025 年的销售量进行预测，由于 2025 年的序时值 $t = 10$，故 $\hat{y}_{2025} = 10.84 + 0.55 \times 10 = 16.34$（万件）。

【例 9-14】以中间项为原点的奇数项数列的趋势计算法，如表 9-14 所示。用最小平方法预测该产品 2025 年的销售量。

表 9-14 某产品销售量长期趋势计算表

年份	销售量 y / 万件	序时值 t	计算栏		趋势值 y_c
			ty	t^2	
2015	10.0	−3	−30.0	9	10.84
2016	12.7	−2	−25.4	4	11.39
2017	12.4	−1	−12.4	1	11.94
2018	11.9	0	0	0	12.49
2019	12.5	1	12.5	1	13.04
2020	13.0	2	26.0	4	13.59
2021	14.9	3	44.7	9	14.14
合计	87.4	0	15.4	28	—

解：表 9-14 中，原点为 2018 年，t 的单位为一年。

根据表中的计算结果，得

$$a = \frac{\sum y}{n} = \frac{87.4}{7} = 12.49,$$

$$b = \frac{\sum ty}{\sum t^2} = \frac{15.4}{28} = 0.55。$$

则直线趋势方程为

$$y_c = 12.49 + 0.55t。$$

将 $t = -3$，−2，−1，0，+1，+2，+3 分别代入趋势方程，可得各年的趋势值 y_c，见表 9-14 中最后一列，其结果与表 9-13 中的趋势值相同。

由于 2025 年的序时值 $t = 7$，故 $\hat{y}_{2025} = 12.49 + 0.55 \times 7 = 16.34$（万件）。

必须注意，上述两种方法的趋势线是一致的。也就是说，同一时间数列，不论原点如何变换，所计算的趋势值完全相等，都代表同一趋势线。

B. 二次曲线趋势。二次曲线趋势方程的一般形式为

$$y_c = a + bt + ct^2。 \tag{9-48}$$

根据最小平方法原理，待定参数 a，b，c 取决于下列标准方程组

$$
\begin{cases}
\sum y = na + b\sum t + c\sum t^2, \\
\sum ty = a\sum t + b\sum t^2 + c\sum t^3, \\
\sum t^2 y = a\sum t^2 + b\sum t^3 + c\sum t^4.
\end{cases}
\tag{9-49}
$$

取数列的正中间为原点，使 $\sum t = 0$，则 $\sum t^3 = 0$，上述标准方程组可简化为

$$
\begin{cases}
\sum y = na + c\sum t^2, \\
\sum ty = b\sum t^2, \\
\sum t^2 y = a\sum t^2 + c\sum t^4.
\end{cases}
\tag{9-50}
$$

根据已知资料，计算出 $\sum y$，$\sum ty$，$\sum t^2$，$\sum t^2 y$ 及 $\sum t^4$ 代入上述方程组，即可解得 a，b，c，从而得出二次曲线 $y_c = a + bt + ct^2$。

【例 9-15】已知表 9-15 的资料，试用最小平方法对长期趋势进行分析预测。

表 9-15　某地 2014—2021 年棉纱产量二次曲线趋势计算表

年份	棉纱产量 y / 万件	序时值 t	计算栏				趋势值 y_c
			ty	t^2	$t^2 y$	t^4	
2014	1 500	−7	−10 500	49	73 500	2 401	1 499.82
2015	1 700	−5	−8 500	25	42 500	625	1 699.28
2016	1 940	−3	−5 820	9	17 460	81	1 940.50
2017	2 222	−1	−2 222	1	2 222	1	2 223.48
2018	2 548	1	2 548	1	2 548	1	2 548.22
2019	2 916	3	8 748	9	26 244	81	2 914.72
2020	3 324	5	16 620	25	83 100	625	3 322.98
2021	3 772	7	26 404	49	184 828	2 401	3 773.00
合计	19 922	0	27 278	168	432 402	6 216	—

解：表 9-15 中资料为偶数项，故取数列中间两项的中点，即 2017 年和 2018 年的中点为原点，t 单位为半年。将计算结果代入简化标准方程组得

$$
\begin{cases}
19\,922 = 8a + 168c, \\
27\,278 = 168b, \\
432\,402 = 168a + 6\,216c.
\end{cases}
$$

解得 $a = 2\,380.63$，$b = 162.37$，$c = 5.22$。

将 a，b，c 代入二次曲线方程得

$$
y_c = 2\,380.63 + 162.37t + 5.22t^2.
$$

如果把 $t = -7$，-5，-3，-1，1，3，5，7 分别代入上述二次曲线方程，可得各

年的趋势值 y_c，见表 9-15 中最后一列。

如将这条趋势线向外延伸，则可预测该地区 2025 年的棉纱产量。由于 2025 年的序时值 $t=15$，故

$$\hat{y}_{2025} = 2\,380.63 + 162.37 \times 15 + 5.22 \times 225 = 5\,990.68(万件)。$$

C. 指数曲线趋势。指数曲线方程的一般形式为

$$y_c = ab^t。 \tag{9-51}$$

其中：a，b 为待定参数；a 是 $t=0$ 时 y_c 的值；b 是平均发展速度。

将指数曲线化为直线的形式，即两边取对数，得

$$\lg y_c = \lg a + t \lg b。$$

令　　　　　　　$Y_C = \lg y_c$，　$A = \lg a$，　$B = \lg b$，　$Y = \lg y$，

则　　　　　　　　　　　　　$Y_C = A + Bt。 \tag{9-52}$

A，B 取决于标准方程组：

$$\begin{cases} \sum Y = nA + B\sum t, \\ \sum tY = A\sum t + B\sum t^2。 \end{cases} \tag{9-53}$$

取数列的中点为原点，使 $\sum t = 0$，则

$$\begin{cases} \sum Y = nA, \\ \sum tY = B\sum t^2。 \end{cases} \tag{9-54}$$

解得　　　　　　　　$A = \dfrac{\sum Y}{n}, \quad B = \dfrac{\sum tY}{\sum t^2}。 \tag{9-55}$

求得 A，B 后，再查反对数表，得 A，B 的反对数 a，b，从而可以得指数曲线方程 $y_c = ab^t$，据以对长期趋势进行分析预测。

【例 9-16】以表 9-16 中的资料为例，来说明指数曲线方程的计算。

表 9-16　某地区 2016—2021 年人口数指数曲线趋势计算表

年份	人口数 y / 万人	序时值 t	计算栏			趋势值 y_c
			$Y = \lg y$	tY	t^2	
2016	85.50	−5	1.932 0	−9.66	25	85.44
2017	86.48	−3	1.936 9	−5.810 7	9	86.44
2018	87.46	−1	1.941 8	−1.941 8	1	87.44
2019	88.47	1	1.946 8	1.946 8	1	88.46
2020	89.46	3	1.951 6	5.854 8	9	89.49
2021	90.44	5	1.956 4	9.782	25	90.53
合计	—	0	11.665 5	0.171 2	70	—

解：原点在 2018 年和 2019 年的中点，t 单位为半年。将表中计算结果代入简化方程组，得

$$A = 1.942\ 25，\quad B = 0.002\ 5。$$

查反对数表得

$$a = 87.95，\quad b = 1.005\ 8。$$

指数曲线方程为

$$y_c = 87.95 \times 1.005\ 8^t。$$

将 $t = -5，-3，-1，1，3，5$ 分别代入上述趋势方程，可得一系列趋势值 y_c，见表 9-16 中最后一列。如将趋势线向外延伸，可以预测 2025 年的人口数，由于 2025 年的序时值 $t = 13$，故

$$\hat{y}_{2025} = 87.95 \times 1.005\ 8^{13} = 94.82（万人）。$$

值得注意的是：根据上述条件配合的曲线，只能使对数离差的平方和为最小，它不同于根据算术离差平方和为最小的条件所配合的曲线。

9.3.3 ▶▶▶ 季节变动的测定

季节变动是指现象由于受自然因素或社会因素的影响，在一年或更短的时间内，随时间的变化而引起的周期性变动。在现实生活中，季节变动是一种极为普遍的现象。研究季节变动的意义在于：揭示其因自然条件而发生的规律性变化，进而采取一些合理有效的措施，更好地为工农业生产服务。例如商品销售额、铁路运输量、农副产品加工等现象都有明显的季节性变化，有些企业的生产也有季节性，则可根据忙闲程度适当安排设备的利用与维修，有些商业部门则可根据季节变动合理利用资金，适时地组织货源。

分析季节变动的基本思想是从时间数列中剔除非季节变动成分（长期趋势、循环变动、不规则变动）。分析季节变动的方法有两种：一是按月（季）平均法；二是趋势剔除法。这里主要阐述按月（季）平均法。为了正确测定季节变动对现象的影响，必须具备连续若干年按月（季）排列的资料。

按月（季）平均法是假定时间数列中没有明显长期趋势，根据按月（季）平均法分析季节变动的一般步骤和方法如下。

第一，分别就各年同月（季）的数字加总后，求出各月（季）的平均数。

第二，每年各月（季）的数字加总，求总的月（季）平均数。

第三，以总的月（季）平均数为基数，计算各月（季）平均数的相对数，即季节指数。

第四，如果各月（季）的季节指数之和不等于 $100\% \times$ 期数，则需进行调整。调整系数为：

$$调整系数 = \frac{100\% \times 期数}{各月（季）季节指数之和}。 \tag{9-56}$$

【例 9-17】 以某地花生油批发价格为例，如表 9-17 所示。计算花生油价格季节指数。

表 9-17 某地花生油批发价格季节指数计算表

年份	季度				年度平均数
	一季度	二季度	三季度	四季度	
2017	6.05	5.40	4.80	5.30	5.388
2018	7.20	7.05	6.45	8.05	7.188
2019	8.90	8.05	7.05	7.85	7.962
2020	8.60	8.25	7.50	7.80	8.038
2021	8.65	8.35	7.25	9.10	8.338
合计	39.40	37.10	33.05	38.10	36.912
季平均数	7.88	7.42	6.61	7.62	7.382
季节指数	1.07	1.01	0.89	1.03	4.00

解：(1)将各年同一季度的数值相加，计算出总数，用年数相除，得出各年同一季度价格的平均数(简称季平均数)。如第一季度 5 年总数为 39.40，除以年数 5，即得 5 年第一季度季平均数为 7.88。其余各季类推。

(2)将各个季平均数相加，除以季度数，得总的季平均数 7.382$\left(=\dfrac{7.88+7.42+6.61+7.62}{4}\right)$；或将各年季平均数相加，除以年数，得总的季平均数 7.382$\left(=\dfrac{5.388+7.188+7.962+8.038+8.338}{5}\right)$。

(3)将各个季平均数分别除以总的季平均数，得季节指数。表 9-17 中第一季度季节指数为：$\dfrac{7.88}{7.382}=107\%$，其余各季度的季节指数，均按此法计算，分别为 101%、89%、103%。

(4)各季节指数之和=107%+101%+89%+103%=400%，刚好等于 100%×4(季度数)，不需进行调整。即各季节指数分别为 107%、101%、89%、103%，第一季度季节指数 107%，为最高，说明第一季度价格最高，第一季度至第二季度、第二季度至第三季度，价格都有所下降，第三季度季节指数最低为 89%，说明第三季度价格最低，第三季度至第四季度，价格又有所回升。按月(季)平均法简便易行，通过历年同月(季)平均可以消除不规则因素的影响，但用这种方法并没有消除长期趋势因素的影响。如时间数列中存在明显的长期趋势，可以先消除长期趋势，再计算季节指数。

本章小结

1. 时间数列又称动态数列，就是把反映某种客观现象在时间上发展变化的指标数值，按时间先后顺序排列起来所形成的数列。时间数列按其所排列指标的性质不同，可分为绝对数时间数列、相对数时间数列和平均数时间数列。绝对数时间数列又可进一步分为时期数列和时点数列两种。

2. 时间数列的动态分析是通过计算一系列动态分析指标进行的。动态分析指标是指由同一时间数列中的各指标数值加以对比或综合平均而得的派生指标。在统计学中，通常把由时间数列中各指标对比而得的派生指标称为动态比较指标，包括增减量、发展速度、增减速度和增减百分之一绝对值指标；由时间数列中各指标综合平均而得的指标称为动态平均指标，包括平均发展水平、平均增减量、平均发展速度和平均增减速度。

3. 时间数列的变动按其影响因素可分为四种：长期趋势、季节变动、循环变动、不规则变动。

阅读与分析

时间序列的表示与分类[①]

一条时间序列是一组序列数据，它通常是在相等间隔的时间段内，依照给定的采样率，对某种潜在过程进行观测的结果。现实生活中，在一系列时间点上观测数据是司空见惯的活动，例如，在经济活动中，我们会观测日股票收盘价、周利率、月价格指数、年销售量等，图 9-2 展示了某股票近 4 年来日股票收盘价的时间序列；在气象上，我们会观测太阳黑子的活动情况，每天的最高温度、最低温度、年降水量、风速等，图 9-3 展示

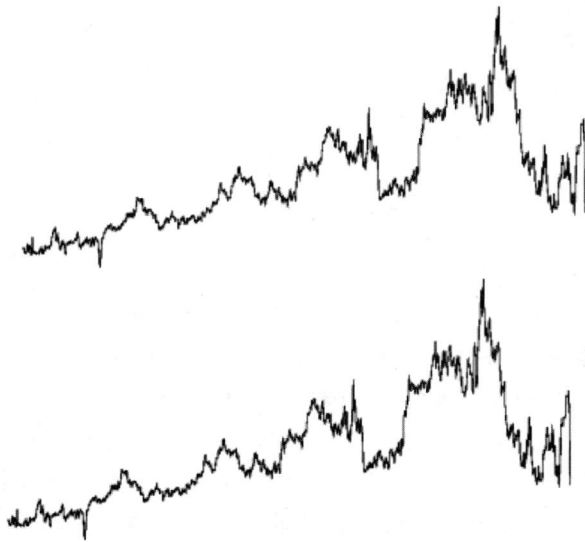

图 9-2　股票交易数据

---

① 原继东、王志海：《时间序列的表示与分类算法综述》，载《计算机科学》，2015，42(3)：1-7。

了 1770—1869 年太阳黑子的活动情况；在生物科学上，我们会观测每毫秒心电或脑电活动的状况等，图 9-4 给出了某病人的心电图活动状况；另外，在农业上，我们会记录不同农作物每年的产量、土壤侵蚀情况、农产品出入口销量等方面的数字；在生态学上，我们会记录不同动物种群数量的变动情况，如此等等。目前，时间序列数据正以不可预测的速度产生于现实生活中的几乎所有领域。

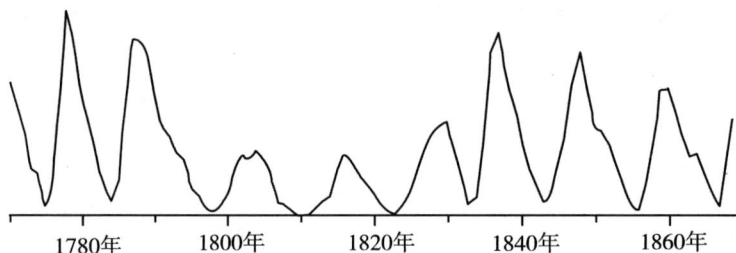

图 9-3　1770—1869 年太阳黑子的活动情况

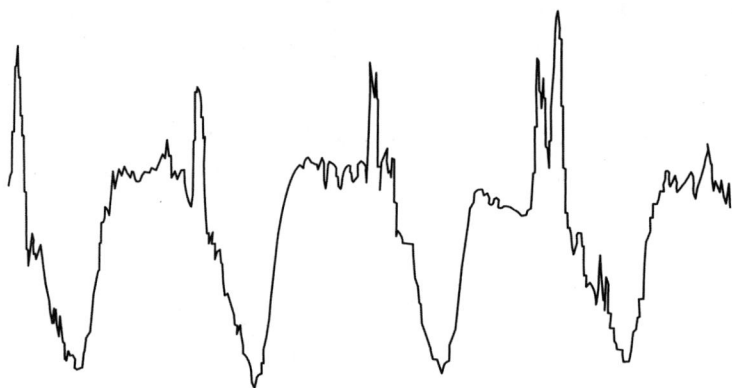

图 9-4　心电图示例

1. 时间序列的表示

如图 9-2 至图 9-4 所示，时间序列数据是实值型的序列数据，具有数据量大、数据维度高以及数据是不断更新的等特点。为有效存储和加快时间序列的处理过程，需要采用一种简洁的方法来表示高维的时间序列数据。怎样表示一条时间序列是时间序列挖掘的基础问题。有效的时间序列表示方法不仅能够允许序列间进行相似性比对，也可以较好地应用于不同的数据挖掘任务中。时间序列表示方法的基本特征包括：有效地降低数据维度；强调局部或全局的形状特征；较低的计算消耗；能够根据约减后的表示较好地重构原数据；对噪声不敏感或者能够隐式地处理噪声；等等。每一种时间序列表示方法都从不同侧面强调了上述的多个基本特征，根据不同的转换方式，Ratanamahatana 和 Keogh 等将不同的时间序列表示方法分类为非数据适应性的、数据适应性的和基于模型的三种。

2. 时间序列的分类

时间序列分类问题广泛地存在于现实生活中的诸多领域，如健康信息处理中的心电图或脑电图分类、气象中天气状况预测、根据传感数据来区分不同的行为动作、根据用电量来区分不同的家用电器等。

所有的分类问题都依赖于数据间的相似性度量，时间序列分类问题也不例外，对于时间序列来说，同类时间序列间的相似性有以下几种形式。

(1)时域相似性(similarity in time)：同一类别的时间序列都是在时间维度上对某一潜在相同曲线观察的结果，它们之间的不同可能是由噪声和相位漂移所引起的。1−NN分类器最适合处理此类问题，而DTW度量可缓解噪声等带来的影响。

(2)形状相似性(similarity in shape)：同一类别的时间序列是通过一些相同的子序列或形状来区分的，而且这些子序列可能出现在时间序列的任意位置，这是它与时域上相似性的主要不同。子序列与时间的相关性越小，基于时域的1−NN分类器就越难处理此类问题。此时可通过使用基于时间序列特征的方法来区分不同的类别。

(3)变化相似性(similarity in change)：最不容易被观察到的相似性，此类相似性出现在自相关性较强的序列中。此问题可以用产生式模式，如隐马尔可夫模型(HMM)、自回归移动平均模型(auto regressive moving average，ARMA)等来处理。

由于时间序列数据的特殊性，现有的研究成果仍有许多不完善的地方。例如，怎样将时间序列表示和分类方法相结合，怎样建造具有可解释性的分类器等，这些需要研究者进一步地努力。

思考与练习

一、思考题

1. 什么是时间数列？时间数列分为哪几种？各种时间数列有何特点？

2. 编制时间数列应遵循哪些原则？

3. 什么是序时平均数？序时平均数有哪些种类？

4. 逐期增减量与累计增减量之间、环比发展速度与定基发展速度之间的相互关系如何？

5. 用水平法与累计法计算平均发展速度有什么不同？各自适用于哪些场合？

6. 应用平均速度指标应遵循哪些原则？

7. 什么是长期趋势？测定长期趋势有什么意义？常用的测定方法有哪些？

8. 什么是移动平均法？如何确定移动平均的项数？

9. 如何判定趋势线的类型？

10. 什么是季节变动？测定季节变动的目的何在？

二、单项选择题

1. 把各个时期的人均国内生产总值按时间先后顺序排列起来，这样形成的数列是（　　　）。

  A. 绝对数时间数列   B. 相对数时间数列

  C. 平均数时间数列   D. 变量数列

  2. 某企业 2016 年 9—12 月各月末的工人数为：9 月 30 日 1 400 人，10 月 31 日 1 510 人，11 月 30 日 1 460 人，12 月 31 日 1 420 人，则该企业第四季度的平均工人数为（　　　）。

  A. 1 448 人   B. 1 460 人   C. 1 463 人   D. 1 500 人

  3. 某地 GDP 2009—2016 年平均增长速度为 13%，2017—2021 年平均增长速度为 15%，则 2009—2021 年 GDP 的年平均增长速度为（　　　）。

  A. $\sqrt{1.13^8 \times 1.15^5} - 1$ B. $\sqrt[13]{1.13 \times 1.15} - 1$

  C. $\sqrt[13]{1.13^7 \times 1.15^5} - 1$ D. $\sqrt[13]{1.13^8 \times 1.15^5} - 1$

  4. 长期趋势分析中，如果被研究现象的各年二次差或二次增长量接近于一个常数，则该现象应拟合（　　　）。

  A. 直线   B. 二次抛物线   C. 指数曲线   D. 双曲线

  5. 某企业产量年平均发展速度：2017—2019 年为 107%，2020—2021 年为 105%，则 2017—2021 年该企业产量年平均发展速度为（　　　）。

  A. $\sqrt[5]{1.07 \times 1.05}$ B. $\sqrt{1.07^3 \times 1.05^2}$

  C. 1.07×1.05 D. $\sqrt[5]{1.07^3 \times 1.05^2}$

  6. 若时间数列中无季节变动，则季节指数为（　　　）。

  A. 0   B. 1   C. 4   D. 12

  7. 某时间数列有 30 年的数据，采用 5 年移动平均法修匀，修匀后新的时间数列的项数为（　　　）项。

  A. 30   B. 28   C. 26   D. 25

  8. 根据时期数列计算序时平均数应采用（　　　）。

  A. 几何平均法   B. 加权算术平均法

  C. 简单算术平均法   D. 首末折半法

  9. 间隔相等的时点数列计算序时平均数应采用（　　　）。

  A. 几何平均法   B. 加权算术平均法

  C. 简单算术平均法   D. 首末折半法

  10. 定基发展速度和环比发展速度的关系是（　　　）。

  A. 两个相邻时期的定基发展速度之商等于相应的环比发展速度

  B. 两个相邻时期的定基发展速度之差等于相应的环比发展速度

  C. 两个相邻时期的定基发展速度之和等于相应的环比发展速度

  D. 两个相邻时期的定基发展速度之积等于相应的环比发展速度

11. 下列数列中哪一个属于动态数列？（　　）

　　A. 学生按学习成绩分组形成的数列

　　B. 职工按工资水平高低排列形成的数列

　　C. 工业企业按地区分组形成的数列

　　D. 出口额按时间先后顺序排列形成的数列

12. 已知某企业 1 月、2 月、3 月、4 月的平均职工人数分别为 190 人、195 人、193 人和 201 人。则该企业一季度的平均职工人数的计算方法为（　　）。

　　A. $\dfrac{190+195+193+201}{4}$　　　　　B. $\dfrac{190+195+193}{3}$

　　C. $\dfrac{190/2+195+193+201/2}{4-1}$　　　D. $\dfrac{190/2+195+193+201/2}{4}$

13. 说明现象在较长时期内发展的总速度的指标是（　　）。

　　A. 环比发展速度　　　　　　　　　B. 平均发展速度

　　C. 定基发展速度　　　　　　　　　D. 定基增长速度

14. 平均发展速度是（　　）。

　　A. 定基发展速度的算术平均数　　　B. 环比发展速度的算术平均数

　　C. 环比发展速度的几何平均数　　　D. 增长速度加上 100%

15. 以 1988 年为基期，2021 年为报告期，计算某现象的平均发展速度应开（　　）。

　　A. 33 次方　　　B. 32 次方　　　C. 31 次方　　　D. 30 次方

16. 某企业生产某种产品，其产量每年增加 5 万吨，则该产品产量的环比增长速度（　　）。

　　A. 年年下降　　　B. 年年增长　　　C. 年年保持不变　D. 无法做结论

三、计算题

1. 某地区 2021 年的国民生产总值为 80 亿元，如以后平均每年以 15% 的速度增长，问经过多少年能达到 200 亿元？这些年国民生产总值翻了几番？

2. 已知某产品 2021 年的产量为 2 800 万台，若今后以每年递增 15% 的速度发展，则到 2035 年达到什么水平？

3. 某地区 2015—2020 年某产品的产量资料如表 9-18 所示。

表 9-18　某地区 2015—2020 年某产品的产量资料

年份	产量/万台	增减量/万台		发展速度		增减速度		增减 1% 的绝对值/万台
		逐期	累计	环比	定基	环比	定基	
2015		—	—	—	—	—	—	—
2016							20%	18
2017				105%				

续表

年份	产量/万台	增减量/万台		发展速度		增减速度		增减 1% 的绝对值/万台
		逐期	累计	环比	定基	环比	定基	
2018		160						
2019		200						
2020			1 450					

(1)推算表中所缺数字；

(2)计算"十三五"时期产量的平均发展水平、平均增减量、平均发展速度和平均增减速度；

(3)就表中数字说明下列各种关系：

①发展速度与增减速度的关系；

②环比发展速度与定基发展速度的关系；

③增减 1% 的绝对值与基期水平的关系；

④增减量、增减速度与增减 1% 绝对值的关系；

⑤逐期增减量与累计增减量的关系；

⑥平均发展速度与环比发展速度的关系；

⑦平均发展速度与平均增减速度的关系。

4. 某厂某种产品的产量，在 2001—2021 年以每年平均递增 15% 的速度发展，2021 年的产量为 5 000 台，试求 2001 年的产量。

5. 某企业五年计划规定，产量要增加一倍。第一年与第二年都增长 15%，试测算后三年平均每年应增长百分之几，才能完成五年计划规定的任务？

6. 某企业 1 月 1 日至 10 日职工人数均为 1 000 人，1 月 11 日至 15 日职工人数均为 1 100 人，1 月 16 日至 1 月底均为 1 200 人，试计算 1 月平均职工人数。

7. 某企业 2024 年 1—7 月工人人数资料如表 9-19 所示。

表 9-19 某企业 2024 年 1—7 月工人人数资料

项目	1 月	2 月	3 月	4 月	5 月	6 月	7 月
月初人数/人	102	106	110	105	115	118	108

试计算该企业第一季度和第二季度及上半年的平均工人人数。

8. 某企业 2021 年工人人数资料如表 9-20 所示。

表 9-20 某企业 2021 年工人人数资料

项目	2020 年 12 月	2021 年 4 月	2021 年 7 月	2021 年 10 月	2021 年 12 月
月末人数/人	1 100	1 080	1 200	1 150	1 000

试计算该企业 2021 年全年平均工人人数。

9. 某企业 2024 年 1—7 月工人人数和产值资料如表 9-21 所示。

表 9-21 某企业 2024 年 1—7 月工人人数和产值资料

项目	1 月	2 月	3 月	4 月	5 月	6 月	7 月
月初人数/人	120	—	—	112	—	130	140
月产值/千元	380	380	385	390	400	410	400

试计算该企业 2024 年上半年平均每月人均产值。

10. 某厂 2024 年上半年职工人数资料如表 9-22 所示。

表 9-22 某厂 2024 年上半年职工人数资料　　　　　　　　单位：人

项目	1 月 1 日	2 月 1 日	3 月 1 日	4 月 1 日	5 月 1 日	6 月 1 日	7 月 1 日
全部职工人数	2 000	2 000	2 150	2 000	2 100	2 100	2 200
其中：工人人数	1 400	1 400	1 635	1 500	1 575	1 638	1 760

试计算该企业 2024 年上半年工人人数占全部职工人数的平均百分比。

11. 某企业 2024 年各季度计划产值和产值计划完成相对数资料如表 9-23 所示。

表 9-23 某企业 2024 年各季度计划产值和产值计划完成程度

项目	一季度	二季度	三季度	四季度
计划产值/万元	860	887	875	898
计划完成程度	110%	115%	120%	105%

试计算该企业 2024 年平均计划完成程度。

12. 某地区 2013—2021 年各年基本建设投资额资料如表 9-24 所示。

表 9-24 某地区 2013—2021 年各年基本建设投资额

年份	投资额/万元
2013	6 240
2014	6 291
2015	6 362
2016	6 450
2017	6 562
2018	6 695
2019	6 845
2020	7 018
2021	7 210

(1)判断投资额变动的趋势接近于哪一种类型；

(2)用最小平方法配合适当的趋势方程。

13. 某地区 2016—2021 年年末人口数量资料如表 9-25 所示。

表 9-25　某地区 2016—2021 年年末人口数量资料

年份	年末人口数/万人
2016	25
2017	30
2018	36
2019	44
2020	53
2021	63

(1)判断人口数发展的趋势接近于哪一种类型；

(2)用最小平方法配合适当的趋势方程。

14. 某地区商业部门 2019—2024 年各个季度的商品销售资料如表 9-26 所示。

表 9-26　某地区商业部门 2019—2024 年各个季度的商品销售资料

时间		销售额/亿元	时间		销售额/亿元
2019 年	一季度	11	2022 年	三季度	21
	二季度	12		四季度	18
	三季度	10	2023 年	一季度	24
	四季度	9		二季度	28
2020 年	一季度	15		三季度	25
	二季度	18		四季度	24
	三季度	16	2024 年	一季度	30
	四季度	15		二季度	32
2021 年	一季度	20		三季度	28
	二季度	25		四季度	26

要求：采用按季平均法计算季节指数。

第 10 章

统计指数

本章导读

通过本章的学习，要求理解指数的基本思想，掌握统计指数的概念、特点和分类；掌握总指数的编制方法，尤其掌握加权平均指数的编制方法；掌握指数体系以及利用指数体系对实际问题进行分析；了解常用的几种价格指数。

思政目标

通过中美 CPI 数据的对比，引导学生思考在全球抗击新冠疫情过程中中国政府的担当和中国力量的强大，体会中国政府对于民生的高度重视，增强学生的民族自豪感。

思政案例

中美 CPI 对比[①]

新冠疫情使各国的经济发展都受到了显著冲击。国家统计局公布的数据显示：2022 年 8 月美国 CPI 为 108.3（上年同月为 100），环比下降 0.18%，但同比增长 8.3%，同比涨幅高于预期，美国通胀形势日益严峻。美国 CPI 涨幅较大主要是因为 2020 年以来，特朗普政府以及拜登政府在应对新冠疫情过程中均采取了直接发放疫情纾困资金的财政刺激计划，并且美联储通过大幅降息以及无上限量化宽松政策帮助企业渡过难关，但前期的财政刺激计划以及货币政策冲击同样为美国的高通胀"奠定"了基础，同时推高了股票、房地产等资产的价格。加之美国等西方国家疫情防控失序，产业链供应链紊乱，至今尚未恢复，导致全球生产供应受到极大影响，大宗商品供给不足、价格攀升。

---

① 张洽棠：《1.5% 对比 8.5%　中美 CPI 走势差距扩大反映了啥》，载《中国经济导报》，2022-04-28(3)。有删改。

相对来说，中国 CPI 继续保持温和上涨。2022 年 8 月中国 CPI 为 102.5(上年同月为 100)，环比上涨 0.19%，同比上涨 2.5%，涨幅与上月基本持平。虽然近期国际地缘政治冲突加剧，疫情形势严峻，引发国际粮油价格大幅波动，中国输入性通胀风险增大，但是中国经济韧性强，市场空间大，工农业产品和服务供给充裕，保持物价平稳运行具有坚实的物质基础。同时，中国在抗击疫情方面高度重视保障疫情中高风险地区的物资供应，充分利用疫情防控部门的流调信息进行跨区域物资调配，避免了疫情中高风险地区因供给不足而出现物价异常波动。

思考

结合案例以及相关资料对比中美两国为应对新冠疫情采取的措施，深刻体会我国政府决策对于民生方面的重视。

10.1 统计指数概述

10.1.1 统计指数的概念

统计指数简称为指数，有广义和狭义之分。从广义上讲，凡是反映客观现象变动的相对数都是指数，如前面讲过的发展速度、计划完成相对数。狭义的指数是一种特殊相对数，它用来反映不能直接加总的多要素所组成的客观现象的综合变动，如反映多种产品产量变动的相对数，反映多种产品单位成本变动的相对数，反映多种商品价格变动的相对数等。本章研究的指数，主要是指狭义的指数。

10.1.2 统计指数的种类

1. 个体指数和总指数

统计指数按所反映对象的范围不同，可分为个体指数和总指数两种。反映个别事物动态变动的相对数叫个体指数，如个别商品的销售量指数、个别商品的价格指数等。综合反映不能同度量的多种事物动态变动的相对数叫总指数，如零售物价指数、工业产量指数等。

2. 数量指标指数和质量指标指数

统计指数按其所反映的现象内容不同，可分为数量指标指数和质量指标指数两种。数量指标指数是反映现象规模和水平变动情况的相对数，如产品产量指数、职工人数指数、商品销售量指数等。质量指标指数是反映现象相对水平或工作质量变动情况的相对数，如价格指数、产品单位成本指数、劳动生产率指数、工资水平指数等。

3. 综合指数和平均数指数

总指数按其表现形式和计算方法不同，可分为综合指数和平均数指数两种。综合指数也称为总指数的综合形式，是通过确定同度量因素，把不同度量的现象过渡为同度量现象，采用科学方法计算出两个时期的总量指标并进行对比形成的指数。平均数指数也称为总指数的平均形式，是从个体指数出发，通过对个体指数加权平均计算而形成的指数。

10.1.3 ▶▶ 统计指数的作用

1. 可以表明不同度量现象的总发展趋势

统计指数可以测定不能直接加总或不能直接进行对比的现象总动态，即表明不同度量现象的总发展趋势。在统计分析中，仅仅用动态分析指标对个别或单个事物的变动进行分析是不够的，还要对国民经济中的复杂现象进行综合分析。而统计指数则能反映不能直接加总或不能直接对比的复杂现象的总变动。

2. 分析在客观现象总变动中各个因素的影响作用

客观现象的数量变动，是许多因素共同作用和影响的结果，如商品销售额的大小取决于商品销售数量的多少和商品销售价格的高低。借助于统计指数不仅可以反映商品销售额的变动，而且还可以测定构成商品销售额的两个因素，即商品销售量和商品销售价格的变动，以及这两个因素变动对商品销售额变动的影响程度。

3. 反映客观现象长期发展变化的趋势

在统计实践中，运用统计指数来研究客观现象的动态变化已得到广泛应用。

10.2　综合指数

10.2.1 ▶▶ 综合指数的作用和特点

综合指数是总指数的一种形式。它是由两个总量指标对比形成的指数。在所研究的总量指标中，包含两个或两个以上的因素，将其中一个或一个以上的因素固定下来，只观察其中一个因素的变动，这样编制出来的总指数即综合指数。

扫码听课

例如，设 p，q 分别代表价格和销售量，$\overline{K}_p$，$\overline{K}_q$ 分别代表价格总指数和销售量总指数，则有

$$\overline{K}_p = \frac{\sum p_1 q_0}{\sum p_0 q_0} \quad 或 \quad \overline{K}_p = \frac{\sum p_1 q_1}{\sum p_0 q_1},$$

$$\overline{K}_q = \frac{\sum p_0 q_1}{\sum p_0 q_0} \quad 或 \quad \overline{K}_q = \frac{\sum p_1 q_1}{\sum p_1 q_0}。$$

由于上述公式的分子和分母都是综合各种商品的不同总量而成的，加之在研究一个因素变动时，都将另外一个因素固定在某一时期，所以从形式上看都是综合指数。

综合指数与平均指数相比具有如下特点。

（1）先综合后对比。即先解决总体中各个个体由于使用价值和度量单位不同不能直接加总和对比的问题。例如，电视机、自行车、手表等商品，由于使用价值各异，计量单位不同，将它们直接相加以测定其总变动是不可能的。这时，就需要一个过渡因素，使在经济意义上不能直接相加或对比的多种事物转化为同度量，这个过渡因素叫同度量因素。例如，电视机、自行车和手表，尽管它们有不同的使用价值，但如将这三种商品的销售量与其单价分别相乘，并加在一起，得到它们的销售总额，就可以计算和分析这三种商品销售量的总变动情况。同度量因素能权衡各个不同变量值的轻重，在综合指数中，同度量因素也称为权数。

（2）将同度量因素加以固定。计算综合指数时，必须将同度量因素加以固定，才能测定所研究现象的变动情况。例如，研究商品销售量的变动时，价格是同度量因素。但如果用报告期的销售量乘报告期的价格得到报告期销售额，用基期的销售量乘基期的价格得到基期销售额，比较这两个销售额得出的指数并不是要求的商品销售量指数，而是商品销售额指数，因为这样计算的销售额指标包括了销售量和价格两个因素的变动。因此要计算销售量指数，必须将价格这个因素固定不变，将报告期和基期的销售量分别乘同一个时期的价格，这样得出的两个销售额之比，反映的就是销售量这一因素的变动。同理，如果要计算价格指数，需要将销售量固定不变，来反映价格这一因素的变动。

（3）分子和分母所研究对象的范围应一致。计算综合指数时，分子、分母的范围、计算单位等都应一致，否则，得到的结果将是不正确的。

（4）综合指数需要的资料都是全面资料，不存在抽样的问题。计算综合指数对资料要求较高，需要全面资料。例如，计算商品销售量指数时，需要所有商品报告期和基期的销售量资料和所有商品在某一固定时期（一般用基期）的价格资料。

10.2.2 ▶▶▶ 综合指数公式

运用综合指数计算总指数时，一般要涉及两个方面的因素：一个是指数所要研究的对象，叫指数化因素；另一个是同度量因素。当指数化因素是数量指标时，此时计算的指数叫数量指标综合指数，如销售量指数、职工人数指数等；当指数化因素是质量指标时，此时计算的指数就叫质量指标综合指数，如价格指数、劳动生产率指数等。

1. 数量指标指数

数量指标指数是说明数量指标变动情况，即总体规模变动情况的相对数。现以商品销售量指数为例来说明数量指标指数的编制原理和方法。计算商品销售量指数的同度量因素为价格，作为同度量因素的价格可以固定在基期，也可以固定在报告期，还可以固定在某一固定时期。采用不同时期的价格，会得到不同的计算结果，并具有不同的经济内容。

(1)以基期价格作为同度量因素。其计算公式为

$$\overline{K}_q = \frac{\sum p_0 q_1}{\sum p_0 q_0}。 \tag{10-1}$$

这个公式也称拉氏物量指数公式，表明在基期价格水平条件下，销售量的综合变动程度。分子与分母相减的差额 $\left(\sum p_0 q_1 - \sum p_0 q_0\right)$，说明由于商品销售量变动对销售额绝对数值的影响。以表 10-1 资料为例：

$$\overline{K}_q = \frac{\sum p_0 q_1}{\sum p_0 q_0} = \frac{108\ 000}{106\ 900} = 1.010\ 3(或\ 101.03\%)，$$

$$\sum p_0 q_1 - \sum p_0 q_0 = 108\ 000 - 106\ 900 = 1\ 100(元)。$$

计算结果表明，三种商品销售量平均增长了 1.03%，由于销售量的增加，三种商品的销售额报告期比基期增加了 1 100 元。

表 10-1　某商店商品销售量指数计算表

商品名称	计量单位	销售量		价格/元		销售额/元			
		基期	报告期	基期	报告期	基期	报告期	假定 I	假定 II
		q_0	q_1	p_0	p_1	$p_0 q_0$	$p_1 q_1$	$p_0 q_1$	$p_1 q_0$
甲	件	590	600	50	52	29 500	31 200	30 000	30 680
乙	台	520	500	120	110	62 400	55 000	60 000	57 200
丙	套	1 000	1 200	15	15	15 000	18 000	18 000	15 000
合计	—	—	—	—	—	106 900	104 200	108 000	102 880

(2)以报告期价格作为同度量因素。其计算公式为

$$\overline{K}_q = \frac{\sum p_1 q_1}{\sum p_1 q_0}。 \tag{10-2}$$

这个公式也称派氏物量指数公式，表明在报告期价格水平条件下，销售量的综合变动程度。分子与分母相减的差额 $\left(\sum p_1 q_1 - \sum p_1 q_0\right)$，说明由于商品销售量变动对销售额绝对数值的影响。仍以表 10-1 资料为例：

$$\overline{K}_q = \frac{\sum p_1 q_1}{\sum p_1 q_0} = \frac{104\ 200}{102\ 880} = 1.012\ 8(或\ 101.28\%),$$

$$\sum p_1 q_1 - \sum p_1 q_0 = 104\ 200 - 102\ 880 = 1\ 320(元)。$$

计算结果表明,三种商品的销售量平均增长了 1.28%,由于销售量增长使销售额增加了 1 320 元。

通过以上计算可以看出,在资料相同的条件下,用式(10-1)和式(10-2)计算所得的销售量指数是不相同的。其原因在于:式(10-1)是假定基期价格未发生变化时销售量的增长情况,它只反映销售量的变化;式(10-2)是假定价格变化为报告期水平时销售量的增长情况,它不仅反映销售量的变化,还包括价格的变动。式(10-2)比式(10-1)多了一个价格因素的影响,因而它们的计算结果不同,经济内容也不相同。从计算销售量指数的目的来看,编制销售量综合指数,以基期价格作为同度量因素较合理。由此,我们可以得出编制数量指标综合指数的一般原则,即在编制数量指标综合指数时,应以基期的质量指标作为同度量因素。

另外,为了计算和使用上的方便,也可以用不变价格作为同度量因素。其计算公式为

$$\overline{K}_q = \frac{\sum p_n q_1}{\sum p_n q_0}。 \tag{10-3}$$

其中:p_n 为不变价格。利用不变价格计算的销售量指数,便于观察现象长期发展变化的趋势。

2. 质量指标指数

质量指标指数是说明质量指标变动情况,即总体内涵数量变动情况的相对数。现以商品价格指数为例说明质量指标指数的编制原理和方法。计算商品价格指数的同度量因素为销售量,作为同度量因素的销售量可以固定在基期,也可以固定在报告期。采用不同时期的销售量会得到不同的计算结果,具有不同的经济内容。

(1)以基期销售量作为同度量因素。其计算公式为

$$\overline{K}_p = \frac{\sum p_1 q_0}{\sum p_0 q_0}。 \tag{10-4}$$

式(10-4)也称为拉氏物价指数公式,表明在基期销售量不变的条件下,三种商品价格的综合变动程度。分子与分母相减的差额 $\left(\sum p_1 q_0 - \sum p_0 q_0\right)$,说明由于商品价格变动对销售额绝对值的影响。由表 10-1 资料可得:

$$\overline{K}_p = \frac{\sum p_1 q_0}{\sum p_0 q_0} = \frac{102\ 880}{106\ 900} = 0.962\ 4(或\ 96.24\%),$$

$$\sum p_1 q_0 - \sum p_0 q_0 = 102\ 880 - 106\ 900 = -4\ 020(元)。$$

计算结果表明，三种商品的价格有升有降，变动程度也不相同，但总体来说，三种商品的价格报告期比基期平均下降了 3.76%。分子与分母的差额表明消费者在维持基期消费结构的情况下，由于报告期价格的降低，居民购买这三种商品少支付 4 020 元。

（2）以报告期销售量作为同度量因素。其计算公式为

$$\overline{K}_p = \frac{\sum p_1 q_1}{\sum p_0 q_1}。 \tag{10-5}$$

式（10-5）也称为派氏物价指数公式，表明在报告期销售量不变的条件下价格的综合变动程度，分子与分母相减的差额 $\left(\sum p_1 q_1 - \sum p_0 q_1\right)$，说明由于价格变动对销售额绝对数值的影响。仍用表 10-1 资料：

$$\overline{K}_p = \frac{\sum p_1 q_1}{\sum p_0 q_1} = \frac{104\ 200}{108\ 000} = 0.964\ 8(或\ 96.48\%)，$$

$$\sum p_1 q_1 - \sum p_0 q_1 = 104\ 200 - 108\ 000 = -3\ 800(元)。$$

计算结果表明，三种商品的价格平均下降了 3.52%，分子与分母的差额表明由于价格的变动使三种商品的销售额减少了 3 800 元。对消费者来说，在报告期消费结构下，由于价格降低，购买这三种商品少支付了 3 800 元。

上述两个指数公式的计算说明，在资料相同的条件下，使用式（10-4）和式（10-5）计算所得的价格总指数是不同的。其原因在于：式（10-4）是将销售量固定在基期，说明按照过去时期的消费结构计算的价格的综合变动程度及由于价格变动而引起的居民消费支出的变动，这显然没有实际经济意义。式（10-5）是将销售量固定在报告期，说明在当前实际消费结构下价格的综合变动程度及由于价格变动而引起居民支出的变动，而这正是我们所关心的问题，具有现实的经济意义。所以，编制商品价格综合指数，以报告期销售量作为同度量因素较合理。由此，我们可以得出编制质量指标综合指数的一般原则，即在编制质量指标综合指数时，应以报告期的数量指标作为同度量因素。

10.3　平均数指数

10.3.1 ▶▶▶ 平均数指数的作用和特点

平均数指数是总指数计算中的另一种重要形式。它是从个体指数出发，通过求个体指数的加权平均数得出的总指数。平均数指数最常用的有两种基本形式：一是加权算术平均数指数；二是加权调和平均数指数。

扫码听课

在这两种形式中，根据所用权数的不同，可将平均数指数进一步分为综合指数变形的平均数指数和固定权数的平均数指数两种。

平均数指数和综合指数都是计算总指数的方法，它们之间既有联系又有区别。其联系是：在平均数指数作为综合指数变形使用的条件下，两种指数计算公式可以互变。两者的区别在于出发点不同：综合指数是从社会经济现象的总量出发，找出同度量因素以后，再加总对比，观察总量的变动；而平均数指数是从个体指数出发，将它们加权后再平均，观察个体指数的平均变化。

与综合指数比较，平均数指数具有以下特点。

(1)综合指数要求使用全面调查资料编制，而平均数指数既可用全面调查资料编制，也可用非全面调查资料编制，且后一种情况使用更为广泛。因此，其权数资料可以和个体指数的范围相一致(作为综合指数变形的条件下)，也可以不一致。后者是指个体指数可以选择部分代表商品，而权数不受代表商品范围的限制，可以是范围更广泛的资料。

(2)平均数指数权数的选择，可以有多种方法，既可以用实际总量指标(绝对数指标)计算，也可以用比重(相对指标)计算。在权数无法取得或无法确定时，也可以根据对经济情况的分析，编制经验权数进行计算；而综合指数则不可以使用比重及经验权数编制。

10.3.2 ▷▷▷ 平均数指数公式

1. 加权算术平均数指数

加权算术平均数指数是个体指数的加权算术平均数。其权数可以有两种情况：一是以基期价值资料 $p_0 q_0$ 作权数，二是以固定权数 W 作权数。

(1)用 $p_0 q_0$ 作权数的加权算术平均数指数。其基本公式为

$$\bar{K} = \frac{\sum K p_0 q_0}{\sum p_0 q_0}。 \tag{10-6}$$

对于物价指数，$K = \dfrac{p_1}{p_0}$，则

$$\bar{K}_p = \frac{\sum \dfrac{p_1}{p_0} p_0 q_0}{\sum p_0 q_0} = \frac{\sum p_1 q_0}{\sum p_0 q_0}。 \tag{10-7}$$

对于物量指数，$K = \dfrac{q_1}{q_0}$，则

$$\bar{K}_q = \frac{\sum \dfrac{q_1}{q_0} p_0 q_0}{\sum p_0 q_0} = \frac{\sum p_0 q_1}{\sum p_0 q_0}。 \tag{10-8}$$

显然，在使用 p_0q_0 这个特定权数，并且在权数与个体指数范围一致的情况下，加权算术平均数指数可以作为综合指数的变形。如果不符合这两个条件，加权算术平均数指数就不是综合指数的变形，这就是平均数指数独立意义之所在。

（2）用 W 作权数的加权算术平均数指数。其基本公式为

$$\overline{K} = \frac{\sum KW}{\sum W}。$$ (10-9)

物价指数中，$K = \dfrac{p_1}{p_0}$，则

$$\overline{K}_p = \frac{\sum \dfrac{p_1}{p_0}W}{\sum W}。$$

物量指数中，$K = \dfrac{q_1}{q_0}$，则

$$\overline{K}_q = \frac{\sum \dfrac{q_1}{q_0}W}{\sum W}。$$

这里的 W 是固定权数，不是 p_0q_0，也不是 p_1q_1，而是经过调整计算出来的，常用比重表示。

2. 加权调和平均数指数

加权调和平均数指数是个体指数的加权调和平均数。其权数也有两种情况。

（1）用 p_1q_1 作权数的加权调和平均数指数。其基本公式为

$$\overline{K} = \frac{\sum p_1q_1}{\sum \dfrac{p_1q_1}{K}}。$$ (10-10)

对于物价指数，$K = \dfrac{p_1}{p_0}$，则

$$\overline{K}_p = \frac{\sum p_1q_1}{\sum \dfrac{p_1q_1}{\dfrac{p_1}{p_0}}} = \frac{\sum p_1q_1}{\sum p_0q_1}。$$ (10-11)

对于物量指数，$K = \dfrac{q_1}{q_0}$，则

$$\overline{K}_q = \frac{\sum p_1q_1}{\sum \dfrac{p_1q_1}{\dfrac{q_1}{q_0}}} = \frac{\sum p_1q_1}{\sum p_1q_0}。$$ (10-12)

可见，在使用 p_1q_1 这个特定权数，并且在权数与个体指数范围一致的条件下，加权调和平均数指数可作为综合指数的变形。

（2）用 W 作权数的加权调和平均数指数。其基本公式为

$$\overline{K} = \frac{\sum W}{\sum \dfrac{W}{K}}。$$ (10-13)

该公式应用较少。

10.3.3 ▷▷▷ 平均数指数的应用

1. 作为综合指数变形的平均数指数

（1）加权算术平均数指数。现以表 10-2 的资料编制销售量总指数。表 10-2 的资料来源于表 10-1。

$$\overline{K}_q = \frac{\sum K p_0 q_0}{\sum p_0 q_0} = \frac{108\,000}{106\,900} = 1.010\,3 \quad 或 \quad (101.03\%)。$$

计算结果表明，三种商品销售量报告期比基期平均增长 1.03%。这个结果与前面综合指数计算的结果完全相同。

表 10-2　商品销售量平均数指数计算表

商品名称	计量单位	销售量		个体指数 $K=\dfrac{q_1}{q_0}$	基期销售额/元 $p_0 q_0$	$K p_0 q_0$
		q_0	q_1			
甲	件	590	600	1.017 0	29 500	30 000
乙	台	520	500	0.961 5	62 400	60 000
丙	套	1 000	1 200	1.200 0	15 000	18 000
合计	—	—	—	—	106 900	108 000

（2）加权调和平均数指数。以表 10-3 的资料编制价格总指数，表 10-3 的资料同样源于表 10-1。

表 10-3　商品价格平均数指数计算表

商品名称	计量单位	价格/元		个体指数 $K=\dfrac{p_1}{p_0}$	报告期销售额/元 $p_1 q_1$	$p_1 q_1 / K$
		p_0	p_1			
甲	件	50	52	1.040 0	31 200	30 000
乙	台	120	110	0.916 7	55 000	60 000

续表

商品名称	计量单位	价格/元		个体指数 $K=\dfrac{p_1}{p_0}$	报告期销售额/元 p_1q_1	p_1q_1/K
		p_0	p_1			
丙	套	15	15	1.000 0	18 000	18 000
合计	—	—	—	—	104 200	108 000

$$\overline{K}_p=\frac{\sum p_1q_1}{\sum \dfrac{p_1q_1}{K}}=\frac{104\ 200}{108\ 000}=0.964\ 8(或\ 96.48\%)。$$

计算结果表明，三种商品的价格平均下降 3.52%。这个结果也与前面综合指数计算的结果相同。

2. 固定权数加权平均数指数

固定权数加权平均数指数简便灵活，使用方便，很适合市场经济条件下的抽样调查，因而在国内外得到了广泛的应用。在国外，很多指数都按这种方法计算。在我国，工业品出厂价格指数、工业原材料价格指数、商品零售物价指数等都是采用固定权数加权算术平均数指数方法编制。

10.4 指数体系与因素分析

10.4.1 ▶▶▶ 指数体系的意义

客观现象之间存在着内在的、必然的联系。许多现象的总量是由多个因素结合的结果，通常表现为数量指标与质量指标的乘积。例如：

商品销售额＝商品销售量×商品价格，

工资总额＝职工人数×平均工资，

总成本＝产量×产品单位成本，

原材料消耗额 ＝ 产品产量 × 单位产品原材料消耗量 × 原材料单价。

这种联系是指标之间的静态联系。从动态上看，这种联系表现为指数之间的关系是：

商品销售额指数＝商品销售量指数×商品价格指数，

工资总额指数＝职工人数指数×平均工资指数，

总成本指数＝产量指数×单位成本指数，

原材料消耗额指数 ＝ 产品产量指数 × 单位产品原材料消耗量指数 × 原材料价格指数。

这种经济上有联系、数量上保持一定对等关系的三个或三个以上的指数所形成的整体称为指数体系。

在指数体系中，不仅其内部各指数之间存在如上所述的数量对等关系，而且各个指数所代表的绝对额变动之间也存在一定的数量对等关系。以商品销售指数体系为例：

$$\frac{\sum p_1 q_1}{\sum p_0 q_0} = \frac{\sum p_0 q_1}{\sum p_0 q_0} \times \frac{\sum p_1 q_1}{\sum p_0 q_1}, \tag{10-14}$$

$$\sum p_1 q_1 - \sum p_0 q_0 = \left(\sum p_0 q_1 - \sum p_0 q_0 \right) + \left(\sum p_1 q_1 - \sum p_0 q_1 \right), \tag{10-15}$$

$$\begin{matrix} 商品销售 \\ 额增加额 \end{matrix} = \begin{matrix} 因销售量变动而 \\ 增加的销售额 \end{matrix} + \begin{matrix} 因物价变动而 \\ 增加的销售额 \end{matrix}.$$

指数体系在统计分析中起着重要作用。指数体系是因素分析法的根据，利用指数体系能够从相对数和绝对数两个方面分析各因素变动对现象总变动的影响方向与程度，还可以进行指数之间的相互推算。

10.4.2 ▶▶▶ 因素分析

所谓因素分析法，就是利用指数体系分析或测定客观现象总变动中各因素变动的影响方向和程度的方法。我们可以从以下几个方面来把握其基本原理：第一，因素分析法的研究对象是受多因素影响的现象。这类现象表现为若干因素的乘积，其中每个因素发生变化都会使总量发生变化。第二，因素分析法的基本特点是在测定其中某个因素对现象的影响方向和程度时，假定其他因素数量不变。第三，指数体系是因素分析的基本依据，即总变动指数等于因素指数的连乘积，总变动差额等于各因素影响差额之和。第四，因素分析的结果可以用相对数和绝对数表示。因素分析按分析时包含的因素多少，可分为两因素分析和多因素分析；按分析指标的种类不同，可分为总量指标因素分析和平均指标因素分析。将这两种分类结合起来，便形成了四种因素分析：总量指标的两因素分析、总量指标的多因素分析、平均指标的两因素分析和包含平均指标的多因素分析。

10.4.3 ▶▶▶ 总量指标的两因素分析

当总量指标分解为两因素乘积时，可对其进行两因素分析。下面以表 10-4 资料为例，通过对产品总成本变动的分析来说明具体分析方法。

总成本的变动受单位产品成本变动和产量变动两个因素的影响。进行因素分析我们所用的指数体系为

$$\frac{\sum z_1 q_1}{\sum z_0 q_0} = \frac{\sum z_1 q_1}{\sum z_0 q_1} \times \frac{\sum z_0 q_1}{\sum z_0 q_0},$$

$$\sum z_1 q_1 - \sum z_0 q_0 = \left(\sum z_1 q_1 - \sum z_0 q_1\right) + \left(\sum z_0 q_1 - \sum z_0 q_0\right).$$

表 10-4　某企业成本和产量资料表

产品名称	计量单位	单位产品成本/元		产量		总成本/元		
		z_0	z_1	q_0	q_1	$z_0 q_0$	$z_1 q_1$	$z_0 q_1$
甲	千克	10.0	9.0	1 000	1 200	10 000	10 800	12 000
乙	m	5.0	4.0	6 000	8 000	30 000	32 000	40 000
丙	件	8.0	8.0	2 000	2 200	16 000	17 600	17 600
合计	—	—	—	—	—	56 000	60 400	69 600

首先，计算总成本指数，反映总成本的变动情况。

$$\frac{\sum z_1 q_1}{\sum z_0 q_0} = \frac{60\ 400}{56\ 000} = 1.078\ 6（或 107.86\%），$$

$$\sum z_1 q_1 - \sum z_0 q_0 = 60\ 400 - 56\ 000 = 4\ 400（元）。$$

计算结果表明：三种产品的总成本报告期比基期增加了 7.86%，绝对数增加了 4 400 元。

其次，分析单位产品成本变动对总成本变动的影响。

$$\frac{\sum z_1 q_1}{\sum z_0 q_1} = \frac{60\ 400}{69\ 600} = 0.867\ 8（或 86.78\%），$$

$$\sum z_1 q_1 - \sum z_0 q_1 = 60\ 400 - 69\ 600 = -9\ 200（元）。$$

计算结果表明：单位产品成本报告期比基期下降了 13.22%，由于单位产品成本降低使得总成本减少了 9 200 元。

最后，分析产量变动对总成本变动的影响。

$$\frac{\sum z_0 q_1}{\sum z_0 q_0} = \frac{69\ 600}{56\ 000} = 1.242\ 9（或 124.29\%），$$

$$\sum z_0 q_1 - \sum z_0 q_0 = 69\ 600 - 56\ 000 = 13\ 600（元）。$$

计算结果表明：产品产量报告期比基期增加了 24.29%，由于产量增加使总成本增加了 13 600 元。

综合上面分析可得

$$107.86\% = 86.78\% \times 124.29\%,$$
$$4\ 400 = -9\ 200 + 13\ 600。$$

可见，从相对数看，总成本提高了 7.86％是由于单位产品成本下降了 13.22％和产品产量增加了 24.29％两个因素共同作用的结果。从绝对数看，总成本增加了 4 400 元，是由于单位产品成本下降使总成本减少了 9 200 元和产品产量增加使总成本增加了 13 600 元两个因素共同作用的结果。

10.4.4 ▷▷▷ 总量指标的多因素分析

当总量指标可以分解为三个或三个以上因素乘积时，可对其进行多因素分析。多因素分析是两因素分析法的推广，其原理与两因素分析法基本相同。现以原材料消耗额的变动分析为例，说明其分析方法。

原材料消耗额可以分解为产品产量(记为 q)、单位产品原材料消耗量(记为 m)和原材料单价(记为 p)三个因素的乘积。在进行因素分析时，由于多因素分析包括的因素较多，分析过程比较复杂，因此进行多因素分析必须遵循以下原则。

(1)被分析的各个因素要有一个合理的顺序。其原则是：在诸多因素中，把数量指标作为第一因素。然后看谁和第一因素经济联系最密切，谁就作为第二因素。谁和前两个因素乘积联系最密切，谁就作为第三因素。其余依此类推。上例中，产量为第一因素，单位产品原材料消耗量为第二因素，原材料价格为第三因素。只有这样才符合各因素之间的内在联系。

$$\underbrace{产品产量(q)\times\underbrace{单位产品原材料消耗量(m)\times原材料价格(p)}_{原材料消耗额}}_{原材料消耗量}$$

单位产品原材料消耗额

(2)多因素分析中，为了分析某个因素变动对总变动的影响，要将其他因素固定不变。例如，分析产品产量变动对原材料消耗额变动的影响时，要将单耗和原材料价格两因素固定下来。

(3)各个因素分析过程必须遵循连锁式原则。当分析第一个因素时，将其他因素固定在基期；当分析第二个因素时，第一个因素固定在报告期，其他因素仍固定在基期；在分析第三个因素时，第一、第二个因素固定在报告期，其他因素固定在基期。后面的各因素分析依此类推。

因此，对原材料消耗额变动进行因素分析的指数体系为

$$\frac{\sum q_1 m_1 p_1}{\sum q_0 m_0 p_0}=\frac{\sum q_1 m_0 p_0}{\sum q_0 m_0 p_0}\times\frac{\sum q_1 m_1 p_0}{\sum q_1 m_0 p_0}\times\frac{\sum q_1 m_1 p_1}{\sum q_1 m_1 p_0}, \tag{10-16}$$

$$\left(\sum q_1 m_1 p_1-\sum q_0 m_0 p_0\right)=\left(\sum q_1 m_0 p_0-\sum q_0 m_0 p_0\right)+$$

$$\left(\sum q_1 m_1 p_0 - \sum q_1 m_0 p_0\right) + \left(\sum q_1 m_1 p_1 - \sum q_1 m_1 p_0\right)。 \tag{10-17}$$

现以表 10-5 为例，运用这个指数体系对原材料消耗额的变动进行三因素分析。

表 10-5　某企业原材料消耗额变动分析资料

产品名称	产量/件		原材料名称	单耗/(千克/件)		原材料单价/(元/千克)		原材料消耗额/元			
	q_0	q_1		m_0	m_1	p_0	p_1	$q_0 m_0 p_0$	$q_1 m_0 p_0$	$q_1 m_1 p_0$	$q_1 m_1 p_1$
甲	25	30	A	10	9.5	100	110	25 000	30 000	28 500	31 350
			B	5	5	10	11	1 250	1 500	1 500	1 650
			C	12	11	5	6	1 500	1 800	1 650	1 980
乙	50	60	A	15	15	100	110	75 000	90 000	90 000	99 000
			B	6	5	10	11	3 000	90 000	3 000	3 300
			C	5	4	10	9	2 500	3 000	2 400	2 160
合计	—	—	—				—	108 250	129 900	127 050	139 440

首先，计算原材料消耗额指数，反映原材料消耗额变动情况。

$$\frac{\sum q_1 m_1 p_1}{\sum q_0 m_0 p_0} = \frac{139\ 440}{108\ 250} = 1.288\ 1（或 128.81\%），$$

$$\sum q_1 m_1 p_1 - \sum q_0 m_0 p_0 = 139\ 440 - 108\ 250 = 31\ 190（元）。$$

计算结果表明：原材料消耗额报告期比基期增加了 28.81%，绝对数额增加了 31 190 元。

其次，分析各因素变动对原材料消耗额变动的影响。

$$\overline{K}_q = \frac{\sum q_1 m_0 p_0}{\sum q_0 m_0 p_0} = \frac{129\ 900}{108\ 250} = 1.2（或 120\%），$$

$$\sum q_1 m_0 p_0 - \sum q_0 m_0 p_0 = 129\ 900 - 108\ 250 = 21\ 650（元）。$$

这表明两种产品的产量报告期比基期增加了 20%，由于产量提高使原材料消耗额增加了 21 650 元。

$$\overline{K}_m = \frac{\sum q_1 m_1 p_0}{\sum q_1 m_0 p_0} = \frac{127\ 050}{129\ 900} = 0.978\ 1（或 97.81\%），$$

$$\sum q_1 m_1 p_0 - \sum q_1 m_0 p_0 = 127\ 050 - 129\ 900 = -2\ 850（元）。$$

这表明单位产品原材料消耗量报告期比基期降低了 2.19%，由于单位产品原材料消耗量降低使原材料消耗额减少了 2 850 元。

$$\overline{K}_p = \frac{\sum q_1 m_1 p_1}{\sum q_1 m_1 p_0} = \frac{139\ 440}{127\ 050} = 1.097\ 5（或 109.75\%），$$

$$\sum q_1 m_1 p_1 - \sum q_1 m_1 p_0 = 139\,440 - 127\,050 = 12\,390（元）。$$

这表明原材料价格提高了 9.75%，由于原材料价格提高，使原材料消耗额增加了 12 390 元。

综合上面分析可得

$$128.81\% = 120\% \times 97.81\% \times 109.75\%，$$
$$31\,190 = 21\,650 - 2\,850 + 12\,390。$$

可见，从相对数看，原材料消耗额增加了 28.81%，是由于产量提高了 20%、单位产品原材料消耗量降低了 2.19% 和原材料价格提高了 9.75% 三个因素共同作用的结果。从绝对数看，原材料消耗额增加了 31 190 元是三个因素共同作用的结果，即产量提高使原材料消耗额增加了 21 650 元、单位产品原材料消耗量降低使原材料消耗额减少了 2 850 元以及原材料价格提高使原材料消耗额增加了 12 390 元。

10.4.5 ▶▶▶ 平均指标的两因素分析

平均指标的水平高低取决于各组变量值和总体结构（各组次数比重），故平均指标的变动受各组变量水平和总体结构两个因素变动的影响，对平均指标的变动可以进行因素分析。

反映平均指标的变动，通常是将两个不同时期同一经济内容的加权算术平均数对比，计算平均指标指数。它是说明同类现象在两个不同时期平均水平动态变化的相对指标。常用的平均指标指数有平均工资指数、平均价格指数、平均单位成本指数、劳动生产率指数等。

平均指标指数的计算公式为

$$\overline{K} = \frac{\overline{x}_1}{\overline{x}_0} = \frac{\sum\left(x_1\dfrac{f_1}{\sum f_1}\right)}{\sum\left(x_0\dfrac{f_0}{\sum f_0}\right)} = \frac{\dfrac{\sum x_1 f_1}{\sum f_1}}{\dfrac{\sum x_0 f_0}{\sum f_0}}。 \tag{10-18}$$

这个指数所反映的平均水平变动，既包括各组变量水平变动的影响，也包括总体结构变动的影响，通常称为可变构成指数。可变构成指数分子与分母的差额 $\left(\dfrac{\sum x_1 f_1}{\sum f_1} - \dfrac{\sum x_0 f_0}{\sum f_0}\right)$，说明平均指标变动的绝对数额。

对平均指标变动的因素分析包括两个方面的内容：一方面是固定总体结构，测定各组变量水平的变动及其对平均水平的影响；另一方面是固定各组变量水平，测定总体结构变动的影响。

测定各组变量水平的变动及其影响，通常把总体结构固定在报告期，计算固定构成

指数。其计算公式为

$$\overline{K}_{\text{固定}} = \frac{\sum\left(x_1\,\dfrac{f_1}{\sum f_1}\right)}{\sum\left(x_0\,\dfrac{f_1}{\sum f_1}\right)} = \frac{\dfrac{\sum x_1 f_1}{\sum f_1}}{\dfrac{\sum x_0 f_1}{\sum f_1}}. \tag{10-19}$$

固定构成指数排除了结构变动的影响，说明的是各组变量水平的变动情况。固定构成指数分子与分母的差额 $\left(\dfrac{\sum x_1 f_1}{\sum f_1} - \dfrac{\sum x_0 f_1}{\sum f_1}\right)$，说明各组变量水平的变动对平均指标变动影响的绝对效果。

测定结构变动的影响，通常把各组变量水平固定在基期，计算结构影响指数。其计算公式为

$$\overline{K}_{\text{结构}} = \frac{\sum\left(x_0\,\dfrac{f_1}{\sum f_1}\right)}{\sum\left(x_0\,\dfrac{f_0}{\sum f_0}\right)} = \frac{\dfrac{\sum x_0 f_1}{\sum f_1}}{\dfrac{\sum x_0 f_0}{\sum f_0}}. \tag{10-20}$$

结构影响指数排除了变量水平变动的影响，说明结构变动对平均指标变动的影响程度。分子与分母的差额 $\left(\dfrac{\sum x_0 f_1}{\sum f_1} - \dfrac{\sum x_0 f_0}{\sum f_0}\right)$，说明结构变动对平均指标变动影响的绝对效果。

上述可变构成指数、固定构成指数和结构影响指数构成一个指数体系，其数量对等关系表现为

$$\frac{\dfrac{\sum x_1 f_1}{\sum f_1}}{\dfrac{\sum x_0 f_0}{\sum f_0}} = \frac{\dfrac{\sum x_1 f_1}{\sum f_1}}{\dfrac{\sum x_0 f_1}{\sum f_1}} \times \frac{\dfrac{\sum x_0 f_1}{\sum f_1}}{\dfrac{\sum x_0 f_0}{\sum f_0}}, \tag{10-21}$$

$$\frac{\sum x_1 f_1}{\sum f_1} - \frac{\sum x_0 f_0}{\sum f_0} = \left[\frac{\sum x_1 f_1}{\sum f_1} - \frac{\sum x_0 f_1}{\sum f_1}\right] + \left[\frac{\sum x_0 f_1}{\sum f_1} - \frac{\sum x_0 f_0}{\sum f_0}\right]. \tag{10-22}$$

这个指数体系是对平均指标变动进行因素分析的依据。

现以表 10-6 为例，通过对平均工资变动的分析，说明平均指标变动因素分析的具体方法。

表 10-6 　某企业工人工资资料表

工人类别	工人人数		月平均工资/元		月工资总额/元		
	f_0	f_1	x_0	x_1	$x_0 f_0$	$x_1 f_1$	$x_0 f_1$
技术工	300	400	1 700	1 800	510 000	720 000	680 000
辅助工	200	600	1 100	1 200	220 000	720 000	660 000
合计	500	1 000	1 460	1 440	730 000	1 440 000	1 340 000

首先，计算总平均工资指数，反映总平均工资变动情况。

$$\overline{K} = \frac{\sum \left(x_1 \dfrac{f_1}{\sum f_1} \right)}{\sum \left(x_0 \dfrac{f_0}{\sum f_0} \right)} = \frac{\dfrac{1\ 440\ 000}{1\ 000}}{\dfrac{730\ 000}{500}} = \frac{1\ 440}{1\ 460} = 98.63\%,$$

$$\frac{\sum x_1 f_1}{\sum f_1} - \frac{\sum x_0 f_0}{\sum f_0} = 1\ 440 - 1\ 460 = -20(元)。$$

计算结果表明，报告期总平均工资比基期下降了 1.37%，绝对数额降低了 20 元。

其次，分析组平均工资变动的影响。

$$\overline{K}_{固定} = \frac{\dfrac{\sum x_1 f_1}{\sum f_1}}{\dfrac{\sum x_0 f_1}{\sum f_1}} = \frac{1\ 440}{\dfrac{1\ 340\ 000}{1\ 000}} = \frac{1\ 440}{1\ 340} = 107.46\%,$$

$$\frac{\sum x_1 f_1}{\sum f_1} - \frac{\sum x_0 f_1}{\sum f_1} = 1\ 440 - 1\ 340 = 100(元)。$$

这表明报告期组平均工资比基期提高了 7.46%，由于组平均工资提高，总平均工资提高了 100 元。

最后，分析结构变动的影响。

$$\overline{K}_{结构} = \frac{\dfrac{\sum x_0 f_1}{\sum f_1}}{\dfrac{\sum x_0 f_0}{\sum f_0}} = \frac{1\ 340}{1\ 460} = 91.78\%,$$

$$\frac{\sum x_0 f_1}{\sum f_1} - \frac{\sum x_0 f_0}{\sum f_0} = 1\ 340 - 1\ 460 = -120(元)。$$

这表明结构变动使总平均工资降低了 8.22%，绝对数额降低了 120 元。

综合上面的分析可得

$$98.63\% = 107.46\% \times 91.78\%,$$
$$-20 = 100 - 120.$$

可见，从相对数来看，总平均工资降低了 1.37%，这是组平均工资提高了 7.46% 和结构变动使总平均工资降低了 8.22% 两个因素共同作用的结果。从绝对数来看，总平均工资降低了 20 元，这是组平均工资提高使总平均工资提高了 100 元和结构变动使总平均工资降低了 120 元两个因素共同作用的结果。

10.5　几种常用的社会经济指数

指数作为一种重要的统计分析方法，在实践中得到了广泛的应用。但在不同场合，往往需要运用不同的指数形式。一般而言，在选择指数形式时不仅要考虑分析目的，还要考虑指数编制的可行性。下面介绍几种常用的社会经济指数。

10.5.1 ▶▶▶ 商品零售价格指数

商品零售价格是反映商品零售价格变动趋势的一种经济指数，它的变动会直接影响城乡居民的生活支出和国家财政收入，影响居民购买力和市场供需平衡以及消费和积累的比例。因此，商品零售价格指数（retail price index，RPI）是观察和分析经济活动的重要工具之一，是编制财政计划和价格计划、制定物价政策和工资政策的重要依据。

我国的商品零售价格指数是采用固定加权算术平均公式计算的。零售价格资料采用分层抽样的方法取得，即在全国选择不同经济区域和分布合理的地区，以及有代表性的商品作为样本，对市场价格进行经常性的调查。目前，国家一级抽选出的调查市、县有 226 个。商品零售价格指数的编制步骤如下。

(1)调查地区和调查点的选择。调查地区按经济区域和地区分布合理等原则，选出具有代表性的大、中、小城市和县作为国家的调查地区，在此基础上选择经营规模大、商品种类多的商场（包括集市）作为调查点。

(2)代表商品和代表规格品的选择。将各种居民消费划分为食品、衣着、家庭设备及用品、医疗保健、交通和通信工具、文教娱乐用品、居住项目以及服务项目八大类，每个大类再划分为若干个中类和小类，从以上各类中选定 325 种有代表性的商品项目入编指数。代表商品选择那些消费量大、价格变动有代表性的商品。代表商品的确定是根据商品零售资料和 3.6 万户城市居民、6.7 万户农村居民的消费支出记账资料，按有关规定筛选的。筛选原则是：与社会生产和人民生活密切相关；销售数量（金额）大；市场供应稳定；价格变动趋势有代表性；所选的代表商品之间差异大。

(3)价格调查方式。采用派员直接到调查点登记调查,同时全国聘请近万名辅助调查员协助登记调查。

(4)权数的确定。商品零售价格指数的权数是根据社会商品零售额的构成确定的。不仅要确定代表商品本身的权数,而且还要确定该代表商品所属的那一类商品中其他项目的权数,以此提高入编项目的代表性。

(5)指数的编制。按从低到高的顺序,采用固定加权算术平均公式,依次编制各小类、中类的商品零售价格指数和零售价格总指数。

其计算公式为

$$\overline{K}_p = \frac{\sum K_p W}{\sum W}。\tag{10-23}$$

10.5.2 消费价格指数

消费价格指数(consumer price index,CPI)是世界各国普遍编制的一种指数,是反映一定时期内城乡居民所购买的生活消费品价格和服务项目价格的变动趋势与程度的一种相对数。在我国,消费价格指数也称为居民消费价格指数。居民消费价格指数可就城乡分别编制城市居民消费价格指数和农村居民消费价格指数,也可编制全国居民消费价格指数。居民消费价格指数的编制过程与零售价格指数类似,不同的是它包括消费品价格和服务项目价格两个部分,其权数是根据全国城乡居民家庭各类商品和服务的消费支出比重确定的。

居民消费价格指数可以反映城乡居民所购买的生活消费品价格和服务项目价格的变动趋势和程度,具有重要的作用,具体如下。

(1)可以反映通货膨胀状况。通货膨胀的严重程度是用通货膨胀率来反映的,而通货膨胀率一般是由居民消费价格指数来表示的,即

$$通货膨胀率 = \frac{报告期居民消费价格指数 - 基期居民消费价格指数}{基期居民消费价格指数} \times 100\%。\tag{10-24}$$

(2)可以分析生活消费品和服务项目价格变动对职工货币工资的影响,作为研究职工生活和制定工资政策的依据。消费价格指数的提高意味着实际工资的减少,反之则意味着实际工资的提高。因此,利用消费价格指数可以将名义工资转化为实际工资。其转化公式为

$$实际工资 = \frac{名义工资}{居民消费价格指数}。\tag{10-25}$$

(3)可以反映货币购买力的变动。货币购买力是指单位货币能够购买到的消费品和服务的数量。居民消费价格指数上涨,表明货币购买力下降,反之则表明货币购买力上升。因此,货币购买力指数就是居民消费价格指数的倒数,即

$$货币购买力指数 = \frac{1}{居民消费价格指数} \times 100\%。\tag{10-26}$$

(4)用于缩减经济指标。将经济指标除以居民消费价格指数,可以消除价格变动的影响。

10.5.3 >>> 生产者价格指数

生产者价格指数(producer price index，PPI)用来衡量生产者在生产过程中，所需采购商品的物价变动状况，它是根据每种商品在非零售市场上首次交易时的价格计算的。该指数包括原料、半成品和最终产品三个生产阶段的物价资讯。

从理论上来说，生产过程中的物价波动将反映到最终产品的价格上，因此观察 PPI 的变动情形将有助于预测未来物价的变化状况。生产者价格指数是价格统计指数体系的重要组成部分。自 2004 年起，我国正式采用生产者价格指数缩减的方法计算工业发展速度，取得了初步的成效。2010 年，PPI 统计调查制度进行了改革，自 2011 年开始计算以 2010 年为基期的定基价格指数，并且每 5 年进行一次基期轮换。例如，2021—2025 年编制和发布以 2020 年为基期的价格指数。当前，我国 PPI 调查采取重点调查与典型调查相结合的调查方法，在全国 31 个(不含港澳台地区)省(自治区、直辖市)中，抽选年主营业务收入 2 000 万元及以上的工业企业作为调查对象。目前，全国有 4 万余家工业企业作为代表企业参与调查。调查分类及主要产品目录包含 41 个工业行业大类(实际调查 40 个行业大类)，207 个工业行业中类，666 个工业行业小类，1 300 个基本分类。多年来，我国编制的生产者价格指数，在满足国民经济核算、宏观经济监控需要方面发挥了重要作用。

根据价格传导规律，PPI 对 CPI 有一定的影响。PPI 反映生产环节的价格水平，CPI 反映消费环节的价格水平。整体价格水平的波动一般首先出现在生产领域，然后通过产业链向下游产业扩散，最后波及消费品。由于 CPI 不仅包括消费品价格，还包括服务价格，CPI 与 PPI 在统计口径上并非严格的对应关系，因此 CPI 与 PPI 的变化出现不一致的情况是可能的。

PPI 通常作为观察通货膨胀水平的重要指标。由于食品价格随季节变化较大，而能源价格也经常出现意外波动，为了能更清晰地反映整体商品的价格变化情况，一般将食品和能源价格的变化剔除，形成"核心生产者物价指数"(Core PPI)，进一步观察通货膨胀率变化趋势。

10.5.4 >>> 工业生产指数

工业生产指数(industrial production index，IPI)是用加权算术平均数编制的工业产品实物量指数，可以全面反映一个国家或地区各种工业产品产量的综合变动程度，是衡量经济增长水平的重要指标之一，也是景气分析的首选指标。

计算工业生产指数的总体方案主要包括代表产品的确定、权数的计算与指数的计算几个方面，相应分为以下三个步骤。

(1)确定代表产品目录。代表产品的选取是否科学合理，直接影响到工业生产指数计算结果的准确性。我国月度选择了 500 多种代表产品。选取的基本原则主要包括：从各个行业分品种和规格来选择代表产品，并注重价值量比较大，处于上升趋势和经济寿命期长，且在一定的时期内处于相对稳定的产品。

（2）收集权数基期年的有关基础资料，计算并确定权数。计算权数的基础资料主要包括代表产品的价格、单位产品增加值、分行业总产值和增加值、代表产品基期年产量等。确立一套权数，是编制工业生产指数难度最大的工作。

（3）根据代表产品的个体指数，用各自的权数加权平均计算出分类指数（行业指数）和总指数。

其计算公式为

$$\overline{K}_q = \frac{\sum k_q p_0 q_0}{\sum p_0 q_0}。 \tag{10-27}$$

其中：k_q 为各种工业品的个体产量指数；$p_0 q_0$ 为相应产品的基期增加值。

计算工业生产指数具有重要作用：第一，符合国际惯例，可与国际接轨，能直接用于国际上统计资料的对比；第二，能较好地满足时效性要求；第三，有助于提高数据的抗干扰能力，提高工业发展速度的数据质量；第四，能够反映分行业发展速度，较好地避免行业交叉现象；第五，能够满足国民经济核算体系的需要。

需要注意的是，工业生产指数是相对指标，仅反映短期经济的景气状况和发展趋势，当研究速度和效益问题时，不能提供绝对量指标，也不能提供按企业标志分组的发展速度。因此，在使用工业生产指数时，必须注意资料的可比性，必须同绝对指标结合起来使用，方能比较客观、全面地说明问题。

10.5.5 ▷▷▷ 股票价格指数

股票价格指数（stock price index，SPI）是反映某一股票市场上多种股票价格变动趋势的一种相对数，简称股价指数。股票价格指数是由证券交易所或金融服务机构编制的表明股票行市变动的一种参考性指示数字。编制股价指数，通常以某年某月为基础，以这个基期的股票价格作为 100，用以后各时期的股票价格和基期价格比较，计算出升降的百分比，就是该时期的股价指数。股价指数的计算方法有很多，一般采用以发行量为权数的加权综合法。

投资者根据指数的升降，可以判断出股票价格的变动趋势。为了能实时向投资者反映股市的动向，所有的股市几乎都是在股价变化的同时即时公布股票价格指数。目前，世界主要证券交易所都有自己的股票价格指数，如美国的道-琼斯指数和标准普尔指数、英国伦敦金融时报 FTSE 指数、德国法兰克福 DAX 指数、法国巴黎 CAC 指数、瑞士 SMI 指数、日本的日经指数、中国香港的恒生指数等。我国的上海和深圳两个证券交易所也编制了自己的股票指数，如上海证券交易所的综合指数和 180 指数、深圳证券交易所的成分股指数和综合指数等。

10.5.6 ▶▶▶ 产品成本指数

产品成本指数(product cost index，PCI)概括反映生产各种产品的单位成本水平的综合变动程度，它是企业或部门内部进行成本管理的一个有用工具。记各种产品的产量为 q，单位成本为 p。则全部可比产品(即基期实际生产过且计算期仍在生产的产品)的综合成本指数通常采用派氏物价指数公式来编制：

$$\overline{K}_p = \frac{\sum p_1 q_1}{\sum p_0 q_1}。 \tag{10-28}$$

该指数的分子与分母之差表示由于单位成本水平的降低(或提高)，使得计算期所生产产品的成本总额节约(或超支)了多少。类似地，在对成本水平实施计划管理的场合，还可以编制相应的成本计划完成情况指数，用以检查有关成本计划的执行情况。其编制方法可以采用派氏物价指数公式：

$$\overline{K}_p = \frac{\sum p_1 q_1}{\sum p_n q_1}。 \tag{10-29}$$

其中：p_n 为计划规定的单位成本水平。该指数的分子与分母之差，可以说明计划执行过程中所节约或超支的成本总额。

如果在制订成本计划的同时制订了产量计划，则应该采用拉氏物价指数公式编制成本计划完成情况指数：

$$\overline{K}_p = \frac{\sum p_1 q_n}{\sum p_n q_n}。 \tag{10-30}$$

其中：q_n 为计划规定的产量水平。该指数可以在兼顾产量计划的前提下检查成本计划的执行情况，避免由于片面追求完成成本计划而忽视了产量计划。

10.5.7 ▶▶▶ 空间价格指数

空间价格指数(space price index，SPI)又称地域性价格指数，用于比较不同地区或国家各种商品价格的综合差异程度。它是进行地区对比和国际对比的一种重要分析工具。与动态指数不同，空间价格指数的编制和分析有一些特殊的要求。

假定对 A、B 两个地区进行价格比较，如果以 B 地区为对比基准，采用拉氏物价指数公式编制价格指数，得到

$$K_p^{A/B} = \frac{\sum p_A q_B}{\sum p_B q_B}。 \tag{10-31}$$

反过来，如果以 A 地区为对比基准，同样采用拉氏物价指数公式编制价格指数，又

得到

$$K_p^{B/A} = \frac{\sum p_B q_A}{\sum p_A q_A}。 \qquad (10-32)$$

那么,这两个互换对比基准的地区价格指数是否能够保持一致呢?答案一般是否定的。举例来说,假如 A 地区的价格水平比 B 地区高出 25%,即 $K_p^{A/B} = 125\%$,那么反过来,B 地区的价格水平就应该比 A 地区低 20%,即 $K_p^{B/A} = \frac{1}{1.25} = 80\%$。但在实际上,互换对比基准之后的两个拉氏物价指数之间并不存在上面的联系,即

$$K_p^{A/B} = \frac{\sum p_A q_B}{\sum p_B q_B} \neq \frac{\sum p_A q_A}{\sum p_B q_A} = \frac{1}{K_p^{B/A}}。 \qquad (10-33)$$

派氏物价指数也存在类似的问题。这在空间对比中是非常不利的,因为空间对比的基准往往是人为确定的,如果一种指数公式给出的结果会随着基准地区的改变而改变,那就不适合用于空间对比了。因此,人们在编制空间价格指数时常常采用埃奇沃思指数公式,即

$$E_p^{A/B} = \frac{\sum p_A (q_A + q_B)}{\sum p_B (q_A + q_B)}。 \qquad (10-34)$$

这样得到的对比结论不会受到对比基准变化的影响,而且其同度量因素反映了两个对比地区的平均商品结构,具有实际经济意义。在国际经济对比中,该指数也获得了广泛的应用。

本章小结

1. 统计指数简称为指数,有广义和狭义之分。从广义上讲,凡是反映客观现象变动的相对数都是指数。狭义的指数是一种特殊相对数,它用来反映不能直接加总的多要素所组成的客观现象的综合变动。

2. 综合指数是由两个总量指标对比形成的指数。在所研究的总量指标中,包含两个或两个以上的因素,将其中一个或一个以上的因素固定下来,只观察其中一个因素的变动,这样编制出来的总指数即综合指数。在编制数量指标综合指数时,一般应以基期的质量指标作为同度量因素;在编制质量指标综合指数时,一般应以报告期的数量指标作为同度量因素。

3. 平均数指数是从个体指数出发,通过求个体指数的加权平均数得出的总指数。平均数指数最常用的有两种基本形式:一是加权算术平均数指数,二是加权调和平均数指数。

4. 经济上有联系、数量上保持一定对等关系的三个或三个以上的指数所形成的整体

称为指数体系。利用指数体系能够从相对数和绝对数两个方面分析各因素变动对现象总变动的影响方向和程度，还可进行指数之间的相互推算。所谓因素分析法，就是利用指数体系分析或测定客观现象总变动中各因素变动的影响方向和程度的方法。

5. 常用的社会经济指数有商品零售价格指数、消费价格指数、生产者价格指数、工业生产指数、股票价格指数、产品成本指数、空间价格指数等。

阅读与分析

应用加权综合指数法评价大学生综合素质[①]

目前，高校在评定学生在校期间的综合素质时，常采用定量计算的评定方法，将德育、智育、体育等各项素质全部量化，然后对不同指标赋予不同的权重，最终计算出学生的素质分，并根据分值评定学生的综合素质。这种简单的量化评价方法，易受到主、客观因素的影响，难免出现不同程度的失真或偏差，导致学生的综合素质水平难以得到准确评价。综合评价方法很多，它们各有所长，评价结果都能不同程度地反映评价目的。根据学生综合素质的特点，以下尝试用加权综合指数法来评价学生综合素质。

1. 数据采集与处理

本文以某高职学院 2021 级汽车维修专业学生为研究对象，学生综合素质的测评数据采自二年级第一学期。在该学期，理论课程有微机原理、专业英语、汽车构造、汽车传感器原理等，实践课程有微机原理实训、发动机构造实训、汽车底盘构造实训等。现先对理论课程、实践课程的成绩求均值，然后分别作为智育素质的理论成绩和实践成绩。将德育分考核汇总后作为德育素质成绩，将体育与健康的成绩作为体育素质成绩。现选取学号为 01~12 的学生的各项素质成绩，汇总后如表 10-7 所示。

表 10-7　学生综合素质计算数据表

指标项	01	02	03	04	05	06	07	08	09	10	11	12	平均值
智育素质理论成绩	90.4	87.8	88.7	85.7	83.8	76.8	76.1	78.4	71.8	73.1	70.7	69.7	79.42
智育素质实践成绩	87.7	85.8	85.2	84.2	82.9	76.2	80.9	77.6	75.6	74.9	74.7	71.0	79.73
体育素质成绩	92.0	91.0	85.0	83.0	83.0	83.0	83.0	82.0	82.0	80.0	79.0	80.0	83.67
德育素质成绩	96.0	85.2	83.0	88.5	89.5	89.5	80.5	80.0	62.5	63.5	65.0	64.5	79.06

---

① 黄会明、陈宁、赵匀：《应用加权综合指数法评价大学生综合素质》，载《中国高等教育评估》，2009(2)：42-44。

2. 权重系数的确定

权重系数是指一个整体被分解成若干因素指标时，用来表示每个因素在整体中所占比重大小的数字，简称为权重。指标的权重反映了该指标在整体中的相对重要程度，同时也是评价主体对该指标价值认识程度的反映，即重要的指标，权重大些；反之，则小些。

常用的指标权重确定方法，主要有层次分析法、德尔菲法、主成分分析法、灰关联法、熵值法和均方差法等。这些方法求解较烦琐，且计算量大。在高职学生综合素质的评价中，宜采用专家咨询与学生打分相结合的方法。学生的参与有利于提高评价权重的可接受程度，专家咨询可以增加评价权重的可信度与权威性。最终确定的权重，如表10-8所示。

表10-8 学生综合素质各指标权重

素质指标	理论智育素质	实践智育素质	体育素质	德育素质
权重系数	0.25	0.35	0.1	0.3

3. 素质指标的指数化

素质指标可分为"高优"（正）指标和"低优"（负）指标。"高优"指标是指数值越大越好，而"低优"指标是指数值越小越好。本例中，理论智育素质、实践智育素质、体育素质与德育素质都属"高优"指标。两类指标的指数化可以分别按照式(10-35)、式(10-36)计算。

$$\text{"高优"指标：} y = \frac{X}{M} 。 \tag{10-35}$$

$$\text{"低优"指标：} y = \frac{M}{X} 。 \tag{10-36}$$

其中：X 为学生综合素质某指标的观察值；M 可为某指标的标准值、平均值、参考值或期望值，本文为各指标的平均值。学生综合素质各指标的指数化结果如表10-9所示。

表10-9 学生综合素质各指标指数化结果

指标项	01	02	03	04	05	06	07	08	09	10	11	12
智育素质理论成绩	1.138	1.106	1.117	1.079	1.055	0.967	0.958	0.987	0.904	0.920	0890	0.878
智育素质实践成绩	1.100	1.076	1.069	1.056	1.040	0.956	1.015	0.973	0.948	0.939	0.973	0.891
体育素质成绩	1.100	1.088	1.016	0.992	0.992	1.004	0.992	0.980	0.980	0.956	0.944	0.956
德育素质成绩	1.124	1.078	1.050	1.119	1.132	1.145	1.018	1.012	0.791	0.903	0.822	0.816
加权综合指数	1.117	1.085	1.070	1.074	1.067	1.020	0.999	0.989	0.893	0.896	0.892	0.871

4. 加权综合指数计算

根据式(10-37)，可计算指定学生的加权综合指数：

$$I = \sum_{i=1}^{4} w_i y_i \text{。}$$

(10-37)

其中：w_i 表示学生综合素质指标权重；y_i 表示学生综合素质原始数据指数化后的数值。最终各学生的加权综合指数计算结果见表 10-9 最后一行。

根据加权综合指数的大小可以得到各位学生综合素质的排序。由表 10-9 可知，01 学生的加权综合指数最大，表明其综合素质最优。

思考与练习

一、思考题

1. 什么是统计指数？它有哪些种类？

2. 统计指数的作用有哪些？

3. 什么是数量指标综合指数与质量指标综合指数？如何编制？

4. 什么是同度量因素？它有什么作用？

5. 什么是加权算术平均数指数和加权调和平均数指数？它们和综合指数相比有何独立意义？

6. 什么是指数体系？如何应用指数体系进行因素分析？

7. 什么是可变构成指数、固定构成指数与结构影响指数？三者间关系怎样？如何计算及运用？

二、单项选择题

1. 统计指数划分为个体指数和总指数的依据是(　　)。

　　A. 反映的对象范围不同　　　　　　B. 指标性质不同

　　C. 采用的基期不同　　　　　　　　D. 编制指数的方法不同

2. 数量指标指数和质量指标指数的划分依据是(　　)。

　　A. 指数化指标的性质不同　　　　　B. 所反映的对象范围不同

　　C. 所比较的现象特征不同　　　　　D. 编制指数的方法不同

3. 编制总指数的两种形式是(　　)。

　　A. 数量指标指数和质量指标指数

　　B. 综合指数和平均数指数

　　C. 算术平均数指数和调和平均数指数

　　D. 定基指数和环比指数

4. 销售价格综合指数 $\dfrac{\sum p_1 q_1}{\sum p_0 q_1}$ 表示(　　)。

A. 综合反映多种商品销售量变动的程度

B. 综合反映多种商品销售额变动的程度

C. 报告期销售的商品，其价格综合变动的程度

D. 基期销售的商品，其价格综合变动的程度

5. 在销售量综合指数 $\dfrac{\sum p_0 q_1}{\sum p_0 q_0}$ 中，$\sum p_0 q_1 - \sum p_0 q_0$ 表示(   )。

A. 商品价格变动引起销售额变动的绝对额

B. 在价格不变的情况下，销售量变动引起销售额变动的绝对额

C. 在价格不变的情况下，销售量变动的绝对额

D. 销售量和价格变动引起销售额变动的绝对额

6. 加权算术平均数指数变形为综合指数时，其特定的权数是(   )。

A. $q_1 p_1$ B. $q_0 p_1$

C. $q_1 p_0$ D. $q_0 p_0$

7. 加权调和平均数指数变形为综合指数时，其特定的权数是(   )。

A. $q_1 p_1$ B. $q_0 p_1$

C. $q_1 p_0$ D. $q_0 p_0$

8. 某企业的职工工资水平比上年提高 5%，职工人数增加 2%，则企业工资总额增长(   )。

A. 10%   B. 7.1%

C. 7%   D. 11%

三、计算题

1. 已知某企业三种商品的价格和销售量资料如表 10-10 所示。

表 10-10 某企业三种商品的价格和销售量

商品名称	计量单位	价格/元		销售量/件	
		2020 年	2021 年	2020 年	2021 年
甲	双	45	68	5 000	5 500
乙	件	140	160	800	1 000
丙	套	200	230	800	600

(1)计算三种商品的价格和销售量个体指数；

(2)计算三种商品的销售额指数和商品销售额的增加额；

(3)计算三种商品的价格总指数和由于物价变动对销售额绝对值的影响；

(4)计算三种商品的销售量总指数和由于销售量变动对销售额绝对值的影响。

2. 某商店销售资料如表 10-11 所示。

表 10-11　某商店销售资料

商品名称	实际销售额/万元		价格降低率
	基期	报告期	
甲	120	90	10%
乙	38	20	5%
丙	190	150	15%
合计	348	260	—

(1)计算产品价格总指数及由于价格降低而减少的销售额;

(2)计算产品销售量总指数及由于销售量下降而减少的销售额。

3. 某企业 2021 年的产值比 2020 年增加了 15%,2020 年产值及个体产量指数资料如表 10-12 所示。

表 10-12　2020 年产值及个体产量指数资料

产品名称	2020 年产值/万元	个体产量指数
甲	200	105%
乙	450	100%
丙	350	105%

(1)计算产量总指数及由于产量变动而增减的产值;

(2)计算价格总指数及由于价格变动而增减的产值。

4. 某公司所属三家企业生产某产品,单位成本及产量资料如表 10-13 所示。

表 10-13　三家企业生产某产品的单位成本及产量资料

企业名称	单位成本/元		产量/件	
	基期	报告期	基期	报告期
甲	35	25	15 000	15 000
乙	24	24	10 000	12 000
丙	22	20	10 000	5 000

(1)计算该公司总平均成本指数和总平均成本的变动额,并分析各工厂成本变动和产量结构变动对总平均成本变动的影响;

(2)计算总成本变动指数和总成本变动额,并分析各工厂成本水平变动和产量变动对成本总额变动的影响。

5. 根据指数之间的关系回答下列问题：

(1)某企业 2021 年的产量比 2020 年增长了 15%，生产费用增长了 13%，该企业 2020 年产品成本的变动情况如何？

(2)2021 年某企业职工的工资水平提高了 2.5%，职工人数增加了 2%，该企业的工资总额如何变化？

(3)如果报告期商品价格计划降低 5%，销售额计划增加 15%，那么销售量应增加多少？

(4)价格降低后同样多的人民币可多购买商品 10%，求物价指数。

(5)某企业 2021 年工人平均人数比 2020 年增加了 5%，工业总产值增长了 15%，则工业劳动生产率的提高程度为多少？

第 11 章

统计综合评价

本章导读

通过本章的学习，要求了解统计综合评价的概念、一般程序和步骤；掌握评价指标的选择方法、权重的确定方法以及数据预处理的方法；掌握常用的综合评价数学模型及应用方法。

思政目标

引导学生认识人、事、物时需综合考量，多角度思考，不可以偏概全，培养学生的整体意识和全局观。

思政案例

横看成岭侧成峰，远近高低各不同

认识事物要树立整体观和全局观，不能够片面地观察和理解。仅仅认识到局部，无法观察到全局，只能够得到一个局部最优解。当我们初见一个人时，难免会根据其外貌进行判断，并在自己心中勾勒出一个形象，往往面容姣好者更容易获得好感。但是，随着时间的推移，我们可能会发现某些人和其表象截然不同。"横看成岭侧成峰，远近高低各不同"，从不同的角度看问题往往会有不同的发现。在统计评价过程中也是如此，如果只是利用一个统计指标对于事物的某一方面作出评价，往往不能够得出准确的结论，而综合评价则可以把评价对象的各个指标信息综合起来，据此反映被评价事物的整体状况。

近年来，为深化高等学校招生体制改革，满足高等学校特殊人才选拔和培养的需要，打破传统高考"一考定终身"的局面，我国部分省份逐步实施高考综合评价录取，这是一项深化高等学校招生录取制度的改革，是对"分类考试，综合评价，多元录取"考试招生模式的积极探索。综合评价录取是在高考改革试点省份的试点高校录取新生时，综合考量考生高考成绩、高校考核结论、高中学业水平测试成绩、综合素质评价以及高校自身培养特色要求五个维度的内容，对考生进行综合评价、择优录取，有助于高校选拔综合素质全面、品学兼优的优秀学生。

思考

结合上述案例与本章相关知识点，谈一谈高校博士研究生申请考核制的必要性与合理性。

11.1　统计综合评价概述

11.1.1 ▶▶▶ 统计综合评价的概念

统计评价按评价内容的不同，分为单项评价和综合评价。单项评价是利用一个统计指标对事物的某一个方面作出评价，例如用"年人均 GDP"指标来判断一国的经济发展水平；综合评价则是把评价对象的各个指标信息综合起来，凭此反映被评价事物的整体状况，例如要判断某个国家的发展状况，就得从经济、文化、社会、环境、国防等多方面建立一套评价指标体系，并采用一定的统计方法，最终得出一个综合的判断。综合评价较之单项评价更具全面性和综合性，是统计评价的主要方法。

统计综合评价简称综合评价，是根据研究的目的，以统计资料为依据，借助一定的手段和方法，对描述客观事物的指标体系进行综合，得出概括性的结论，从而揭示事物的本质及其发展规律的一种方法。

11.1.2 ▶▶▶ 统计综合评价的一般程序

扫码听课

统计综合评价应依循"定性分析→定量分析→定性分析"的模式，其过程可以分解为：实质问题概念化→概念指标化→指标数量化→统计方法应用科学化→统计分析结果抽象化、合理化，如图 11-1 所示。

由图 11-1 可知，统计综合评价的关键控制点在于以下几方面。

（1）实质问题概念化。这里所说的概念化是明确研究对象的内涵并将其加以外在表现的过程。通过概念化，从不同维度和纵深将实质问题映射为几个具体的方面或层面，准确勾勒出研究对象质的构架和研究的边界。

（2）概念指标化。概念指标化是将用以外在表现实质问题的几个具体方面进一步精细化，确定每一具体方面或层面的描述指标，深化人们对研究对象的理解。

（3）指标数量化。指标数量化是给出指标的操作性定义，明确如何测度指标。需要指出的是，在统计分析中，概念、指标的厘清是一个持续不断的过程，需要不断地推敲琢磨，需要"诠释的循环"。

（4）统计方法应用科学化及统计分析结果抽象化、合理化。在统计分析中，并不是最

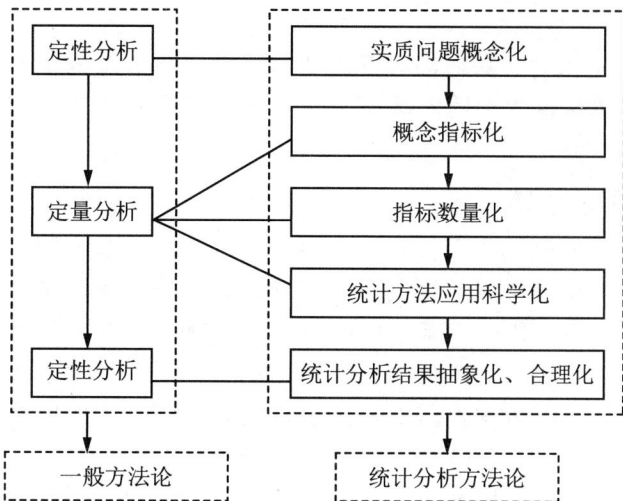

图 11-1　统计综合评价的一般程序

新出现的或者最复杂的方法就是最好的方法，必须结合研究对象的性质和特点，同时充分估量研究的约束条件，在对研究结果信度、效度以及统计方法应用的便捷性等因素的综合估量中，从统计方法"工具箱"中选用适合的方法或者方法组合。对统计分析结果进行挖掘研究是统计方法应用的重要一环，只有揭示隐藏在数据背后的现象质的特征，才能实现统计认识的目的。

11.1.3 ▷▷▷ 统计综合评价的步骤

1. 明确评价的目的

进行统计综合评价，必须先明确评价的目标，对评价对象的总体范围、数量特征和数量表现首先要有一个比较清楚的了解，在此基础上确定所要评价的项目、评价的精度等。

2. 构建评价指标体系

根据统计评价的目的，选择合适的统计指标，建立一个可以从不同角度、不同侧面、不同纵深反映评价对象的评价指标体系。所选的统计指标要成为一个有机整体，从不同侧面具有代表性。所选指标之间尽可能独立，这样既能减少指标体系的冗余，又能避免统计指标之间的信息重复。评价指标体系可以是单一层次的，也可以是二层次或多层次的。

3. 评价指标的无量纲化处理

非同质的指标是不可比的，多指标的综合评价应该以单个评价指标的同质性为前提。但构成指标体系的各个指标的指标类型、计量单位和数量级别往往是不同的。例如，根据指标形式的不同，可以有总量指标，也可以有相对数指标或平均数指标，所以需要进行指标的同质化。

指标的同质化，可以用无量纲化的方法加以解决。即通过数学变换，排除各项指标的计量单位不同与数值数量级间的悬殊差别所带来的影响，将不可综合的指标实际值转化为可综合的指标评价值。

4. 确定各评价指标的权重

对于某种评价目的来说，各评价指标之间的相对重要性是不同的，评价指标之间的这种相对重要性大小可用权重系数来刻画。例如，要分析金融危机对一国出口贸易的影响，应与诸多因素相联系，这些因素包括一国出口总额、出口对象国人均 GDP、出口对象国失业率、出口对象国股市总市值及人民币汇率等，这五个因素对评价目标所起的作用强度是不同的。所以在评价中，需根据评价目标和各个指标的内在含义对各个评价指标赋予相应的权数。

如果评价指标体系是单一层次的，要求所有指标的权数总和等于 100％。如果评价指标体系是多层次的，则要求每一层次中，同一层次各指标的权数总和都等于 100％。

5. 建立综合评价模型

进行了第三步和第四步后，就要选择评价方法，建立综合评价模型：

$$y_i = f(\boldsymbol{w}, \ \boldsymbol{x}_i), \quad i = 1, \ 2, \ \cdots, \ n。$$

其中：$\boldsymbol{w} = (w_1, \ w_2, \ \cdots, \ w_m)'$ 为指标权重向量；$\boldsymbol{x}_i = (x_{i1}, \ x_{i2}, \ \cdots, \ x_{im})'$ 为第 i 个评价对象的指标评价向量。把无量纲化的评价值代入评价模型，可计算综合评价的结果。

6. 根据评价结果进行统计分析

根据综合评价的结果，评价客观现象的数量特征，对各评价对象在不同时间、空间上进行整体性比较和分析。

11.1.4 ▶▶▶ 统计综合评价的局限性

综合评价中的指标体系能从多个方面对被研究对象进行综合反映，综合评价模型又把各评价指标值综合起来，使综合评价的结果能够反映评价对象的整体情况。但是，目前统计综合评价的理论和方法还不是十分成熟，仍然存在一定的局限性，主要表现在以下两点。

1. 不稳定性

这里的不稳定性指的是在进行综合评价时，由于指标权数、综合评价方法或指标无量纲方法的不同，最后的综合评价结果也是不同的。例如，对一个国家的经济实力的比较，采用汇率法和购买力平价法的结果是不一样的。

2. 相对性

综合评价尽管采用了一定的数学模型，其结果用数值表示，但它一般不具有统计指标的独立意义，只有相对意义。一般情况下，它仅适用于在性质相同的对象之间进行比较或排序。

11.2　评价指标的选择

在实际的综合评价活动中，并非评价指标越多越好，但也不是越少越好，关键在于评价指标在评价中所起的作用大小。一般原则是以尽量少的"主要"评价指标用于实际评价。但在初步建立的评价指标体系中也可能存在一些"次要"的评价指标，这就需要按某种原则进行筛选，分清主次。

对于具体的实际评价问题，如何确定评价目标及选择评价指标是一个很重要的问题，应该慎重考虑。在实际应用中，通常用以下几种方法来进行评价指标的筛选。

11.2.1 ▶▶▶ 定性方法

1. 综合法

综合法一般是指通过研讨会或是征询意见的方式，集中专家们的意见，以确定评价指标的方法。这种方法是借助专家的智力优势和经验来选择统计评价指标。根据意见的集中和分散状况，可以采取一次或多次的形式选择确定。当选择指标的意见分散时，要客观分析原因，是人们对事物的了解程度问题还是对事物的认识问题，在准确分析问题的基础上，改进征询意见的组织形式，以获得理想的指标选择效果。

2. 分析法

分析法是将评价对象划分为若干个组成部分或不同的侧面，明确各个部分或侧面所要评价问题的内涵和外延，在此基础上，对每一部分或侧面分别选用一个或若干个指标来反映评价对象的特征。如何把握各个部分或侧面的重点指标是运用分析法的关键。这种方法的运用与人们的工作经验和求真务实的科学态度密切相关。

11.2.2 ▶▶▶ 定量方法

1. 系统聚类法

系统聚类法是通过判断指标间的相似程度来筛选指标的一种方法。假设有 N 个指标，将每个指标作为一类，根据指标间的相似程度，通过类间距离的比较，把距离最小的两类加以合并；如此连续地进行，逐次选出所需要的评价指标。整个分类过程可以汇成一张聚类图，用以反映所有指标的亲疏关系，这种方法可以确定指标体系中所包含的指标个数。系统聚类法的具体操作步骤如下。

第一步，度量指标(类)间的相似程度。度量指标(类)间的相似程度常用的方法是相关系数法或判别系数法。根据 N 个指标的历史资料，分别计算每两个指标的相关系数(或判别系数)并形成相关系数矩阵 $\boldsymbol{R}$(或判别系数矩阵 $\boldsymbol{R}^2$)，以相关系数矩阵 $\boldsymbol{R}$(或判别系数矩阵 $\boldsymbol{R}^2$)表示指标间的相关关系。

第二步，度量指标(类)间的距离。利用相关系数矩阵 $\boldsymbol{R}$(或判别系数矩阵 $\boldsymbol{R}^2$)表示指标(类)间的相似程度时，必须将其变换成距离 d，d 值越小表明两个指标的关系越密切。

$$d = 1 - |r_{ij}|$$

或

$$d^2 = 1 - r_{ij}^2 。$$

第三步，根据聚类图确定指标(类)的个数，从中选择最具代表性的指标。

2. 试算法

试算法是通过历史资料的试算来判断指标的有效性。例如，要评价全国各地区 2005 年可持续发展战略的实施绩效，可以用 2004 年的数据进行试算，通过试算结果判断所选指标的合适性，然后对相关指标进行科学比较，把那些代表性强的指标纳入指标体系的构建之中，直到满意为止。

11.3 评价指标权重的确定

11.3.1 >>> 权重的分类

在综合评价中，不同类别的权重往往代表着不同的经济含义和不同的数学特点。在综合评价中的统计权数主要有如下几种分类。

(1)按权数的表现形式划分，可分为绝对数权数和相对数权数(或称比重权数)，相对数权数能比较直观地显示权数在评价中的作用。

(2)按权数的形成方式划分，可分为自然权数和人工权数两种。由于变换统计资料的表现形式与统计指标合成而得到的权数是自然权数，这种权数也被称为客观权数。人工权数是指根据研究目的和评价指标的内涵，人为地构造出反映各个评价指标重要程度的权数，这种权数也被称为主观权数。

(3)按权数形成的数量特点划分，可分为定性赋权和定量赋权两种。在综合分析评价过程中，定性赋权和定量赋权的方法结合使用，往往能获得较好的效果。

(4)按权数和待加权的单个指标之间的相关程度划分，可分为独立权数和相关权数两种。独立权数是指评价指标的权重与该指标值的大小无关，在综合评价中较多地运用这种权数，基于这种权数建立的综合评价模型被称为"定权综合"模型。相关权数是指评价指标的权重与该指标值呈函数关系，例如，当某一评价指标值达到一定水平时，该指标的重要性相应增大。这种权数产生于评价指标的重要性随着指标取值的不同而发生变化的场合，基于这种权数建立的综合评价模型被称为"变权综合"模型。"变权综合"模型较多地运用于对环境质量的评价。

11.3.2 ▷▷▷ 主观赋权法

1. 专家意见法

专家意见法也称德尔菲(Delphi)法，其特点在于集中专家的经验和意见，确定各指标的权重，并在不断反馈和修改中得到比较满意的结果。其基本程序如下。

第一步，准备好必要的背景资料，如综合评价的目的、指标体系的构成、样本的选取等供专家确定指标权重时参考，但对背景材料一律不加分析，以免影响专家们的独立思考。

第二步，选择对所研究问题有专长和实际工作经验的专家组成专家组，并尽量使专家间彼此不产生影响。

第三步，制定征询表，进行反复征询。第一轮，把背景材料和征询表寄给专家，让专家确定各指标的权重；第二轮，用一定的统计方法把第一轮的结果进行汇总整理，把信息反馈给专家们，让他们据此审核自己第一轮的意见，可以坚持，也可以修改；第三轮，对专家们第二轮的修改意见进行统计处理并再次反馈给专家们，让他们审核自己第二轮的意见。这种征询工作一般进行三到五轮，当专家取得大体一致的意见时就停止征询，最后把征询结果整理出来确定各指标的权重。

在整个专家征询过程中，对征询结果的统计处理是德尔菲法的重要组成部分，它提供有用的综合信息，揭示专家意见的集中程度和协调程度。在一般的统计处理中，用算术平均数表示每轮专家意见的集中程度，用变异系数表示专家意见的协调程度。设指标体系中有 m 个指标，专家人数为 n，在某轮征询中，用 w_{ij} 表示第 i 个专家给予第 j 个指标的权重，则

$$\overline{w}_j = \frac{\sum_{i=1}^{n} w_{ij}}{n}, \quad j = 1, \ 2, \ \cdots, \ m,$$

表示某轮征询中不同的专家对第 j 个指标赋值的平均数，而第 j 个指标权重的变异系数

$$V_{wj} = \frac{\sigma_{wj}}{\overline{w}_j} = \frac{\sqrt{\sum_{i=1}^{n} \frac{(w_{ij} - \overline{w}_j)^2}{n}}}{\overline{w}_j}, \quad j = 1, \ 2, \ \cdots, \ m,$$

则表示专家们对第 j 个权重意见的协调程度。当各指标权重的变异系数逐轮减少时，说明专家的意见趋于一致；当某一轮征询中变异系数小于给定的标准时，就可以用各位专家对第 j 指标赋权的平均数 $\overline{w}_j$，作为该指标在综合评价中的权重 w_j 的估计值。

2. 层次分析法

层次分析法(analytic hierarchy process，AHP)是一种多目标决策分析方法。它把影响评价对象的各种错综复杂的因素按照相互作用、影响及隶属关系划成有序的递阶层次结构。根据对一定客观现实的主观判断，相对于上一层次的下一层次中的因素进行两两

比较，然后经过数学计算和检验，获得最低层相对于最高层的重要性权数，并进行排序。这一方法用于评价指标赋权时，有其独特的作用。其基本思路是：首先建立有序的递阶指标体系，然后将指标两两进行比较，构造判断矩阵，再根据判断矩阵进行数学处理及一致性检验，就可以获得各指标相对重要性权数。设有 m 个评价指标，它们对某个评价目的的重要程度可以分别用权数系数 w_1，w_2，$\cdots$，w_m 来表示，在这里，权重向量 $\boldsymbol{w} = (w_1, w_2, \cdots, w_m)'$ 是未知的，可以利用层次分析法来求解，具体步骤如下。

第一步，建立判别矩阵。将 m 个评价指标关于评价目的的重要程度按表 11-1 所示的比例标度进行两两比较，所得的结果用 a_{ij} 表示，则 a_{ij} 的赋值表示第 i 个指标和第 j 个指标的重要程度之比 (w_i / w_j) 的估计值。将指标重要程度两两比较的结果用矩阵表示，就形成了判断矩阵 $\boldsymbol{A}$：

$$\boldsymbol{A} = \begin{bmatrix} \dfrac{w_1}{w_1} & \dfrac{w_1}{w_2} & \cdots & \dfrac{w_1}{w_m} \\ \dfrac{w_2}{w_1} & \dfrac{w_2}{w_2} & \cdots & \dfrac{w_2}{w_m} \\ \vdots & \vdots & & \vdots \\ \dfrac{w_m}{w_1} & \dfrac{w_m}{w_2} & \cdots & \dfrac{w_m}{w_m} \end{bmatrix} = \begin{bmatrix} a_{11} & a_{12} & \cdots & a_{1m} \\ a_{21} & a_{22} & \cdots & a_{2m} \\ \vdots & \vdots & & \vdots \\ a_{m1} & a_{m2} & \cdots & a_{mm} \end{bmatrix}。$$

矩阵 $\boldsymbol{A}$ 中的元素满足 $a_{ij} > 0$，$\sum\limits_{j=1}^{m} a_{ij} = 1$，$a_{ij} = \dfrac{1}{a_{ji}}$（$i$，$j = 1, 2, \cdots, m$）。第一行的各元素 a_{1j} 分别代表第一个指标与其他指标的相对重要程度之比，其余各行元素的含义依此类推。

严格来说，判断矩阵 $\boldsymbol{A}$ 中的元素还应满足一致性条件，即

$$a_{ij} = a_{ik} / a_{jk} \quad \text{或} \quad a_{ij} a_{jk} = a_{ik}, \quad i, \ j, \ k = 1, 2, \cdots, m。$$

否则，就可能出现指标 i 比指标 j 重要，指标 j 比指标 k 重要，而指标 i 却没有指标 k 重要的矛盾情况。

在实际操作中，判断矩阵可以用前面介绍的专家意见法来确定。让专家根据表 11-1 的赋值标准对评价指标两两间的相对程度作出判断，生成判断矩阵 $\boldsymbol{A}$ 的具体数值，在此基础上计算权重向量 $\boldsymbol{w}$ 中各指标的权重系数。

表 11-1　判断矩阵中各元素的确定

标度 a_{ij}	含义
1	表示两个因素相比，具有同样的重要性
3	表示两个因素相比，前者比后者稍重要
5	表示两个因素相比，前者比后者明显重要
7	表示两个因素相比，前者比后者非常重要
9	表示两个因素相比，前者比后者极端重要
2, 4, 6, 8	表示上述两相邻等级的中间值
倒数	表示相应两个因素交换次序比较的重要性

第二步，计算权重向量。对判断矩阵 A 中各行元素求几何平均数，得

$$\bar{a}_i = (\prod_{j=1}^{m} a_{ij})^{\frac{1}{m}}, \quad i = 1, \ 2, \ \cdots, \ m。$$

再对 $\bar{a}_i (i = 1, 2, \cdots, m)$ 进行归一化处理，即可得到指标 i 的权重系数

$$w_i = \frac{\bar{a}_i}{\sum\limits_{i=1}^{m} \bar{a}_i}, \quad i = 1, \ 2, \ \cdots, \ m。$$

显然，$0 < w_i < 1$，$\sum\limits_{i=1}^{m} w_i = 1$。

证明如下：

由于 a_{ij} 是第 i 个指标与第 j 个指标重要程度之比 (w_i / w_j) 的估计值，因此

$$\bar{a}_i = (\prod_{j=1}^{m} a_{ij})^{\frac{1}{m}} = \left(\frac{w_i}{w_1} \times \frac{w_i}{w_2} \times \cdots \times \frac{w_i}{w_m} \right)^{\frac{1}{m}} = \frac{w_i}{\sqrt[m]{w_1 w_2 \cdots w_m}}。$$

则

$$\frac{\bar{a}_i}{\sum\limits_{i=1}^{m} \bar{a}_i} = \frac{\dfrac{w_i}{\sqrt[m]{w_1 w_2 \cdots w_m}}}{\sum\limits_{i=1}^{m} \dfrac{w_i}{\sqrt[m]{w_1 w_2 \cdots w_m}}} = \frac{\dfrac{w_i}{\sqrt[m]{w_1 w_2 \cdots w_m}}}{\dfrac{w_1 + w_2 + \cdots + w_m}{\sqrt[m]{w_1 w_2 \cdots w_m}}} = \frac{w_i}{w_1 + w_2 + \cdots + w_m}。$$

因为各指标的权重系数之和为 1，所以上式等价于

$$\frac{\bar{a}_i}{\sum\limits_{i=1}^{m} \bar{a}_i} = \frac{w_i}{w_1 + w_2 + \cdots + w_m} = w_i, \quad i = 1, \ 2, \ \cdots, \ m。$$

上式得证。

11.3.3 ▷▷▷ 客观赋权法

客观赋权法是直接根据各个指标的原始信息经过一定的数学处理后获得权数的一种方法。其基本思路是：指标权数应该根据各指标间的相互关系或各指标提供的信息量来确定。

1. 变异系数法

设有 n 个评价对象，每个评价对象由 P 个指标 x_1，x_2，$\cdots$，x_p 来描述。先求出各指标的平均值 $\bar{x}_i$ 和方差 s_i^2。

$$\bar{x}_i = \frac{1}{n} \sum_{j=1}^{n} x_{ij}, \quad i = 1, \ 2, \ \cdots, \ P。$$

$$s_i^2 = \frac{1}{(n-1)} \sum_{j=1}^{n} (x_{ij} - \bar{x}_i)^2, \quad i = 1, \ 2, \ \cdots, \ P。$$

其中：x_{ij} 表示第 j 个评价对象在第 i 项指标上的取值，则变异系数为

$$V_i = s_i / \bar{x}_i。$$

对 V_i 作归一化处理，便可使各指标的权数

$$W_i = \frac{V_i}{\sum_{j=1}^{p} V_j}。$$

其基本思想是：如果某项指标的数值能明确区分开各个评价对象，说明该指标在这项评价上的分辨信息丰富，因而应给该指标以较大的权数；反之则相反。在统计学中，指标的变异信息量是用方差来衡量的，但由于各指标量纲和数量级的影响，各指标的方差不具可比性，因此应选用可比的各指标变异系数。

2. 其他客观赋权法

客观赋权法，除了上述常用的变异系数法外，还有主成分分析、因子分析、熵值法等。下面简单介绍其赋权的基本思想，有兴趣的读者可以查阅有关书籍。

主成分分析(principle components analysis)是考查多个变量间相关性的一种多元统计方法。它通过线性变换，将原来的多个指标组合成相互独立的少数几个能充分反映总体信息的指标。它常被用来作为寻找判断某种事物或现象的综合指标，并且给综合指标所包含的信息以合适的解释，从而更加深刻地揭示事物的内在规律。

因子分析(factor analysis)可以看成主成分分析的一种推广，因子分析的基本目的是用少数几个变量去描述多个变量间的协方差关系。其思路是将观测变量分类，将相关性较高，即联系比较紧密的变量分在同一类中，每一类变量实际上就代表了一个本质因子，从而可将原观测变量表示为新因子的线性组合。

熵(entropy)概念源于热力学，后由申农(Shannon)引入信息论。信息熵可用于反映指标的变异程度，从而可用于综合评价。设有 m 个待评对象，n 项评价指标，形成原始指标数据矩阵 $\boldsymbol{X} = (X_{ij})_{m \times n}$，对于某项指标 X_j，指标值 X_{ij} 的差距越大，该指标提供的信息量越大，其在综合评价中所起的作用越大，相应的信息熵越小，权重越大；反之，该指标的权重也越小。如果该项指标值全部相等，则该指标在综合评价中不起作用。

11.4 数据的预处理

11.4.1 ▶▶▶ 定性指标的量化处理

在综合评价中，有一些因素是以定性指标来衡量的，例如，顾客对某项服务的评价是以满意、一般、不满意来反映的。对于定性指标，必须进行量化，量化后可与其他定量指标一起使用。量化处理常用的方法是：先对评价的各等级赋予不同的分值，聘请足够数量的评议者，请评议者对评价对象进行评议，在所列的评议等级中选择一个评议者

认为最恰当的等级，而后计算各等级得票数，再用得票数对比总票数，计算出得票频率。

1. 名次序数百分比

名次序数百分比是将被评价单位的名次序数转化为在百分内的相对位置的一种方法。具体的操作步骤是：先对被评价单位排列名次，得到名次序数，而后利用以下公式计算名次百分。

$$x \text{ 名次百分} = 100 - \frac{100}{n}(x - 0.5).$$

其中：x 为评价对象所得的名次；n 为全部被评价单位数。

由于名次与它在百分中的位置不一致，故用 $(x - 0.5)$ 处理，以避免出现最后一名被评价单位的名次百分为零的局面，保证第一名从 $\left(100 - \frac{100}{2n}\right)$ 开始，使各个不同的名次均匀地分布在百分位中。

名次序数与评价得分是逆向变化的，名次序数的百分比实质是利用"倒扣"的方法将名次转化为分值。

2. 统计评分法

如果评价项目是根据其品质划定等级的，那么对其进行量化处理的常用办法是统计评分法，其基本思想是对评价的不同等级赋予不同的分值，以此为基础进行综合评价。

例如，对某城市的社会现代化进行综合评价，把社会现代化评估的评分标准分为四个等级，其量化的问题如下：对这种评分标准的四个等级分别赋予不同的分值，由此将评估的四个等级转换为相应的数值，如 10，8，6，4，如表 11-2 所示；在此基础上，可请足够多的专家参加评议，求出各项目的平均得分，并在确定相应权重的基础上，进一步综合评价。

表 11-2 社会现代化评估体系

评价项目	评 分 标 准			
	10	8	6	4
文教卫生现代化	高度现代化	较现代化	一般	落后
社会保障健全化	很健全	较健全	一般	不健全
社会环境安全化	很安全	较安全	一般	不安全
民主与法治完善化	高度完善	较完善	一般	不完善

11.4.2 ▶▶▶ 同度量处理方法

在指标体系建立之后，由于各指标的计量单位不同（具有不同的量纲）而无法进行直接汇总，为此，一般在完成资料收集工作后，还需要进行消除量纲处理，即同度量处理。

较常用的同度量处理方法有如下三种。

1. 相对化处理

进行相对化处理，必须先对每个评价指标确定一个标准值，而后计算实际值与标准值之比。

指标有"正""负"之分。对正、负指标的相对化处理公式如下：

$$正指标：x'_i = x_i / x_m，\quad 负指标：x'_i = x_m / x_i。$$

其中：x_i 为实际值；x_m 为标准值。通常，可以用参加评价单位某一时期的平均值或最优值作为标准值。根据研究目的不同，也可以选择国际先进水平、历史最高水平或计划规定水平等作为标准值。

2. 功效系数法处理

功效系数法是对多目标规划原理中的功效系数加以改进，经计算而得到综合评判的分数。它借助功效系数，把确定要评价的各项指标值转化为可以度量的评判分数。

利用功效系数法进行消除量纲影响的处理，必须对评价的指标确定一个下限值（不容许值）和一个上限值（满意值），并通过功效系数公式计算出每项指标的评价分，其计算公式如下：

$$d_i^* = \frac{x_i - x_i^{(s)}}{x_i^{(h)} - x_i^{(s)}} \times 40 + 60。$$

其中：x_i 为第 i 个指标实际值；$x_i^{(s)}$ 为第 i 个指标的不容许值；$x_i^{(h)}$ 为第 i 个指标的满意值；d_i^* 为第 i 个指标单项评分。一般地，对于不容许值，可令第 i 项指标历年来最差值为不容许值，或第 i 项指标数列中较差的 10% 的数值平均数为不容许值；对于满意值，可令第 i 项指标中历年来最优值为满意值，或第 i 项指标数列中较好的 10% 的数值平均数为满意值。

在上述公式中，把指标值处于不容许状态看作及格状态，当某项指标值等于不容许值时，d_i^* 为 60 分。一般情况下，实际指标值在不容许值和满意值之间，若 x_i 比 $x_i^{(h)}$ 值更高，$d_i^* > 100$ 分；若 x_i 比 $x_i^{(s)}$ 值更低，则 $d_i^* < 60$ 分。

3. 标准化处理

利用标准化处理的基本前提是：需进行标准化处理的变量服从正态分布。在标准化处理中，将变量值转化为数学期望为 0、方差为 1 的标准化数值。具体操作步骤如下。

求出各变量（指标）的算术平均值（数学期望值）$\bar{x}_i$ 和标准差 σ_i。

利用下列公式进行标准化处理：

$$x'_{ij} = \frac{x_{ij} - \bar{x}_i}{\sigma_i}。 \tag{11-1}$$

其中：x'_{ij} 为标准化变量；x_{ij} 为实际变量（指标）值；$\bar{x}_i$ 为各变量（指标）的算术平均值（数学期望值）；σ_i 为标准差。进行标准化处理的指标中若有逆指标，改变处理后的指标的符号。

11.5　综合评价的数学模型

在选择合适的同度量处理方法对数据进行预处理，得出各个单项指标评价结果的基础上，还必须根据评价对象的性质和评价的目的，建立科学的综合评价模型，对各个单项指标的评价结果进行综合，最终求得综合评价结果。利用综合评价结果，可以对各个评价对象进行排序，清楚地显示各个评价对象的实际水平。同时，通过分析各个评价对象的综合评价结果的高低，可以找出各个评价对象的优势和劣势，并由此寻找存在的问题和薄弱的环节，探索存在问题产生的原因，进而提出相应的改进措施。

综合评价的数学模型有很多，本节侧重介绍常用的加权算术平均综合模型和加权几何平均综合模型。

1. 加权算术平均综合模型

采用加权算术平均综合模型计算综合评价指数，其基本公式为

$$综合评价指数 = \frac{\sum\limits_{i=1}^{n} x_i w_i}{\sum\limits_{i=1}^{n} w_i}。 \tag{11-2}$$

其中：给定评价指标体系由 n 个指标构成；x_i 为已经同度量处理的第 i 个评价指标的相对值，$i = 1, 2, \cdots, n$；w_i 为各项指标的权重，$w_1 + w_2 + \cdots + w_n = 100\%$。

加权算术平均综合模型具有以下特点：适用于各个指标相互独立的场合；各个评价指标间可以相互线性补偿；评价的结果主要体现各个指标的功能性。

2. 加权几何平均综合模型

采用加权几何平均综合模型计算综合评价指数，其基本公式为

$$综合评价指数 = \sqrt[\sum\limits_{i=1}^{n} w_i]{\prod_{i=1}^{n} x_i^{w_i}}。 \tag{11-3}$$

其中：给定评价指标体系由 n 个指标构成；x_i 为已经同度量处理的第 i 个评价指标的相对值，$i = 1, 2, \cdots, n$；w_i 为各项指标的权重，$w_1 + w_2 + \cdots + w_n = 100\%$。

加权几何平均综合模型具有以下特点：适用于各个指标间较强关联的场合；对指标值（特别是较小值）变动的反映比加权算术平均综合模型敏感；评价的结果主要体现各个指标之间的均衡性；x_i 不能出现零或负值。

11.6　综合评价案例

本案例节选自《中国城市旅游竞争力评价体系构建及应用研究——基于我国 293 个地

级以上城市的调查资料》①。

11.6.1 ▶▶▶ 引言

城市旅游竞争力是指作为旅游目的地的城市在旅游资源、城市地理区位、自然经济环境等因素的综合作用下，在与其他城市的竞争中所体现出来的相对比较优势。随着社会经济的发展，旅游产业在国民经济中日益占据重要地位，研究我国城市旅游综合竞争力对于优化旅游资源配置、提升城市旅游发展空间、防止无序过度的旅游资源开发、保证城市旅游产业的可持续发展等方面都具有重要的现实意义。

11.6.2 ▶▶▶ 城市旅游竞争力的评价方法

1. 指标体系的构建

由于本研究需对全国几乎所有的直辖市和地级市作出评价，我们在总结已有研究的基础之上，广泛听取了来自旅游部门及高校等各方面专家的意见，以评价指标的科学性、代表性、综合性和全面性为指导思想，以数据的权威性和可获得性为主要指导原则，把总的指标体系分成 A、B、C、D 四个级别。A 级指标即城市旅游综合竞争力，其下属四个 B 级指标分别为旅游市场竞争力(B1)、旅游服务竞争力(B2)、旅游产品及资源竞争力(B3)和城市发展竞争力(B4)。旅游市场竞争力包括旅游贡献力(C1)和旅游接待力(C2)两个指标，旅游服务竞争力包括酒店竞争力(C3)和旅行社竞争力(C4)两个指标，旅游产品及资源竞争力包括旅游资源垄断力(C5)、旅游产品竞争力(C6)和旅游形象竞争力(C7)三个指标，城市发展竞争力包括交通承载力(C8)、经济竞争力(C9)和生态竞争力(C10)三个指标。C 级指标下属的 D 级指标是最终的可测指标，共 52 项。最终构建的城市旅游竞争力评价指标体系如表 11-3 所示。

2. 评价指标权重的确定

本研究采用专家意见法结合层次分析法(AHP)确定评价指标的权重。具体过程如下。

(1)分析系统中各因素之间的关系，建立系统的递阶层次结构，在本研究中即为确定 A-B 层、B-C 层、C-D 层间各指标的关系。

(2)采用专家意见法对同一层次的各元素之于上一层次中指标的相对重要性进行两两比较，构造两两比较的判断矩阵。

(3)由判断矩阵计算被比较元素对于该准则的相对权重。

(4)计算各层次元素对系统目标的合成权重(各测量指标的最终权重如表 11-3 所示)。

---

① 王琪延、罗栋：《中国城市旅游竞争力评价体系构建及应用研究——基于我国 293 个地级以上城市的调查资料》，载《统计研究》，2009，26(7)：49-54。

表 11-3　城市旅游竞争力评价指标体系

一级指标(A)	二级指标(B)	三级指标(C)	四级指标(D)	权重
城市旅游综合竞争力	旅游市场竞争力(B1)	旅游贡献力(C1)	旅游总收入占 GDP 比重(D1)	0.044 7
			国内旅游收入(D2)	0.051 9
			旅游外汇收入(D3)	0.040 4
		旅游接待能力(C2)	人均接待游客数(D4)	0.037 8
			接待国内游客数(D5)	0.043 3
			接待入境游客数(D6)	0.028 8
	旅游服务竞争力(B2)	酒店竞争力(C3)	五星级酒店(D7)	0.032 6
			四星级酒店(D8)	0.028 1
			三星级酒店(D9)	0.022 0
		旅行社竞争力(C4)	全国百强旅行社数(D10)	0.033 8
			国际旅行社数(D11)	0.029 8
			国内旅行社数(D12)	0.023 3
	旅游产品及资源竞争力(B3)	旅游资源垄断力(C5)	世界级自然、文化遗产(D13)	0.026 9
			世界地质公园(D14)	0.018 0
			国家级自然、文化遗产(D15)	0.014 5
			国家级重点风景名胜区(D16)	0.012 8
			国家级自然保护区(D17)	0.012 2
			国家级水利风景区(D18)	0.011 9
			国家森林、湿地公园(D19)	0.011 8
			全国重点文物保护单位(D20)	0.011 6
			国家级非物质文化遗产(D21)	0.011 4
		旅游产品竞争力(C6)	5A 级景区数(D22)	0.053 0
			4A 级景区数(D23)	0.037 1
			3A 级景区数(D24)	0.023 6
			国家级工农业旅游示范点数(D25)	0.027 3
			红色旅游景点数(D26)	0.015 2

续表

一级指标(A)	二级指标(B)	三级指标(C)	四级指标(D)	权重
城市旅游综合竞争力	旅游产品及资源竞争力(B3)	旅游形象竞争力(C7)	中国优秀旅游城市(D27)	0.025 5
			国家历史文化名城(D28)	0.024 5
			国家园林城市(D29)	0.021 2
			国家森林城市(D30)	0.020 2
			国家卫生城市(D31)	0.019 5
	城市发展竞争力(B4)	交通承载力(C8)	铁路年客运量(D32)	0.010 4
			有无飞机场(D33)	0.010 2
			公路年客运量(D34)	0.008 9
			民航客运量(D35)	0.008 5
			公路网密度(D36)	0.008 0
			有无火车站(D37)	0.005 9
			水路客运量(D38)	0.005 6
		经济竞争力(C9)	人均 GDP(D39)	0.008 8
			第三产业占 GDP 比重(D40)	0.006 5
			GDP 年增长率(D41)	0.008 1
			城镇居民人均可支配收入(D42)	0.011 3
			农村居民人均纯收入(D43)	0.008 1
			每万人私人汽车保有量(D44)	0.008 5
			每万人互联网用户(D45)	0.007 9
			城市化水平(D46)	0.008 1
			高校在校学生占总人口比重(D47)	0.006 7
		生态竞争力(C10)	空气质量优良天数(D48)	0.012 1
			城市建成区绿化覆盖率(D49)	0.011 2
			人均公共绿地面积(D50)	0.010 0
			垃圾无害化处理率(D51)	0.010 2
			生活污水处理率(D52)	0.010 5

3. 指标的量化与处理

指标汇总后，首先对指标进行可比化处理，将不同单位的指标数据转化为无量纲、可加总的标准化的数值。本研究采用了对数据标准化后计算其正态累积分布函数的方法，这样不仅可得到标准化数据，还充分体现了数据的厚度，增强数据的可比性和数据质量的稳定性。其计算过程是：首先计算单个指标标准化数据（式(11-3)），其次计算标准化数据的标准正态分布函数值作为指标得分（式(11-4)和式(11-5)），这样可将单个指标的数值转化为 0~1 的指数值（或者同时乘以 100 获得 0~100 的得分数据），以方便汇总。

$$指标标准化数据\ \phi = \frac{原始值 - 指标数据均值}{指标数据标准差}, \tag{11-4}$$

$$正指标得分 = 100 \times \phi, \tag{11-5}$$

$$负指标得分 = 100 - 100 \times \phi。 \tag{11-6}$$

标准化正态得分的方法有两个优点：一是考虑了数据的分布情况，更符合单一数值所处的排名位置；二是约定了单个指标标准化数据的变化范围，防止如直辖市与偏远省份地级市这样有数量级差别的过大或过小极值变化对汇总指数的影响。但这种方法也有限制条件，即指标数据的分布假设要求参与评估的单元（省市或地区）达到一定数量，本研究由于样本容量达到 293，已完全符合标准。

4. 城市旅游综合竞争力的计算

我们采用加权求和的方法对城市旅游综合竞争力进行计算。具体公式为 $A_i = \sum_{i=1}^{n} w_i \cdot D_i$，其中，$A_i$ 为第 i 个城市旅游竞争力的总得分值，w_i 为第 i 个测量指标的权重，D_i 为各城市在作为测量指标的四级指标上的得分。最终将得分最高城市的分数设为 100 分，将各城市的综合得分化为百分制分数。

11.6.3 ▶▶▶ 旅游竞争力评价结果

北京作为我国的首都和全国的政治、经济、文化中心，其综合评价总得分遥遥领先于其他各大城市，当之无愧地成为我国旅游竞争力最强城市，如表 11-4 所示。排名前十位的城市中，紧接第一位北京的分别为上海、苏州、重庆、南京、大连、广州、杭州、成都和天津，4 个直辖市均在其列。除苏州外，余下 9 市均为市区非农业人口超过 200 万人的"超大城市"，这在很大程度上说明由区域人口导致的旅游需求因素是一个城市成为旅游竞争力强市所不可或缺的条件之一。在排名前 50 位的城市中，直辖市和省会城市有 23 个，占 46%，所有省会城市中只有兰州未入围前 100 强。此外，绝大部分传统的旅游城市，如无锡、黄山、张家界、桂林、秦皇岛、三亚、泰安、丽江、嘉兴、景德镇等均进入了百强之列。

表 11-4　中国城市旅游竞争力总得分排名(前 100 名)

排名	综合得分	城市	排名	综合得分	城市	排名	综合得分	城市
1	100.00	北京	35	59.98	济南	69	50.15	连云港
2	89.90	上海	36	59.97	长春	70	50.12	南通
3	88.98	苏州	37	58.91	扬州	71	50.10	吉林
4	84.70	重庆	38	58.78	贵阳	72	49.19	焦作
5	84.30	南京	39	58.61	石家庄	73	49.18	漳州
6	83.81	大连	40	58.24	常州	74	49.17	江门
7	83.31	广州	41	58.12	威海	75	49.16	衢州
8	81.37	杭州	42	58.08	张家界	76	49.14	中山
9	81.30	成都	43	58.03	镇江	77	49.11	绵阳
10	80.40	天津	44	58.01	保定	78	48.19	济宁
11	80.30	西安	45	57.85	延吉	79	48.18	银川
12	79.06	沈阳	46	57.58	海口	80	48.16	拉萨
13	75.33	青岛	47	57.46	太原	81	48.14	上饶
14	74.95	宁波	48	57.19	南宁	82	48.14	本溪
15	73.72	无锡	49	56.97	泰安	83	48.12	合肥
16	72.79	深圳	50	56.88	丽江	84	48.10	安顺
17	72.15	昆明	51	56.36	金华	85	47.18	安阳
18	72.09	郑州	52	55.75	乐山	86	47.14	开封
19	70.25	黄山	53	55.49	乌鲁木齐	87	47.14	景德镇
20	69.04	厦门	54	55.12	九江	88	47.13	肇庆
21	68.73	武汉	55	54.87	宜昌	89	47.12	包头
22	68.70	长沙	56	53.78	南昌	90	47.11	邯郸
23	68.27	洛阳	57	53.34	东莞	91	47.11	赣州
24	68.08	福州	58	53.30	承德	92	47.10	唐山
25	67.65	桂林	59	52.93	嘉兴	93	46.19	潍坊
26	64.95	秦皇岛	60	52.74	惠州	94	46.18	安庆
27	64.74	哈尔滨	61	52.52	淄博	95	46.14	舟山
28	63.71	三亚	62	52.21	大同	96	46.13	牡丹江
29	63.28	绍兴	63	52.01	三明	97	46.12	鞍山
30	63.16	烟台	64	51.57	丹东	98	46.10	抚顺
31	62.70	珠海	65	51.44	湖州	99	45.19	酒泉
32	61.22	温州	66	51.35	徐州	100	45.19	锦州
33	60.37	泉州	67	50.65	呼和浩特			
34	60.30	佛山	68	50.63	西宁			

📚 本章小结

1. 统计综合评价简称综合评价，是根据研究的目的，以统计资料为依据，借助一定的手段和方法，对描述客观事物的指标体系进行综合，得出概括性的结论，从而揭示事物的本质及其发展规律的一种方法。

2. 统计综合评价应依循"定性分析→定量分析→定性分析"的模式，其过程可以分解为：实质问题概念化→概念指标化→指标数量化→统计方法应用科学化→统计分析结果抽象化、合理化。

3. 统计综合评价的步骤主要包括：明确评价的目的、构建评价指标体系、评价指标的无量纲化处理、确定各评价指标的权重、建立综合评价模型、根据评价结果进行统计分析。

4. 综合评价指标体系选择方法有定性方法和定量方法。定性方法主要有综合法和分析法；定量方法主要有系统聚类法和试算法。

5. 评价指标权重的确定方法主要有主观赋权法和客观赋权法两大类。常用的主观赋权法有专家意见法和层次分析法，常用的客观赋权法有变异系数法。

6. 不同评价指标具有不同的量纲，在评价中必须消除不同量纲的影响，即进行同度量处理，方法主要有相对化处理、功效系数法处理和标准化处理。对于定性指标，须进行量化，量化后可与其他定量指标一起使用。

7. 对单项评价指标评价结果进行综合评价，必须借助于综合评价数学模型。实践中常用的综合评价模型有加权算术平均综合模型和加权几何平均综合模型。

✉️ 阅读与分析

现代综合评价理论的发展[①]

综合评价技术是一种定量认识客观实际的手段，它使我们能够从纷繁的现象中把握事物的整体水平。综合评价技术是统计方法体系的一个重要分支，可广泛应用于各类社会经济现象的定量综合评价实践中；综合评价技术也是一种重要的定量管理工具，是决策科学的重要内容，与多目标决策技术之间存在着诸多联系。

1. 综合评价方法日益复杂化、数理化

综合评价是指通过一定的数学函数（综合评价函数）将多个评价指标值"合成"为一个整体性的综合评价值。可以用于合成的数学方法很多，我们可以根据决策需要和被评价系统的特点来选择合适的方法。综合评价方法是一个系统，包含了不同科学中的多种方法。系统的组成是以"功能"为准则的，只要是能用于综合评价的方法都可以看作系统的

---

① 孙利荣：《现代综合评价理论的发展》，载《中国统计》，2009(6)：59-61。有删改。

成员。随着人们对评价理论、方法、应用展开多方面的、卓有成效的研究，各种出发点不同，解决问题的思路不同，适用对象不同的方法接踵而来。

（1）单一的综合评价方法。目前，常用的单一的评价方法大致可以分成以下几类。

①专家评价方法，如专家打分综合法。

②运筹学与其他数学方法，如层次分析法（AHP）、数据包络分析（data envelopment analysis，DEA）、统计分析方法、模糊综合评价方法（fuzzy compre）。

③新型评价方法，如人工神经网络评价法、灰色综合评价法。

④工程经济学中的各种经济分析评价方法，如净现值法、内部收益率法、收益成本比法、价值工程分析法等。

⑤多属性决策方法，如递阶综合评价法、协商评价法、具有激励（或惩罚）特征的动态综合评价方法、基于小波网络的多属性综合评价方法。

以上这些常规的、单一的综合评价方法，都有其适用对象。这些方法已广泛地应用于经济效益综合评价、成本效益决策、消费者偏好识别、证券投资分析等各个领域，拥有广泛的应用前景。

（2）组合的综合评价方法。不同方法的综合和交叉促进了新方法与新思想的产生，综合评价研究也是如此。对两种或两种以上的综合评价结果（或评价技术）进行集成的技术即为组合评价技术。总的来说，目前关于评价组合（集成）的问题还处于初探阶段，相关的研究成果总结如下。

①一般的综合评价方法与模糊综合评价方法的结合。例如，ODM 与 FCE 结合，非线性规划方法与模糊综合评价方法结合，AHP 和 FCE 结合，模糊聚类方法，灰色层次决策方法。

②一般评价方法与人工智能方法的组合（集成）：模糊人工神经网络评价方法，群体决策支持系统的应用。

③评价方法考虑时间因素（方法动态化）。

④对评价对象的评价和对人的评价集成（评价要素集成化）。

⑤集成价值链绩效综合评价思想（价值链集成化）。

总之，综合评价方法从方法上看日益呈现出复杂化的特性。随着数学、系统科学不断渗入其中，综合评价也不断呈现数理化的特点。

2. 手段日益呈现智能化

随着实际评价系统日益大型化、数字化、智能化和集成化，研究系统评价问题已避不开它的复杂性，常规的系统评价方法已难以胜任复杂系统评价问题中涉及多层次、多因子的综合评价。目前，模型智能方法为解决系统评价新问题开辟了可操作的新的有效途径。

（1）遗传算法的智能技术。遗传算法是21世纪计算智能的关键技术之一，它把一簇随机生成的可行性的编码作为父代群体，把适应度函数（目标函数或它的一种变换形式）作为父代个体适应环境能力的度量，经选择操作和杂交操作生成子代个体，后者再经变异操作，优胜劣汰，如此反复进行迭代，使个体的适应能力不断提高，优秀个体不断向优化问题的最优点逼近。

（2）模拟人脑结构的人工神经网络方法。ANN 结构和工作机理基本上是以人脑的组织结构（大脑神经元网络）和活动规律为背景的，它反映了人脑的某些基本特征，但并不是要对人脑部分的真实再现，可以说它是某种抽象、简化或模仿。参照生物神经元网络发展起来的人工神经网络现已有多种类型。基于 BP 神经网络、Hopfield 神经网络、有组织竞争神经网络，概率神经网络等都在综合评价中有较高的应用。

（3）模拟发散思维的蒙特卡罗方法。作为一类统计相似方法，蒙特卡罗方法是在计算机上进行的统计实验以模拟随机文件的发生概率的一类数值方法，它处理的一般步骤是：首先模拟 $[0,1]$ 区间上的均匀随机数序列 U_i，然后经过依据实际系统问题所建立的随机模型将之转换成所研究的随机变量序列化 x_i，最后直接依据 x_i 序列的统计特性，或根据把 x_i 序列作为评价统计的输入，经系统转换得到大量系统输出序列，来解决各种复杂的系统评价问题。

（4）基于粗糙集理论的评价方法。粗糙集理论是波兰学者帕夫拉克（Pawlak）于 1982 年提出的一种处理模糊性和不确定性的数学工具。利用粗糙集可以评定特定条件属性的重要性，建立属性的约简，从决策表中去除冗余属性，从约简的决策表中产生决策规则，并利用规则对新对象进行决策。其传统建模过程主要包括对数据的预处理、连续属性的离散化。

3. 综合评价应用范围更广，体系更庞大、宽泛

21 世纪，诸多学者对综合评价进行了系统性的研究，出版了一大批专著和成果。在综合评价理论研究不断深化的同时，一大批应用层面的综合评价论著也相继问世。例如，关于国际竞争力统计模型及应用研究，中国制造业产业竞争力评价和分析，中国区域国际竞争力评价，经济增长方式评价，上市公司评价，中国小康社会及现代化的评价研究，等等。所有这些应用表明，综合评价应用的范围更加广泛，体系越来越庞大，体系更宽泛，不再拘泥于单纯的"测评"，而是针对某一特定问题，有自己一整套相对完整的理论与方法体系，完全可以作为一门学科来研究。

综合评价技术应用领域越来越广，也越来越复杂。运用现代科学理论、方法和技术，研究我国社会经济、水土资源、生态环境等各复杂大系统的历史和当前运行状态，进行定性与定量相结合的动态分析与综合评价，预测未来发展趋势，提出协调对策和实施方案，建立动态监测和预警信息系统，显然具有重大的科学意义和广泛的应用价值。

4. 综合评价存在的问题及研究趋势

综合评价是由统计学科体系发展起来的一门定量认识客观实际的手段，是定量的管理工具。随着科学的不断发展，不同领域知识的不断融合、交叉，现在已与多种学科相联系。

对于其今后的发展，从综合评价的过程看，经常需要处理多元数据，进行多元数据分析（MDA）。但是现代的数据收集技术所收集的信息，不仅包括传统统计方法所处理的数据，还包括具有函数形式的过程所产生的数据，例如数据自动收集系统等；既包括时间序列数据，又包括重复测量及具有时间或空间分布的影像，具有这种特性的数据称为函数型数据(FD)。函数型数据分析(FDA)能回答传统统计方法所不能回答的问题，将观测点转化为光滑的函数，利用微分方程的工具建立模型，不仅可以描述动态过程，而且可以描述它们的统计特征；FDA 还具有很多类似多元统计模型的方法，如简单线性模型、方差分析、广义线性模型、广义效益模型、聚类分析、主成分分析、典型相关分析等，但是 FDA 将点值转化为光滑曲线，可以更好地揭示变量内在的关系结构。FDA 作为一种分析数据的手段，能够解决更加复杂系统的数据研究，它不同于智能方法，越过数学模型的障碍将知识模型转化为计算机模型，而是利用自己的工具建立数学模型，数据越多，体系越庞大，FDA 的优势越明显，就越能更好地揭示数据内在的结构。因此，将 FDA 应用到综合评价理论的研究中将带来前所未有的开拓。

思考与练习

一、思考题

1. 何谓统计综合评价？
2. 综合评价的一般程序和步骤是什么？
3. 简要说明评价指标的选择方法。
4. 举例说明在评价指标体系中，如何解决各个指标的同度量问题。
5. 联系实际说明指标权重的确定方法。
6. 试比较同度量处理方法中的相对化处理与标准化处理的特点。

二、计算题

1. 某污水处理厂的经营管理状况综合评价是采用如下指标反映的：每日污水处理量；BODs 去除率；悬浮物去除率；处理 1 吨污水消耗空气量；去除 1 千克 BODs 耗电量。以上各项指标的权重分别为 0.10、0.30、0.30、0.15、0.15。又知该污水处理厂按月记录的历史数据划分为三个等级，各等级的平均值和该厂 2022 年 6 月的实际指标值如表 11-5 所示。

表 11-5 某厂各等级的平均值和该厂 2022 年 6 月的实际指标值

指标	单位	好	中	差	实际值
每日污水处理量	吨/日	18 000.5	16 000.5	14 000.5	15 000.0
BODs 去除率	—	95.0%	87.0%	79.0%	95.0%
悬浮物去除率	—	95.0%	87.0%	79.0%	94.0%
处理 1 吨污水消耗空气量	立方米/吨	6.5	8.5	10.5	8.0
去除 1 千克 BODs 耗电量	千瓦时/千克	0.85	1.05	1.25	1.05

要求：

(1)用功效系数法进行无量纲化处理(以评语"好"为满意值，评语"差"为不容许值)；

(2)用相对化处理法进行无量纲化处理(以评语"好"为标准值)；

(3)对(1)的计算结果，分别用加权算术平均综合模型和加权几何平均模型进行综合汇总。

2. 现有 7 个指标，根据历史资料计算两个指标的相关系数，建立如表 11-6 所示的相关系数矩阵。

表 11-6　相关系数矩阵

指标	1	2	3	4	5	6	7
1	1	0.85	0.58	0.54	0.44	0.74	0.60
2		1	0.55	0.56	0.56	0.34	0.62
3			1	0.89	0.73	0.72	0.60
4				1	0.74	0.41	0.72
5					1	0.54	0.80
6						1	0.66
7							1

要求：

(1)根据上述资料绘制聚类图；

(2)假定评价某一项目的评价指标体系指标容量为 4，根据聚类图从中选择 4 个评价指标。

常用统计分布表

附表 1   随机数表

49	50	14	61	48	17	93	70	21	31	76	69	45	37	57	97	29
25	74	37	20	85	68	72	18	51	78	12	58	76	46	68	45	57
92	12	91	85	23	94	16	75	39	55	75	66	24	33	58	12	10
58	74	67	93	62	49	36	49	78	87	86	96	14	42	51	17	57
10	79	20	56	80	38	82	15	81	95	57	49	74	25	47	25	53
61	29	13	12	86	42	11	52	25	25	65	46	93	70	17	79	73
45	33	84	48	61	69	51	40	73	80	18	37	10	66	66	33	21
14	47	94	14	18	39	80	85	54	63	85	54	16	50	69	44	15
92	90	14	41	64	18	70	96	66	28	59	86	86	44	63	78	80
39	39	26	48	31	19	76	22	97	75	50	10	34	29	82	21	32
57	18	69	21	58	46	93	93	53	82	14	82	11	58	61	11	45
16	19	87	68	65	74	21	42	51	18	90	81	99	69	98	59	28
81	85	57	60	64	59	59	86	65	79	28	24	63	28	69	97	69
89	19	42	18	63	78	66	13	79	50	96	94	93	84	76	80	52
78	35	67	61	15	23	41	57	19	12	15	69	37	75	28	10	31
11	67	28	40	93	76	64	63	23	77	51	69	42	86	26	70	92
52	92	32	70	21	34	18	19	19	99	47	58	84	47	87	97	97
83	55	21	80	45	83	10	61	27	70	61	97	81	48	71	70	90
11	87	50	12	93	85	20	47	15	10	40	94	17	87	78	32	24
28	38	65	23	37	55	92	97	39	49	44	92	63	59	43	22	26
87	92	49	77	68	12	79	99	26	12	71	88	74	74	36	69	83
42	42	67	18	53	70	77	45	35	80	99	76	89	83	67	96	64
48	37	93	33	22	92	37	96	74	53	64	74	28	81	12	46	75
22	20	41	75	64	93	69	37	31	87	44	96	48	96	78	70	34

35	39	56	29	91	74	26	93	48	90	96	86	60	69	23	77	99
83	38	11	84	53	76	90	39	80	12	40	87	17	20	93	38	69
10	57	22	36	68	64	49	45	39	33	20	32	24	22	29	57	66
79	22	47	35	35	74	76	53	97	45	41	23	58	73	26	87	53
11	79	79	86	59	55	11	51	42	31	48	51	38	27	54	93	67
79	71	50	42	29	10	33	15	92	64	63	21	50	49	79	61	78
97	81	28	25	43	47	81	45	47	94	77	72	95	20	31	28	81
78	46	90	78	27	46	30	94	60	66	62	20	99	12	62	58	74
35	94	22	79	13	43	50	71	43	43	30	81	78	66	37	88	57
24	58	32	88	12	90	85	47	47	68	82	70	90	95	54	20	20
80	31	27	31	12	22	13	48	63	57	63	19	35	88	13	75	39
42	41	38	68	87	19	21	66	30	75	47	21	40	29	48	56	45
37	41	21	42	99	87	46	74	58	77	66	47	25	66	50	83	65
22	97	79	51	40	87	28	33	32	49	84	21	29	72	35	46	86
29	21	90	62	97	47	97	29	81	80	46	38	21	41	70	61	52
52	59	72	59	27	91	68	38	40	89	63	16	16	93	35	23	74
87	99	96	70	92	30	46	82	47	45	87	41	82	28	37	16	28
52	92	18	69	31	76	77	71	59	71	29	65	93	50	34	76	84
69	82	91	64	62	20	48	27	35	22	17	64	85	55	48	60	27
92	72	59	69	49	43	65	94	89	82	37	38	19	87	52	37	60
58	38	30	68	98	22	14	54	66	59	45	44	78	96	80	11	37
26	62	81	61	77	54	71	89	71	35	67	47	51	23	61	36	11
88	18	20	23	64	56	78	59	71	35	27	93	29	24	59	90	99
50	66	31	45	55	56	25	54	54	62	86	61	80	72	90	28	54
66	80	39	82	39	44	77	49	86	67	56	84	86	72	75	39	63
57	43	59	68	71	42	77	99	53	27	42	46	26	47	18	93	23
52	20	81	15	96	35	36	41	35	73	72	26	17	54	75	69	16
84	34	15	23	17	56	34	34	18	30	48	71	58	55	81	53	24
13	83	58	12	57	55	17	82	26	80	91	77	86	93	23	38	62
12	69	92	33	59	60	76	55	63	62	51	36	62	57	56	38	61
27	10	49	80	22	56	41	86	78	31	91	76	49	42	59	37	52
87	38	98	96	96	52	87	30	16	14	73	48	69	24	10	71	61
44	62	16	55	30	21	65	60	72	45	41	10	82	81	30	57	66
99	57	91	12	88	84	25	61	29	67	14	79	57	20	17	11	71
70	11	49	43	80	23	37	57	42	83	48	56	75	76			

附表 2　标准正态概率表

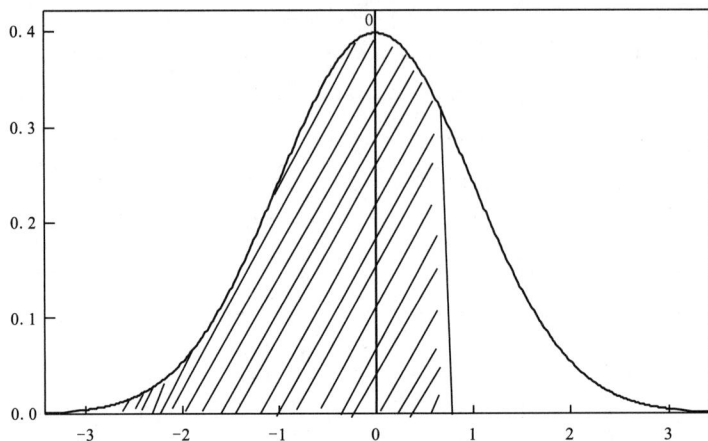

Z	0	1	2	3	4	5	6	7	8	9
−3.0	0.001 3	0.001 3	0.001 3	0.001 2	0.001 2	0.001 1	0.001 1	0.001 1	0.001 0	0.001 0
−2.9	0.001 9	0.001 8	0.001 8	0.001 7	0.001 6	0.001 6	0.001 5	0.001 5	0.001 4	0.001 4
−2.8	0.002 6	0.002 5	0.002 4	0.002 3	0.002 3	0.002 2	0.002 1	0.002 1	0.002 0	0.001 9
−2.7	0.003 5	0.003 4	0.003 3	0.003 2	0.003 1	0.003 0	0.002 9	0.002 8	0.002 7	0.002 6
−2.6	0.004 7	0.004 5	0.004 4	0.004 3	0.004 1	0.004 0	0.003 9	0.003 8	0.003 7	0.003 6
−2.5	0.006 2	0.006 0	0.005 9	0.005 7	0.005 5	0.005 4	0.005 2	0.005 1	0.004 9	0.004 8
−2.4	0.008 2	0.008 0	0.007 8	0.007 5	0.007 3	0.007 1	0.006 9	0.006 8	0.006 6	0.006 4
−2.3	0.010 7	0.010 4	0.010 2	0.009 9	0.009 6	0.009 4	0.009 1	0.008 9	0.008 7	0.008 4
−2.2	0.013 9	0.013 6	0.013 2	0.012 9	0.012 5	0.012 2	0.011 9	0.011 6	0.011 3	0.011 0
−2.1	0.017 9	0.017 4	0.017 0	0.016 6	0.016 2	0.015 8	0.015 4	0.015 0	0.014 6	0.014 3
−2.0	0.022 8	0.022 2	0.021 7	0.021 2	0.020 7	0.020 2	0.019 7	0.019 2	0.018 8	0.018 3
−1.9	0.028 7	0.028 1	0.027 4	0.026 8	0.026 2	0.025 6	0.025 0	0.024 4	0.023 9	0.023 3
−1.8	0.035 9	0.035 1	0.034 4	0.033 6	0.032 9	0.032 2	0.031 4	0.030 7	0.030 1	0.029 4
−1.7	0.044 6	0.043 6	0.042 7	0.041 8	0.040 9	0.040 1	0.039 2	0.038 4	0.037 5	0.036 7
−1.6	0.054 8	0.053 7	0.052 6	0.051 6	0.050 5	0.049 5	0.048 5	0.047 5	0.046 5	0.045 5
−1.5	0.066 8	0.065 5	0.064 3	0.063 0	0.061 8	0.060 6	0.059 4	0.058 2	0.057 1	0.055 9
−1.4	0.080 8	0.079 3	0.077 8	0.076 4	0.074 9	0.073 5	0.072 1	0.070 8	0.069 4	0.068 1
−1.3	0.096 8	0.095 1	0.093 4	0.091 8	0.090 1	0.088 5	0.086 9	0.085 3	0.083 8	0.082 3
−1.2	0.115 1	0.113 1	0.111 2	0.109 3	0.107 5	0.105 6	0.103 8	0.102 0	0.100 3	0.098 5
−1.1	0.135 7	0.133 5	0.131 4	0.129 2	0.127 1	0.125 1	0.123 0	0.121 0	0.119 0	0.117 0
−1.0	0.158 7	0.156 2	0.153 9	0.151 5	0.149 2	0.146 9	0.144 6	0.142 3	0.140 1	0.137 9
−0.9	0.184 1	0.181 4	0.178 8	0.176 2	0.173 6	0.171 1	0.168 5	0.166 0	0.163 5	0.161 1

续表

Z	0	1	2	3	4	5	6	7	8	9
−0.8	0.211 9	0.209 0	0.206 1	0.203 3	0.200 5	0.197 7	0.194 9	0.192 2	0.189 4	0.186 7
−0.7	0.242 0	0.238 9	0.235 8	0.232 7	0.229 6	0.226 6	0.223 6	0.220 6	0.217 7	0.214 8
−0.6	0.274 3	0.270 9	0.267 6	0.264 3	0.261 1	0.257 8	0.254 6	0.251 4	0.248 3	0.245 1
−0.5	0.308 5	0.305 0	0.301 5	0.298 1	0.294 6	0.291 2	0.287 7	0.284 3	0.281 0	0.277 6
−0.4	0.344 6	0.340 9	0.337 2	0.333 6	0.330 0	0.326 4	0.322 8	0.319 2	0.315 6	0.312 1
−0.3	0.382 1	0.378 3	0.374 5	0.370 7	0.366 9	0.363 2	0.359 4	0.355 7	0.352 0	0.348 3
−0.2	0.420 7	0.416 8	0.412 9	0.409 0	0.405 2	0.401 3	0.397 4	0.393 6	0.389 7	0.385 9
−0.1	0.460 2	0.456 2	0.452 2	0.448 3	0.444 3	0.440 4	0.436 4	0.432 5	0.428 6	0.424 7
−0.0	0.500 0	0.496 0	0.492 0	0.488 0	0.484 0	0.480 1	0.476 1	0.472 1	0.468 1	0.464 1
0.0	0.500 0	0.504 0	0.508 0	0.512 0	0.516 0	0.519 9	0.523 9	0.527 9	0.531 9	0.535 9
0.1	0.539 8	0.543 8	0.547 8	0.551 7	0.555 7	0.559 6	0.563 6	0.567 5	0.571 4	0.575 3
0.2	0.579 3	0.583 2	0.587 1	0.591 0	0.594 8	0.598 7	0.602 6	0.606 4	0.610 3	0.614 1
0.3	0.617 9	0.621 7	0.625 5	0.629 3	0.633 1	0.636 8	0.640 6	0.644 3	0.648 0	0.651 7
0.4	0.655 4	0.659 1	0.662 8	0.666 4	0.670 0	0.673 6	0.677 2	0.680 8	0.684 4	0.687 9
0.5	0.691 5	0.695 0	0.698 5	0.701 9	0.705 4	0.708 8	0.712 3	0.715 7	0.719 0	0.722 4
0.6	0.725 7	0.729 1	0.732 4	0.735 7	0.738 9	0.742 2	0.745 4	0.748 6	0.751 7	0.754 9
0.7	0.758 0	0.761 1	0.764 2	0.767 3	0.770 4	0.773 4	0.776 4	0.779 4	0.782 3	0.785 2
0.8	0.788 1	0.791 0	0.793 9	0.796 7	0.799 5	0.802 3	0.805 1	0.807 8	0.810 6	0.813 3
0.9	0.815 9	0.818 6	0.821 2	0.823 8	0.826 4	0.828 9	0.831 5	0.834 0	0.836 5	0.838 9
1.0	0.841 3	0.843 8	0.846 1	0.848 5	0.850 8	0.853 1	0.855 4	0.857 7	0.859 9	0.862 1
1.1	0.864 3	0.866 5	0.868 6	0.870 8	0.872 9	0.874 9	0.877 0	0.879 0	0.881 0	0.883 0
1.2	0.884 9	0.886 9	0.888 8	0.890 7	0.892 5	0.894 4	0.896 2	0.898 0	0.899 7	0.901 5
1.3	0.903 2	0.904 9	0.906 6	0.908 2	0.909 9	0.911 5	0.913 1	0.914 7	0.916 2	0.917 7
1.4	0.919 2	0.920 7	0.922 2	0.923 6	0.925 1	0.926 5	0.927 9	0.929 2	0.930 6	0.931 9
1.5	0.933 2	0.934 5	0.935 7	0.937 0	0.938 2	0.939 4	0.940 6	0.941 8	0.942 9	0.944 1
1.6	0.945 2	0.946 3	0.947 4	0.948 4	0.949 5	0.950 5	0.951 5	0.952 5	0.953 5	0.954 5
1.7	0.955 4	0.956 4	0.957 3	0.958 2	0.959 1	0.959 9	0.960 8	0.961 6	0.962 5	0.963 3
1.8	0.964 1	0.964 9	0.965 6	0.966 4	0.967 1	0.967 8	0.968 6	0.969 3	0.969 9	0.970 6
1.9	0.971 3	0.971 9	0.972 6	0.973 2	0.973 8	0.974 4	0.975 0	0.975 6	0.976 1	0.976 7
2.0	0.977 2	0.977 8	0.978 3	0.978 8	0.979 3	0.979 8	0.980 3	0.980 8	0.981 2	0.981 7
2.1	0.982 1	0.982 6	0.983 0	0.983 4	0.983 8	0.984 2	0.984 6	0.985 0	0.985 4	0.985 7
2.2	0.986 1	0.986 4	0.986 8	0.987 1	0.987 5	0.987 8	0.988 1	0.988 4	0.988 7	0.989 0
2.3	0.989 3	0.989 6	0.989 8	0.990 1	0.990 4	0.990 6	0.990 9	0.991 1	0.991 3	0.991 6
2.4	0.991 8	0.992 0	0.992 2	0.992 5	0.992 7	0.992 9	0.993 1	0.993 2	0.993 4	0.993 6

续表

Z	0	1	2	3	4	5	6	7	8	9
2.5	0.993 8	0.994 0	0.994 1	0.994 3	0.994 5	0.994 6	0.994 8	0.994 9	0.995 1	0.995 2
2.6	0.995 3	0.995 5	0.995 6	0.995 7	0.995 9	0.996 0	0.996 1	0.996 2	0.996 3	0.996 4
2.7	0.996 5	0.996 6	0.996 7	0.996 8	0.996 9	0.997 0	0.997 1	0.997 2	0.997 3	0.997 4
2.8	0.997 4	0.997 5	0.997 6	0.997 7	0.997 7	0.997 8	0.997 9	0.997 9	0.998 0	0.998 1
2.9	0.998 1	0.998 2	0.998 2	0.998 3	0.998 4	0.998 4	0.998 5	0.998 5	0.998 6	0.998 6
3.0	0.998 7	0.998 7	0.998 7	0.998 8	0.998 8	0.998 9	0.998 9	0.998 9	0.999 0	0.999 0

附表 3　*t* 分布表

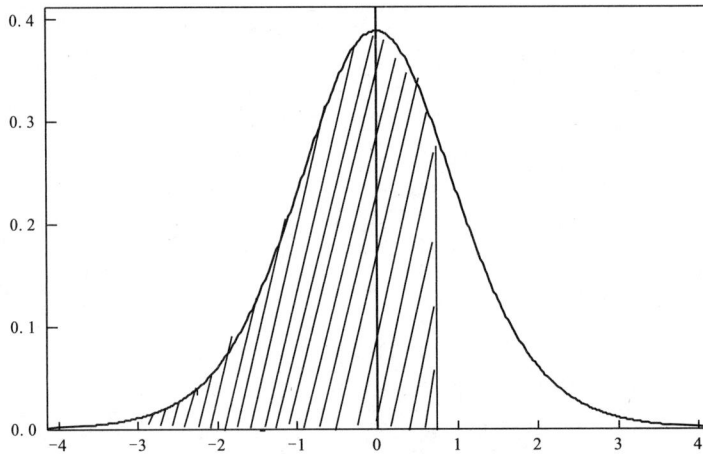

自由度	概率值					
	0.750	0.900	0.950	0.975	0.990	0.995
1	1.000 0	3.077 7	6.313 7	12.706 2	31.821 0	63.655 9
2	0.816 5	1.885 6	2.920 0	4.302 7	6.964 5	9.925 0
3	0.764 9	1.637 7	2.353 4	3.182 4	4.540 7	5.840 8
4	0.740 7	1.533 2	2.131 8	2.776 5	3.746 9	4.604 1
5	0.726 7	1.475 9	2.015 0	2.570 6	3.364 9	4.032 1
6	0.717 6	1.439 8	1.943 2	2.446 9	3.142 7	3.707 4
7	0.711 1	1.414 9	1.894 6	2.364 6	2.997 9	3.499 5
8	0.706 4	1.396 8	1.859 5	2.306 0	2.896 5	3.355 4
9	0.702 7	1.383 0	1.833 1	2.262 2	2.821 4	3.249 8
10	0.699 8	1.372 2	1.812 5	2.228 1	2.763 8	3.169 3

续表

自由度	概率值					
	0.750	0.900	0.950	0.975	0.990	0.995
11	0.697 4	1.363 4	1.795 9	2.201 0	2.718 1	3.105 8
12	0.695 5	1.356 2	1.782 3	2.178 8	2.681 0	3.054 5
13	0.693 8	1.350 2	1.770 9	2.160 4	2.650 3	3.012 3
14	0.692 4	1.345 0	1.761 3	2.144 8	2.624 5	2.976 8
15	0.691 2	1.340 6	1.753 1	2.131 5	2.602 5	2.946 7
16	0.690 1	1.336 8	1.745 9	2.119 9	2.583 5	2.920 8
17	0.689 2	1.333 4	1.739 6	2.109 8	2.566 9	2.898 2
18	0.688 4	1.330 4	1.734 1	2.100 9	2.552 4	2.878 4
19	0.687 6	1.327 7	1.729 1	2.093 0	2.539 5	2.860 9
20	0.687 0	1.325 3	1.724 7	2.086 0	2.528 0	2.845 3
21	0.686 4	1.323 2	1.720 7	2.079 6	2.517 6	2.831 4
22	0.685 8	1.321 2	1.717 1	2.073 9	2.508 3	2.818 8
23	0.685 3	1.319 5	1.713 9	2.068 7	2.499 9	2.807 3
24	0.684 8	1.317 8	1.710 9	2.063 9	2.492 2	2.797 0
25	0.684 4	1.316 3	1.708 1	2.059 5	2.485 1	2.787 4
26	0.684 0	1.315 0	1.705 6	2.055 5	2.478 6	2.778 7
27	0.683 7	1.313 7	1.703 3	2.051 8	2.472 7	2.770 7
28	0.683 4	1.312 5	1.701 1	2.048 4	2.467 1	2.763 3
29	0.683 0	1.311 4	1.699 1	2.045 2	2.462 0	2.756 4
30	0.682 8	1.310 4	1.697 3	2.042 3	2.457 3	2.750 0
31	0.682 5	1.309 5	1.695 5	2.039 5	2.452 8	2.744 0
32	0.682 2	1.308 6	1.693 9	2.036 9	2.448 7	2.738 5
33	0.682 0	1.307 7	1.692 4	2.034 5	2.444 8	2.7333
34	0.681 8	1.307 0	1.690 9	2.032 2	2.441 1	2.728 4
35	0.681 6	1.306 2	1.689 6	2.030 1	2.437 7	2.723 8
36	0.681 4	1.305 5	1.688 3	2.028 1	2.434 5	2.719 5
37	0.681 2	1.304 9	1.687 1	2.026 2	2.431 4	2.715 4
38	0.681 0	1.304 2	1.686 0	2.024 4	2.428 6	2.711 6
39	0.680 8	1.303 6	1.684 9	2.022 7	2.425 8	2.707 9

续表

自由度	概率值					
	0.750	0.900	0.950	0.975	0.990	0.995
40	0.680 7	1.303 1	1.683 9	2.021 1	2.423 3	2.704 5
41	0.680 5	1.302 5	1.682 9	2.019 5	2.420 8	2.701 2
42	0.680 4	1.302 0	1.682 0	2.018 1	2.418 5	2.698 1
43	0.680 2	1.301 6	1.681 1	2.016 7	2.416 3	2.695 1
44	0.680 1	1.301 1	1.680 2	2.015 4	2.414 1	2.692 3
45	0.680 0	1.300 7	1.679 4	2.014 1	2.412 1	2.689 6
46	0.679 9	1.300 2	1.678 7	2.012 9	2.410 2	2.687 0
47	0.679 7	1.299 8	1.677 9	2.011 7	2.408 3	2.684 6
48	0.679 6	1.299 4	1.677 2	2.010 6	2.406 6	2.682 2
49	0.679 5	1.299 1	1.676 6	2.009 6	2.404 9	2.680 0
50	0.679 4	1.298 7	1.675 9	2.008 6	2.403 3	2.677 8
51	0.679 3	1.298 4	1.675 3	2.007 6	2.401 7	2.675 7
52	0.679 2	1.298 0	1.674 7	2.006 6	2.400 2	2.673 7
53	0.679 1	1.297 7	1.674 1	2.005 7	2.398 8	2.671 8
54	0.679 1	1.297 4	1.673 6	2.004 9	2.397 4	2.670 0
55	0.679 0	1.297 1	1.673 0	2.004 0	2.396 1	2.668 2
56	0.678 9	1.296 9	1.672 5	2.003 2	2.394 8	2.666 5
57	0.678 8	1.296 6	1.672 0	2.002 5	2.393 6	2.664 9
58	0.678 7	1.296 3	1.671 6	2.001 7	2.392 4	2.663 3
59	0.678 7	1.296 1	1.671 1	2.001 0	2.391 2	2.661 8
60	0.678 6	1.295 8	1.670 6	2.000 3	2.390 1	2.660 3
61	0.678 5	1.295 6	1.670 2	1.999 6	2.389 0	2.658 9
62	0.678 5	1.295 4	1.669 8	1.999 0	2.388 0	2.657 5
63	0.678 4	1.295 1	1.669 4	1.998 3	2.387 0	2.656 1
64	0.678 3	1.294 9	1.669 0	1.997 7	2.386 0	2.654 9
65	0.678 3	1.294 7	1.668 6	1.997 1	2.385 1	2.653 6
66	0.678 2	1.294 5	1.668 3	1.996 6	2.384 2	2.652 4
67	0.678 2	1.294 3	1.667 9	1.996 0	2.383 3	2.651 2
68	0.678 1	1.294 1	1.667 6	1.995 5	2.382 4	2.650 1

自由度	概率值					
	0.750	**0.900**	**0.950**	**0.975**	**0.990**	**0.995**
69	0.678 1	1.293 9	1.667 2	1.994 9	2.381 6	2.649 0
70	0.678 0	1.293 8	1.666 9	1.994 4	2.380 8	2.647 9
71	0.678 0	1.293 6	1.666 6	1.993 9	2.380 0	2.646 9
72	0.677 9	1.293 4	1.666 3	1.993 5	2.379 3	2.645 8
73	0.677 9	1.293 3	1.666 0	1.993 0	2.378 5	2.644 9

附表 4 χ^2 分布表

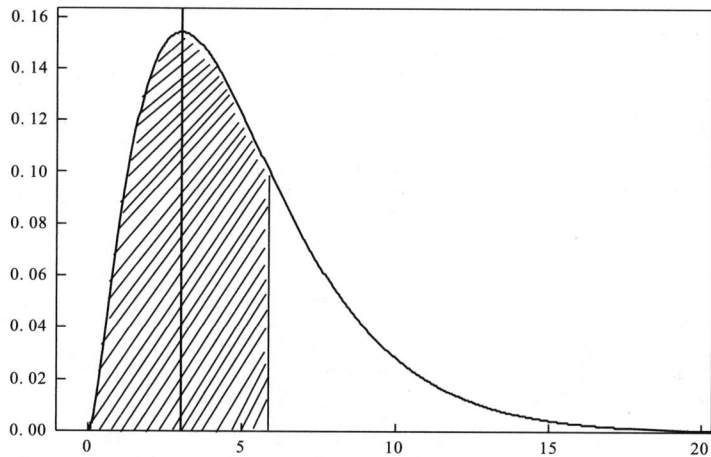

自由度	概率值					
	0.005	**0.010**	**0.025**	**0.050**	**0.100**	**0.250**
1	0.000 0	0.000 2	0.001 0	0.003 9	0.015 8	0.101 5
2	0.010 0	0.020 1	0.050 6	0.102 6	0.210 7	0.575 4
3	0.071 7	0.114 8	0.215 8	0.351 8	0.584 4	1.212 5
4	0.207 0	0.297 1	0.484 4	0.710 7	1.063 6	1.922 6
5	0.411 8	0.554 3	0.831 2	1.145 5	1.610 3	2.674 6
6	0.675 7	0.872 1	1.237 3	1.635 4	2.204 1	3.454 6
7	0.989 3	1.239 0	1.689 9	2.167 3	2.833 1	4.254 9
8	1.344 4	1.646 5	2.179 7	2.732 6	3.489 5	5.070 6
9	1.734 9	2.087 9	2.700 4	3.325 1	4.168 2	5.898 8

续表

自由度	概率值					
	0.005	0.010	0.025	0.050	0.100	0.250
10	2.155 8	2.558 2	3.247 0	3.940 3	4.865 2	6.737 2
11	2.603 2	3.053 5	3.815 7	4.574 8	5.577 8	7.584 1
12	3.073 8	3.570 6	4.403 8	5.226 0	6.303 8	8.438 4
13	3.565 0	4.106 9	5.008 7	5.891 9	7.041 5	9.299 1
14	4.074 7	4.660 4	5.628 7	6.570 6	7.789 5	10.165 3
15	4.600 9	5.229 4	6.262 1	7.260 9	8.546 8	11.036 5
16	5.142 2	5.812 2	6.907 7	7.961 6	9.312 2	11.912 2
17	5.697 3	6.407 7	7.564 2	8.671 8	10.085 2	12.791 9
18	6.264 8	7.014 9	8.230 7	9.390 4	10.864 9	13.675 3
19	6.843 9	7.632 7	8.906 5	10.117 0	11.650 9	14.562 0
20	7.433 8	8.260 4	9.590 8	10.850 8	12.442 6	15.451 8
21	8.033 6	8.897 2	10.282 9	11.591 3	13.239 6	16.344 4
22	8.642 7	9.542 5	10.982 3	12.338 0	14.041 5	17.239 6
23	9.260 4	10.195 7	11.688 5	13.090 5	14.848 0	18.137 3
24	9.886 2	10.856 3	12.401 1	13.848 4	15.658 7	19.037 3
25	10.519 6	11.524 0	13.119 7	14.611 4	16.473 4	19.939 3
26	11.160 2	12.198 2	13.843 9	15.379 2	17.291 9	20.843 4
27	11.807 7	12.878 5	14.573 4	16.151 4	18.113 9	21.749 4
28	12.461 3	13.564 7	15.307 9	16.927 9	18.939 2	22.657 2
29	13.121 1	14.256 4	16.047 1	17.708 4	19.767 7	23.566 6
30	13.786 7	14.953 5	16.790 8	18.492 7	20.599 2	24.477 6

自由度	概率值					
	0.750	0.900	0.950	0.975	0.990	0.995
1	1.323 3	2.705 5	3.841 5	5.023 9	6.634 9	7.879 4
2	2.772 6	4.605 2	5.991 5	7.377 8	9.210 4	10.596 5
3	4.108 3	6.251 4	7.814 7	9.348 4	11.344 9	12.838 1
4	5.385 3	7.779 4	9.487 7	11.143 3	13.276 7	14.860 2
5	6.625 7	9.236 3	11.070 5	12.832 5	15.086 3	16.749 6

续表

自由度	概率值					
	0.750	0.900	0.950	0.975	0.990	0.995
6	7.840 8	10.644 6	12.591 6	14.449 4	16.811 9	18.547 5
7	9.037 1	12.017 0	14.067 1	16.012 8	18.475 3	20.277 7
8	10.218 9	13.361 6	15.507 3	17.534 5	20.090 2	21.954 9
9	11.388 7	14.683 7	16.919 0	19.022 8	21.666 0	23.589 3
10	12.548 9	15.987 2	18.307 0	20.483 2	23.209 3	25.188 1
11	13.700 7	17.275 0	19.675 2	21.920 0	24.725 0	26.756 9
12	14.845 4	18.549 3	21.026 1	23.336 7	26.217 0	28.299 7
13	15.983 9	19.811 9	22.362 0	24.735 6	27.688 2	29.819 3
14	17.116 9	21.064 1	23.684 8	26.118 9	29.141 2	31.319 4
15	18.245 1	22.307 1	24.995 8	27.488 4	30.578 0	32.801 5
16	19.368 9	23.541 8	26.296 2	28.845 3	31.999 9	34.267 1
17	20.488 7	24.769 0	27.587 1	30.191 0	33.408 7	35.718 4
18	21.604 9	25.989 4	28.869 3	31.526 4	34.805 2	37.156 4
19	22.717 8	27.203 6	30.143 5	32.852 3	36.190 8	38.582 1
20	23.827 7	28.412 0	31.410 4	34.169 6	37.566 3	39.996 9
21	24.934 8	29.615 1	32.670 6	35.478 9	38.932 2	41.400 9
22	26.039 3	30.813 3	33.924 5	36.780 7	40.289 4	42.795 7
23	27.141 3	32.006 9	35.172 5	38.075 6	41.638 3	44.181 4
24	28.241 2	33.196 2	36.415 0	39.364 1	42.979 8	45.558 4
25	29.338 8	34.381 6	37.652 5	40.646 5	44.314 0	46.928 0
26	30.434 6	35.563 2	38.885 1	41.923 1	45.641 6	48.289 8
27	31.528 4	36.741 2	40.113 3	43.194 5	46.962 8	49.645 0
28	32.620 5	37.915 9	41.337 2	44.460 8	48.278 2	50.993 6
29	33.710 9	39.087 5	42.556 9	45.722 3	49.587 8	52.335 5
30	34.799 7	40.256 0	43.773 0	46.979 2	50.892 2	53.671 9

附表 5   F 分布表

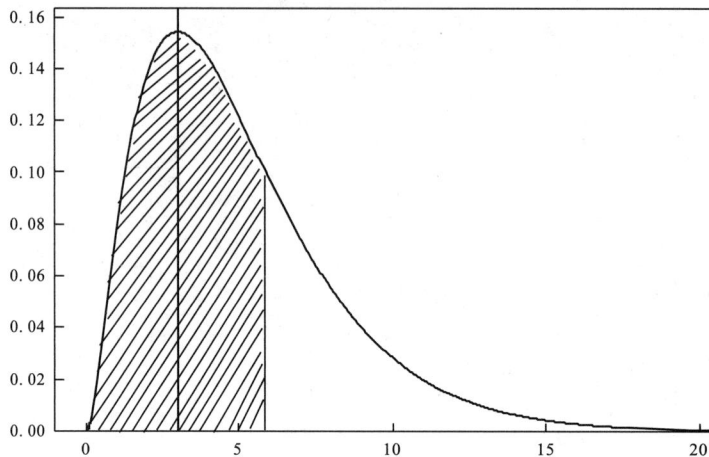

概率值 0.900

df_1	df_2									
	1	2	3	4	5	6	7	8	9	10
1	39.863 6	8.526 3	5.538 3	4.544 8	4.060 4	3.776 0	3.589 4	3.457 9	3.360 3	3.285 0
2	49.500 2	9.00 0	5.462 4	4.324 6	3.779 7	3.463 3	3.257 4	3.113 1	3.006 4	2.924 5
3	53.593 3	9.161 8	5.390 8	4.190 9	3.619 5	3.288 8	3.074 1	2.923 8	2.812 9	2.727 7
4	55.833 0	9.243 4	5.342 7	4.107 2	3.520 2	3.180 8	2.960 5	2.806 4	2.692 7	2.605 3
5	57.240 0	9.292 6	5.309 1	4.050 6	3.453 0	3.107 5	2.883 3	2.726 4	2.610 6	2.521 6
6	58.204 5	9.325 5	5.284 7	4.009 7	3.404 5	3.054 6	2.827 4	2.668 3	2.550 9	2.460 6
7	58.906 2	9.349 1	5.266 2	3.979 0	3.367 9	3.014 5	2.784 9	2.624 1	2.505 3	2.414 0
8	59.439 1	9.366 8	5.251 7	3.954 9	3.339 3	2.983 0	2.751 6	2.589 3	2.469 4	2.377 1
9	59.857 5	9.380 5	5.240 0	3.935 7	3.316 3	2.957 7	2.724 7	2.561 2	2.440 3	2.347 3
10	60.194 9	9.391 6	5.230 4	3.919 9	3.297 4	2.936 9	2.702 5	2.538 0	2.416 3	2.322 6
11	60.472 8	9.400 6	5.222 4	3.906 7	3.281 6	2.919 5	2.683 9	2.518 6	2.396 1	2.301 8
12	60.705 1	9.408 2	5.215 6	3.895 5	3.268 2	2.904 7	2.668 1	2.502 0	2.378 9	2.284 1
13	60.902 5	9.414 5	5.209 8	3.885 9	3.256 7	2.892 0	2.654 5	2.487 6	2.364 0	2.268 7
14	61.072 6	9.420 0	5.204 7	3.877 6	3.246 8	2.880 9	2.642 6	2.475 2	2.351 0	2.255 3
15	61.220 4	9.424 7	5.200 3	3.870 4	3.238 0	2.871 2	2.632 2	2.464 2	2.339 6	2.243 5
16	61.350 0	9.428 8	5.196 4	3.863 9	3.230 3	2.862 6	2.623 0	2.454 5	2.329 5	2.233 0
17	61.464 6	9.432 5	5.192 9	3.858 2	3.223 4	2.855 0	2.614 8	2.445 8	2.320 5	2.223 7

续表

df_1	df_2									
	1	2	3	4	5	6	7	8	9	10
18	61.566 4	9.435 8	5.189 8	3.853 1	3.217 2	2.848 1	2.607 4	2.438 0	2.312 3	2.215 3
19	61.657 8	9.438 7	5.187 0	3.848 5	3.211 7	2.841 9	2.600 8	2.431 0	2.305 0	2.207 7
20	61.740 1	9.441 3	5.184 5	3.844 3	3.206 7	2.836 3	2.594 7	2.424 6	2.298 3	2.200 7
21	61.814 7	9.443 7	5.182 2	3.840 6	3.202 1	2.831 2	2.589 2	2.418 8	2.292 2	2.194 4
22	61.882 9	9.445 8	5.180 1	3.837 1	3.197 9	2.826 6	2.584 2	2.413 5	2.286 7	2.188 7
23	61.944 8	9.447 8	5.178 2	3.833 9	3.194 1	2.822 3	2.579 6	2.408 6	2.281 6	2.183 3
24	62.002 1	9.449 6	5.176 4	3.831 0	3.190 5	2.818 3	2.575 3	2.404 1	2.276 8	2.178 4
25	62.054 8	9.451 3	5.174 7	3.828 3	3.187 3	2.814 7	2.571 4	2.399 9	2.272 5	2.173 9
26	62.103 0	9.452 8	5.173 2	3.825 8	3.184 2	2.811 3	2.567 7	2.396 1	2.268 4	2.169 7
27	62.148 0	9.454 3	5.171 8	3.823 5	3.181 4	2.808 2	2.564 3	2.392 5	2.264 6	2.165 7
28	62.189 4	9.455 6	5.170 5	3.821 3	3.178 8	2.805 3	2.561 2	2.389 1	2.261 1	2.162 1
29	62.228 5	9.456 8	5.169 3	3.819 3	3.176 4	2.802 5	2.558 2	2.386 0	2.257 8	2.158 6
30	62.264 9	9.457 9	5.168 1	3.817 4	3.174 1	2.800 0	2.555 5	2.383 0	2.254 7	2.155 4

概率值 0.950

df_1	df_2									
	1	2	3	4	5	6	7	8	9	10
1	161.446 2	18.512 8	10.128 0	7.708 6	6.607 9	5.987 4	5.591 5	5.317 6	5.117 4	4.964 6
2	199.499 5	19.000 0	9.552 1	6.944 3	5.786 1	5.143 2	4.737 4	4.459 0	4.256 5	4.102 8
3	215.706 7	19.164 2	9.276 6	6.591 4	5.409 4	4.757 1	4.346 8	4.066 2	3.862 5	3.708 3
4	224.583 3	19.246 7	9.117 2	6.388 2	5.192 2	4.533 7	4.120 3	3.837 9	3.633 1	3.478 0
5	230.160 4	19.296 3	9.013 4	6.256 1	5.050 3	4.387 4	3.971 5	3.687 5	3.481 7	3.325 8
6	233.987 5	19.329 5	8.940 7	6.163 1	4.950 3	4.283 9	3.866 0	3.580 6	3.373 8	3.217 2
7	236.766 9	19.353 1	8.886 7	6.094 2	4.875 9	4.206 7	3.787 1	3.500 5	3.292 7	3.135 5
8	238.884 2	19.370 9	8.845 2	6.041 0	4.818 3	4.146 8	3.725 7	3.438 1	3.229 6	3.071 7
9	240.543 2	19.384 7	8.812 3	5.998 8	4.772 5	4.099 0	3.676 7	3.388 1	3.178 9	3.020 4
10	241.881 9	19.395 9	8.785 5	5.964 4	4.735 1	4.060 0	3.636 5	3.347 2	3.137 3	2.978 2
11	242.980 6	19.405 0	8.763 3	5.935 8	4.704 0	4.027 4	3.603 0	3.312 9	3.102 5	2.943 0
12	243.904 7	19.412 5	8.744 7	5.911 7	4.677 7	3.999 9	3.574 7	3.283 9	3.072 9	2.913 0

续表

df_1	df_2									
	1	2	3	4	5	6	7	8	9	10
13	244.690 5	19.418 8	8.728 6	5.891 1	4.655 2	3.976 4	3.550 3	3.259 0	3.047 5	2.887 2
14	245.363 5	19.424 3	8.714 9	5.873 3	4.635 8	3.955 9	3.529 2	3.237 4	3.025 5	2.864 7
15	245.949 2	19.429 1	8.702 8	5.857 8	4.618 8	3.938 1	3.510 7	3.218 4	3.006 1	2.845 0
16	246.465 8	19.433 2	8.692 3	5.844 1	4.603 8	3.922 3	3.494 4	3.201 6	2.989 0	2.827 6
17	246.916 9	19.437 0	8.682 9	5.832 0	4.590 4	3.908 3	3.479 9	3.186 7	2.973 7	2.812 0
18	247.324 4	19.440 2	8.674 5	5.821 1	4.578 5	3.895 7	3.466 9	3.173 3	2.960 0	2.798 0
19	247.688 1	19.443 2	8.667 0	5.811 4	4.567 8	3.884 4	3.455 1	3.161 2	2.947 7	2.785 4
20	248.015 6	19.445 7	8.660 2	5.802 5	4.558 1	3.874 2	3.444 5	3.150 3	2.936 5	2.774 0
21	248.306 6	19.448 2	8.654 0	5.794 5	4.549 3	3.864 9	3.434 9	3.140 4	2.926 3	2.763 6
22	248.579 5	19.450 2	8.648 4	5.787 2	4.541 3	3.856 4	3.426 0	3.131 3	2.916 9	2.754 1
23	248.823 2	19.452 3	8.643 3	5.780 5	4.533 9	3.848 6	3.418 0	3.122 9	2.908 4	2.745 3
24	249.052 4	19.454 1	8.638 5	5.774 4	4.527 2	3.841 4	3.410 5	3.115 2	2.900 5	2.737 3
25	249.259 8	19.455 7	8.634 1	5.768 7	4.520 9	3.834 8	3.403 6	3.108 1	2.893 2	2.729 8
26	249.452 6	19.457 3	8.630 1	5.763 5	4.515 1	3.828 7	3.397 2	3.101 5	2.886 4	2.722 9
27	249.630 8	19.458 6	8.626 3	5.758 6	4.509 7	3.823 0	3.391 3	3.095 4	2.880 1	2.716 4
28	249.798 2	19.460 0	8.622 9	5.754 1	4.504 8	3.817 7	3.385 8	3.089 7	2.874 3	2.710 4
29	249.951 0	19.461 4	8.619 6	5.749 8	4.500 1	3.812 8	3.380 6	3.084 4	2.868 8	2.704 8
30	250.096 5	19.462 5	8.616 6	5.745 9	4.495 7	3.808 2	3.375 8	3.079 4	2.863 7	2.699 6

概率值 0.975

df_1	df_2									
	1	2	3	4	5	6	7	8	9	10
1	647.793 1	38.506 2	17.443 4	12.217 9	10.006 9	8.813 1	8.072 7	7.570 9	7.209 3	6.936 7
2	799.482 2	39.000 0	16.044 2	10.649 0	8.433 6	7.259 9	6.541 5	6.059 5	5.714 7	5.456 4
3	864.150 9	39.165 6	15.439 1	9.979 2	7.763 6	6.598 8	5.889 8	5.416 0	5.078 1	4.825 6
4	899.599 4	39.248 3	15.101 0	9.604 5	7.387 9	6.227 1	5.522 6	5.052 6	4.718 1	4.468 3
5	921.834 7	39.298 4	14.884 8	9.364 5	7.146 4	5.987 5	5.285 2	4.817 3	4.484 4	4.236 1
6	937.114 2	39.331 1	14.734 7	9.197 3	6.977 7	5.819 7	5.118 6	4.651 7	4.319 7	4.072 1
7	948.202 8	39.355 7	14.624 4	9.074 1	6.853 0	5.695 5	4.994 9	4.528 5	4.197 0	3.949 8

续表

df_1	df_2									
	1	2	3	4	5	6	7	8	9	10
8	956.642 9	39.372 9	14.539 9	8.979 6	6.757 2	5.599 6	4.899 3	4.433 3	4.102 0	3.854 9
9	963.278 6	39.386 6	14.473 0	8.904 6	6.681 0	5.523 4	4.823 2	4.357 2	4.026 0	3.779 0
10	968.633 7	39.398 4	14.418 9	8.843 9	6.619 2	5.461 3	4.761 1	4.295 1	3.963 9	3.716 8
11	973.028 4	39.406 6	14.374 1	8.793 6	6.567 8	5.409 8	4.709 5	4.243 4	3.912 1	3.664 9
12	976.724 6	39.414 8	14.336 6	8.751 2	6.524 5	5.366 2	4.665 8	4.199 7	3.868 2	3.621 0
13	979.838 7	39.421 1	14.304 5	8.715 0	6.487 6	5.329 0	4.628 5	4.162 2	3.830 6	3.583 2
14	982.545 3	39.426 6	14.276 8	8.683 7	6.455 6	5.296 8	4.596 1	4.129 7	3.798 0	3.550 4
15	984.873 6	39.431 1	14.252 7	8.656 6	6.427 7	5.268 6	4.567 8	4.101 2	3.769 3	3.521 7
16	986.910 9	39.435 7	14.231 5	8.632 6	6.403 2	5.243 9	4.542 8	4.076 1	3.744 1	3.496 3
17	988.715 3	39.439 3	14.212 7	8.611 3	6.381 4	5.221 8	4.520 6	4.053 8	3.721 6	3.473 6
18	990.345 1	39.442 1	14.196 1	8.592 3	6.361 9	5.202 1	4.500 8	4.033 8	3.701 5	3.453 4
19	991.800 3	39.445 7	14.180 8	8.575 3	6.344 4	5.184 4	4.482 9	4.015 8	3.683 3	3.435 1
20	993.080 9	39.447 5	14.167 4	8.559 9	6.328 5	5.168 4	4.466 8	3.999 4	3.666 9	3.418 5
21	994.303 3	39.450 2	14.155 1	8.546 0	6.314 2	5.153 8	4.452 0	3.984 6	3.652 0	3.403 5
22	995.35 1	39.452 1	14.143 8	8.533 2	6.301 1	5.140 6	4.438 6	3.971 1	3.638 3	3.389 7
23	996.340 5	39.454 8	14.133 5	8.521 6	6.289 0	5.128 4	4.426 3	3.958 7	3.625 7	3.377 0
24	997.271 9	39.456 6	14.124 2	8.510 8	6.278 0	5.117 2	4.415 0	3.947 2	3.614 2	3.365 4
25	998.086 8	39.457 5	14.115 4	8.501 0	6.267 8	5.106 9	4.404 5	3.936 7	3.603 5	3.354 6
26	998.843 5	39.459 3	14.107 4	8.491 8	6.258 5	5.097 3	4.394 9	3.926 9	3.593 6	3.344 6
27	999.542 0	39.461 2	14.099 9	8.483 4	6.249 7	5.088 4	4.385 9	3.917 8	3.584 9	3.335 3
28	1 000.240	39.462 1	14.093 1	8.475 5	6.241 6	5.080 2	4.377 5	3.909 3	3.575 9	3.326 7
29	1 000.823	39.463 0	14.086 5	8.468 2	6.234 0	5.072 4	4.369 7	3.901 4	3.567 9	3.318 6
30	1 001.405	39.464 8	14.080 6	8.461 3	6.226 9	5.065 2	4.362 4	3.894 0	3.560 4	3.311 0

概率值 0.990

df_1	df_2									
	1	2	3	4	5	6	7	8	9	10
1	4 052.185	98.501 9	34.116 1	21.197 6	16.258 1	13.745 2	12.246 3	11.258 6	10.561 5	10.044 2
2	4 999.34	99.000 3	30.816 4	17.999 8	13.274 1	10.924 9	9.546 5	8.649 1	8.021 5	7.559 5

续表

df_1	df_2									
	1	2	3	4	5	6	7	8	9	10
3	5 403.534	99.164 0	29.456 7	16.694 2	12.059 9	9.779 6	8.451 3	7.591 0	6.992 0	6.552 3
4	5 624.257	99.251 3	28.710 0	15.977 1	11.391 9	9.148 4	7.846 7	7.006 1	6.422 1	5.994 4
5	5 763.955	99.302 3	28.237 1	15.521 9	10.967 1	8.745 9	7.460 4	6.631 8	6.056 9	5.636 4
6	5 858.95	99.331 4	27.910 6	15.206 8	10.672 2	8.466 0	7.191 4	6.370 7	5.801 8	5.385 8
7	5 928.334	99.356 8	27.671 4	14.975 7	10.455 6	8.260 0	6.992 9	6.177 6	5.612 8	5.200 1
8	5 980.954	99.375 0	27.489 5	14.798 8	10.289 3	8.101 7	6.840 1	6.028 8	5.467 1	5.056 7
9	6 022.397	99.389 6	27.344 9	14.659 2	10.157 7	7.976 0	6.718 8	5.910 6	5.351 1	4.942 4
10	6 055.925	99.396 9	27.228 5	14.546 0	10.051 1	7.874 2	6.620 1	5.814 3	5.256 5	4.849 1
11	6 083.399	99.407 8	27.132 0	14.452 3	9.962 6	7.789 6	6.538 1	5.734 3	5.177 9	4.771 6
12	6 106.682	99.418 7	27.052 0	14.373 7	9.888 3	7.718 3	6.469 1	5.666 7	5.111 5	4.705 8
13	6 125.774	99.422 3	26.982 9	14.306 4	9.824 8	7.657 5	6.410 0	5.608 9	5.054 5	4.649 6
14	6 143.004	99.426 0	26.923 8	14.248 6	9.770 0	7.605 5	6.359 0	5.558 8	5.005 2	4.600 8
15	6 156.974	99.433 2	26.871 9	14.198 1	9.722 3	7.559 0	6.314 4	5.515 2	4.962 1	4.558 2
16	6 170.012	99.436 9	26.826 5	14.154 0	9.680 2	7.518 6	6.275 1	5.476 5	4.924 0	4.520 4
17	6 181.188	99.440 5	26.786 4	14.114 4	9.642 9	7.482 6	6.240 0	5.442 3	4.890 2	4.486 9
18	6 191.433	99.444 2	26.751 0	14.079 4	9.609 5	7.450 6	6.208 9	5.411 6	4.859 9	4.456 9
19	6 200.746	99.447 8	26.719 1	14.048 1	9.579 7	7.421 9	6.180 8	5.384 1	4.832 7	4.429 9
20	6 208.662	99.447 8	26.690 0	14.019 4	9.552 7	7.395 8	6.155 5	5.359 1	4.808 0	4.405 4
21	6 216.113	99.451 4	26.663 7	13.993 9	9.528 1	7.372 1	6.132 4	5.336 5	4.785 5	4.383 1
22	6 223.097	99.455 1	26.639 1	13.970 3	9.505 8	7.350 6	6.111 3	5.315 7	4.765 1	4.362 8
23	6 228.685	99.455 1	26.617 3	13.948 9	9.485 3	7.330 9	6.092 0	5.296 7	4.746 3	4.344 1
24	6 234.273	99.455 1	26.597 3	13.928 9	9.466 5	7.312 8	6.074 3	5.279 3	4.729 0	4.326 9
25	6 239.861	99.458 7	26.579 1	13.910 7	9.449 2	7.296 0	6.057 9	5.263 1	4.713 0	4.311 1
26	6 244.518	99.462 3	26.561 8	13.893 9	9.433 1	7.280 5	6.042 8	5.248 2	4.698 2	4.296 3
27	6 249.175	99.462 3	26.546 3	13.878 4	9.418 3	7.266 1	6.028 7	5.234 4	4.684 5	4.282 7
28	6 252.9	99.462 3	26.530 9	13.863 9	9.404 4	7.252 8	6.015 6	5.221 4	4.671 7	4.270 0
29	6 257.091	99.462 3	26.517 2	13.850 2	9.391 4	7.240 3	6.003 5	5.209 4	4.659 8	4.258 1
30	6 260.35	99.466 0	26.504 5	13.837 5	9.379 4	7.228 6	5.992 0	5.198 1	4.648 6	4.246 9

概率值 0.995

df_1	df_2									
	1	2	3	4	5	6	7	8	9	10
1	16 212.46	198.502 7	55.551 9	31.332 1	22.784 7	18.634 6	16.235 4	14.688 3	13.613 8	12.826 6
2	19 997.36	199.012 0	49.800 3	26.284 4	18.313 6	14.544 2	12.403 7	11.042 6	10.106 8	9.426 9
3	21 614.13	199.157 5	47.468 3	24.259 9	16.530 1	12.916 6	10.882 6	9.596 5	8.717 1	8.080 9
4	22 500.75	199.244 8	46.195 1	23.153 9	15.556 0	12.027 6	10.050 4	8.805 3	7.955 8	7.342 8
5	23 055.82	199.303 0	45.391 1	22.456 3	14.939 4	11.463 7	9.522 0	8.301 9	7.471 0	6.872 4
6	23 439.53	199.332 1	44.838 1	21.975 2	14.513 3	11.073 1	9.155 4	7.951 9	7.133 8	6.544 7
7	23 715.2	199.361 2	44.434 3	21.622 3	14.200 4	10.785 7	8.885 3	7.694 1	6.884 9	6.302 6
8	23 923.81	199.375 8	44.125 0	21.352 2	13.960 7	10.565 6	8.677 9	7.495 8	6.693 2	6.115 9
9	24 091.45	199.390 3	43.881 3	21.138 5	13.771 6	10.391 4	8.513 8	7.338 7	6.541 1	5.967 6
10	24 221.84	199.390 3	43.684 8	20.966 6	13.617 9	10.250 0	8.380 3	7.210 7	6.417 2	5.846 7
11	24 333.6	199.419 4	43.524 8	20.823 8	13.491 4	10.132 7	8.269 6	7.104 5	6.314 2	5.746 2
12	24 426.73	199.419 4	43.386 5	20.704 6	13.384 6	10.034 5	8.176 4	7.014 9	6.227 3	5.661 4
13	24 504.96	199.419 4	43.270 1	20.602 8	13.293 2	9.950 3	8.096 8	6.938 3	6.153 0	5.588 6
14	24 572.01	199.419 4	43.171 9	20.514 6	13.215 0	9.877 6	8.027 9	6.872 1	6.088 6	5.525 6
15	24 631.62	199.434 0	43.084 6	20.438 2	13.146 3	9.813 9	7.967 6	6.814 4	6.032 5	5.470 6
16	24 683.77	199.448 6	43.008 2	20.370 9	13.085 8	9.758 0	7.914 9	6.763 2	5.982 9	5.422 1
17	24 728.48	199.448 6	42.939 1	20.310 8	13.032 6	9.708 6	7.867 8	6.718 0	5.938 8	5.379 0
18	24 765.73	199.448 6	42.880 9	20.258 1	12.984 9	9.664 3	7.825 7	6.677 5	5.899 4	5.340 3
19	24 802.98	199.448 6	42.826 3	20.210 8	12.942 1	9.624 7	7.788 0	6.641 1	5.864 0	5.305 5
20	24 836.51	199.448 6	42.779 0	20.167 1	12.903 5	9.588 8	7.753 9	6.608 2	5.831 9	5.274 0
21	24 862.59	199.448 6	42.731 7	20.128 0	12.868 4	9.556 1	7.723 0	6.578 4	5.802 7	5.245 4
22	24 892.39	199.448 6	42.691 7	20.092 6	12.836 6	9.526 5	7.694 4	6.551 1	5.776 0	5.219 2
23	24 914.74	199.448 6	42.655 3	20.059 8	12.807 0	9.499 2	7.668 9	6.525 9	5.751 6	5.195 3
24	24 937.09	199.448 6	42.622 6	20.029 8	12.780 2	9.474 2	7.645 0	6.502 9	5.729 1	5.173 2
25	24 959.45	199.448 6	42.589 8	20.002 5	12.755 7	9.451 0	7.622 9	6.481 7	5.708 4	5.152 7
26	24 981.8	199.463 1	42.560 7	19.977 1	12.732 5	9.429 6	7.602 7	6.462 0	5.689 2	5.133 9
27	24 996.7	199.463 1	42.535 2	19.953 4	12.711 1	9.410 1	7.583 8	6.443 8	5.671 4	5.116 4
28	25 011.6	199.463 1	42.509 8	19.930 7	12.691 1	9.391 4	7.566 1	6.426 7	5.654 8	5.100 1
29	25 026.5	199.463 1	42.488 0	19.910 7	12.672 9	9.374 2	7.549 7	6.411 0	5.639 3	5.084 8
30	25 041.4	199.477 7	42.466 1	19.891 6	12.655 6	9.358 2	7.534 5	6.396 0	5.624 8	5.070 5

概率值 0.999

df_1	df_2									
	1	2	3	4	5	6	7	8	9	10
1	405 311.6	998.377 8	167.056 0	74.127 5	47.177 3	35.506 7	29.245 7	25.414 9	22.857 4	21.038 4
2	499 725.3	998.843 5	148.487 7	61.249 0	37.121 9	27.001 1	21.689 6	18.493 7	16.387 3	14.904 8
3	540 256.5	999.309 1	141.095 4	56.170 4	33.200 2	23.705 1	18.772 0	15.828 8	13.900 7	12.552 8
4	562 667.8	999.309 1	137.079 0	53.434 6	31.082 9	21.922 5	17.196 7	14.391 8	12.560 1	11.283 2
5	576 496.1	999.309 1	134.576 1	51.717 5	29.751 4	20.802 0	16.207 2	13.484 2	11.714 3	10.481 0
6	586 032.9	999.309 1	132.829 9	50.524 2	28.834 6	20.030 7	15.519 6	12.858 4	11.128 6	9.926 2
7	593 185.4	999.309 1	131.607 5	49.651 1	28.165 2	19.463 2	15.017 6	12.398 2	10.697 5	9.517 0
8	597 953.8	999.309 1	130.618 0	48.996 3	27.648 6	19.030 3	14.633 8	12.045 3	10.368 2	9.204 1
9	602 245.3	999.309 1	129.861 3	48.472 4	27.241 2	18.688 3	14.330 0	11.767 0	10.106 3	8.955 8
10	605 583.2	999.309 1	129.221 0	48.050 4	26.913 8	18.411 8	14.082 6	11.539 7	9.894 4	8.753 9
11	608 444.2	999.309 1	128.755 3	47.701 2	26.644 6	18.182 6	13.878 9	11.352 3	9.718 9	8.586 5
12	610 351.6	999.309 1	128.318 8	47.410 1	26.419 0	17.989 8	13.707 9	11.194 1	9.569 7	8.445 6
13	612 258.9	999.309 1	127.940 4	47.162 8	26.222 6	17.826 1	13.560 6	11.059 5	9.443 3	8.324 6
14	614 166.3	999.309 1	127.649 4	46.944 5	26.055 2	17.684 2	13.435 1	10.943 0	9.333 2	8.220 0
15	616 073.6	999.309 1	127.358 4	46.755 3	25.909 7	17.556 9	13.324 1	10.841 2	9.238 6	8.129 1
16	617 027.3	999.309 1	127.125 5	46.595 2	25.782 4	17.451 4	13.227 7	10.752 0	9.153 2	8.048 1
17	617 981.0	999.309 1	126.950 9	46.449 7	25.669 6	17.353 2	13.140 4	10.672 0	9.078 6	7.977 2
18	618 934.6	999.309 1	126.718 1	46.318 7	25.567 7	17.265 8	13.064 0	10.601 1	9.012 2	7.912 6
19	619 888.3	999.309 1	126.572 6	46.202 3	25.476 8	17.189 4	12.994 9	10.537 4	8.952 2	7.856 2
20	62 084 2.0	999.309 1	126.427 0	46.100 5	25.393 1	17.120 3	12.931 2	10.479 2	8.897 6	7.803 5
21	621 795.7	999.309 1	126.281 5	45.998 6	25.320 3	17.058 5	12.874 8	10.426 4	8.847 6	7.756 2
22	622 272.5	999.309 1	126.136 0	45.911 3	25.254 8	17.000 3	12.823 9	10.379 2	8.803 0	7.713 4
23	622 749.3	999.309 1	126.019 6	45.838 5	25.189 4	16.945 7	12.776 6	10.335 5	8.762 1	7.674 3
24	623 703.0	999.309 1	125.932 3	45.765 8	25.131 2	16.898 4	12.732 9	10.295 5	8.723 9	7.637 9
25	623 703.0	999.309 1	125.845 0	45.693 0	25.080 2	16.851 1	12.692 9	10.259 1	8.689 3	7.604 3
26	624 656.7	999.309 1	125.728 5	45.634 8	25.029 9	16.811 1	12.654 7	10.224 5	8.656 6	7.573 4
27	624 656.7	999.309 1	125.670 3	45.576 6	24.985 6	16.771 1	12.620 1	10.191 8	8.625 6	7.544 3
28	625 610.4	999.309 1	125.612 1	45.518 4	24.942 0	16.738 3	12.587 4	10.162 7	8.598 4	7.517 0
29	625 610.4	999.309 1	125.495 7	45.474 7	24.905 6	16.702 0	12.558 3	10.135 4	8.572 0	7.492 4
30	626 087.2	999.309 1	125.437 5	45.431 1	24.869 2	16.672 9	12.529 2	10.108 1	8.547 4	7.468 8

附表 6 相关系数检验表

自由度	α				
	0.10	0.05	0.02	0.01	0.001
1	0.987 7	0.996 9	0.999 5	0.999 9	0.999 9
2	0.900 0	0.950 0	0.980 0	0.990 0	0.999 0
3	0.805 4	0.878 3	0.934 3	0.958 7	0.991 2
4	0.729 3	0.811 4	0.882 2	0.917 2	0.974 1
5	0.669 4	0.754 5	0.832 9	0.874 5	0.950 7
6	0.621 5	0.706 7	0.788 7	0.834 3	0.924 9
7	0.582 2	0.666 4	0.749 8	0.797 7	0.898 2
8	0.549 4	0.631 9	0.715 5	0.764 6	0.872 1
9	0.521 4	0.602 1	0.685 1	0.734 8	0.847 1
10	0.497 3	0.576 0	0.658 1	0.707 9	0.823 3
11	0.476 2	0.552 9	0.633 9	0.683 5	0.801 0
12	0.457 5	0.532 4	0.612 0	0.661 4	0.780 0
13	0.440 9	0.513 9	0.592 3	0.641 1	0.760 3
14	0.425 9	0.497 3	0.574 2	0.622 6	0.742 0
15	0.412 4	0.482 1	0.557 7	0.605 5	0.724 6
16	0.400 0	0.468 3	0.542 5	0.589 7	0.708 4
17	0.388 7	0.455 5	0.528 5	0.575 1	0.693 2
18	0.378 3	0.443 8	0.515 5	0.561 4	0.678 7
19	0.368 7	0.432 9	0.503 4	0.548 7	0.665 2
20	0.359 8	0.422 7	0.492 1	0.536 8	0.652 4
25	0.323 3	0.380 9	0.445 1	0.486 9	0.597 4
30	0.296 0	0.349 4	0.409 3	0.448 7	0.554 1
35	0.274 6	0.324 6	0.381 0	0.418 2	0.518 9
40	0.257 3	0.304 4	0.357 8	0.393 2	0.489 6
45	0.242 8	0.287 5	0.338 4	0.372 1	0.464 8
50	0.230 6	0.273 2	0.321 8	0.354 1	0.443 3
60	0.210 8	0.250 0	0.294 8	0.324 8	0.407 8
70	0.195 4	0.231 9	0.273 7	0.301 7	0.379 9
80	0.182 9	0.217 2	0.256 5	0.283 0	0.356 8
90	0.172 6	0.205 0	0.242 2	0.267 3	0.337 5
100	0.163 8	0.194 6	0.230 1	0.254 0	0.321 1

参考文献

[1]贾俊平. 统计学[M]. 7版. 北京：中国人民大学出版社，2018.

[2]曾五一，肖红叶. 统计学导论[M]. 北京：科学出版社，2007.

[3]徐国祥. 统计学[M]. 2版. 北京：高等教育出版社，2004.

[4]耿修林，谢兆茹. 应用统计学[M]. 3版. 北京：科学出版社，2021.

[5]梁前德. 统计学[M]. 2版. 北京：高等教育出版社，2008.

[6]贾俊平. 统计学[M]. 2版. 北京：清华大学出版社，2006.

[7]刘春英. 应用统计学[M]. 北京：中国金融出版社，2007.

[8]肖彦花. 统计学理论与方法[M]. 3版. 北京：国防科技大学出版社，2005.

[9]卢小广，刘元欣. 统计学教程[M]. 2版. 北京：清华大学出版社，北京交通大学出版社，2009.

[10]曲岩，刘继云. 统计学[M]. 北京：北京大学出版社，中国林业出版社，2007.

[11]刘德智. 统计学[M]. 北京：清华大学出版社，2007.

[12]赵喜仓，路正南，吴向阳. 现代统计学[M]. 北京：企业管理出版社，1996.

[13]赵喜仓，路正南. 统计学原理习题集[M]. 北京：企业管理出版社，1995.

[14]路正南，查奇芬，何有世. 统计学基础教程[M]. 南京：东南大学出版社，1998.

[15]柯惠新，丁立宏. 市场调查与分析[M]. 北京：中国统计出版社，2000.

[16]韩德昌，郭大水，刘立雁. 市场调查与市场预测[M]. 天津：天津大学出版社，2004.

[17]冯士雍，倪加勋，邹国华. 抽样调查理论与方法[M]. 北京：中国统计出版社，1998.

[18]李文华. 社会调查研究中样本的代表性问题探讨[J]. 统计与决策，2006(17)：157-159.

[19][美]L. Kish. 抽样调查[M]. 倪加勋，孙山泽译. 北京：中国统计出版社，1997.

[20]苗兴状. CATI技术在市场调查中的应用及质量保证[J]. 工业技术经济，2001(6)：60-61.